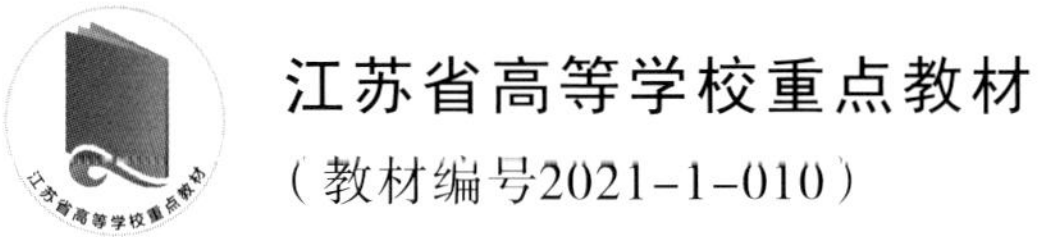

江苏省高等学校重点教材

（教材编号2021-1-010）

宏观经济学教程

（第四版）

沈坤荣 耿强 李剑 金刚 主编

扫码申请更多资源

南京大学出版社

图书在版编目(CIP)数据

宏观经济学教程 / 沈坤荣等主编. -- 4 版. --南京：南京大学出版社，2022.5

ISBN 978 - 7 - 305 - 25654 - 7

Ⅰ. ①宏… Ⅱ. ①沈… Ⅲ. ①宏观经济学—高等学校—教材 Ⅳ. ①F015

中国版本图书馆 CIP 数据核字(2022)第 068944 号

出版发行 南京大学出版社
社　　址 南京市汉口路 22 号　　邮　　编 210093
出 版 人 金鑫荣

书　　名 宏观经济学教程
主　　编 沈坤荣 耿 强 李 剑 金 刚
责任编辑 尤 佳　　编辑热线 025 - 83592315

照　　排 南京开卷文化传媒有限公司
印　　刷 南京京新印刷有限公司
开　　本 787×960 1/16 印张 24.25 字数 422 千
版　　次 2022 年 5 月第 4 版 2022 年 5 月第 1 次印刷
ISBN 978 - 7 - 305 - 25654 - 7
定　　价 68.00 元

网　　址:http://www.njupco.com
官方微博:http://weibo.com/njupco
微信服务号:njuyuexue
销售咨询热线:(025)83594756

作者简介

沈坤荣，中国人民大学经济学博士；中国社科院经济学博士后；美国斯坦福（STANFORD）大学经济学系高级研究学者；教育部长江学者特聘教授。现任南京大学商学院教授、博士生导师，南京大学经济增长研究院院长，国务院理论经济学学科评议组成员，教育部经济学教学指导委员会委员，江苏省人民政府参事，南京大学—霍普金斯大学中美文化研究中心兼职教授，国家社科重大项目“中国经济增长潜力与动力研究”首席专家。兼任中国工业经济学会常务副理事长，江苏省欧美同学会副会长，江苏省十四五规划专家委员，上海市决策咨询委员会委员，南京市政府决策咨询委员会委员，长三角一体化示范区理事会特邀理事，享受国务院专家特殊津贴。主要研究领域：国民经济、宏观经济、企业战略、资本市场。近年来著有《新增长理论与中国经济增长》《中国资本市场开放研究》《自主创新与经济增长》等专著和合著10余部，在《中国社会科学》《经济研究》《管理世界》《China & World Economy》《Review of Development Economics》等杂志发表学术论文100余篇。曾获首届中国博士后学术大会论文一等奖；第二届全国青年优秀社会科学成果奖；第三届江苏青年科学家奖；宝钢优秀教师特等奖；江苏省第九次、第十二次、第十六次哲学社会科学优秀成果一等奖；国家级高等教育教学成果一等奖；教育部第四届、第八届中国高校人文社会科学研究成果二等奖。沈坤荣教授是“新世纪百千万人才工程”国家级人选；国家教学名师奖获得者；国家“万人计划”教学名师；全国优秀博士学位论文指导教师；

张培刚发展经济学奖获得者;孙冶方经济科学奖获得者。

耿强,经济学博士,中国社会科学院工业经济研究所博士后,南京大学经济学院教授;美国哈佛大学商学院、华盛顿大学经济学系访问学者。现任南京大学商学院人口研究所所长。主要研究领域:宏观经济学、资本市场。获得奖励:江苏省首批社科英才获得者(2014年)、江苏省优秀博士论文获得者、江苏省第十一届哲学社会科学优秀成果二等奖、南京大学第八届人文社科研究成果一等奖、开元奖教金一等奖、移动奖教金一等奖。在《中国社会科学》《金融研究》《经济理论与经济管理》等学术期刊发表学术论文10余篇,主持和参与国家级科研项目10余项。

李剑,经济学博士,南京大学商学院国际经济贸易系副教授。研究领域为宏观经济学。在南京大学讲授的学术类课程包括:"宏观经济学""中级宏观经济学""高级宏观经济学""中国宏观经济学"。

金刚,经济学博士,南京大学商学院助理研究员。曾获2019年"当代经济学博士创新项目"(原中国经济学优秀博士论文奖)。研究领域包括环境经济学、能源经济学与发展经济学等。在 *Energy Economics*、*China Economic Review*、《中国社会科学》《经济研究》《管理世界》《中国工业经济》等学术期刊发表学术论文10余篇,主持国家自然科学基金青年项目1项。

内容简介

本书内容紧跟宏观经济学的国际发展趋势，按照短期到长期分析的理论演变脉络，对宏观经济学的基本概念、基本理论及其最新发展进行了全面介绍，尤其是对经济增长的基本理论模型和政策含义做出了清晰明了的诠释。

本书的主要特色是对现实宏观经济问题的关注，通过大量的专栏形式介绍国内外各种重要的现实经济问题，为读者在学习基本理论的同时，提供系统的、有针对性的资料。另外，作为面向中国学生的宏观经济学教科书，本书始终注意加强对中国经济问题的介绍和解读，特别是对经济转型的基本理论和实践问题进行了阐释。为了方便学生学习，本书的每一章都配备了本章要点、关键概念、思考题和案例讨论。

本书分为十二章内容，包括：基本概念与理论铺垫、宏观经济分析概述、国民收入决定模型、IS-LM 模型及政策效应分析、总需求与总供给模型、失业与通货膨胀、经济周期、维持稳定的宏观经济政策、经济增长及其核算、新增长理论概述、开放背景下的宏观经济学、中国经济转型的演进与展望。

本书既可以作为高等院校经济管理类本科生、MBA 的教材或教学辅导书，也可供对宏观经济学感兴趣的广大读者参考使用。

前　言

翻开任何一本宏观经济学教科书，你都会看到总需求、总供给、凯恩斯主义、经济周期、经济增长这样一些概念。这些概念中所透露出来的，不仅是宏观经济学的内容和基本思想，同时也反映出宏观经济学近一个世纪的发展历程。

凯恩斯在1936年所发表的《就业、利息和货币通论》(简称《通论》)通常被看作是第一部系统论述宏观经济问题的著作。在这本著作中，凯恩斯针对1929年席卷世界的经济大危机，第一次提出了"有效需求不足"的理论，来解释经济为什么会陷入长期的、严重的衰退之中。在《通论》中，凯恩斯第一次明确指出，价格机制本身并不足以保证市场的持续出清，经济运行中会出现波动或者周期现象，这时市场还需要借助外部力量才能渡过难关。这就是政府干预政策的理论基础。

接下来的30年中，凯恩斯的思想经过美国经济学家汉森、萨缪尔森、托宾、莫迪里亚尼，英国经济学家希克斯等人的共同努力，终于在20世纪60年代建成了一个系统化、模型化的"凯恩斯学派"。

到了20世纪70年代，凯恩斯主义经济学面临着前所未有的挑战。这一时期，西方世界普遍蔓延着"滞胀"现象。这种通货膨胀与失业相伴的经济现象，是凯恩斯主义经济学所不能解释的。

于是,新的经济问题激发了经济学家的思想火花,弗里德曼和他的“货币主义”是宏观经济学理论发展的一个新高峰。弗里德曼第一次系统地恢复了古典经济学“市场万能”的观点。弗里德曼领导的“货币革命”引发了更大规模的宏观经济学“革命”,以卢卡斯、穆斯、萨金特、巴罗等为代表的经济学家们发起了“理性预期革命”,他们的成果统称为理性预期经济学或者新古典宏观经济学。理性预期革命的出现标志着宏观经济学在研究方法、研究结论上都明显不同于此前的流派,宏观经济学进入了一个新的发展阶段。简单地讲,理性预期革命之前的宏观经济学,在研究方法上推崇静态、比较静态的方法,通过构建总量方程直接刻画宏观经济的运行;在研究结论上强调政府干预的必要性和可行性,即使是弗里德曼的“货币主义”,也还保留着中央银行货币政策的位置。理性预期革命之后的宏观经济学,在研究方法上推崇动态的研究方法,在个体最优化行为方程之上间接地刻画宏观经济的运行;在研究结论上完全摒弃了政府干预思想,主张市场万能、市场有效。

当今世界,宏观经济学已成为经济学中最活跃的分支之一。从国内的控制经济过热、保持经济可持续增长的话题,到国际性的通货膨胀、美国经济衰退风险等等,所有这些问题都是宏观经济学的研究对象。宏观经济学研究围绕着现实经济问题展开,最终可归纳为三个方面:研究内容、研究方法和研究结论。从研究内容上讲,所有的宏观经济问题都可以归结为经济波动或经济增长,经济增长是关于产出增长的动力机制问题;经济波动是关于产出实际增长偏离潜在增长路径的问题。从研究方法上讲,宏观经济学中存在着静态与动态、计量和数理、均衡与非均衡等不同的研究视角和研究思路。从研究结论上讲,宏观经济学围绕着市场是否万能,是否需要政府干预而争论不休。

作为编者，我们编写此书的目的就是希望读者建立起正确的经济学观念，掌握宏观经济的分析方法，通过学习能够正确理解政府经济政策的意图，提高分析现实经济问题的能力。而作为一本主要面向中国学生的教材，为了帮助学生更全面地解读现实经济问题，我们在本书中通过大量的专栏形式，介绍了中国经济发展过程中的各种典型事例。我们希望通过这样的内容安排，能够加深学生对经济现实的思考和激发他们学习宏观经济理论的兴趣。

本书第一版、第二版、第三版出版后，受到读者的广泛好评。本次修订最重要的地方是着重凸出了十八大以来新时代中国特色社会主义思想在宏观经济领域的体现。另外，编者根据广大读者的热烈反映，对教材中的错漏之处进行了修订，并更新了全书的数据。对于难度较高的内容进行了适当简化，以便于读者理解和掌握。

为了方便读者顺利掌握本教材的数学模型和基本宏观理论，我们配套出版了相应的辅导资料《宏观经济学教程习题解析》。对教材每一章的学习要点和关键概念进行提纲挈领的归纳，有利于读者复习和回顾。对教材中关键的理论，专门设计了形式多样的简答题、计算题、证明题、判断题、分析题和论述题，多角度测试读者的掌握情况。为了帮助读者对解题结果进行自我检查，《宏观经济学教程习题解析》还专门提供了参考答案。

在本书的编写过程中，我们参考了许多宏观经济学教材和研究论文，在此向有关作者表示感谢。限于编写人员的知识水平和教学经验，本书的错误和缺点在所难免，恳请广大读者批评指正。

沈坤荣

2022 年 3 月

目　录

第五章　总需求与总供给模型

第六章　失业与通货膨胀

第七章　经济周期

第八章　维持稳定的宏观经济政策

第九章　经济增长及其核算

第十章* 新增长理论概述

第十一章 开放背景下的宏观经济学

第十二章 中国经济转型的演进与展望

第一章　基本概念与理论铺垫

随着国民经济的不断发展，社会物质财富的日益丰富，从国民经济总量看，人类目前所拥有的物质财富总量已经远远超过以往的任何时期，丰富的物质文明成果使人类的生活水平得以大幅度提高。尽管如此，和人类的物质需要本身相比，当今社会的财富无论在总量上还是在结构上，依然是有限的。这种主观需要和现实物质条件之间的矛盾，要求政府、厂商和个人等行为主体恰当安排其经济活动，在有限的资源约束条件下，进行科学的选择，以谋取最大的经济利益。

我们讨论的问题千差万别，但都可归结到一个共同点：经济行为的选择。而经济学正是研究选择问题的科学。

第一节　经济学是什么

生活的每一时刻都会面临各种各样的选择：是购买一台笔记本电脑还是购买一台台式机？是与朋友一起逛街还是留在宿舍翻阅自己喜爱的书籍？是将手中的现金消费掉，从而获得现期的满足，还是将它存入银行或投入股票市场，以使日后获得更多？不仅个人，企业和政府也时刻面临着选择：企业是投入经费自主研发还是引进外资合作生产？政府是增加基础设施建设的投入还是增加教育经费的投入？

经济学是关于选择的科学,它研究我们社会中的个人、厂商、政府和其他组织如何进行选择,以及这些选择如何影响社会资源的配置。

一、稀缺性与选择

选择问题之所以会产生,是因为资源存在相对稀缺性——相对于我们的欲望而言,资源是稀缺的。我们既想得到笔记本电脑又想得到台式机,但我们的收入是有限的;我们既想与朋友一起去逛街,又想在宿舍看书,但我们的时间是有限的……稀缺性是一切经济问题产生的根源。正是因为资源的相对稀缺性,我们才必须在"鱼"与"熊掌"之间进行权衡取舍。

由于相对稀缺性导致了选择问题的产生,经济学对选择问题的研究可以归结为:如何使用最节约资源的方法来提供产品与服务,以满足人们最迫切的欲望。这个问题又被称为"资源的最优配置"。因此,经济学又可定义为研究如何使资源达到最优配置的学科。

专栏 1-1

相对稀缺性与资源的最优配置

资源的稀缺性可以用图示的方法表示出来。图 1-1 描述了因为收入的有限而造成的稀缺性。假设你每月的水果开支是 100 元,为了保持营养的均衡,你决定购买适量的香蕉及适量的苹果。于是你必须对这 100 元进行"配置":应该花多少钱购买香蕉?又应该花多少钱购买苹果?

假设香蕉的价格是 10 元/500 克,苹果的价格是 5 元/500 克,我们首先可以描绘出选择的可行配置集(又称为预算约束):利用这 100 元的收入,你可以购买的香蕉及苹果的数量是多少?利用变量 x 来表示你可以购买到的苹果数量,利用变量 y 来表示你可以购买到的香蕉数量。由于 100 元的限制,可以得到:$5x+10y\leqslant 100$。以横轴表示苹果的数量,以纵轴表示香蕉的数量,则在平面坐标系中表示出 100 元的限制下可以购买的苹果和香蕉的可行配置集,如图 1-1中的阴影部分所示。

可行配置集表达了这样一种思想:资源是相对稀缺的。我们总希望得到更多(如图中的 M 点与 N 点),但由于我们拥有的资源是有限的(本例中即为 100 元的预算支出),我们不可能在超过资源限制的商品组合中进行选择,资源限制下对选择而言具体可行的商品组合构成了可行配置集。

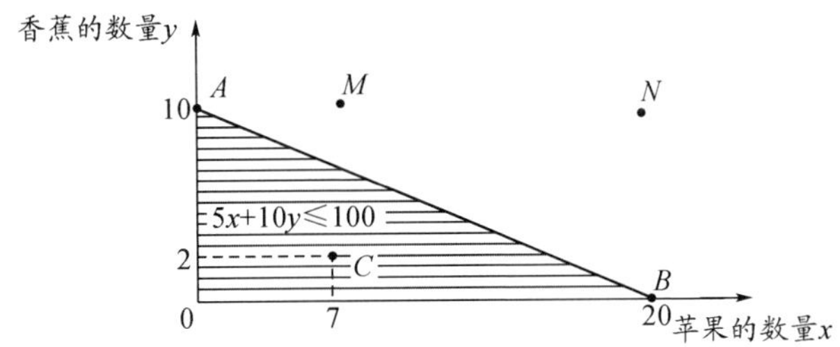

图中的阴影部分表示在你拥有100元的限制之下，可以购买的香蕉和苹果的组合。比如，你可以选择将100元全部购买香蕉而不购买苹果（A点，可以购买到5 000克香蕉）；也可以只购买3 500克苹果和1 000克香蕉（C点，此时你只需花费$5\times7+10\times2<100$元）。然而，你不可能购买到可行配置集以外的商品组合（如M点和N点），因为对那些组合的支出已经超过了100元的限制。

图1-1　购买香蕉和苹果的预算约束

在面对可行配置集的情况下，人们会如何选择呢？是选择A点、B点还是其他呢？我们如何利用这100元进行消费，以使自己的满足程度达到最大？这其实是一个资源最优配置的过程，对这类问题的研究构成了现代经济学的核心。

二、选择与机会成本

选择是一个权衡取舍的过程，人们要做出选择的决策就必须比较可供选择的行动方案的收益与成本。然而，在某些行动中，成本的衡量并不如乍看时那么明显。

比如，就读MBA的成本是多少？简单的观点会认为，就读MBA的成本即支付的学费及各项杂费开支等费用之和，比如8万元。然而，如果考虑到选择是一个取舍的过程——“有得必有失”，人们可能会发现完整的答案并非如此简单。

首先，与其说就读MBA的成本是8万元，还不如说成本是如果不就读MBA能够省下的这8万元用于其他途径所能够获得的最高收益——人们选择了将8万元用于教育，就同时舍弃了将它用于其他途径的机会。其次，就读MBA所耗费的时间也是一种稀缺资源——选择去就读MBA，也就意味着放弃了将2年或3年的时间用于打工或其他赚钱的机会，所以时间也必须计入成本。

经济学中,在面临多方案选择时,被舍弃的选项中可能创造的最大价值被称为所选择活动的机会成本。当我们考虑使用某一资源时,我们应当考虑它的第二种最好的用途,这一用途所能获得的收益便是对机会成本的度量。

三、基本经济问题

社会关于生产的选择可以归纳为三个基本的经济问题:生产什么和生产多少?如何生产?为谁生产?

(一)生产什么和生产多少

社会源源不断地生产出琳琅满目的产品和服务,从粮食这类生活必需品到汽车这类高档产品。与改革开放前相比,中国提供的产品种类日渐丰富,满足了人们多样化的需求。那么,什么因素决定了社会去提供更多的粮食还是提供更多的汽车呢?这些选择如何随技术的进步而发生变化呢?中国经济体制改革的深化又如何对这些变化产生影响呢?

(二)如何生产

如何生产商品与服务呢?我们应该更多地采用劳动密集型生产方式还是更多地采用资本密集型生产方式?在石油、煤炭等不可再生资源日益枯竭的今天,是否应该更多地开发替代性资源来进行生产?如何生产这个问题解决的是生产过程中的效率问题,但站在宏观的角度来看,它还应当包含一定的社会价值。

(三)为谁生产

在决定了生产什么及如何生产之后,还必须考虑产品的分配问题(其实质是收入的分配):我们的生产究竟是为谁生产?谁将会得到这些产出?是应该每个人都得到一份相对平均的份额,还是应该有人在享受“满汉全席”的同时另一些人在垃圾桶内搜寻食物?现行的分配方式是否存在问题?如何解决这些问题?为构建一个和谐社会,“为谁生产”这个问题的回答非常关键。

专栏 1-2

生产可能性边界与社会选择

用于生产产品和服务的可用资源是有限的,这使得整个经济的产出存在着一个极限。我们每个人都想拥有一辆轿车、一套宽敞的住房、更多美味的食品，然而由于资源的稀缺性，社会很难向每个人提供他们想要的一切。类似于专栏1-1中所介绍的“预算约束”的概念，资源稀缺性对社会产出所造成的极限可以利用生产可能性边界来加以描述。

图1-2描述了生产可能性边界。假设社会只生产工业品和农产品，那么不难发现，社会在工业品生产和农产品生产中存在着产出的极限：即使资源都能够得到充分利用，我们所能够提供的社会产品最多也只是生产可能性边界上的组合（如A点和B点）；而位于生产可能性边界之外的组合点（如C点）已经超出了产出的极限，是不可能到达的。

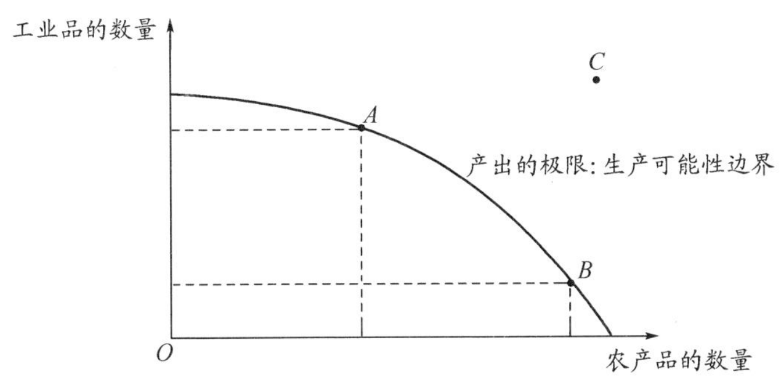

由于生产要素稀缺性的限制，社会的产出会达到一个极限，为此，社会不能够生产出我们想要的一切，我们必须进行产出组合的选择：是选择生产更多的工业品与更少的农产品组合（A点），还是选择生产更多的农产品与更少的工业品组合（B点）。

图1-2　生产可能性边界

（1）生产什么和生产多少？生产可能性边界所描述的这种产出的极限性表明了社会在农产品和工业品的生产中具有一定的替代关系：社会多提供一定量的农产品，就必须放弃提供一定量的工业品（将资源从工业品的生产过程中转移到农产品的生产过程中去）。这使得我们必须对社会的产出组合进行选择：是选择生产更多的工业品与更少的农产品组合（A点），还是选择生产更多的农产品与更少的工业品组合（B点）。

（2）如何生产？生产过程中所采用的生产技术及组织方式对生产能力会产生影响。比如在生产过程中更多地采用先进技术或更为有效的组织方式时，那么在面对同样数量生产要素的前提下，社会生产的产出极限增大。

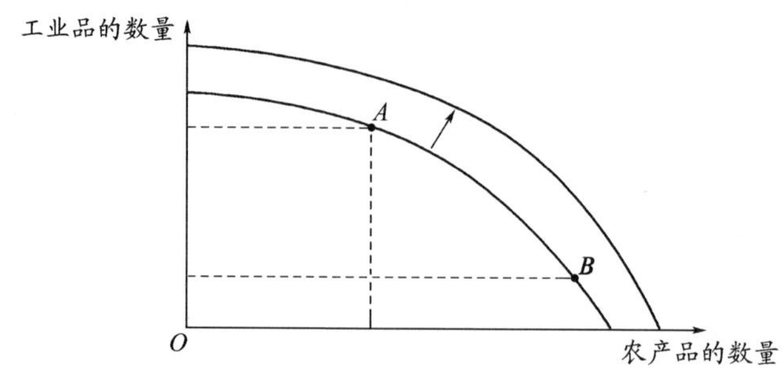

采用更加先进的技术或者更为有效的组织方式,可以在拥有同样数量生产要素的前提下,使社会产出的极限提高。这表现为生产可能性曲线向外平移。

图 1-3　生产可能性边界的外移

(3) 为谁生产?“为谁生产”的决策更多的是一个社会问题,它与“如何生产”这个问题有着密切的联系。比如,采用资本密集型生产方式在生产效率方面有一定的优势,然而这种生产方式会排除劳动者参与生产过程,从而减少劳动者获取收入的机会,这又会影响社会公平。

四、经济体制与选择

以上讨论了关于选择的三大基本经济问题。在分析中国具体经济问题的时候,需要结合当时的经济体制。改革开放以后,中国总体上从计划经济体制转向市场经济体制。

(一) 计划经济

计划经济的特征在于经济决策是集中进行的,由计划当局对整个国民经济生产什么和生产多少、如何生产、为谁生产进行统一规划。计划当局不仅控制着生产要素,还直接或间接地控制着全部企业,即便农村的生产单位也在其计划控制范围之内。在计划经济中,选择主要是计划当局需要考虑的问题,个人可以涉及的选择空间极小。

在生产什么和生产多少上,计划当局按照当年产业规划的要求向农村和工厂下达生产任务,并将生产任务能否完成作为考核单位负责人的核心指标。依据各个单位的生产任务,计划当局分配生产所需要的各种投入,如农业生产中的化肥和杀虫剂、工业生产中的煤炭和钢材以及生产中所需要的各种人力资源(即劳动要素的分配也由计划当局控制着)。

在如何生产上，为保证生产效率，计划当局也规定一些具体的考核指标。

最后在最终产品的分配(为谁生产)上，全部消费产品分为配给供应和非配给供应。为保证收入分配的公平，避免出现贫富差距，计划当局对大多数消费品采取了配给供应，每个消费者每月可以得到固定数量的配给券(如粮票、糖票等)，如果你没有配给券的话，即便手中再有钱，也很难买到商品。

(二) 市场经济

在市场经济中，资源配置的过程并不是由中央计划者通过各种计划进行的，而是众多家庭和企业分散决策的结果。市场经济的特征在于微观单位相互竞争的分散决策。经济学认为，每个人都是其自身利益最大化的追求者，在分散决策的过程中，各人都以其自身利益最大化作为行动的目标。而对于这种追求自身利益最大化的分散决策，市场经济有一个起着“协调器”功能的工具，那就是价格。

在生产什么和生产多少上，价格起着信息传递的作用。价格反映了一种商品(相对于需求)的稀缺程度。一般来说，如果一种商品(如石油)变得比较稀缺，其价格就会上升，为追逐更多的利润，厂商通常会增加这种商品的生产(努力寻找并开发新油田)，而新厂商也会源源不断地涌入这个行业，这种商品的产量就会增加。

在如何生产上，价格起着激励作用。分散决策的厂商之间是一种相互竞争的关系，为了追求尽可能多的自身利益，在竞争中得以生存，厂商通常会想方设法提高生产过程中的效率，努力采用能够节约成本的生产方式。在市场机制中，价格对微观个体的激励功能是通过私有产权来获得保证的，每个人所努力的结果都应该为其自己所获。

在为谁生产上，价格发挥着“筛选”功能。价格是一张“选票”，它确保商品会被那些最愿意并且支付得起的个人和厂商获得。与计划经济不同，市场经济中的私有产权确保了参与生产过程的要素所有者能够按照他们对生产的贡献大小而获得收入。贡献大的要素所有者能够获得较高的收入，他可能支付得起价格较高的商品；而贡献小的要素所有者获得的收入较低，面对价格较高的商品，他们即便有需要的欲望，也可能会被价格无情地“筛选”出去。

第二节 市场机制与“看不见的手”

最早以完整的经济学理论支持市场机制的经济学家是亚当·斯密。1776年,亚当·斯密在其著作《国民财富的性质和原因研究》(简称《国富论》)中,提出了著名的“看不见的手”。

斯密认为,只有在允许个人追求其自身利益时,才能调动积极性,促进生产效率提高。在市场机制这只“看不见的手”作用下,个人对私利的追求能够最终与社会利益保持一致。斯密的观点体现在其《国富论》中的一段话:

> 我们不能指望肉商、酿酒师或者面包师会恩赐给我们晚餐,我们只能希望他们出于私利的考虑而给予我们晚餐。我们针对的不是他们的仁慈而是他们的自爱,我们从不向他们谈及我们的需要,而只是提及他们在交易中能够获取的好处。
>
> ……
>
> 一般说来,单个的个人既没有增进公共利益的打算,也不知道他的行为增进了多少公共利益,个人在这一过程中以及其他许多过程中,都是由一只看不见的手引导着并且最终增进了社会的利益,虽然这种最终的结果并非出于个人的意愿。

斯密对于经济自由主义以及市场自发调节机制的信奉代表了古典经济学的基本特点。在古典经济学中,市场机制最主要的特征表现为价格调节机制,个人追求私利的过程被供给曲线与需求曲线表示出来,供给与需求在价格的调节下能够趋于一致,从而市场经济是内生稳定的。

本节将首先介绍古典经济学最核心的概念:供给与需求。利用这两个概念,本节分析了市场价格是如何形成的,在这个过程中,可以看到价格对分散决策行为是怎样起到了“看不见的手”的协调作用的。通过引入一般均衡理论的基本概念,本节的最后一部分说明了市场机制如何使全社会范围内的资源配置实现最优。

一、需 求

(一) 个人需求曲线

每个人在计划购买一件商品之前,对该商品“值多少钱”会形成一个基本的价位表，只有在一定的价位之下，消费者才会决定是否购买及购买多少。比如，消费者想去买苹果，如果价格比较便宜，为 5 元/500 克，那可能计划购买2 000克；如果价格上涨到 9 元/500 克，那购买计划很可能缩减到 1 000 克……如果价格继续上涨，超过 14 元/500 克，则可能放弃购买。对于这种一定价格下消费者愿意（并且有能力支付）的购买量称为意愿需求量（简称需求量）。

一般说来，价格下降，消费者对商品的需求量会增加，也就是说，需求量与价格成反方向变动，这个规律称为需求规律。如果以横轴表示苹果的需求量，纵轴表示苹果的价格，那么可以利用需求曲线来表示价格与需求量的这种反方向变动关系（见图 1－4）。

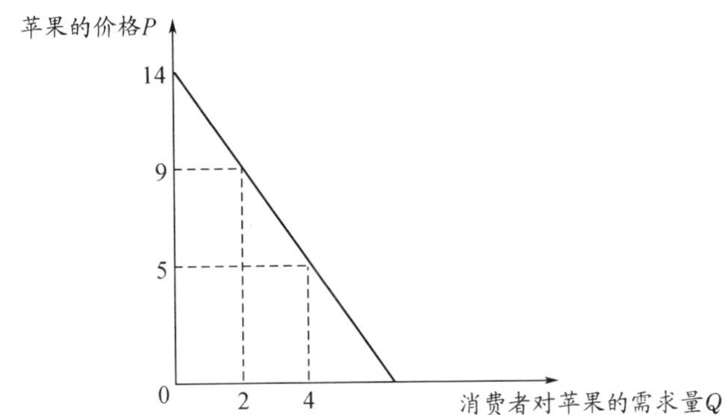

当苹果的价格为 5 元/500 克时，消费者对苹果的需求量为 2 000 克；当苹果的价格为 9 元/500 克时，对苹果的需求量缩小为 1 000 克。当价格上升到超过 14 元/500 克时，消费者对苹果的需求量为 0。图中的需求曲线描述了需求量与价格的这种反方向变动关系。

图 1－4　消费者对苹果的需求曲线

（二）影响个人需求的其他因素

除了价格之外，还有许多其他因素会影响需求，主要包括消费者对商品的偏好、消费者的收入水平、其他商品的价格、（对收入、价格、偏好的）预期等。

(1) 消费者对商品的偏好。某些外来的事件会让消费者个人偏好发生变化。消费者原本可能很不喜欢溜冰，对商场里的溜冰鞋不感兴趣。然而有一天，消费者发现自己喜欢的某个女孩是一个溜冰高手，为了增加与她接触的机会，开始关注溜冰活动，并发觉自己渐渐喜欢上了这项活动，于是决定购买溜冰鞋。上述过程表明,在溜冰鞋价格不变的情况下,偏好的改变使消费者增加了对它的需求。

(2) 消费者的收入水平。收入水平的提高往往会让消费者增加对某些商品的需求(即便它们的价格不变)。某个学生非常喜欢喝可乐,但因为每月的零花钱受到限制,只能每天喝 1 瓶。一天他的亲戚来学校看望他,并给了一笔零花钱,这个月手头比较宽裕了,于是他每天会购买 2 瓶可乐。这表明,在商品价格不变的情况下,收入的增加使消费者增加了对它的需求。

另外,有一种在经济学中被称为劣等品的商品,对于这种商品,随着收入水平的提高,消费者反而会减少对它们的需求。最明显的一个例子是食堂里 3 角钱一碗的便宜菜汤——一碗清水汤,里面飘着几片菜叶。在消费者每月的伙食费较少的时候,每天只能喝这种便宜的菜汤,然而随着收入水平提高,就会减少对这种菜汤的需求,转而购买紫菜蛋汤、排骨汤、鱼汤等,因为它们更富有营养,更美味可口。

(3) 其他商品的价格。考察消费者对橘子的需求,如果消费者发现市场上橙子的价格开始下跌,就会减少对橘子的需求,转而购买橙子。因为两者的口味相似,而且橙子现在变得更加便宜。在经济学中,橙子与橘子互为替代品——对消费者而言,两者是可以互相替代的。因此,在橘子价格不变的情况下,橘子的替代品——橙子价格的下跌会使消费者减少对橘子的需求。

再考虑消费者对乒乓球的需求。如果球拍的价格上涨,消费者可能会在减少购买球拍的同时也减少对乒乓球的需求。因为球拍和乒乓球两者是互相匹配的,球拍用得少,买太多的乒乓球也没有意义,乒乓球与球拍两者是互补品。也就是说,在乒乓球价格不变的情况下,乒乓球的互补品——球拍价格的上涨会使消费者减少对乒乓球的需求。

(4) 预期。预期也会对需求产生影响。比如,消费者估计自己未来的收入会下降,那就有可能在现期减少对商品的需求。消费者预期明天房地产的价格会下降,就不太愿意在今天以高价去购买房子。

(三) 沿需求曲线的移动和需求曲线的平移

在商品需求—价格坐标系中,价格的变化对需求量的影响可以通过沿需求曲线的移动加以说明。而如果是除价格之外其他因素发生变动,这种变动对需求的影响又如何在商品需求—价格坐标系中表示出来呢?下面以

图 1－5 为例说明这个问题①。

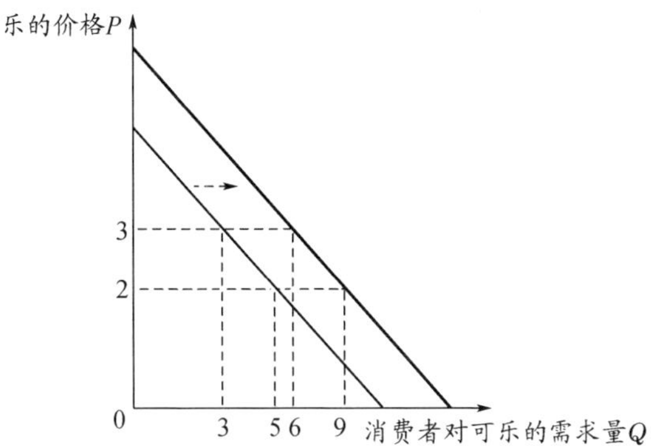

细线表示原先的需求曲线，粗线表示收入增加后新的需求曲线。以价格为 2 元/瓶为例：在消费者没有获得收入增加的初始状态下，消费者对可乐的需求为 5 瓶。而假设消费者获得一笔额外的零花钱，此时，即便价格仍然为 2 元/瓶，对可乐的需求也会增加到9 瓶。价格为 3 元/瓶的分析与此类似。

图 1－5　收入水平的上升导致需求曲线的平移

在图 1－5 中，细线表示收入没有增加时消费者对可乐的需求曲线：在价格为2 元/瓶时，对它的需求为 5 瓶；当价格上升为 3 元/瓶，对它的需求减少为 3 瓶。

现在假设消费者获得一笔额外的零花钱，根据前面的叙述，即便价格水平不变，消费者收入水平增加也会导致对可乐需求的增加。比如在价格为 2 元/瓶时，由于收入增加，消费者现在的需求量变为 9 瓶（原为 5 瓶）；而价格为 3 元/瓶时，由于收入增加，消费者现在的需求量变为 6 瓶（原为 3 瓶）。这表现为在商品需求—价格坐标系上，收入的增加使需求曲线发生平移（沿箭头所示方向）。

（四）市场需求曲线

上述讨论了影响个人需求的有关因素。事实上，在考察市场价格和数量时，我们要分析市场需求。市场由个人所组成，市场需求是大量个人需求的总和，市场需求曲线由个人需求的加总形成。

假设市场上存在着甲、乙两位消费者（对更多消费者的分析与此类似），

① 此处仅考虑收入水平增加的情况，而偏好、其他商品价格、预期等因素的改变所造成的影响与此处的分析类似。

他们对某种商品(如溜冰鞋)的个人需求曲线分别如图 1-6(a)、(b)所示。

在价格高于 300 元/双时,两位消费者对溜冰鞋的需求量均为 0,此时市场需求量为 0;价格为 250 元/双时,甲的需求量为 1 双,而乙仍然不想购买,此时市场需求量即为 1 双(甲的需求量);价格再继续下降,如果降为 100 元/双,此时甲的需求量为 4 双,乙的需求量为 2 双,于是市场需求量为 6 双。根据上述计算过程,可以画出市场需求曲线,如图 1-6(c)所示①。

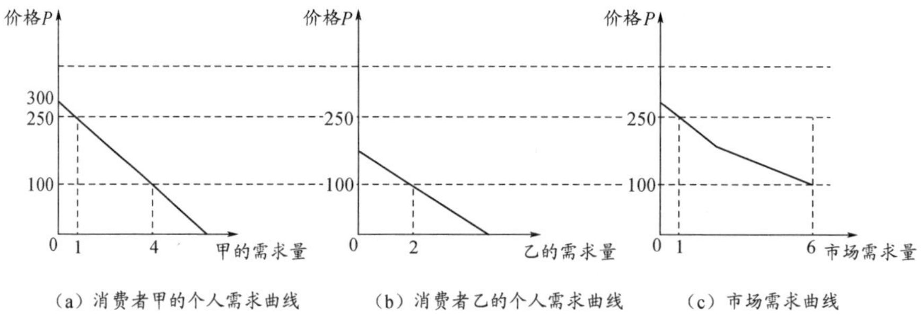

(a) 消费者甲的个人需求曲线　　(b) 消费者乙的个人需求曲线　　(c) 市场需求曲线

市场是由个人所组成的,市场需求即是个人需求的简单加总。在价格高于 300 元/双时,甲和乙的需求量均为 0,所以此时市场需求为 0;在价格为 250 元/双时,甲的需求量为1 双,乙没有需求,所以市场需求量为 1 双;在价格为 100 元/双时,甲的需求量增加为 4 双,乙的需求量增加为 2 双,所以市场需求量为 6 双。

图 1-6　溜冰鞋的市场需求曲线

由于市场需求是由个人需求加总形成,所以除价格之外,偏好、收入、其他商品价格、预期等一切影响个人需求的其他因素也会影响市场需求。另外,市场上消费者的数量也会影响市场需求。与个人需求类似,在商品需求—价格坐标系中,价格对市场需求量的影响表现为沿市场需求曲线移动,而除价格外的其他因素对市场需求的影响表现为市场需求曲线的平移。

二、供　给

(一) 个体供给曲线

商品的供给由厂商决定,厂商决定对某种商品供给多少时,主要依据的

① 图 1-6(c)画成一个折线的形状,是因为此时假设市场上只有 2 个消费者。如果市场上有数量巨大的消费者,则市场需求曲线一般可以描绘成平滑的形状。

是商品的价格。如果粮食价格下跌，农民通过卖粮所获得的利润会减少，粮食的供给量就会减少。价格与供给量的这种正方向变动关系称为供给规律。一般说来，商品价格的下跌会引导厂商提供更少的商品。可以在商品供给—价格坐标系中用供给曲线来表示供给量与商品价格的这种正方向变动关系（见图 1－7）。

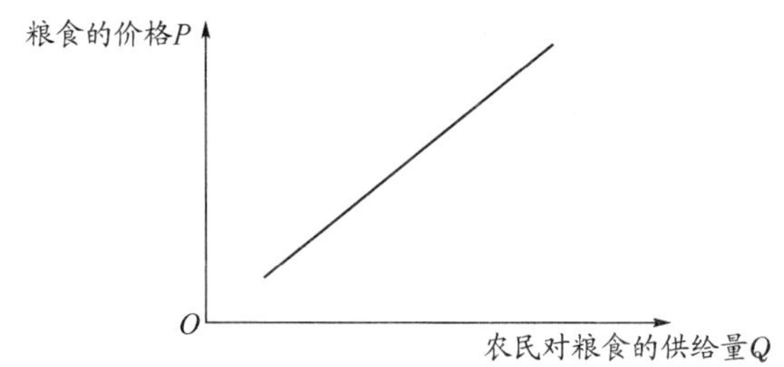

农民个体供给曲线是一条具有正斜率的曲线，它表示随着粮食价格的上升，农民对粮食的供给量将会增加。

图 1－7　农民个体供给曲线

（二）影响个体供给曲线的其他因素

除价格之外，影响供给的其他因素主要包括生产要素的价格、生产技术、其他行业的可盈利性、（厂商对未来行情的）预期等。

（1）生产要素的价格。生产要素的价格构成了生产成本的一个很重要部分。果农决定是否向市场多提供水果，其主要依据不仅仅是水果的价格，还包括种植果树的成本，如化肥和杀虫剂的价格。在水果价格不变的情况下，如果化肥或杀虫剂的价格上涨，果农的成本增加，果农就会减少水果的供应。

（2）生产技术。技术也会影响生产成本。还以果农为例，如果果农在生产过程中采用机械化种植及采摘技术，使果农提供水果时的成本大大降低，在这种情况下，即使水果的价格不变，技术的改进也会使果农增加对水果的供应。

（3）其他行业的可盈利性。某农民发现，常年“面朝黄土背朝天”，依靠种粮卖粮维持生计，还不如开个小杂货店卖点化肥农药更容易赚钱。如果粮食价格不变的同时，化肥或农药的价格上涨了，那开小杂货店的盈利空间就会更大，该农民就更不会选择种田卖粮。这就说明，如果其他行业的可盈利性增加，即便粮食的价格不变，这个农民也会减少粮食的供给。

(4) 预期。厂商对未来行情的预期也会影响商品的供给。比如,当果农预期未来的水果价格会上升时,果农就倾向于把现在的一部分水果储存起来,从而减少了现在的水果供给。

(三) 沿供给曲线的移动和供给曲线的平移

前面讨论了“沿需求曲线的移动”与“需求曲线的平移”两者之间的区别。类似的,在供给曲线中,也有“沿供给曲线的移动”与“供给曲线的平移”之别。沿供给曲线的移动表示随着商品价格的变化,供给量如何变化;而供给曲线的平移则表明除价格外,其他因素的变动是如何对供给曲线产生影响的。

(四) 市场供给曲线

与市场需求类似,市场供给也是由众多厂商的单个供给加总形成的。图 1-8 简要描述了这个加总的过程。

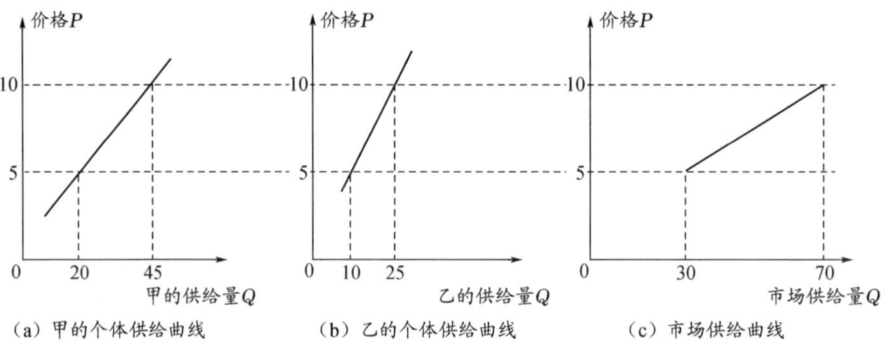

(a) 甲的个体供给曲线　(b) 乙的个体供给曲线　(c) 市场供给曲线

市场供给曲线是个体供给曲线的简单加总。当苹果的价格为 5 元/500 克时,市场上总的供给量为甲的供给量(20 000 千克)与乙的供给量(10 000 千克)之和,即 30 000 千克。

图 1-8　由个体供给曲线加总成市场供给曲线

三、供求均衡与价格决定

(一) 价格决定

在经济学中,“均衡”是一个核心概念。均衡描述了一种维持不变的静止状态,在这种状态下,系统内部不存在自发改变这种状态的力量。均衡的概念可用于考察现实世界“为什么会是这样而不是那样”。

利用市场供给与市场需求这两个工具,我们可以考察市场均衡,由此分析均衡价格及均衡产量是如何决定的。在图 1－9 中，将橘子的市场需求曲线和市场供给曲线放置到同一个价格—商品坐标系中，可以看到一个形如“剪刀”的交叉图。

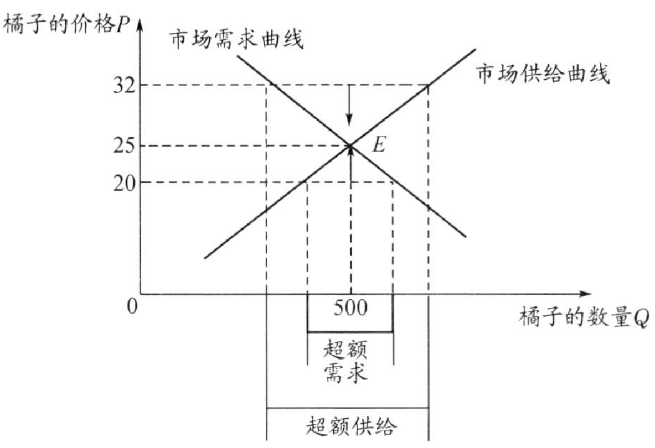

当价格为 20 元/500 千克时，橘子的市场需求超过市场供给，市场存在着超额需求；当价格为 32 元/500 千克时，橘子的市场供给超过市场需求，市场存在着超额供给；当价格为 25 元/500 千克时，供给与需求相当，市场达到均衡。

图 1－9　橘子的供求交叉图

从图 1－9 中可以看出，供给曲线与需求曲线相交于 E 点，对应的橘子价格为 25 元/500 千克，意愿供给量和意愿需求量相等，都为 500 千克。此时消费者正好得到他们在这一价格下愿意购买的橘子数量，生产者也正好出售他们在这一价格下愿意出售的数量。我们称此情况为市场出清。在市场出清的状态下，供给者与需求者都不存在改变这种状态的激励，市场达到均衡。

再考虑橘子价格为 32 元/500 千克时的情况，此时，橘子的意愿供给超过了意愿需求，市场存在着超额供给。厂商（果农）之间会相互竞争，纷纷采取降价的手段来吸引消费者，价格存在着向下的压力。随着价格的下降，消费者会买得更多，果农也会生产得更少，超额供给逐渐减小，市场供求的矛盾也因此逐渐缓解，如此继续下去，直到市场出清。

当橘子的价格为 20 元/500 千克时，橘子的意愿需求超过了意愿供给，市场存在超额需求。此时消费者之间相互竞争，各自把价格出得更高一些，以购买到自己所需要的橘子数量，价格存在向上的趋势。随着价格的上升，消费者会减少需求,果农也会逐渐增加橘子的供应,超额需求逐渐减小,直到市场出清时为止。

综上所述,如果市场存在着超额供给或超额需求,价格和产量必然会发生波动。而价格和产量最终停留于何处取决于市场出清的位置(供给与需求的交叉点),一旦市场出清,经济体内部就不存在自发改变这种状态的力量,此时经济就会达到均衡。从这个过程中可以看到,在以分散决策为特征的市场经济中,市场的运作似乎有一种看不见的力量("看不见的手")在自动协调消费者与厂商的行为,使他们趋向于均衡。

(二)供求曲线的平移与市场价格的变化

市场供给与市场需求的交叉点决定了市场的均衡价格和均衡产量,而它们的平移会改变交叉点的位置,导致均衡价格与均衡产量发生变化。如图 1-10 所示。

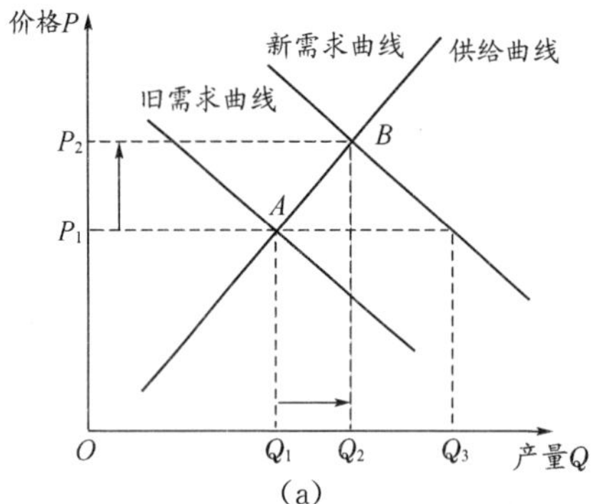

(a)

如果偏好、收入水平、其他商品价格、预期等其他因素发生变化,则可能导致需求曲线发生平移,此时商品的均衡价格与均衡产量会发生改变。

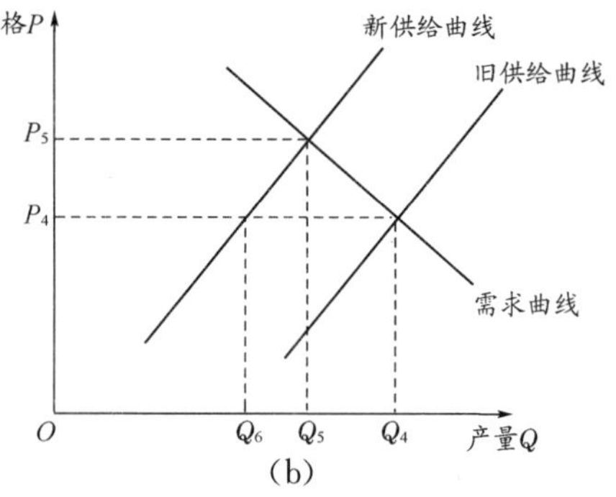

(b)

生产要素的价格、生产技术、其他行业的盈利性、预期等因素的变化使供给曲线发生平移,也会导致商品的均衡价格和均衡产量发生改变。

图 1-10　供求曲线的平移与市场价格的变化

以需求曲线移动为例[见图 1-10(a)],在初始的均衡状态下(A 点),均衡价格为 P_1,均衡产量为 Q_1。假设除价格之外的其他因素发生改变使需求曲线发生平移,对照新的需求曲线,在原来的价格水平 P_1 下,新的市场需求量为 Q_3,而市场供给量仍然为 Q_1。市场上出现了超额需求,超额需求的存在使价格上升,推动市场到达新的均衡点 B——此时均衡价格为 P_2,均衡产量为 Q_2。

四、一般均衡分析

（一）基本思想

上述过程分析了微观个体的分散决策如何对各个市场的均衡价格和均衡产量产生影响，在分析过程中，始终是针对某一个市场单独展开的。为了研究橘子的供求均衡，把橘子市场独立了出来，而忽略了那些与橘子市场相联系的其他市场的情况，这种分析方法被称为局部均衡分析。由于没有考虑到经济联系的复杂性和广泛性，局部均衡分析方法会使我们的视野受到局限，我们必须对相互联系着的市场同时考察，这种将经济中相互联系着的市场同时考察的方法称为一般均衡分析。以考察橘子市场和橙子市场为例，我们来说明一般均衡分析的基本思想。

某项科学研究表明，橘子富含某种对身体有益的元素，多吃橘子对增强体质有极大帮助。科学研究的这项发现使消费者对橘子的偏好增强，导致市场对橘子的需求曲线向右发生平移，图 1－11 描述了这种情况。

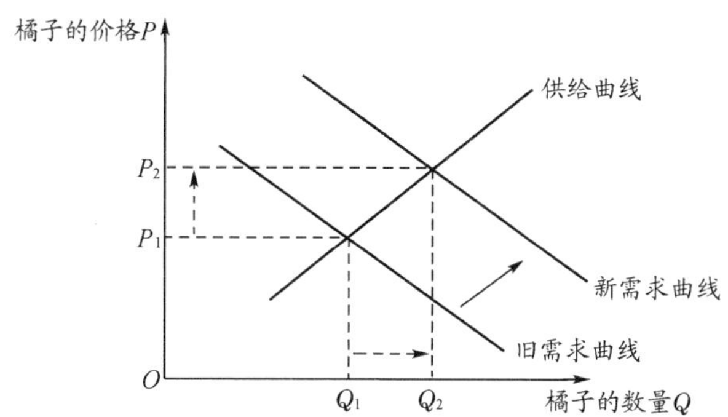

对应于一定的橘子价格，消费者增加了对橘子的需求，这将会使橘子的需求曲线向右平移。需求曲线右移的结果使橘子的均衡价格和均衡产量都有所提高。

图 1－11　对橘子偏好的增强使得橘子的需求曲线向右平移

对照图 1－11 可以发现，橘子需求曲线右移使橘子的均衡价格和均衡产量有所提高，按照局部均衡分析思想，对“科学研究结果如何影响橘子市场”的考察就此结束。然而结合一般均衡的思想，从相关市场的角度来看，对橘子市场的考察还不能就此停止。我们还必须考察橘子价格的上涨对其相关市场——橙子市场会产生什么影响，然后再考虑这种影响又会怎样反过来再次影响橘子市场。

我们了解到橘子和橙子互为替代品,橘子价格的上涨会对橙子的需求产生影响——对应于一定的橙子价格,消费者对橙子的需求增加表现为橙子的市场需求曲线向右平移。图 1－12 的分析表明,橙子的均衡价格和均衡产量会因为橘子价格的上涨而增加。

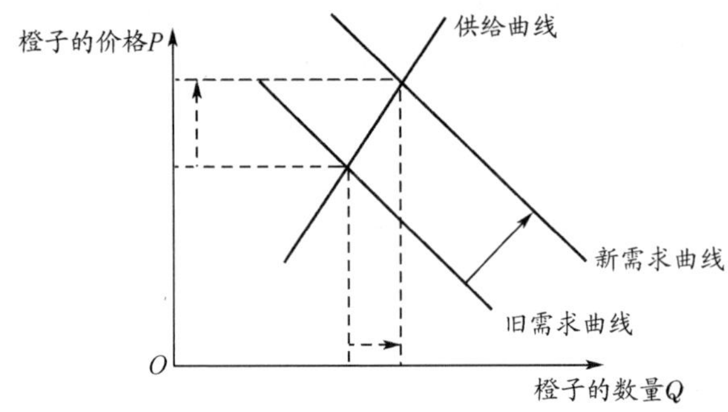

当橘子价格上升时,对应于一定的橙子价格,消费者对橙子的需求增加,即橙子的需求曲线右移。

图 1－12　橘子价格的上涨会使橙子的需求曲线向右平移

橙子价格的上涨会反过来再次影响橘子市场,既然橘子和橙子互为替代品,那么橙子价格的上涨会使得橘子的市场需求曲线再次右移——第一次右移是因为偏好的增强,第二次右移是因为橙子价格的上涨。橘子市场需求曲线的第二次右移会使得橘子的均衡价格和均衡产量再一次提高,而橘子价格的再次提高又会再次影响橙子的市场需求曲线,使橙子的价格再次上涨……如此反复不断。

在上述过程中,不禁会产生一个疑问:橘子价格和橙子价格的上涨会永无止境吗? 考虑到价格的上涨对消费者实际收入水平的影响,这个问题就可以理解了。价格的上涨使消费者的实际收入水平下降,这会抑制两个市场的需求曲线向右平移(联系实际收入水平的下降会使需求曲线向左移动)。当抑制需求曲线右移的力量达到一定程度时,两个市场便会同时达到均衡。

(二)一般均衡理论

对橘子市场和橙子市场的考察体现了一般均衡的基本思想:市场之间是相互联系的,某个市场的均衡实现过程联系着其他市场的均衡实现过程,并且两个市场的最终均衡是同时达到的；只要有一个市场未实现均衡，其内部就必定存在着改变自身的力量，这种力量同时会影响到与之相关联的其他市场，使之也发生调整。

对两个市场的考察较好地突出了问题的实质，如果将视野放宽，考虑更多相互联系着的市场（无数个），是否也能够得出类似的结论呢？也就是说，如果考虑经济体系中无数相互联系的市场，是否可以证明市场机制的自发调节作用可以让所有市场同时到达均衡（同时出清）？法国经济学家瓦尔拉斯在 1874 年提出一般均衡理论，试图回答这个问题。瓦尔拉斯认为，如果价格是具有伸缩性的，那么在所有相互联系着的市场间存在着一组价格，使得这些市场能够同时出清。对于这个结论，有两点需要特别关注：第一，需要进一步说明“所有相互联系着的市场”到底包括了哪些类型的市场；第二，价格具有伸缩性这个前提对一般均衡的存在有什么意义。

1. 市场的类型及联系

市场体系中存在着无数相互联系着的市场，橘子市场与橙子市场是相互联系的，它们同时与化肥市场、杀虫剂市场有密切关联；汽车市场与汽油市场紧密相关，同时与钢材市场之间也不可分割……那么，一般均衡理论中所揭示的“所有相互联系着的市场”到底指哪些类型的市场呢？这些市场之间的联系表现在哪些方面呢？

市场大致可以分为两大类：产品市场和要素市场（见专栏 1－3）。产品市场包括经济体所生产出来的最终产品市场（如橘子市场、橙子市场、服装市场、汽车市场等）。要素市场包括用于生产产品的各种投入品所构成的市场。投入品（要素）主要包括土地（代表自然资源）、劳动、资本、企业家才能。

“土地”要素代表所有自然资源，如石油、水、矿产等。在土地市场上，我们用地租来表示土地的价格。“劳动”要素不是简单地指有多少人，它有时还包含生产产品的技能（人力资本）。在劳动市场上，我们利用工资来表示劳动的价格。“资本”要素代表经济体生产出来的用于再生产的产品。例如，钢材是一种产品，然而当它被用于制造汽车时，它便成为资本品，成为资本要素；桌子也是一种产品，然而当它被单位购买用于装备办公器材时，它便属于资本要素。因为资本品涉及的实物种类繁多，为利于分析的统一性，我们利用能够购买或支配各种资本品的货币作为资本要素的代表，故资本市场中的价格一般通过货币的“价格”——利息来表示。“企业家才能”是一种比较抽象的生产要素。同样的土地、劳动或资本,不同的企业家对它们利用的效率是不一样的。这决定了企业家才能必须作为生产的一种要素而考虑进来。企业家才能的价格通过利润来表示。

专栏 1-3

产品市场与要素市场的联系

一般均衡理论讨论了无数个相互联系的市场能否同时出清的问题,经济体中所有市场都可归类于产品市场或要素市场。如图 1-13 所示,厂商在要素市场购买要素从事生产,并将生产出来的商品或服务在产品市场上提供给家庭消费。家庭通过要素市场提供要素并获得要素收入,利用获得的要素收入在产品市场上购买商品或服务。从图 1-13 中可以看出,在产品市场上,厂商构成了产品市场的供给方而家庭构成了产品市场的需求方;在要素市场上,家庭构成了要素市场的供给方而厂商构成了要素市场的需求方。

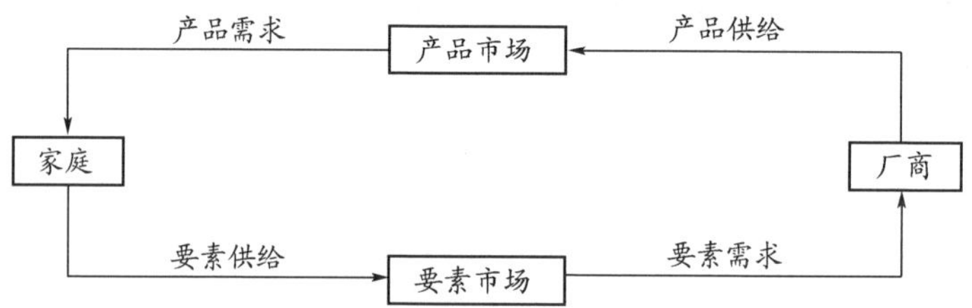

在要素市场上,厂商构成了要素的需求方而家庭构成了要素的供给方;在产品市场上,厂商构成了产品的供给方而家庭构成了产品的需求方。

图 1-13　产品市场与要素市场之间的联系

2. “价格伸缩性”对于一般均衡的意义

价格具有伸缩性是一般均衡存在的前提,价格伸缩性是对价格变动灵活程度的度量,它是经济理论中所假设的一种极限状态,表明价格完全不受限制,能够自由灵活地调节市场供求,使之达到均衡(出清)状态。由于价格的变动完全不受限制,故价格伸缩性的假设意味着价格对供求的调整可在瞬间完成。与价格伸缩性相对应的是价格刚性。所谓价格刚性,是指价格因为某些原因而固定不变,即使市场的供求不相等,价格也不能灵活地发生变动,价格失去了驱使供求达到均衡的能力,这个市场有可能一直处于不出清状态。

价格伸缩性和价格刚性是经济理论中考虑价格变动灵活程度的两个极端状况。在现实生活中,我们所观察到的价格变动往往介于刚性与伸缩性之间,如果发生供求不等,价格往往并不是一成不变的,它将逐渐调节市场供求,使供求达到均衡,但这种调节不是在瞬间就能完成的,而是需要一个逐步完成的过程。这种介于伸缩性与刚性之间的情况被称为价格黏性。

价格伸缩性的假定对于一般均衡理论的成立十分重要。如果价格不具有伸缩性,那么在市场供求不等的情况下,价格不能够灵活地进行变动,这会使市场在较长时间内处于失衡的状态,从而所有市场同时出清(一般均衡)就很难实现。在宏观经济学的分析中,价格刚性或黏性,尤其是劳动力市场的工资刚性或黏性对于理解短期经济波动十分重要,在后面的分析中对这个概念还会有所涉及。

市场价格类似于一只"看不见的手",自动指挥并协调着微观个体做出分散决策,这种分散决策相互作用,最终决定了社会资源的配置。不仅如此,通过一般均衡理论,我们还看到,市场机制的这种自动调节过程在生产上是富有效率的(使经济运行于生产可能性边界),而且提供出来的产出组合也正是人们所需要的。

市场机制的这种近乎美妙的调节方式,近些年来随着中国经济转型过程中生产效率的提高和人民生活水平的改善而得以验证。在中国,人们对于市场经济的信念正日益增强,政府在经济领域中的作用很大程度上已经被不断建立与扩大的市场所取代。

第三节　微观经济学与宏观经济学

君主的义务,首在保护本国社会的安全,使之不受其他独立社会的暴行与侵略。君主的第二个义务为保护人民,不使社会中任何人受其他人的欺辱或压迫,换言之,就是设立一个严正的司法机构。君主或国家的第三种义务就是建立并维持某些公共机关和公共工程。这类机关和工程,对于一个大社会当然是有很大利益的,

> 但就其性质说，设由个人或少数人办理，那所得利润决不能偿其所费。所以这种事业，不能期望个人或少数人出来创办或维持。
>
> 亚当·斯密《国富论》

一、经济学简史

公元前4世纪的希腊学者色诺芬，最早使用“经济”一词论述家庭管理，后来“政治经济学”一词中的“Economy”就是由此演变而来的。随着16世纪西方资本主义的逐步发展，商品货币关系随着大航海得以扩散，第一次出现了专门讨论经济关系的理论，因为他们大多认为财富主要来源于流通领域，财富就是金银，而对外贸易的顺差是获取财富的真正来源，被称为“重商主义”。17世纪下半叶开始，英国、法国等形成一股反对重商主义政府干涉经济的社会思潮，强调应该从生产领域研究财富增长，主张自由放任，建立了第一个系统的经济学理论体系，即古典经济学。亚当·斯密被称为其中的核心人物，《国富论》是在资本主义手工业、商品经济迅速发展下的产物，不仅为以后的现代经济学进一步发展提供了基本概念，也是马克思主义经济学重要的理论来源。古典经济学派有关劳动价值论的重要思想，对《资本论》具有重要影响。斯密考察价值问题时，最先区分了使用价值和交换价值。李嘉图明确指出了使用价值是交换价值的前提，明确提出价值是由生产商品所耗费的劳动决定的。

19世纪中期，马克思受到李嘉图、早期空想社会主义者圣西门、达尔文、黑格尔和费尔巴哈等人的影响，以劳动价值论、剥削理论、资本积累与利润率下降趋势、资本积累与经济危机、资本集聚与财富集中以及阶级斗争等相互联系的理论构建了跨时代巨著《资本论》。1890年马歇尔的《经济学原理》充分吸收了边际革命的成果，将经济学从政治学、伦理学中独立出来，创建成为一个独立的学科，将“政治经济学”改为“经济学”，并在实际上从经济学中取消了价值论的相关讨论；他大量使用数学和图表进行局部均衡分析，创造了供给和需求分析工具，成为现代微观经济学体系的奠基者。

20世纪30年代的大萧条，为凯恩斯思想的产生增加了额外的推动力。针对经济的长期停滞和萧条，凯恩斯提出社会就业量取决于有效需求，而有效需求来自三个基本的心理因素：消费倾向、对资产未来收益的预期、对货币的流动性偏好。危机爆发主要是因为对投资的未来收益缺乏信心而引起

“资本边际效率”的突然崩溃。并在此理论基础上，提出扩大政府干预经济的权力，增加政府公共开支，提高有效需求。20 世纪 70 年代的滞胀，使得凯恩斯学派的理论出现困境，以弗里德曼等为代表的新货币学派，以罗伯特·卢卡斯、托马斯·萨金特等为代表的理性预期学派，以拉弗等为代表的供给学派，构成一次古典主义的复兴，被统称为新兴古典学派。图 1－14 所示为经济学简史图谱。

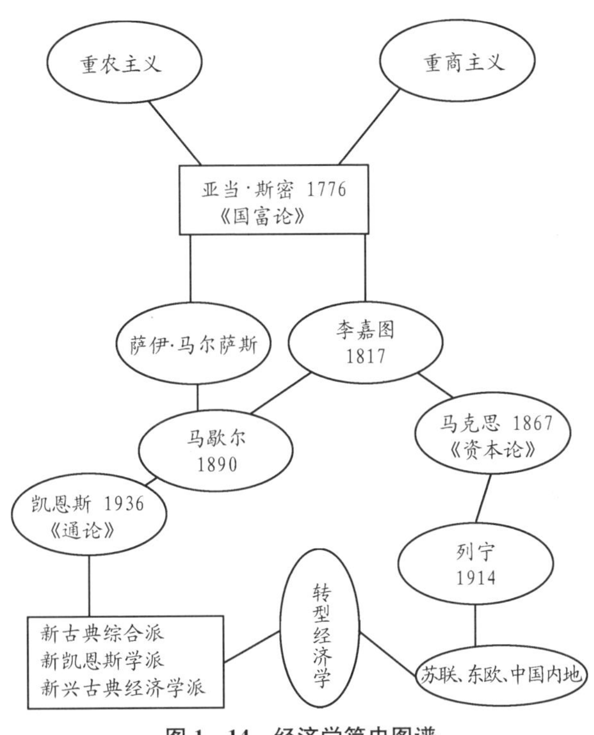

图 1－14　经济学简史图谱

二、微观经济学与宏观经济学的关系

古典经济学从价格如何影响个人需求和个人供给出发，推导出市场需求和市场供给，在从市场需求与市场供给的相互作用中，阐述了市场机制是如何调节资源达到最优配置的（见图 1－15）。在 20 世纪 30 年代之前，古典经济学代表了经济学的主流。今天，这种从微观个体行为出发来分析经济问题的思路被归入了微观经济学范畴。

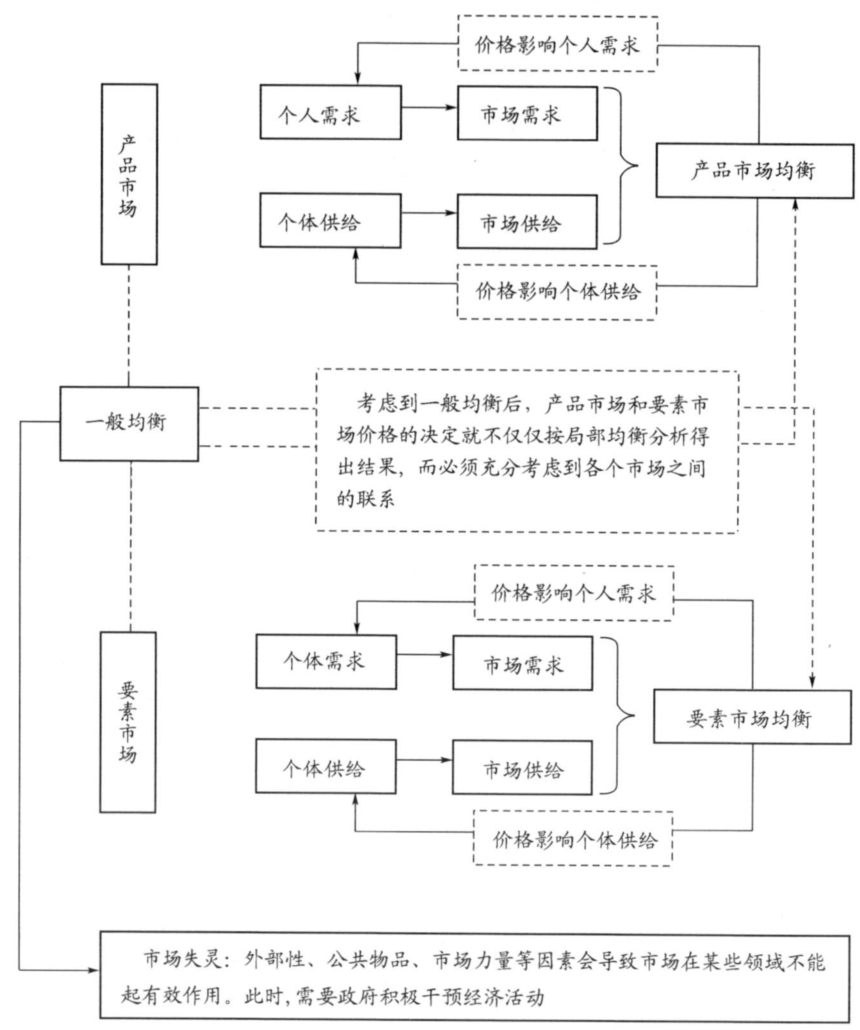

新古典经济学相信市场机制的作用，认为市场的调节能够使要素市场充分就业、产品市场供求均衡，它源自古典经济学相信市场力量的传统。

图 1-15　现代主流微观经济理论(新古典经济学)的整体框架图

1929 年爆发的大萧条促成了宏观经济学的诞生。大萧条使得西方主要工业发达国家经济、社会濒临崩溃，以凯恩斯为代表的经济学家对经济运行重新进行思考，从总体上看待经济变量之间的关系，并创造了宏观经济学的基本框架。宏观经济学的研究视角如图 1-16 所示。

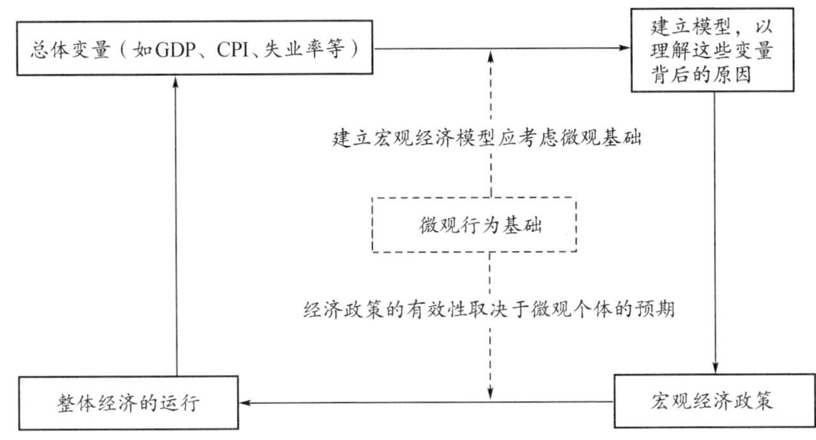

宏观经济学从整体的角度来分析经济问题。首先必须设计出一系列变量对整体经济进行衡量。通过建立模型，宏观经济学更好地理解了这些变量背后的原因。并在此基础上形成政策建议，以促使整体经济良好地运行。

图 1－16　宏观经济学的整体思路

从宏观角度直接切入来研究经济问题，首先必须设计出一系列能够衡量整体经济运行状况的总体变量。由于这些变量反映了一个经济是否运行良好，有必要建立模型来理解这些变量背后的原因。最后，宏观经济学理论研究的目的是为了形成宏观经济政策建议，以促进整体经济能够更加健康地运行。

在建立模型理解总体指标的过程中，不能忽视微观个体行为对宏观经济所产生的作用。社会是由个人所构成的，整体经济的运行是无数个微观个体相互作用的结果。因此要理解整体经济的运行，就必须回归到对微观行为的解释上去。也就是说，我们不能够“就宏观数据来讨论宏观问题”，而应该在对宏观数据的解释过程中寻找其背后的微观行为基础。除此之外，宏观经济政策要想较好地对整体经济发生作用，也不能忽视微观参与者这个中间环节的作用，经济政策的有效性也将取决于微观个体的行为及预期。

三、宏观经济分析的几组概念

（一）流量与存量

在宏观经济学中，需要注意总体变量有着“存量”与“流量”的区别。存量是在一定的时点上测算出来的量，而流量只是按一定时期测算的量。常见的存量如资本存量(某时点经济中拥有的资本品数量)、某一时点的人口数等;常见的流量如总产出、投资、储蓄、折旧、新增人口数等。

为考察存量的变化,首先必须明确与被考察的存量相关的流量情况。如图 1－17 所示,容器中水的存量受到注入(流量)和漏出(流量)的影响。如果注入大于漏出,那么容器中的水存量就会增加;如果注入小于漏出,容器中的水存量则会减少。

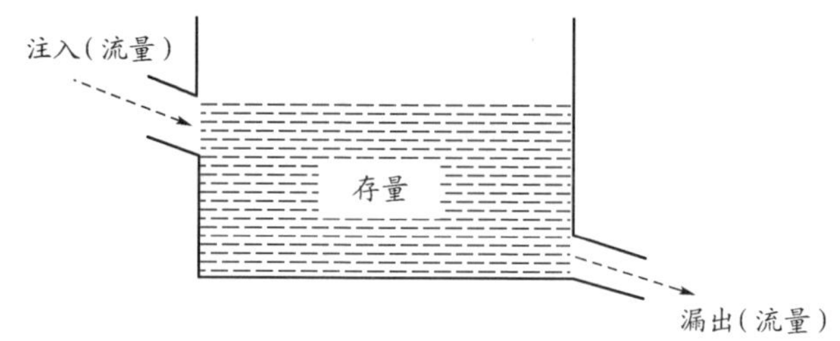

比如说,资本是一个存量,而通过分析影响资本的"注入"(投资)与"漏出"(折旧)之间的关系,我们可以考察资本的变化情况。

图 1－17 流量与存量的关系

来看一个例子,影响资本存量(K_t)的"流量"包括投资(I_t)和折旧(δ_t)。其中,投资可以理解为"注入",而折旧可理解为"漏出"。因此,通过考察t 期的投资与折旧的情况,可以考察在 t 期资本存量的变化情况:

$$\Delta K_t = K_t - K_{t-1} = I_t - \delta_t$$

(二) 模型、外生变量与内生变量

宏观经济学通过总体变量来衡量整体经济的运行,为理解这些变量背后的原因,经济学家建立了许多模型。我们在本章第二节中讨论市场运行机制时,已经初步涉及模型的分析,比如在分析单个产品价格与产量的决定时,我们采用了供需模型。供需模型将影响价格与产量的因素"浓缩"为供给曲线与需求曲线,从供给与需求的相互关系中阐述了作用于价格和产量两个不同方向上的"力"如何相互作用,进而推演出价格与产量的决定。

在利用模型来解释宏观数据时,有必要明确外生变量与内生变量的概念。内生变量是模型试图解释的变量;而外生变量是由模型以外的因素决定的变量,是模型建立的外部条件。通过模型所揭示出来的本质联系,我们可以理解外生变量如何使内生变量发生变化。

如图 1－18 所示,在供需模型中,价格与产量是从模型中"内生"出来的

结果,我们建立模型的目的就是为了表明价格与产量决定的本质原因。而诸如偏好、收入水平等是模型之外的变量,通过模型所揭示出来的本质联系,可以考察外生变量如何对内生变量发生作用。

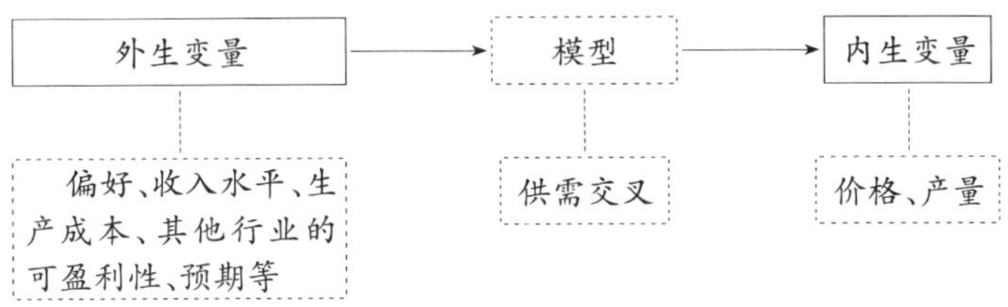

内生变量是一个模型要解释的变量,而外生变量是模型之外的变量。一个模型的作用在于揭示内生变量的本质联系,因此,外生变量如何对内生变量发生作用可以通过模型得到说明。

图 1－18　外生变量与内生变量

由于模型是对现实的抽象,它与现实之间难免会产生偏差,因此,一个理论模型是否能够最终站得住脚,还要取决于它能否经受经验的检验。计量经济学为这种检验提供了一个渠道。计量经济学运用数理统计知识分析已有的经济数据,对构建于经济理论基础之上的理论模型提供经验支持。

（三）规范分析与实证分析

作为一门社会科学,宏观经济学的主要任务是发现整体经济是如何运行的。在实现这个目标时,有必要区分两种不同类型的表述:① 是什么;② 应该是什么。

关于"是什么"的表述被称为实证表述。这种表述说明了对经济如何运行的看法,它的目的在于寻找出数据背后所存在的客观经济规律。实证表述可能正确,也可能错误,经济学家通过把这种表述与事实进行对照来检验其正确性。关于"应该是什么"的表述被称为规范表述[①]。规范表述的首要前提是建立一个衡量好坏的标准,这取决于经济学家的价值观,因此是不可检验的。

本章要点

1. 经济学是关于选择的科学。选择问题之所以产生,是因为存在着资

① 与此相关,经济学可以区分为实证经济学与规范经济学。

源的相对稀缺性。而社会关于生产的选择可以归结为三大基本经济问题：生产什么和生产多少、如何生产、为谁生产。不同的经济体制对于这三个问题的回答是不同的，本书主要基于市场经济体制解读这些问题。

2. 以马歇尔等人为代表的经济学者利用供给、需求工具系统论证了市场经济的内生稳定性。价格机制类似一只“看不见的手”，自动协调供给与需求达到均衡。

3. 局部均衡分析：市场需求与价格具有负相关关系，市场供给与价格则具有正相关关系。两者的相互作用决定了单个市场的均衡价格与均衡产量。

4. 一般均衡分析：当价格具有伸缩性时，经济中相互联系着的市场(包括产品市场和要素市场)能够实现同时出清(一般均衡)。价格具有伸缩性是实现一般均衡的前提。一般均衡有两个含义：首先，一般均衡意味着所有的资源都能够得到充分利用，经济运行于生产可能性边界；其次，一般均衡还表明，社会所提供的产品组合即为社会所需要的产品组合。

5. 古典经济学从微观个体出发分析经济问题的思路构成了现代经济学的一个分支(微观经济学)的基础。除了微观角度之外，现代经济学还直接从一国宏观经济的整体切入来分析经济问题，即宏观经济学。

6. 宏观经济学通过设定总体经济变量来衡量整体经济的运行，为理解这些变量背后的原因，宏观经济学建立了各种模型，并通过这些模型，为现实经济运行提供政策建议。虽然宏观经济学与微观经济学的研究角度有所不同，但建立宏观经济模型必须要有一定的微观行为基础作为支撑，这使得宏观经济学与微观经济学两者之间又具有一定的统一性。

关键概念

经济学	相对稀缺性	机会成本	基本经济问题
经济转型	生产可能性边界	计划经济体制	市场经济体制
看不见的手	古典经济学	新古典经济学	价格调节机制
供给	需求	均衡	局部均衡
市场出清	一般均衡	价格伸缩性	价格黏性
价格刚性	充分就业	微观经济学	宏观经济学
存量	流量	外生变量	内生变量
规范表述	实证表述		

本章习题

1. 虽然张小山每次打的上班比乘公交车上班需多花费 9 元钱，但却因此节省了半个小时的时间。试考虑当张小山的收入至少为多少元/小时的时候，他才愿意选择打的上班(结合时间是一种稀缺资源的观点)?

2. 以马歇尔等人为代表的学者是如何论证亚当·斯密的“看不见的手”的原理的?

3. 要素市场包括哪几大类型的市场？其价格分别如何表示?

4. 在理论分析中，关于价格灵活程度有哪几种假定？关于价格灵活程度的不同假定对于一般均衡的实现有何含义?

5. 讨论一般均衡与充分就业的关系，并讨论当工资具有刚性(或黏性)时，经济的运行与生产可能性边界的关系。

6. 宏观经济学在研究视角上与微观经济学有什么区别？宏观经济学在整体研究思路上具有哪些特征?

案例讨论

以世界石油近五年的价格为分析对象，讨论供给和需求是如何影响其价格走势的。

第二章 宏观经济分析概述

宏观经济学作为经济学分支的诞生，可以追溯到凯恩斯1936年出版的《就业、利息与货币通论》(简称《通论》)。在《通论》出版之前的时代，“古典主义”的思想占据着经济学界主流。那时，并没有宏观经济学与微观经济学之分，经济学家对于经济问题的考察大都集中在微观领域——个人或企业的层面。在《通论》出版之后，经济学研究的整体思路发生了改变，经济学家开始注重从宏观的角度出发来分析经济问题。

凯恩斯的理论为经济学开拓了一个新视野。经过众多经济学家的努力，凯恩斯主义的宏观经济理论日趋完善，并与微观经济学一起构成了经济学的基本理论体系，这一理论体系又被称为新古典综合派，在战后相当长的时期内成为经济学的主流，并得到大多数经济学家的支持。

20世纪70年代，发达国家出现的“滞胀”现象(失业与通货膨胀并存)，严重动摇了凯恩斯主义的统治地位。以弗里德曼为代表的货币主义学派和以卢卡斯为代表的理性预期学派纷纷崛起。这两个学派都坚信市场的力量，这其实又回到了凯恩斯之前的“古典主义”所持有的观点，因此货币主义及理性预期学派被视为是对古典思想的“复兴”。同时，在众多批评声中，凯恩斯理论也不断获得发展，新凯恩斯主义学派就是在吸取了理性预期学派的某些研究成果之后出现的一个学派。

第一节　宏观经济学的研究对象

宏观经济学是研究一国(或地区)整体经济的科学,它通过宏观经济数据来衡量整体经济运行的状况,在解释这些数据的过程中形成了宏观经济学的一般理论。本章首先介绍衡量整体经济运行状况的三个关键变量,结合这三个变量,考察宏观经济学的研究目的。对这些变量(和其他相关数据)的解释以及由此而形成的宏观经济学的一般理论,构成了本书其他章节的主要内容。

一、衡量整体经济状况的三个关键变量

从宏观的角度出发分析经济问题,必须首先对整体经济状况进行衡量。为此,有三个比较关键的宏观经济变量:国内生产总值、一般价格水平、失业率。

国内生产总值是对产出的衡量。社会每年都会生产出大量的最终产品和服务。产品包括从日常生活用的袜子、打火机到国防系统用的远程导弹;服务包括导游对游客的解说、出租车司机对乘客的接待、咨询公司对顾客提供的咨询等。这些产品和服务涉及的行业种类复杂。要衡量整体经济,首先必须对经济体每年的产出有一个总的测算方法,国内生产总值提供了这种方法。一般价格水平是对总体物价水平的衡量,是针对所有商品价格从平均意义上来定义的一个变量,不是指某一种具体商品的价格。失业率是对生产要素(劳动、资本等)利用程度的衡量,狭义的失业率仅仅衡量了生产要素中的一种——劳动的利用程度。我们平常所说的失业率指的是狭义的失业率。

(一) 国内生产总值 GDP(Gross Domestic Product)

社会每年所提供的最终产品与服务涉及各行各业。然而,我们不能通过“清单”的方式将每年所有行业的产出都列出来,以此衡量经济的总产出,比如:

第一年生产了袜子 700 万双、电视机 20 万台、自行车 70 万辆

第二年生产了袜子 690 万双、电视机 21 万台、自行车 69 万辆

……

这种方法不可取，是因为清单不仅让人眼花缭乱，而且它失去了对产出进行整体衡量的作用。就上面的例子来说，第二年的袜子和自行车的产量低于第一年，但电视机的产量却高于第一年，那第一年与第二年相比，哪一年的整体产量更多？我们无法确定。

为使核算工作变得容易，我们需要利用价格这个尺度，将年产量的实物数据作一个便于汇总的"换算"处理。在市场经济中，每一种生产出来并被推向市场的产品和服务都会有一个基于供求关系作用后的市场价格，这一市场价格可被用作计算整体产出价值时的尺度。

比如第一年，袜子、电视机、自行车的平均价格分别为 5 元/双、3 000 元/台、300 元/辆。我们可计算出第一年产出的货币价值分别为：袜子的产值为 0.35 亿元(700 万双×5 元/双)；电视机的产值为 6 亿元(20 万台×3 000元/台)；自行车的产值为 2.1 亿元(70 万辆×300 元/辆)。于是，第一年社会总产出的货币价值即为 8.45 亿元。类似的，如果第二年的价格仍然为 5 元/双、3 000 元/台、300 元/辆，我们可以计算出第二年社会总产出的货币价值为 8.715 亿元。

这种以当年的市场价格作为尺度计算出来的社会总产出称为名义国内生产总值(名义 GDP)，它等于一定时期(通常为 1 年)在一国境内所生产的全部最终商品与服务的市场价值之和。对于这个概念，需要注意以下几个问题：

(1) 我们是以"当年的市场价格"作为尺度来计算名义 GDP 的。在前面的例子中，第二年的价格与第一年相比并未发生变化，于是得出第二年的名义 GDP(8.715 亿元)大于第一年的名义 GDP(8.45 亿元)，在价格没有发生变化的情况下，名义 GDP 的大小反映了一国实际产出的变化(第二年的产出大于第一年的产出)。但是，如果第二年的价格发生变化，会出现什么样的情况呢？

现在假设第二年各产品的价格与第一年相比有增有减：袜子价格从 5 元/双上涨到 5.5 元/双；电视机价格从 3 000 元/台下降到 2 800 元/台；自行车价格不变，仍是300 元/辆。此时，计算第二年的名义 GDP 为 8.33 亿元(690 万双×5.5 元/双+21 万台×2 800元/台+69 万辆×300 元/辆)。

从比较中可以看出，当第二年价格发生改变时，第二年的名义 GDP(8.33亿元)反而小于第一年的名义 GDP。由此可以看出，名义 GDP 由于受价格变动的影响，在比较不同年份间实际产出量的大小时存在着严重的缺陷。为解决这个问题，经济学中引入实际国内生产总值（实际 GDP）的概念。实际 GDP 规定某一年的价格作为基年价格，以此作为尺度来计算其余各年的 GDP。根据基年价格计算出来的实际 GDP 由于剔除了价格变动的影响，对于不同年份间实际产出量的大小比较起到一个很好的指示作用。

实际 GDP 的计算示例如下：

假设 2019—2022 年，经济中的最终产出品袜子、电视机、自行车的产量和价格分别如表 2-1 所示。

表 2-1　实际 GDP 计算示例

	2019 年		2020 年	
	产量	价格	产量	价格
袜　子	700 万双	5 元/双	690 万双	5.5 元/双
电视机	20 万台	3 000 元/台	21 万台	2 800 元/台
自行车	70 万辆	300 元/辆	69 万辆	300 元/辆
	2021 年		2022 年	
	产量	价格	产量	价格
袜　子	710 万双	5.2 元/双	720 万双	5.3 元/双
电视机	19 万台	2 700 元/台	22 万台	2 750 元/台
自行车	71 万辆	320 元/辆	71 万辆	315 元/辆

我们不妨取 2019 年作为基年，来计算实际 GDP。由于 2019 年是基年，其价格作为所有各年计算实际 GDP 时的尺度，因此可计算得：

2019 年的实际 GDP 为：700 万×5＋20 万×3 000＋70 万×300＝8.45（亿元）；

2020 年的实际 GDP 为：690 万×$\boxed{5}$＋21 万×$\boxed{3\ 000}$＋69 万×$\boxed{300}$＝8.715（亿元）。

方框内的价格为基年（即 2019 年）的价格。

与 2019 年和 2020 年的计算类似：

2021 年的实际 GDP 为：710 万×$\boxed{5}$＋19 万×$\boxed{3\ 000}$＋71 万×$\boxed{300}$＝8.185（亿元）；

2022 年的实际 GDP 为：720 万×$\boxed{5}$＋22 万×$\boxed{3\ 000}$＋71 万×$\boxed{300}$＝

9.09(亿元)。

从实际GDP的计算比较中可以看出,2022年的实际产出量最多,而2021年的实际产出量最少。

(2) 利用市场价格作为尺度计算GDP时可能存在一个问题:我们仅能够获得那些市场中存在的产品和服务的价格,但在现实生活中有许多经济活动并未通过市场来开展,这就使这些活动所创造出来的价值被GDP统计所忽略。

家庭成员在家中做饭就是一个例子。与饭店向顾客提供服务类似,家庭成员在家中所做的饭菜也应该被视为一种服务,只不过所提供的服务对象是自己家人。然而对于这两种类似的产出,GDP统计对它们的处理结果却是截然不同的:家庭成员在家中做饭因为没有能够进入市场,所以没有被统计进GDP;而饭店向顾客提供饭菜服务却因为通过了市场交易,具有确定的市场价格而被计入了GDP。

与之相似的还有许多例子。家庭主妇如果自己在家整理房间、洗衣服,那她为自家所提供的这些服务不会被计入GDP。相反,如果她从劳动力市场雇用一个保姆,由保姆为她提供完全类似的服务,那么这些服务就会被计入GDP,因为现在它们属于有报酬的家庭佣工所提供的服务。

除了非市场活动会被GDP统计忽略之外,许多"地下"的或没有上报的经济活动所创造出来的产品和服务也不属于GDP的考察范围。许多人可能不愿意将自己所从事的经济活动公开化。除此之外,逃税漏税的行为也会使GDP经常被低估。

(3) 在GDP的核算中,我们应该区分开最终产品与中间产品,GDP只计算最终产品的市场价值,而剔除了对中间产品价值的重复计算。

最终产品是指那些进入最终消费或使用环节的产品与服务。与此对应的是中间产品,即生产最终产品所需要的投入品。一种产品(如小刀)既可以是最终产品也可以是中间产品,取决于如何使用它。如果小学生购买小刀来削铅笔,那小刀就属于最终产品,因为此时小刀进入了最终消费的环节;但如果小刀被编制竹篮的匠人购买,被用于编制过程中削竹子,那么小刀便属于一种中间产品,因为此时的最终产品是竹篮,小刀仅是生产竹篮过程中的投入品。

作为最终产品的投入品,中间产品的市场价值已经被包含在最终产品的市场价值之中。比如一辆价值8万元的轿车,就已经包含了2万元的钢材、2 000 元的优质轮胎等中间产品的价值。如果在计算 GDP 时,不仅将轿车的价值统计在内,而且加上了中间产品的价值,就会导致计算上的重复。因此,GDP 统计将中间产品的市场价值剔除在外,仅考虑最终产品的价值。

(4) GDP 可能反映了一个国家总体的产出水平,但是它与这个国家居民的富裕程度却没有必然的联系。印度的 GDP 经过汇率折算后可能是新加坡的几倍,然而,我们并不能够得出印度人的生活水平高于新加坡人的结论。因此,为粗略估计居民的生活水平,我们可以将 GDP 除以人口的数量,计算出平均每个人所拥有的 GDP,即人均 GDP。人均 GDP 仅是一种统计数值,它大致反映了一国居民的生活情况,然而这个数值本身并不反映 GDP 的分配结构。比如当只有少部分富人拥有较大份额的 GDP,而广大的普通群众只占有较小份额的 GDP 时,人均 GDP 在衡量一国的居民生活水平方面就不再具有代表性。

绿色 GDP

GDP 提供了衡量一国经济活动总体水平的方法,但这仅仅构成社会总体福利指标的一个部分,因为它没有能够考虑生产 GDP 时所造成的自然环境污染所带来的成本。在 20 世纪 50 年代,统计学家就试图建立一种核算机制,来得出一个“干净的”GDP 数字,即用 GDP 的数值减去发展成本(包括环境因素)。这个“干净的”GDP 数值被称为“全民总福利”,来洗刷萨缪尔森所说的 GDP 等于“全民总污染”的耻辱。不过,一直到 21 世纪,这项伟大的计算“全民总福利”的统计方式始终没有出来,根本原因在于,经济学家认为,有很多变量是无法计算的,因为它们连影子价格都没有。

中国在 2003 年左右计划使用的“绿色 GDP”核算体系的思路与“全民总福利”很相近,即就全部资源耗减成本和环境损失代价计算出完整的“绿色 GDP”(要扣除因环境污染、自然资源退化、教育低落、人口数量失控、管理不当等因素所引起的经济损失成本)。绿色 GDP 的指标表示了某一经济活动是增加一国的财富,还是通过消耗自然资源的方式而减少财富。

与 GDP 相比,绿色 GDP 衡量了一国可持续性发展的能力,它因此显得更为科学。然而,构造绿色 GDP 的度量指标却存在着一定的难度。比如,在收集环境污染等资料方面,大气污染数据比较容易取得,但水污染损失、固体废物污染损失以及环境污染事故等经济损失的数据则很难取得,因为这些损失有很强的变动性以及很强的传染性(没法捕捉它们的外部性)。而且,作为微观主体,企业也没有动力上报因生产导致的环境污染和资源损失问题,这些资料会抹黑企业的社会责任,破坏企业的无形资产。如果强硬推行,一些企业肯定会成为绿色 GDP 计划里忠实的"造假者"。

(资料来源:《21 世纪经济报道》,社评文章,2006 年 5 月 31 日)

(二) 一般价格水平

使用 GDP 概念,我们可从产出的角度来衡量整体经济的状况。然而判断一个经济体的运行状况,仅考虑其产出是不够的,价格水平也是衡量宏观经济的一个重要因素。

从宏观角度来考察价格有一定的特殊性。在第一章中可以看到,微观经济学在研究价格时,所讨论的是某个具体商品的价格。当我们从宏观的视角来看待价格问题时,我们就不再追究某个具体商品价格这种细节问题,而是将注意力放在一般价格水平(总体价格水平)上。

为衡量一般价格水平,我们常常选取具有代表意义的"一篮子商品"。将这"一篮子"内所有商品的购买成本进行加总,即可得到一般价格水平。比如我们想衡量水果的一般价格水平,首先需要寻找出具有代表意义的水果消费商品"篮子":苹果、橙子、橘子、香蕉、桃子。根据这些商品的价格对该水果消费商品"篮子"的成本进行统计后,可以计算出它们的一般价格水平。一般价格水平与相对价格是有区别的。相对价格的改变并不一定导致一般价格水平的改变。例如,苹果的价格由原来的 4 元/500 克上升到 6 元/500 克,香蕉的价格由原来的 5 元/500 克下降为 3 元/500 克。若采用算术平均来计算一般价格水平,则一般价格水平并未发生改变,尽管苹果和香蕉的相对价格发生了变化。

根据研究目的不同,我们可以在"篮子"内装入不同的代表性商品。比如我们想衡量消费者在购买产品和服务时所承受的整体价格水平,就可以在"篮子"内装入对目前的消费具有代表性意义的产品和服务,包括吃、穿、住、行等各个方面。根据这些代表性产品和服务的价格(市场零售价)所计算出来的一般价格水平称为消费者价格指数(CPI)。CPI 作为衡量整体价格水平的一个常用指标,一般由国家统计局定期(每月)向社会公布。

随着时代的发展和人们消费结构的改善,对人们的消费具有代表意义的商品往往会发生改变，此时用于计算CPI的代表性商品的构成也会因此而发生变化，比如，当手机出现并成为大众主流消费品时，统计部门应当及时将手机列入计算CPI的“篮子”；而当自行车被人们淘汰转而被电动自行车所替代时，统计部门也应该将自行车从“篮子”中消除，而将电动自行车增添进去。

专栏2－2

中国的CPI是怎么得来的？

大多数国家都编制居民消费价格指数（CPI），反映城乡居民购买并用于消费的消费品及服务价格水平的变动情况，并用它来反映通货膨胀的程度。

从2001年起，我国采用国际通用做法，逐月编制并公布以2000年价格水平为基期的居民消费价格定基指数，作为反映我国通货膨胀（或紧缩）程度的主要指标。经国务院批准，国家统计局城调总队负责全国居民消费价格指数的编制及相关工作，并组织、指导和管理各省区市的消费价格调查统计工作。

我国编制价格指数的商品和服务项目，根据全国城乡近11万户居民家庭消费支出构成资料和有关规定确定，目前共包括食品、烟酒及用品、衣着、家庭设备用品及服务、医疗保健及个人用品、交通和通讯、娱乐教育文化用品及服务、居住八大类，251个基本分类，约700个代表品种。居民消费价格指数就是在对全国550个样本市县近3万个采价点进行价格调查的基础上，根据国际规范的流程和公式算出来的。

（资料来源：国家统计局，http://www.stats.gov.cn/tjzs/tjcs/t20040421_402145290.htm）

CPI提供了衡量整体价格的一种方法，另一个与CPI对应的指标是生产者价格指数（PPI）。中国统计部门公布的PPI包括诸如“工业品出厂价格指数”（度量生产者出售产品的平均价格水平，即出厂价）和“原材料、燃料和动力购进价格指数”（度量生产者在购买原材料时所承受的价格）等。

PPI对于CPI有着一种预示作用。例如，工业品出厂价格指数，如果生产者提供给零售商的出厂价比较高，这最终会使得零售商将高价转移到消费者身上,由此导致 CPI 的提高。因此,从长期来看,PPI 和 CPI 所反映的价格水平的变动是一致的,PPI 作为暗示消费者价格潜在变化的线索,受到人们的关注。

上述 CPI 和 PPI 分别从消费和生产的角度衡量了一般价格水平。然而,除此以外还有一个涉及范围更广的指数,即 GDP 折算指数(又称 GDP 平减指数)。GDP 折算指数覆盖了经济中的全部产品和服务。

GDP 折算指数是怎样计算出来的呢?前面我们讲,CPI 与 PPI 是根据具有代表性意义的"一篮子"商品价格所计算出来的平均价格水平,根据"篮子"内商品的不同,可以计算不同的价格指标。然而,GDP 折算指数的计算过程与它们是不同的,因为 GDP 折算指数涉及经济中的全部产品和服务,它的面非常广。

要理解 GDP 折算指数的计算过程,我们首先必须从较为抽象的意义上来理解一般价格水平(前面所讲的一般价格水平即各种代表性商品的加权平均价格,它相对比较具体)。当我们衡量某一种具体物品——如汽车——总的市场价值量时,我们有:

汽车的总价值＝汽车的数量×汽车的市场价格

与此类似,我们也可以将一个经济体总产出的市场价值做如下计算:

总产出的市场价值＝总产出的实物量×总产出的价格

其中,"总产出的市场价值"比较容易理解,它就是我们前面介绍的名义 GDP(经济体总产出以当年价格所计算出来的市场价值之和);然而,"总产出的实物量"和"总产出的价格"这两个概念却相对显得抽象。

总产出的实物量是多少?是 700 万双袜子＋20 万台电视机＋70 万辆自行车?前面已经讲过,由于各种产品(服务)在形态上是不一致的,这种加总求和的方式是不可行的。在理论分析中,我们可以对"总产出的实物量"进行抽象,以实际 GDP(总产出以基年固定价格所计算出来的市场价值之和,它剔除了价格变动的影响)来代替它。如果将"总产出的市场价值"用名义 GDP 代替,将"总产出的实物量"用实际 GDP 代替,则上面的公式可以改写为:

总产出的价格＝总产出的价值÷总产出的实物量
＝名义 GDP÷实际 GDP

以这种方式所计算出来的"总产出的价格"从较为抽象的意义上衡量了

经济体的一般价格水平，它所包含的商品种类也更为广泛，囊括了经济体中所有的产品和服务。由于这个一般价格是通过名义 GDP 与实际 GDP 之间的折算关系所推导出来的，所以我们称之为 GDP 折算指数。

上面介绍的三个指数从不同角度衡量了一般价格水平。由于 GDP 折算指数代表了所有产品和服务的一般价格水平，在反映整体价格水平时比较全面，在我们这本宏观经济学教程的其余章节所涉及的总体价格水平皆为 GDP 折算指数。而由于消费价格指数(CPI)与人们的日常生活密切相关，所以一般媒体和公众对它比较关心。

（三）失业率

衡量整体经济的第三个核心变量是失业率，失业率反映了对稀缺生产要素(劳动、资本等)的利用状况，狭义的失业率仅针对劳动市场。

1. 对失业的衡量

经济中并非所有没有工作的人都属于失业者。比如还在玩玩具的儿童及长期卧病不起的患者，他们或者不在法定的劳动年龄之内或者没有劳动能力，因此应当排除在失业者之外。

其次，在全部有劳动能力的人中，有许多人并不具有劳动意愿，如自愿闲居在家，作全职太太的女性；全日制在校学习的 MBA 学生；大学毕业后不愿意工作，在家中复习考研究生的人等，这些人也不属于失业者的范围。

由此看来，我们在讨论失业问题的时候，所考察的人群并不是经济中的所有人，而是那些(在法定劳动年龄之内)具有劳动能力且愿意劳动的人。统计学中称这部分人为劳动力。

在全部的劳动力中，又分为就业者和失业者。而失业率即为失业者人数占全部劳动力人数的比重。

失业率＝失业者人数÷劳动力人数×100％
　　　＝失业者人数÷(就业者人数＋失业者人数)×100％

专栏 2－3

北京市失业人员定义及范围

失业人员是指具有本市城镇户口，男性年满 16 周岁、不满 60 周岁，女性年满 16 周岁、不满 50 周岁，有劳动能力，没有职业或者没有经济收入，并要求寻找职业的人员。主要包括以下几类：① 初中以上各类学校毕(结)业生未继续升学或者就业的人员;② 经教育行政部门批准退学,且没有就业的人员;③ 与用人单位终止、解除劳动(聘用)合同或者工作关系的人员;④ 被用人单位辞退或者开除、除名的人员;⑤ 解除劳动教养和刑满释放的人员;⑤ 符合失业人员定义的其他失业人员。

(资料来源:北京市劳动社会保障局,http://www.cylaowu.com/zhengcefagui/shiye/100006.htm)

2. 隐性失业

失业率的计算看似简单,然而在具体的统计操作中却存在着很大的困难。比如,我们怎样衡量一个经济中真实的失业人数和就业人数呢?按照中国统计部门所规定的标准,如果有职业或者有经济收入(按专栏2-3中北京市的定义),那他们属于就业者;如果没有职业或者没有经济收入,那他们就属于失业者。然而,简单地按照是否有职业或收入来衡量就业状况会使计算出来的失业率并不能够真正反映劳动力资源的有效利用程度。

我们在日常生活中经常会听到"冗员"这个词,冗员即多余的人员。这部分人员虽然也参与工作,也有经济收入,但很明显,他们在大部分时间内处于一种"闲置"状态,在上班时仅是"看看报纸喝喝茶,时间没到就回家"。如果将这部分人也纳入就业者的范围,就会使统计出来的失业率不能够真实反映劳动力资源的利用程度。因此,在理论上,我们应当将这部分人归入失业者的范围,并用一个形象的词称呼他们为隐性失业。隐性失业指劳动者的就业不充分,具有劳动能力并在职工作,但工作量不足,不能通过工作获得社会认可的正常收入,虽有工作岗位但未能充分发挥作用的失业。

中国城市的隐性失业是计划经济时代的产物,在第一章我们分析"计划经济如何回答三大基本经济问题"时曾讲过,在计划经济中,对劳动要素的配置是由计划当局集中进行的,这就容易导致计划当局给企业(或机关)下达的就业指标与企业(或机关)对劳动的需求产生不一致。计划当局为使收入分配绝对公平,往往会超过企业所需,硬性安排人员就业。这就容易导致"冗员"的产生。

除城市之外,中国还拥有大量的农业劳动人口,随着农业生产率的提高,原来需要几十位农民干的活,现在只需要一两位农民就足够干完。除非外出打工,大量农民一般闲置家中无所事事。在沿海地区的农村,由于外资加工企业比较多,不少农村妇女空闲时间可以在家中绣花或从事其他加工服务，以挣得额外收入。然而在内陆地区，许多人在农闲时的唯一选择就是到户外晒晒太阳、聊聊天。农村的这部分人虽然也有固定的职业"种地"，但他们与城市里的"冗员"是类似的，也应该归入隐性失业者的范畴。

二、宏观经济学的三大主题①

前面介绍了用于衡量宏观经济运行状况的三个核心指标，它们分别涉及对产出、价格水平、(劳动力)资源利用程度的衡量。对于一国的整体经济而言，产出获得稳定且高速的增长(经济增长)，同时价格水平保持稳定(物价稳定)及资源获得充分利用(充分就业)是宏观经济运行良好的主要标志。因此，如何促进这些目标的实现也构成了宏观经济学讨论的主题。

(一) 经济增长

对总产出水平的研究是宏观经济学的中心，经济增长是指一定时期内经济总产出的增长(实际 GDP 的增长)，稳定且高速的经济增长不仅意味着人们的生活水平不断得到改善，也显示了一国的综合国力正逐步获得提升。

专栏 2－4

中国经济的高速增长

和老一辈的人交谈有时会让我们感到惊讶，生活于 21 世纪的年轻人很难理解 20 世纪 60 年代那一代人身处的环境。由于产业计划的失衡，社会所能够提供的消费品数量普遍短缺，对于许多普通人来说，能够拥有一辆永久牌自行车或一块东风牌手表简直是一种奢望。

然而仅仅过了 40 年时间，不仅洗衣机、电视机已成为家庭的必备品，甚至轿车也开始走进人们的生活。生活水平的巨大改善得益于经济获得高速增长。在 1979 年至今的 40 余年时间里，中国生产的产品和服务的数量以极高的速度获得提升。经济中拥有了更多的产出，这些产出给人们生活水平的改善提供了物质支持。

首先，我们可以用经济增长率来衡量经济增长的速度。

图 2－1 显示了中国自 1950 年以来的经济增长率数据。

① 宏观经济学所要研究的这三大主题是就封闭经济而言的，在开放经济背景下，宏观经济学还需要讨论关于国际收支与汇率方面的问题。宏观经济学对国际收支与汇率的研究侧重于以下角度，即国际收支与汇率的变化如何影响到一国的总产出、就业及价格水平。

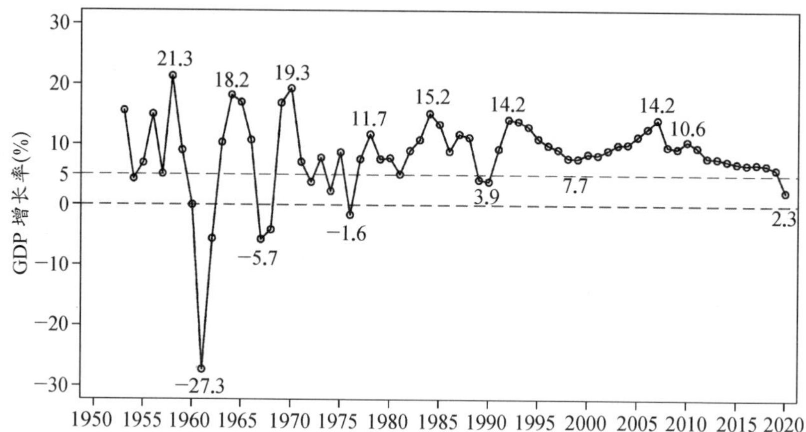

(资料来源:中国统计局网站数据)

图 2-1　中国经济增长率

中国 1990—2006 年,实际 GDP 的年平均增长率在 9.0%上下变动;2001—2010 年,经济增长率更是达到高峰时期,连续多年以超过 2 位数的速度增长。近年来有所下滑,但依旧保持在 5%左右。

对比其他国家经济增长率的数据,会对中国经济的高速增长留下更加深刻的印象。图 2-2 列出了 1999—2018 年部分国家的年平均经济增长率。

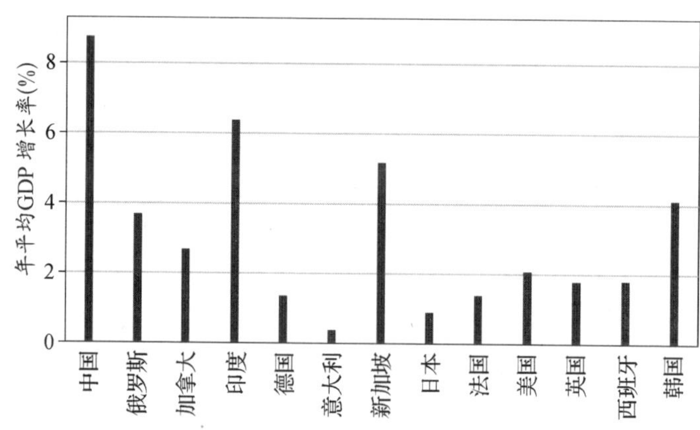

(资料来源:世界银行网站数据)

图 2-2　增长率国际比较

究竟哪些因素推动了中国经济以如此迅猛的速度维持增长呢？政府的经济政策对于促进经济高速增长起到了怎样的作用？

可以肯定，中国经济的迅速增长从根本上应归功于经济转型所带来的效率的提高。然而，这似乎并不是唯一的原因。否则，为什么在中国经济迅猛增长的同时，与中国同为转型国家的俄罗斯、东欧等国的形势却不容乐观呢？必定还存在着某种具有"中国特性"的因素，它使得中国在转型的过程中不但让市场的作用凸显，而且还使社会的稳定得以维持。

宏观经济学对于产出增长的研究，分别从短期和长期两个不同的框架进行。

从图 2－3 中可以看出，在一个相对较短的时间范围内（如图中的 3 个月或 10 个月），实际 GDP 的变动并不是平滑的，它往往表现出一定的波动特征，即实际 GDP 总是经历着从谷底上升到顶峰（扩张），再从顶峰跌落至谷底（衰退）的过程。如此往返循环，似乎具有一定的周期性。实际 GDP 在短期的这种波动特征又被称为经济周期。

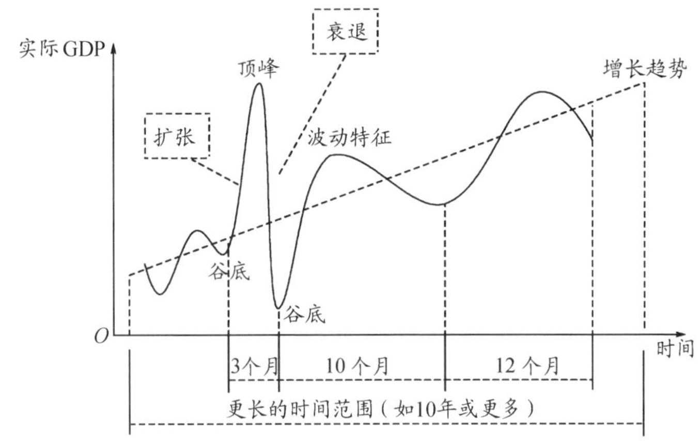

在较短的时间范围内（如图中的 3 个月、10 个月、12 个月），实际 GDP 往往表现出波动的特征。但从长期来看，短期的波动又表现为不断上升的趋势。

图 2－3　实际 GDP 变动的短期与长期特征

虽然短期中的实际 GDP 具有波动的特征，但如果从更长的时间范围来观察，实际 GDP 又会显示出一种增长的趋势。从图中可以看出，这种增长的趋势是在波动中实现的，即虽然实际 GDP 在短期中不断波动，然而这种波动总具有不断上升的趋势。结合短期和长期，我们可以将实际 GDP 的变化特征归结为“从短期的波动中获得了长期的增长”。

(1) 在长期中,我们考察实际 GDP 的增长趋势(经济增长理论)。理解经济增长的关键在于认识到价格在一个相对较长的时期内能够充分调整,使市场出清得以保证。也就是说,在研究长期问题时,常假设价格具有伸缩性。

我们在第一章“一般均衡理论”部分指出,如果价格具有伸缩性,那么要素市场的意愿供给都能够被意愿需求所吸收,此时经济运行于充分就业状态。因此,假设长期中的价格具有伸缩性,也就意味着长期中的经济会运行于充分就业状态。

再来看图 2－3 中的增长趋势线,它是我们从长期的视角来观察实际 GDP 时所显示的特征。所以增长趋势线所对应的实际 GDP 即为资源得到充分利用后的产出水平(充分就业产出水平,又称为潜在 GDP)。

(2) 在短期中,我们考察实际 GDP 的波动特征(经济波动理论)。图 2－3 显示,实际 GDP 在短期内的变化总是围绕着增长趋势线上下波动。为什么会这样呢? 为什么实际 GDP 在短期内会偏离增长趋势线呢?

理解这个问题的关键在于,价格在短期不能随供求的变化而及时调整。换句话说,短期中的价格存在黏性。由于价格黏性——尤其劳动市场的工资黏性,市场出清不再能够得到保证,对劳动的意愿需求可能和劳动的意愿供给发生偏离,此时经济的运行就会偏离充分就业状态。这在图 2－3 中表现为实际 GDP 在短期会偏离增长趋势线。对于这种偏离,经济表现出萧条或“过热”的状态。

(3) 尽管短期内的价格不能及时调整,然而在从短期向长期的过渡过程中,价格又确实会针对供求的变化而逐渐做出反应,又会把市场逐渐带回到出清的状态。这在图 2－3 中表现为偏离了增长趋势线的实际 GDP 最终又会逐步向增长趋势线靠拢。

由于实际 GDP 的变化具有上述特征,宏观经济学在研究产出增加时的目的就很明确:在短期,我们需要“熨平”经济波动,使之尽可能地运行于充分就业产出水平;在长期,我们需要扩张生产能力,以促进经济增长。

(二) 物价稳定

如何在促进经济增长的同时保持物价的稳定? 这构成宏观经济学研究的第二大主题。物价稳定对于维持一个经济的健康运行有着很重要的作用,它减少了一个市场化国家以货币作为主要流通手段时所带来的诸多不确定性。

物价的不稳定通常是与“通货膨胀”或“通货紧缩”两个词联系在一起的。通货膨胀是指一般价格水平的上升。与之对应的是通货紧缩，即一般价格水平的下降。前面我们讨论了对一般价格水平的衡量方法，在理论分析中，我们常常采用比较抽象的概念“GDP 折算指数”来表示一般价格水平①。

利用一般价格水平的概念，首先可以计算出通货膨胀率，以此衡量物价上升的速度。假设今年的一般价格水平为 P_1，而去年的一般价格水平为 P_0，则年度间通货膨胀率的计算公式可表示为：

$$\text{年度通货膨胀率} = \frac{(P_1 - P_0)}{P_0}$$

根据历史的标准，通货膨胀率维持在每年 2%～4%是适度的。回顾中国的通货膨胀历程(见图 2-4)，仅在 20 多年前，中国的通货膨胀率就有多次超过两位数水平，这与中国正在经历着经济转型这个特殊背景有关。在传统的计划经济时代，价格由中央计划当局所固定，所以不能够真正反映资

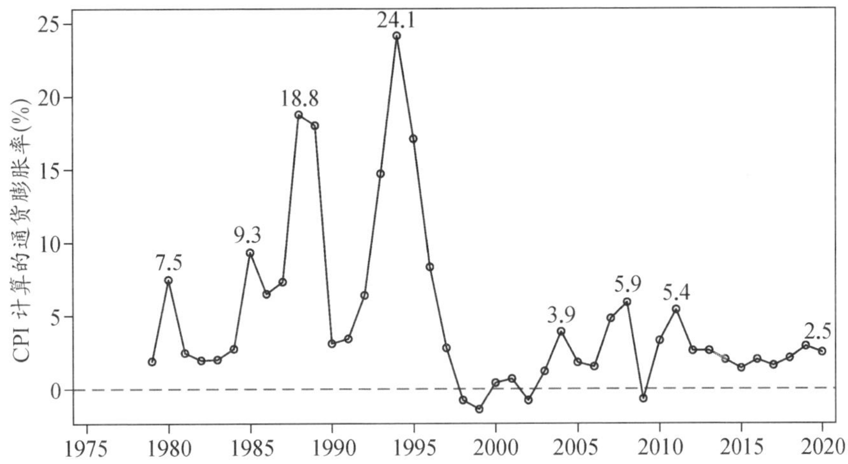

在改革开放初期(价格刚刚放开)，由于市场机制还不完善，中国的通货膨胀率一度剧烈波动。直到 1996 年以后，价格才逐步趋向确定(通货膨胀率在零水平上下波动)。

(资料来源：《中国统计年鉴—2021》)

图 2-4 按 CPI 计算的通货膨胀率

① 在具体的统计计算时，如下面介绍的通货膨胀率的计算，则常常利用 CPI 作为一般价格水平的代表，因为 CPI 是一个相对具体的概念，它的数据比较容易获得。当然，具体采用哪种指标作为一般价格水平的代表，还要看我们分析问题的目的。

源的稀缺程度,商品供给短缺的矛盾只有通过配给的方式(如粮票、排队购买等)加以解决。计划经济时代,就价格而言,经济中并不存在通货膨胀,但是非常大的通货膨胀压力已经形成。1979 年改革开放以后,伴随着微观经济领域的价格体制改革,这种积压已久的通货膨胀压力必然会在价格的迅速上升中得到释放。

针对 1993—1995 年的严重通货膨胀,中国政府开始采用紧缩的财政政策与货币政策,使物价逐步稳定,这标志着中国政府的宏观调控能力逐步得到增强。

(三)充分就业

维持充分就业是宏观经济学的第三大主题,充分就业对应于理论分析中的要素市场完全出清的情况。

失业几乎是每个市场经济国家都必须面对的难题。以美国为例,在 1960—1999 年,美国的失业率平均达到 6%,在 1982 年达到接近 10%的最高点,而英国和法国在 1980—2000 年失业率曾多次超过 10%。与市场经济国家所经历的较高失业率相比,俄罗斯、东欧等转型国家的失业问题也相当严重,随着经济体制的转型,许多被计划经济所隐藏的隐性失业转化为市场竞争下的显性失业。

失业的存在,表明经济中的劳动力资源没有能够得到充分的利用。这使得本来可以获得更高产出水平的经济,现在却不得不运行于较低水平的状态①。失业不仅使整体的产出在一定程度上"受损",而且对失业者个人和家庭也会带来很大的影响。除了生活变得拮据,失业者往往还会因为失业而增添许多心理压力。

失业使产出"受损"的程度可以利用奥肯定律(见专栏 2-5)来说明。奥肯定律描述了失业率波动与产出波动之间的数量关系,用具体的数据表示:失业率每下降 1%,会导致产出上升 2%~2.5%。

专栏 2-5

奥肯定律

奥肯定律是由美国经济学家阿瑟·奥肯根据经验数据总结出来的一个

---

① 除劳动力资源的闲置会使产出"受损"之外,资本、土地等其他生产要素的闲置也是导致产出受损的原因。正因为如此,广义的充分就业也包括了对其他要素市场的考察。

规律，这个定律概括了失业率的波动与产出波动之间的联系。

如果记失业率为 u，失业率的长期平均值[①]为 u^n，实际 GDP 增长率为 y，潜在 GDP 增长率为 $\bar{y}$。则奥肯定律认为，$(u-u^n)$ 与 $(y-\bar{y})$ 之间存在着相对稳定的函数关系：

$$(y-\bar{y})=-\beta(u-u^n),(\beta>0)$$

在上式中，$\bar{y}$ 和 u^n 是相对稳定的，因此系数 β 就衡量了失业率 u 与实际 GDP 增长率 y 之间的关系。在奥肯的研究中，失业率下降 1 个百分点，产出上升 3 个百分点（即 $\beta=3$）。在今天，最新的估算则预测失业率上升 1%，将相应地带来产出 2%～2.5% 的下降（即 $2\leqslant\beta\leqslant 2.5$）。

奥肯定律就经济增长率与失业率的变化之间的关系给出了一个估算规则，它是一个近似的估算规则。尤其是，它是在研究美国的实际情况的基础上产生的，不一定完全准确地适用于别的国家。然而，通过奥肯定律，我们能够得出这样一个基本结论：失业率与经济增长率之间具有密切的联系。

由于在短期可能出现劳动力资源的闲置，实际 GDP 会与潜在 GDP 发生偏离，而奥肯定律表明，失业率的波动是导致实际 GDP 与潜在 GDP 发生偏离的一个原因（并且，奥肯定律提供了衡量产出波动与失业率波动的一个简单经验公式）。因此，对产出波动原因的考察与对劳动市场的考察是相互联系的。

第二节　国民收入核算

GDP 衡量了一个国家（或地区）在一定时期（通常是 1 年）内所生产的全部最终产品和服务的市场价值之和。它不仅包括有形的产品，也包括无形的服务。另外，GDP 计算的是最终产品的市场价值，它剔除了对中间产品的重复计算。本节将介绍 GDP 的具体核算方法。

一、增加值法（生产法）核算 GDP

根据前面的说明，GDP 是全部最终产品和服务的市场价值总和，它剔

① 即自然失业率。参见本书第六章第三节对菲利普斯曲线的有关介绍。

除了中间产品的价值,因此 GDP 即表现为各个生产环节中所创造的新价值(增加值)的总和。

以汽车(最终产品)的生产为例。生产一辆汽车需要投入钢铁等中间产品,而钢铁的制造又需要铁矿石、煤炭等作为原料。表 2 - 2 列出一辆汽车生产所涉及的几个生产环节:① 铁矿石及煤炭等原材料的开采,在这个环节中假设没有中间产品投入,其增值即为原材料的售价(10 万元);② 原材料等被运往钢厂制造出钢铁,这个环节的增值等于钢铁的售价(15 万元)减去中间投入品(原材料)的价值(10 万元),即5 万元;③ 汽车制造企业利用钢铁等中间产品制造出一辆汽车,这个环节的增值等于 5 万元。

表 2 - 2　汽车生产过程的几个环节

	售价(万元)	中间产品价格(万元)	增值(万元)
铁矿石、煤炭等	10	0	10
钢铁	15	10	5
汽车	20	15	5
总　计	45	25	20

从上述过程可以看出,作为最终产品的汽车,其价值(售价)为 20 万元(即计入 GDP 的部分),等于三个生产环节的价值增值。因此,我们可以通过加总各个生产环节的增加值来核算 GDP,即:

GDP=经济中所有的企业增加值的总和

根据上述方法核算 GDP 的过程称为增加值法,由于涉及对生产环节增加值的统计,所以又称为生产法。

二、简单经济流程图与 GDP 核算

除增加值法(生产法)之外,核算 GDP 的常用方法还包括支出法与收入法。为理解这两种方法,我们首先分析一下宏观经济运行的流程。

宏观经济运行流程概括了最终产品和服务的购买者与最终产品和服务的供给者——即家庭与企业之间的关系。较为复杂的流程还包括与最终产品的生产及消费有着密切关系的政府部门。

图 2－5 显示了一个只包括家庭和企业两部门的简单流程图。

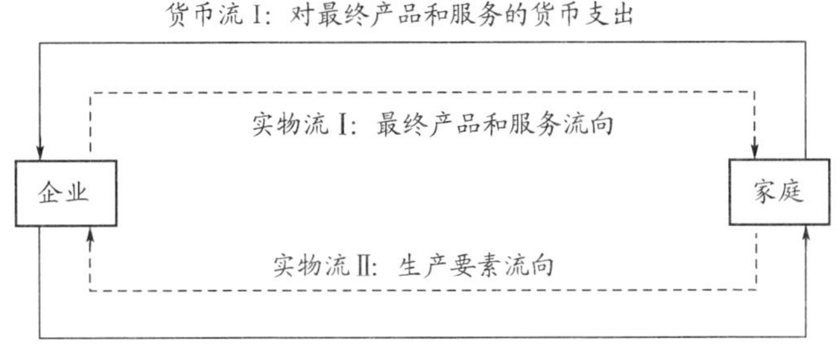

图 2－5　只包括家庭和企业两部门的简单经济流程图

图中的下半部分显示，家庭（要素所有者）通过向企业提供生产要素（实物流Ⅱ），获得以利息、地租、利润、工资等形式出现的要素所有者收入（货币流Ⅱ），而企业通过购买来的生产要素生产并向家庭提供最终产品和服务。图中的上半部分显示，企业将生产出来的最终产品与服务提供给家庭（实物流Ⅰ），而家庭为购买这些最终产品与服务须对企业进行货币支付（货币流Ⅰ）。这样，最终产品和服务实现了一个循环的流程，整个经济处于均衡运行之中。

我们来比较货币流Ⅰ与货币流Ⅱ，这两者之间的货币数量是相等的。也就是说，企业通过销售最终产品和服务所获得的收入最终将全部转化为要素所有者（家庭）的收入。比如，企业的收入主要被用于支付劳动者的工资、支付所借资本的利息、支付资源所有者的地租、支付利润（企业家才能的报酬）等。

货币流Ⅰ等于货币流Ⅱ意味着总产出等于总收入。这给我们核算 GDP 提供了一个启示：为计算出最终产品和服务的市场价值，我们既可以从总产出的角度，也可以从总收入的角度进行核算。

一方面，可以通过最终产品和服务的流向（从产出的角度），对最终产品和服务的使用者类型进行核算，这种核算方法称为支出法。另一方面，我们也可以通过测算由出售最终产品和服务而获得的收入（最终转化为要素所有者的收入）来间接地测算最终产品与服务的市场价值，这种核算方法称为收入法。

三、支出法与收入法核算 GDP

在介绍支出法与收入法核算 GDP 之前，首先以图 2－5 的简单流程图为基础,将经济的部门及市场做一个详细的扩展。图 2－6 是一个扩展后的更为详细的经济运行流程图,它包括了三种类型的市场(劳动市场、产品市场和资本市场)及四种市场参与者(家庭、政府、企业、其他国家)。

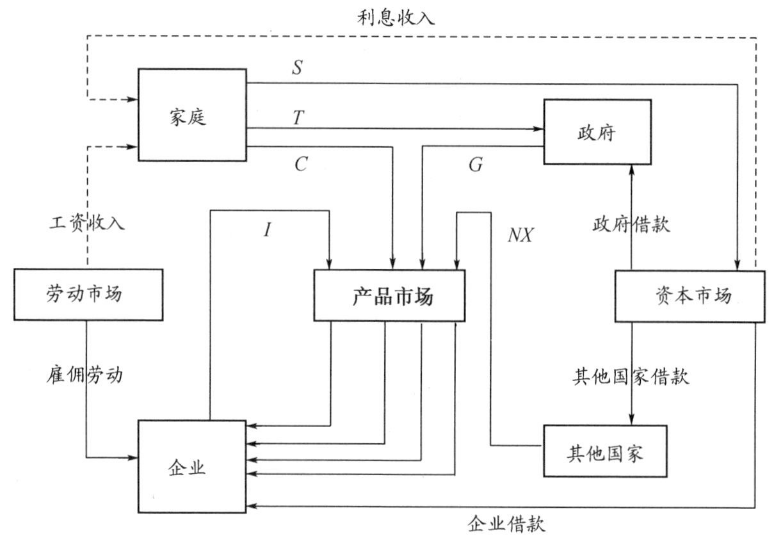

图中的实线代表对最终产品和服务的支出,虚线代表收入的流向。一方面,我们可以从最终产品和服务的流向来度量 GDP,这包括家庭的消费支出(C);企业的投资支出(I);政府购买物品与劳务的支出(G);其他国家购买净出口(NX)。另一方面,我们可以从收入的方面来度量 GDP,收入主要包括家庭工资收入与利息收入(利润收入及折旧等"企业收入"没有列出)。

图 2－6　详细的经济循环流程图

前面在对简单流程图的论述中,我们知道"总产出＝总收入",因此我们既可以从产出的角度也可以从收入的角度来核算 GDP。这个结论在详细的经济运行流程中也是同样适用的,因为企业通过出售最终产品和服务的所得最终将会转化为各个要素所有者的收入。详细的经济循环流程图为我们详细考察构成产出和收入的各个项目提供了一个较为完整的分解图式。

(一) 支出法核算 GDP

图 2－6 中的产品市场,四大类支出构成了最终产品和服务的流向(实线)。具体包括四部分:① 一部分最终产品和服务被家庭购买,用于个人消费,称之为消费支出(C);② 一部分最终产品被厂商用于建造厂房及制造

机器，这些产品称为投资支出(I)；③ 有些最终产品和服务被政府购买，即政府购买支出(G)；④ 还有一部分最终产品与服务被用于出口，而在出口的同时，我们消费的、投资的或由政府购买的一些产品又是从国外进口的。因此，用净出口(NX，即出口与进口的差)来衡量外国对本国最终产品与服务的购买。

由此，若利用支出法来核算 GDP，可以将 GDP 分解成各个支出项目之和，即：

$$\text{GDP} = C + I + G + NX$$

(1) 消费支出 C。消费支出构成对最终产品与服务的一个重要支出项目。具体来说，消费支出可以分为非耐用品(如草莓、饮料等)消费支出、耐用品(如汽车、冰箱、家具等)消费支出、对服务的消费支出等。

(2) 投资支出 I。投资支出包括以下三个大项：企业固定资产投资、存货投资、居民住宅投资。企业固定资产投资包括企业对新的生产设备及厂房等建筑物的购买。存货投资是企业持有的作为储备的各种物品(包括原材料、中间投入品、最终产品)，企业持有存货的原因主要在于平稳生产或便于销售等(见第四章第一节)。居民住宅投资构成了投资支出的另外一个项目。居民住宅投资主要包括家庭对新住房的购买(二手房的购买不计入 GDP，因为它没有创造新的价值)。

(3) 政府购买支出 G。政府购买支出主要是指政府通过市场来购买最终产品与服务的支出(如军事装备、高速公路、政府工作人员提供的服务等)。由于政府可以通过改变政府购买支出的大小来影响市场上对最终产品与服务购买的总支出，所以它常常构成政府财政政策的一个重要组成部分。

(4) 净出口 NX。净出口是出口(记为 X)减进口(记为 M)的差额，即 $NX = X - M$。从前面的分析中可知，C、I、G 等支出项仅仅构成国内部门对本国最终产品与服务的支出。在考察本国最终产品与服务的流向时，不仅要统计国内部门对它的支出，还应该统计国外部门对它的支出，而出口即构成了国外部门对本国最终产品与服务的支出项，因此要在前面 C、I、G 等支出项的基础上加上出口 X。C、I、G 等国内部门的支出项中既包括了对本国最终产品与服务的支出，又包括了对进口品(即外国最终产品与服务)的支出。因此，只有剔除这三项中对进口品的购买支出，才能够衡量本国的 GDP。

(二) 收入法核算 GDP

前述内容是从最终产品与服务的流向,即从产出的角度来统计 GDP 的。另外,还可以从收入的角度对 GDP 予以核算。从收入角度看,除去购买中间产品所支付的款项外,企业将它从出售最终产品与服务中所获得的收入(即增加值)用于满足以下几个方面的要求:对雇用的劳动力支付工资;对借贷资金支付利息;向政府缴纳间接税(如销售税);更新生产过程中设备磨损的折旧费用;获取利润。

因此,若利用收入法来核算 GDP,可以将核算公式写成:

$$\text{GDP} = \text{工资} + \text{利息支付} + \text{间接税} + \text{折旧} + \text{利润}$$

四、产出的其他衡量指标

(一) 国民生产总值(Gross National Product, GNP)

除使用 GDP(国内生产总值)作为衡量总产出的指标外,中国曾在很长一段时间内使用 GNP(国民生产总值)作为衡量产出的指标。GNP 与 GDP 的关系可以表示如下:

$$\text{GNP} = \text{GDP} + \text{来自国外的要素收入} - \text{对国外的要素支付}$$

由上式不难看出,GDP 衡量了在国内生产的总收入,而 GNP 衡量了国民(一国公民)所获得的总收入。比如,一个中国公民在美国拥有一套住房,他依靠这套住房出租所获得的租金收入构成中国 GNP 的一部分,因为这部分收入属于中国公民在国外所获得的要素收入。但是这部分收入却不能计入中国的 GDP,因为它代表在美国生产的价值的一部分,而不是在中国生产的价值的一部分。与此类似,联想集团在国外生产所获得的利润被计入中国的 GNP,但不能够计入中国的 GDP 中。

一般情况下,来自国外的要素收入与对国外的要素支付在数额上比较接近,因此 GDP 与 GNP 的值往往比较接近。

(二) 国民生产净值(NNP)

国民生产净值(NNP)等于国民生产总值减去折旧。它衡量了经济活动的净结果。

$$\text{NNP} = \text{GNP} - \text{折旧}$$

折旧是指生产过程中机器或其他资本品磨损的价值(在国民收入核算中,折旧又被称为固定资产消耗)。

(三) 国民收入(NI)

NI 代表了狭义的国民收入(广义国民收入即指上述 GDP 或 GNP),它衡量了一国的生产要素所有者在一定时期内从生产中所获得的全部收入。

在上述国民生产净值中,如销售税之类的间接税是由企业交给政府的,构成消费者所支付的产品价格与企业所得到的收入之间的差额。间接税不构成企业的收入,所以不包括在国民收入之内。

$$NI = NNP - \text{间接税}$$

(四) 个人收入(PI)与个人可支配收入(PDI)

国民收入衡量了一国要素所有者的收入,但是国民收入并不等于个人实际获得的收入。在宏观经济学中,通常利用个人收入(PI)来衡量个人实际可以得到的收入。简单地说,个人收入是国民收入经过再分配后而形成的,它等于国民收入(NI)减去转移支出(如公司未分配利润、社会保障金等)再加上转移收入(如政府对个人支付的退休金及社会救济金等)。

在计算出个人收入后,还可以得到个人可支配收入:个人收入扣除个人所得税及其他非税收性支付即为个人可支配收入(PDI)。这部分收入衡量了家庭可直接支配的收入,它对家庭的消费水平进而对总支出水平产生重大影响。

上述介绍的几种收入衡量指标虽然在细节上有所不同,但它们几乎都说明了经济运行的相同情况。当 GDP 迅速增长时,这些收入衡量指标通常也迅速增长;当 GDP 减少时,这些指标通常也会减少。因此,就监测经济波动的功能而言,以上衡量指标往往有类似功能。

第三节　宏观经济学的分析框架

与微观经济学中利用供需交叉图获得单个商品均衡产量和均衡价格的研究框架相对比,对于宏观经济中的总产出和一般价格水平的决定问题,也可以从供需交叉图中获得说明。只不过此处的“供需”变成了“总供给与总需求”,而不是单个商品的供给与需求。

如图 2-7 所示,利用总供给与总需求的交叉关系图,不仅可以理解总产出 Y 与一般价格水平 P 的决定问题,还可以理解导致它们变动的背后原因。图 2-7 中,总需求曲线与总供给曲线的交点决定了总产出(Y_1)和一般价格水平(P_1),而总需求曲线的平移导致了总产出的增加(实际 GDP 的增加)及一般价格水平的上升(通货膨胀)。

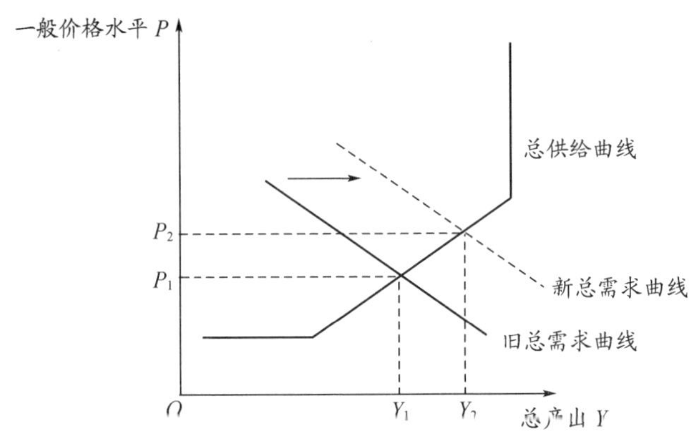

图 2-7　总需求—总供给框架

由此可见,宏观经济学中的两大主题——总产出与一般价格水平,完全可以通过总需求—总供给框架获得说明①。事实上,本书所介绍的大多数宏观经济模型也确实是可以归入这个框架的。

一、总需求曲线

本书第三章到第四章的讨论为理解总需求曲线奠定了基础,而第五章第一节将前几章的内容汇合,推导出总需求曲线。关于总需求曲线,我们侧重讨论以下问题:总需求曲线的形状如何?什么原因使它发生移动?

二、总供给曲线

本书第五章第二节从劳动市场出发,推导出总供给曲线。关于总供给曲线,我们关心下面的一些问题:

---

① 失业问题是与总供给曲线联系在一起的。总供给曲线的形状与劳动市场是否能够充分就业有着密切联系(奥肯定律初步反映了就业与总供给的这种关系)。因此,总需求—总供给框架也包含了对失业问题的考察。

长期中的总供给曲线是垂直的；短期中的总供给曲线具有正斜率。

专栏 2－6

长期总供给与短期总供给——一个初览

长期总供给与短期总供给之所以表现出不同的形态，是因为价格（包括工资）在长期与短期会表现出不同的特征。这里简要介绍长期总供给与短期总供给的不同形态①，详细的分析见第五章。

（1）长期中，总供给曲线是垂直的。我们在本章第一节讲过，长期中的价格（包括工资）具有伸缩性，所以要素市场在长期能够出清，经济能够达到充分就业水平。垂直的总供给曲线描述了这种情况。如图 2－8 所示，产出 Y_0 衡量了生产的极限。垂直的总供给曲线表明，无论需求变化引起一般物价水平如何变化，经济始终运行于充分就业产出水平。

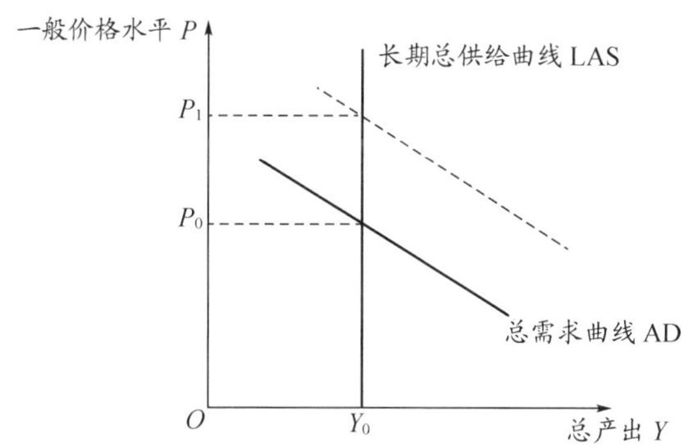

图 2－8　垂直的长期总供给曲线

（2）短期中，总供给曲线具有正斜率。总供给曲线之所以在短期具有这样的特征，原因在于短期中的价格具有黏性，不能根据市场供求的变化而及时做出调整。

正斜率的总供给曲线表明，总需求的扩张与产出的增加及一般价格水平的上升是联系在一起的，图 2－9 描述了这种情况。

短期总供给的一个极端形式是价格完全固定不变（价格刚性）的情形。在价格具有刚性的情况下，需求的变动仅仅影响产出，而价格不会发生变

① 在这里，读者只需了解总供给曲线的几种形态，而无须深究其背后原因。

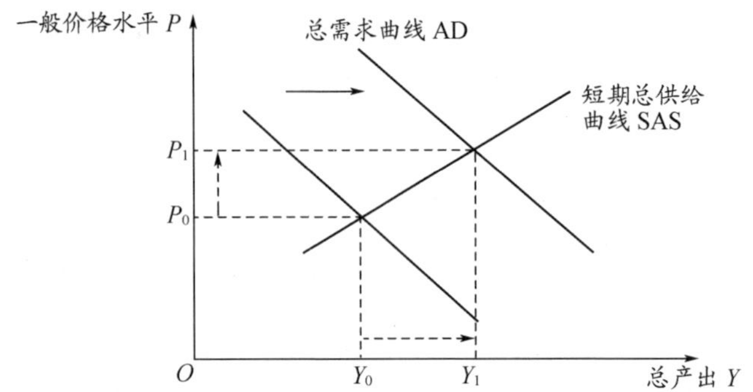

图 2－9　具有正斜率的短期总供给曲线

化，即极端情况下的短期总供给曲线是水平的(见图 2－10)。

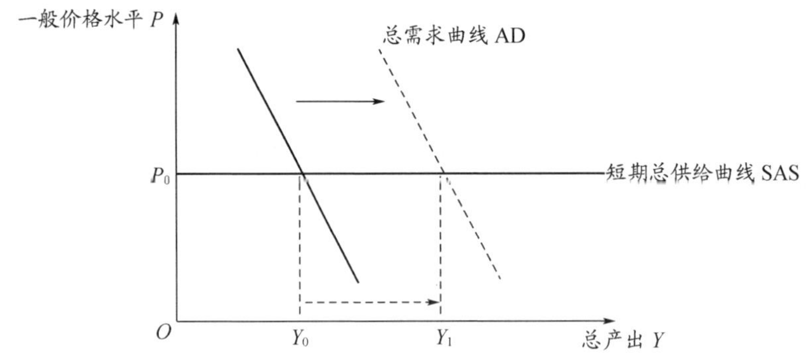

图 2－10　价格具有刚性的短期总供给曲线

本章要点

1. 对整体经济状况进行衡量时有三个关键变量：国内生产总值 GDP、一般价格水平、失业率。

2. GDP 衡量了一国(或地区)在一定时期内所生产的全部最终产品与服务的市场价值，它剔除了中间产品价值的重复计算。与名义 GDP 相比，实际 GDP 剔除了价格变动因素，从而更真实地反映了实际产出的变化。而人均 GDP 则从统计上反映了每个人所拥有的 GDP，它大致反映了一国居民的生活情况，但考虑到收入分配上的差异，人均 GDP 在衡量一国居民生活情况时不一定准确。

3. 消费者价格指数、生产者价格指数、GDP 折算指数分别从不同的角度衡量了一般价格水平。其中GDP折算指数比较抽象，它包括了经济中的所有物品与服务。

4. 失业率衡量了失业者人数占全部劳动力人数的比重。在统计失业率时，往往会忽视对隐性失业人群的统计。

5. 促进经济增长、维持物价稳定和实现充分就业是宏观经济学的三大主题。

6. 经济增长是指经济总产出上的增长。宏观经济学从短期和长期两个不同的角度研究产出增长问题。在短期，宏观经济学主要考察产出波动的原因，以促使经济平稳地实现增长，由此形成经济波动理论；而在长期，宏观经济学主要考察潜在GDP的增长趋势，由此形成经济增长理论。

7. 物价稳定及充分就业是宏观经济学的另外两大主题，这两大问题与产出增长是相互联系的。奥肯定律说明了就业波动对产出波动所造成的影响。

8. 在国民收入核算中，可以用增加值法（生产法）、收入法及支出法核算GDP。增加值法是对各个生产环节的增加值进行加总，从而计算出一定时期内所创造的新价值的方法，它又被称为生产法。支出法主要从对最终产品与服务的支出角度对GDP加以核算，包括消费支出（C）、投资支出（I）、政府购买支出（G）、净出口（NX）。收入法则从各种要素所有者收入的角度衡量了最终产品与服务的价值，如果没有统计误差，它与支出法核算GDP时所得到的结果应当一致。

9. 除GDP外，其他衡量总产出的指标主要包括国内生产总值（GNP）、国内生产净值（NNP）、国民收入（NI）、个人收入（PI）及个人可支配收入（PDI）。

10. 宏观经济学的模型虽然种类繁多，但基本可以归结到总需求—总供给框架中去。在这个框架中应该注意，不同的理论对于短期总供给曲线形状的看法是不一致的。

关键概念

GDP	一般价格水平	失业率
名义GDP	人均GDP	实际GDP
中间产品	最终产品	绿色GDP
消费者价格指数	生产者价格指数	GDP折算指数

隐性失业	经济增长	经济波动
通货膨胀	通货紧缩	奥肯定律
增加值法	支出法	收入法
国民生产总值 GNP	国民生产净值 NNP	

本章习题

1. GDP 在衡量一国最终产品与服务的市场价值时存在着哪些不足?

2. 名义 GDP、实际 GDP 与潜在 GDP 这三个概念之间有哪些区别?

3. 宏观经济学的三大主要目标是什么? 宏观经济学对于产出增长的探讨有什么特点?

4. 对 GDP 的支出包括了哪些项目? 请详细说明。

5. 在总需求—总供给框架中总供给曲线有什么特征?

6. 将下列交易归入 GDP 的四个支出项目之一:消费、投资、政府购买及净出口。

(1) 联想集团向北京市政府出售 1 台笔记本电脑。

(2) 联想集团向中国人小王出售 1 台笔记本电脑。

(3) 联想集团向美国得克萨斯州政府出售 1 台笔记本电脑。

(4) 联想集团向网易公司出售 1 台笔记本电脑,网易公司将这台笔记本电脑供网络维护人员工作使用。

(5) 联想集团制造了 100 台供给下一年销售的笔记本电脑。

7. 讨论下列问题:

(1) 在中国的美国独资企业所生产的产品在中国市场销售时所获得的利润收入是否应计入美国的 GNP?

(2) 如果中国政府提高美国在华企业的销售税额(间接税),这将如何影响美国的 GNP? 对美国的国民收入(NI)及美国居民的个人可支配收入(PDI)又会造成怎样的影响?

案例讨论

查询并画出中国近十年的 GDP 增长率、通货膨胀率的情况,讨论两者的波动是否存在一定的规律。

第三章 国民收入决定模型

从第一章的一般均衡模型中，可以了解到价格具有伸缩性是宏观经济实现一般均衡的前提，当价格能够对市场供需变化做出迅速调整时，包括劳动市场在内的各个要素市场将能够维持出清，从而充分就业（经济运行于生产可能性边界）是经济运行的常态。上述观点代表了古典主义思想的精髓。古典主义相信自由竞争市场机制“看不见的手”的作用，认为市场经济在“看不见的手”的指引下，具有内在的稳定性。按照古典主义的观点，只有在某些市场失灵现象（如外部效应、公共物品、市场力量）发生时，政府才有干预经济的必要，除此之外，政府只需充当好一个“守夜人”的角色。

在 20 世纪 30 年代以前，绝大多数经济学家对市场竞争的作用具有充分的信心，古典主义代表了当时西方经济学界的主流，古典主义关于自由放任的思想在当时看来是比较合理的。在 20 世纪 30 年代之前，市场经济国家的宏观经济虽然经历过一些不景气的年份，但大多数只是短期现象，市场经济国家更主要的特征似乎是持续的繁荣与稳定的增长。

然而，爆发于 1929—1933 年的世界性经济大萧条彻底动摇了古典主义的主流地位，这次大萧条最先是以纽约股票市场的崩溃表现出来的。1929 年 10 月 24 日——黑色星期四被认为是泡沫破裂和股市崩溃的起始点，那一天纽约股票交易所和其他证券交易机构的股票价格直线下跌，全美开始出现了股票抛售的浪潮。

股票市场的崩溃带来了货币金融危机,银行倒闭,生产萎缩,失业增长,工资和物价急剧下跌。1929—1933 年,美国的总产出持续下降,4 年中实际 GDP 收缩了将近 30%,失业率高达 25%。大萧条不仅发生在美国,其他大部分市场经济国家的产出和就业也在这 4 年中遭受了巨大的损失,全球工业产量下降了约 37%。

在大萧条的初期,古典经济学家却断言产出和就业的下降只是暂时现象,在市场的自发调节之下,这种情况不久就会消失①。当时的美国总统胡佛按照古典经济学家的建议,对危机和萧条采取不干预的政策,以避免干预性政策成为市场自由调整的"阻力"。然而,经济学家及决策者对于市场的自信并没有使萧条得以遏制,市场的自我调整机制也没能发挥作用,失业率不断攀升,工厂纷纷倒闭,大量的工人濒于饥饿的状态。大萧条沉重打击了古典理论的可靠性,古典经济学家面对这场经济危机显得无能为力。

当资本主义正经历着这场"灭顶之灾",而传统经济理论又缺乏对策的时候,凯恩斯的《就业、利息与货币通论》适时而生。在该书中,凯恩斯对危机产生的原因做出了解释,并且提出了解决危机的手段。与传统古典主义所提倡的市场自发调节机制——价格调节机制相反,凯恩斯认为,短期中价格的作用是有限的(因为某些市场存在着价格刚性),此时应利用数量调节机制。由于价格的作用有限,市场具有内在的不稳定性:当某些决定产出的因素(如投资)发生波动时,如果让市场自发调节,这种波动极有可能被扩大,由此造成产量更大幅度的波动。此时,政府的经济政策(如财政政策和货币政策)可以弥补市场力量的不足。

凯恩斯经济学诞生之后,在经济学界引起了极大的反响,并得以迅速传播,以至于原来信奉古典主义的经济学家都纷纷开始研究凯恩斯经济学(如美国著名的经济学家阿尔文·汉森)。在"二战"后,凯恩斯主义更是得到广泛的传播与发展。

在介绍凯恩斯主义的经济理论之前,本章首先介绍古典宏观经济模型。该模型是第一章一般均衡模型在宏观经济学视角下的一个"改版",它体现

① 大萧条发生之后,哈佛大学经济学教授组成的哈佛经济学会曾持续发布乐观的预测。在危机发生 2 个月之后,该学会断言,在 1930 年,"萧条状态似乎不大可能存在;我们期望经济复苏在春季之前出现,并在秋季进一步得到改善"。即使在危机持续恶化了 1 年以后的 1930 年 10 月,该学会还说:"经济稳定在目前的状态而不下滑显然是可能的。"(高鸿业:《一本拯救资本主义的名著》,山东人民出版社,2002 年版。)

了古典主义关于价格具有伸缩性的思想，考察了宏观经济的三大市场——劳动市场、产品市场、货币市场是如何运行的。

古典模型虽然在面对 20 世纪 30 年代的大萧条时曾遭受过“重创”，但目前大多数经济学家仍然认同，古典模型适用于描述长期的宏观经济现象。这源于一个基本的事实：如果将视野放宽，考察一个长期框架中的经济，价格能够对供给或需求的变动逐渐做出反应。

本章的其余部分将介绍凯恩斯主义对产品市场的考察，凯恩斯主义适用于短期分析的框架。因为在短期中，许多价格总表现出一定的黏性，价格的自发调节作用有限，古典宏观经济模型也因此有可能与现实发生背离。

第一节 古典宏观经济模型

一、总量生产函数

从第一章关于生产要素的介绍中可以了解到，产出水平是由投入生产的要素（资本、劳动、自然资源等）的数量所决定的，这种投入与产出之间的数量关系可以用总量生产函数的形式表示出来：

$$Y=F(K,L) \tag{3.1}$$

式(3.1)中，Y 代表一国的产出水平；K 代表经济中的资本量；L 代表就业量（劳动）；$F(\cdot)$是投入—产出的函数关系，主要由技术水平决定：当发生技术进步时，一定量的资本及劳动投入能够生产出更多的产出。

在某个时点上，经济中的资本存量（如机器、设备等）及技术水平是既定的。此时，产出随着就业量的增加而增加，图 3-1 描述了在这种情况下就业量与产出之间的函数关系。从图中可以看出，总量生产函数曲线具有两个特征：① 每一点切线的斜率为正（一阶导数大于零），表明产出水平是就业量的增函数；② 随着就业量的增加，切线的斜率逐渐减小（二阶导数小于零），表明随劳动的增加，产出增加的比率($\mathrm{d}Y/\mathrm{d}L$)递减。

生产函数之所以具有第二个特征，是由于存在着劳动边际收益递减规律：最初投入的劳动总是能够使用那些生产率最高的机器或设备，所以起初增加的 1 单位就业量所带来的产出增量就会比较多；而随着劳动投入的增加,后来的劳动只能够被分配去使用生产率较低的机器或设备,所以同样增加 1 单位就业量所带来的产量增加就会比开始的时候小。

图 3-1 描述的是资本固定时的情况。如果经济中的资本量增加(或发生技术进步)时,同样的就业量会生产出更多的产出。这表现为图 3-1 中的总量生产函数向上移动(见图 3-2)。

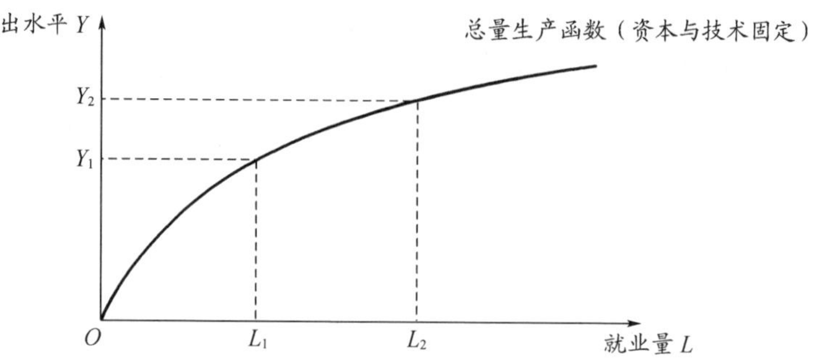

在资本和技术固定的情况下,总量生产函数描述了总产出与就业量之间的正向变动关系。虽然随着就业量的增加,总产出也会增加,但产出增加的比率递减。

图 3-1　总量生产函数

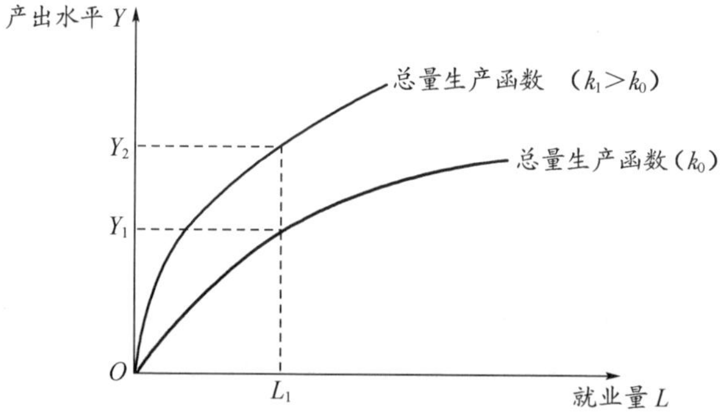

产出水平 Y
总量生产函数　($k_1>k_0$)
总量生产函数(k_0)
Y_2
Y_1
O
L_1
就业量 L

图中 k 表示经济中的资本量。从 k_0 到 k_1 的资本增加导致总量生产函数向上平移。这表现为:一定的就业量能够生产的产出更多。

图 3-2　资本增加(或技术进步)导致总量生产函数向上平移

二、就业量的决定——劳动市场

总量生产函数表明在资本及技术水平一定的情况下,总产量由就业量决定。那么,就业量又是如何决定的呢?在古典模型中,就业量取决于劳动供给与劳动需求的相互作用，并且劳动市场的价格(实际工资)能够灵活变动，这确保了劳动市场的就业量达到充分就业水平(劳动市场出清)。

(一) 劳动供给与劳动需求

在分析劳动市场之前，首先有必要区分名义工资(W)与实际工资(w)两个概念。工人通过付出劳动赚取名义工资，并用这些工资购买产品和服务。然而，对于工人来说，重要的并不是能够获得多少名义收入，而是收入能够购买多少物品(即实际购买力)。假设一个工人的名义工资收入从2 000元/月增加到3 000元/月，同时，物价水平却增加了1倍，那对于这个工人而言，其名义工资收入虽然上升，实际购买力却下降了。

实际工资提供了一个衡量工资实际购买力的指标，实际工资等于名义工资除以价格水平(P)，即：$w = W/P$。利用这个公式，可以从名义工资及价格水平的变化中，判断实际工资的变化情况。首先将 $w = W/P$ 两边取对数，有：

$$\ln w = \ln W - \ln P \tag{3.2}$$

将式(3.2)两边同时微分，可得：$\frac{dw}{w} = \frac{dW}{W} - \frac{dP}{P}$。这个式子表明，实际工资的变化率等于名义工资的变化率减通货膨胀率。因此，如果名义工资上升，但上升的幅度却小于通货膨胀率($\Delta W/W < \Delta P/P$)，那么实际工资下降($\Delta w < 0$)。

既然实际工资才是应该关心的目标，那么企业对于劳动的需求决策和工人对于劳动的供给决策就应该依据实际工资而非名义工资进行。图3-3描述了劳动市场的供给与需求状况。纵轴表示实际工资水平，横轴表示劳动量。

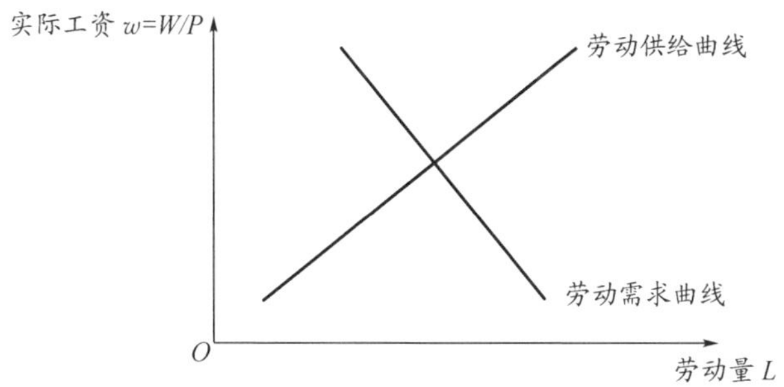

在古典主义的劳动市场模型中，劳动的供给与需求决策都依据实际工资，而非名义工资进行。实际工资等于名义工资除以价格水平。

图3-3 劳动市场的均衡

从图 3－3 中可以看出,劳动需求曲线具有负斜率,表明随着实际工资水平的降低,企业对劳动的需求逐渐增加。有两个原因可以解释这种情况:第一,当实际工资水平下降而资本(机器或设备)价格不变时,企业更倾向于多投入劳动以替代资本;第二,实际工资水平下降,意味着名义工资水平相对于产品的价格而言变得更低(在原有的就业水平下,雇用最后一单位劳动的边际产量价值超过了实际工资),企业因此愿意雇用更多的工人。

图 3－3 中的劳动供给曲线被描绘成具有正斜率,表明随着实际工资水平的提高,工人愿意供给更多的劳动。当实际工资提高时,有两种效应对劳动的供给产生作用:一方面,较高的工资意味着更高的劳动报酬,这使得工人如果不选择劳动而选择闲暇,则会有更高的机会成本。因此,实际工资的上升会促使工人增加劳动供给,这种效应被称为替代效应(即劳动与闲暇之间的替代)。另一方面,较高的工资意味着工人有较高的收入,当收入水平高到一定程度时,工人有可能希望增加消费,包括对闲暇的消费(更多的休闲)。因此,实际工资的上升反而会使工人减少劳动供给,这种效应被称为收入效应。一般情况下,当工人的工资还不是非常高时,替代效应往往大于收入效应,由此实际工资水平的上升将使工人增加劳动供给。

(二) 就业量的决定

图 3－4 是对图 3－3 的一个复制。古典主义关于劳动市场的一个最核心的假设在于,实际工资具有伸缩性,它能够灵活地调节市场供求,从而使劳动市场保持出清状态(图 3－4 中的 E 点)。

市场供求的相互作用决定了经济中的就业量为 L^*。L^* 不仅是就业量,而且还是充分就业量。充分就业并不是指一切有劳动能力的人(图 3－4 中用 L^K 衡量)都已经就业的状况,而是指一切在现行工资水平下愿意提供劳动的人都能够被劳动需求所吸收[①]。假设劳动需求曲线或劳动供给曲线发生平移,那么市场出清点(从而充分就业量)也会发生变化。

① 由图 3－4 可以看出,$L^K - L^*$ 部分的劳动供给之所以不能够被劳动需求所吸收,是因为他们不能够接受现行的工资水平(w^*)。也就是说,在现行工资水平下,他们自愿选择了失业(因为嫌工资水平低),这部分失业被称为自愿性失业。

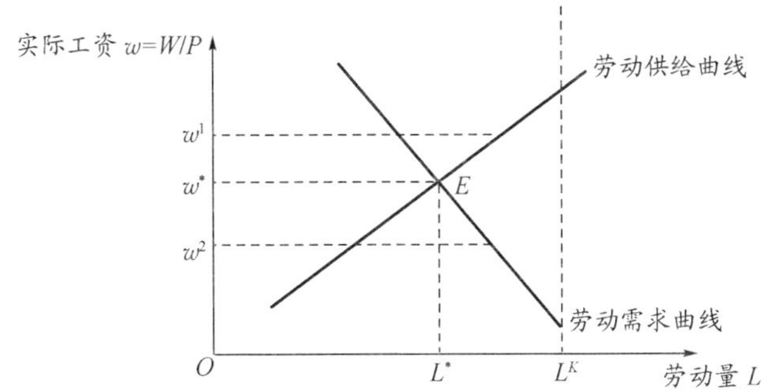

由于假设实际工资具有伸缩性，古典模型中的就业量即为市场出清时的就业量（充分就业量）。但这并不意味着经济中所有具备劳动能力的人(L^K)都已经就业，存在自愿失业人口。

图 3－4　古典模型中的就业量

由图 3－4，实际工资不会超过 w^*（如 w^1），从而出现劳动供给超过劳动需求（即劳动超额供给，此时的就业量由劳动需求所决定）的现象。在古典模型中，这种情况即便能够发生，也只是短暂的现象。因为古典模型认为实际工资具有伸缩性，当出现劳动超额供给时，市场供求力量的相互作用将会对实际工资产生向下的压力，直至达到市场出清点 E。与此类似，实际工资处于 w^2，从而劳动市场存在超额需求（此时的就业量由劳动供给所决定）的现象在古典模型中也是不存在的。

三、产出的决定——产品市场

图 3－1 考察了当资本量不变的情况下，就业量与产出水平之间的关系。而图 3－3 对劳动市场的分析揭示了就业量是如何决定的。因此，把这两部分的内容结合起来，再考察产出决定问题就不是很困难的事情了。

（一）总供给

在实际工资具有伸缩性的前提下，劳动市场将维持出清状态，此时的就业量即充分就业量(L^*)。对应于就业量 L^*，有总量生产函数曲线上的产出水平为 Y^*，如图 3－5 所示，Y^* 为充分就业产出或潜在 GDP。

从上述推导过程来看，到目前为止，一直是从供给的角度出发，阐述古典产出决定问题的。总量生产函数代表了整体经济的供给能力，而劳动市场始终维持充分就业决定了总供给达到潜在 GDP 的水平。然而，在逻辑上来看，我们在这里不禁会产生疑问：前面并没有考察需求的情况。产品市场

虽然能够提供 Y^* 的产出,然而这些产出是否都能够被需求所吸收呢?如果 Y^* 的产出不能够被需求所吸收,那么企业显然不会生产这么多的产出,充分就业产出就不可能得到维持。

在第一章一般均衡理论中,图 1-13 对这个问题实际上已经做出了回答:一般均衡意味着,当经济中所有市场(包括产品市场)的价格都具有伸缩性时,社会所提供的产品组合即为社会所需要的产品组合。也就是说,当一般均衡得以实现时,不仅要素市场,产品市场的供需也会是一致的。

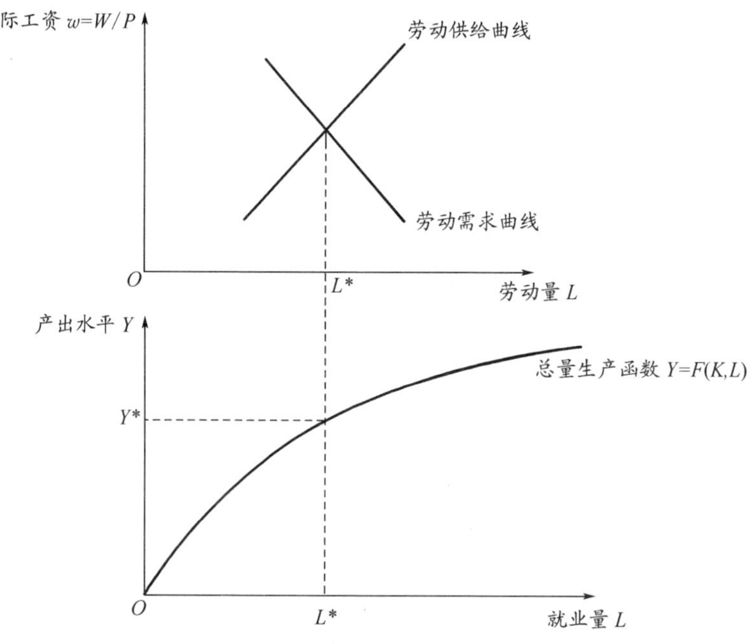

劳动市场的充分就业决定了经济的总产出即为充分就业产出水平。

图 3-5 古典模型中的产出决定

(二) 漏出、注入与产出的均衡

在第二章国民收入核算中,我们曾考察了宏观经济运行的流程。一方面,家庭向企业提供生产要素,并且获得要素收入,利用要素收入,家庭向企业购买产品和服务。另一方面,企业向家庭购买要素进行产品和服务的生产,并且将这些产品与服务出售给家庭。第二章所介绍的 GDP 的两种核算方法说明,企业从产品与服务的销售中所获得的收入将全部转化为各个要素的收入。也就是说,家庭所获得的要素收入从价值上与企业所提供的产品与服务相等。

要素收入与产出在市场价值上相等，并不意味着家庭会将全部的要素收入都用于购买当期的产出；家庭很可能会将一部分收入储蓄起来（这部分资金流入资本市场），储蓄可以被视为是用于购买当期产品与服务的总支出的漏出。

家庭储蓄的存在使得对当期产品与服务的支出存在着漏出，经济中另外一些部门的支出却可能超过其收入。比如，企业有可能在资本市场借债，以支付其在机器及设备上增加的投入（投资支出），从而对当期产出形成了注入。

如果漏出能够转化为注入，也就是说，家庭的储蓄能够全部转化为企业的投资，那么全部要素收入将等于对最终产品与服务的总支出。此时，对最终产品与服务的总支出将等于企业所提供的数量。因此，只有当漏出（储蓄）等于注入（投资）时，图 3-5 所示的充分就业产出 Y^* 才是一个“可行的”产量。否则，这个产出水平从需求的角度来看是不现实的。

再来看储蓄与投资。在一个经济中，储蓄与投资是由不同的人来进行决策的。某些人进行投资，某些人进行储蓄，某些人可能同时进行储蓄与投资。在这种情况下，是否存在着一种机制，以保证储蓄与投资达到一致呢？古典主义认为，由于资本的价格（实际利率）具有伸缩性，这保证了资本的供给（储蓄）与资本的需求（投资）达到一致。图 3-6 描述了古典资本市场的情况。

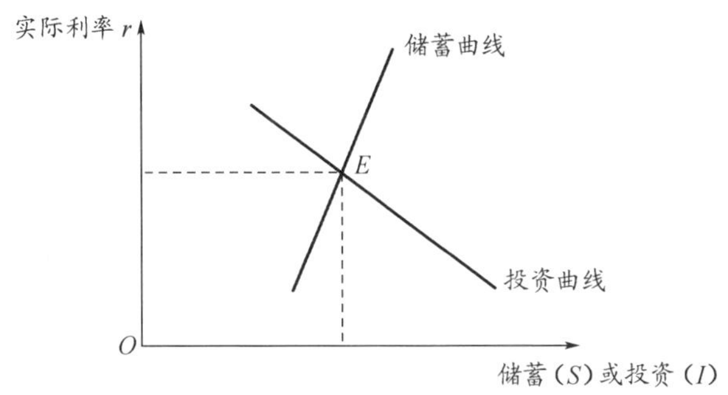

储蓄构成资本的供给，是实际利率的增函数；投资构成资本的需求，是实际利率的减函数。由于实际利率具有伸缩性，这保证了储蓄能够全部转化为投资。

图 3-6　古典模型中的资本市场

由图 3－6 可以看出,储蓄是实际利率的增函数(储蓄曲线具有正斜率),实际利率可以作为衡量家庭储蓄所获报酬的一个指标。通常情况下,实际利率提高,表明储蓄能够带来更大的报酬,所以家庭倾向于增加储蓄。

而投资是实际利率的减函数(投资曲线具有负斜率),实际利率可以视为是对投资成本的一种衡量。一般说来,实际利率越高,表现为企业投资的借款成本会提高,从而投资下降。

与前面对劳动市场的分析类似,在资本市场的价格——实际利率具有伸缩性的情况下,实际利率的调节将会使资本市场处于出清的状态。此时,储蓄全部转化为投资。

储蓄等于投资表明,对本期产品与服务支出的漏出等于注入。产品市场的均衡也因此从需求方面获得了保证。

四、价格的决定——货币市场

前文对劳动市场和产品市场(及资本市场)的讨论主要涉及的是实际变量,如实际工资、实际利率、实际产出、就业量、储蓄与投资等。在介绍实际工资及实际利率的时候,曾初步引入价格因素的分析,讨论了名义变量在剔除价格因素后与实际变量之间的关系。然而,价格是如何决定的?目前还没有对其进行说明。

在古典模型中,价格的决定取决于经济中的货币数量。为考察货币量如何影响经济,以下介绍古典货币数量论,它说明了货币量如何与物价及收入等变量相关。

根据古典经济学家的看法,人们需要在手中存放一定量的货币,仅仅是因为它能使交易更加方便地进行。换句话说,货币只是起到交易媒介的作用。

货币数量论可以用公式表示为交易方程的形式:

$$MV = PY \tag{3.3}$$

式(3.3)中,M 代表经济中的货币量;P 代表价格水平;Y 代表实际产量;P 与 Y 的乘积 PY 代表了名义 GDP;V 代表货币流通速度,即 1 单位货币所支持的交易的名义价值。

货币流通速度可以理解为 1 单位货币在一定时期中的平均转手次数。如果货币流通速度增加,表明 1 单位货币的转手次数增多,1 单位货币所支持的名义产出价值就会更大。比如说,经济中拥有 1 元钱,在 1 年中如果转手10次，那么这1元钱就支持了10元的名义产出；而如果1年中转手15次，那么这1元钱就能够支持15元的名义产出。V的大小取决于人们从事交易的传统习惯和金融工具创新等因素。在古典模型中，V通常假定为一个常数，即：

$$V=\overline{V} \quad (\overline{V}\text{ 是一个常数}) \tag{3.4}$$

根据上面的分析，MV代表了经济中的货币总量所能够支持的交易（产出）的名义价值，它与名义GDP是恒等的；如果货币数量增加而货币流通速度不变，那么名义GDP必然会发生变化——要么是价格水平（P）的上涨，要么是实际产出（Y）的增加。

在古典模型中，实际产出Y主要受到劳动就业量、资本、技术等实际因素的影响。而且实际工资及实际利率具有伸缩性保证了实际产出Y始终处于充分就业的产出水平。因此，在分析货币市场时，可以将充分就业产出水平记为$\overline{Y}$，并且将其视为一个常数①：

$$Y=\overline{Y} \quad (\overline{Y}\text{ 为既定的充分就业产出水平}) \tag{3.5}$$

将式(3.4)和式(3.5)代入式(3.3)，可以看出古典主义对货币市场的看法：实际产出及货币流通速度保持不变，货币数量增加的唯一结果是引发价格水平的上升。并且价格水平上升的幅度与货币量增加的幅度是一致的，如货币量增加10%，将引发价格水平上升10%。

还可以从货币需求的角度来看这个问题。

利用(3.3)式，可以推导出古典主义的货币需求方程式。人们对货币的需求（M^D）可以用公式表示如下：

$$M^D=kPY \tag{3.6}$$

式(3.6)是对式(3.3)的一个变形，其中k是货币流通速度V的倒数，$k=1/V$。Y是实际产出，它与交易量是同方向变动的（一般说来，产出越大，交易量越多）。式(3.6)表明，随着产出的增加，人们为满足交易的需要而对货币产生的需求增加。

在20世纪初，剑桥大学的经济学家通常使用这个方程式，该方程式又被称为“剑桥方程”。与前面的讨论类似，按照古典主义的观点，在剑桥方程

① 根据前面的分析，在某个时间段，劳动市场、资本市场及技术一般不会发生剧烈的波动，充分就业产出水平也因此比较稳定，所以这里可将其设为一个常数。

的几个变量中,实际产出 Y 等于既定的充分就业产出水平,而 k 也被视为一个常数(k 是 V 的倒数)。因此剑桥方程可以改写为:

$$M^D = \overline{k} P \overline{Y} \tag{3.7}$$

式(3.7)表明,在古典主义模型中,货币需求与价格水平成正比。当价格水平上升时,为满足交易的需要,人们对货币的需求也会增加。

下面利用式(3.7)(货币需求公式)考察货币市场的均衡。在考察货币市场均衡之前,有必要简要说明货币供给(M^S)的有关概念。货币供给可简单地视为人们实际持有的货币数量,它一般由中央银行控制。中央银行通过控制经济中的货币供给量来影响经济运行的手段,被称为货币政策。在货币市场均衡的考察中,可以认为货币供给是一个给定的外生变量。

图 3-7 考察了货币市场的情况,横轴表示货币量,纵轴表示价格水平。如图所示,货币需求是价格的增函数,而货币供给视为一个给定的外生变量。

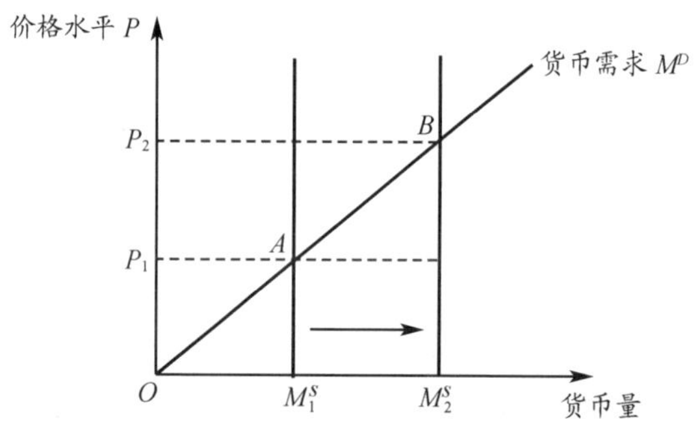

在产出一定时,剑桥方程表明,货币需求是价格水平的增函数。价格水平的调整会使货币需求趋向与货币供给保持一致。

图 3-7　古典模型中的货币需求与货币供给

假设初始时处于 A 点,货币供给为 M_1^S,而价格水平等于 P_1——在该价格水平下,初始的货币需求等于货币供给。现在假设中央银行增加货币供给,货币量从 M_1^S 增加到 M_2^S。在原来的价格水平(P_1)下,货币供给超过了货币需求。即人们实际持有的货币数量超过了人们意愿持有的货币数量(实际持有的货币超过了满足交易媒介所需要的货币)。人们降低多余货币持有量的最容易的方法是花钱,也就是说,人们会将多余的货币用于对产品与服务的购买(可以视为是总需求的扩大)。从企业角度来看,人们对产品与服务购买的增加给企业带来价格上升的信号。然而这个信号并不会指示企业做出扩大产出的决策，因为价格水平的上升并不会对劳动市场产生影响（见图 3-8）。这也是式(3.7)中的产出 Y 取一个定值（充分就业产出）的原因。

因为货币供给量的增加对产出没有影响，所以多余的货币（从而扩大了的总需求）将全部转化为价格水平的上升。再回到图 3-7，只有当价格水平上升到 P_2 水平时，货币需求才会增加到与货币供给相等的新的均衡。

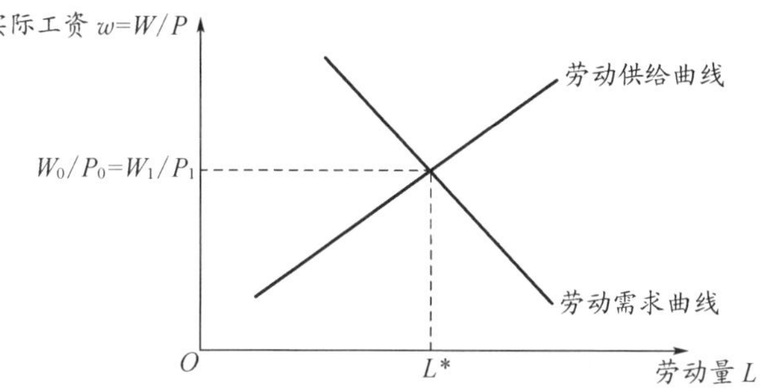

当价格为 P_0 时，名义工资为 W_0，此时的实际工资为 W_0/P_0。假设价格上升为 P_1。面对较高的价格，工人必然要求提高名义工资，以维持实际工资不变。因此工人与企业谈判，名义工资与价格同步上升，到达 W_1。虽然名义工资上升，但实际工资仍然不变（$W_1/P_1=W_0/P_0$）。在这个工资水平下，劳动需求等于劳动供给。就业量仍然维持在市场出清的水平上。由于就业量不受价格水平的影响，根据总量生产函数，产出也不会受到影响。

图 3-8　价格水平的上升不会对劳动市场产生影响

上述货币市场均衡条件可以写成：

$$M^D=\bar{k}P\bar{Y}=M^S \tag{3.8}$$

从式(3.8)可以看出，当货币供给(M^S)上升时，价格水平必须以同样的幅度上升，才能保证货币需求(M^D)与货币供给(M^S)达到一致。

对货币市场的分析表明，在古典宏观经济模型中，货币供给的变动将影响价格水平，而不对实际变量（如产量、就业量）产生影响。当货币数量对实际变量不产生影响时，此时的货币具有中性。大多数经济学家认同，长期中的货币具有中性。例如，在 10 年间，货币变动对名义变量有着重要的影响，而对实际变量的影响却微乎其微。

货币中性虽然是对长期经济的一个较好的描述，然而在短期（如 1 年或

1 个季度),货币中性的观点却不一定符合现实。因为在短期范围内,货币量的变化不仅可能对名义变量产生影响,还有可能对总产出等实际变量产生影响。

货币具有中性其实也表明,古典经济学家对经济变量存在着一种区分,即实际变量与名义变量。根据前面的分析可以看出,古典经济学家认为,实际变量对名义变量的变动具有独立性。实际变量与名义变量的这种区分又被称为古典二分法。

第二节　凯恩斯主义简单国民收入决定模型

前面介绍的古典宏观经济模型从供给的角度出发,阐述了总产出的决定问题。其阐述逻辑可以归纳为:劳动市场的价格(实际工资)具有伸缩性,使得劳动市场能够维持出清(充分就业)。由于劳动要素的充分就业,使得社会的产出维持充分就业产出水平。同时,资本市场的价格(实际利率)具有伸缩性,使得充分就业产出水平从需求方面获得保证。另外,货币对产出不会造成影响,货币所影响的只是价格等名义变量。古典模型中的货币具有中性。

古典宏观经济模型描绘了自发调节的经济具有内在稳定性的一个美好画面:在古典模型中,不存在诸如失业率大幅上升、产量大幅下降等现象。因为按照古典主义的观点,只有当劳动市场或资本、技术等因素发生大幅波动时,才可能导致经济不稳定的产生,而这些因素在短期是不太可能发生剧烈波动的。即便波动产生,失业现象的存在也只是短暂的,因为在经过市场机制的自发调整后,充分就业状态仍然能够得以维持。然而,古典模型显然与 20 世纪 30 年代大萧条的现实严重不符。

面对经济大萧条,凯恩斯提出了与古典模型完全不同的另一种观点。作为与古典产出决定理论的一个对比,以下介绍凯恩斯主义关于产出决定(产品市场)的理论。本节先介绍其关于产出决定的基本模型:收入—支出分析。

一、凯恩斯主义的收入—支出分析

古典主义认为,产出由劳动就业量、资本、技术等供给方面的因素决定。只要供给是既定的,“供给总是能够创造出自己的需求”。与古典主义的观点相反,凯恩斯主义认为产出由需求方面的因素决定,收入—支出分析是对凯恩斯主义产出决定理论的一个简单描述。

（一）总产出、总收入、总支出

总产出是由企业提供的最终产品与服务。企业在生产总产出的过程中雇用了生产要素，并向要素所有者支付要素收入。所有要素所有者获得的收入之和即为总收入。根据第二章的分析，每期的总产出总是会分解为各个要素的收入，即存在着一个恒等式：总产出＝总收入。

同时，要素所有者获得收入后，会利用这些收入对最终产品与服务进行支出，而所有的支出项之和构成总支出。第二章曾讨论过，对最终产品与服务的总支出具体包括四个项目：消费支出（C）、投资支出（I）、政府购买支出（G）、净出口（$X-M$）。记总支出为 AE，有：

$$AE = C + I + G + (X - M) \tag{3.9}$$

总支出这个概念比较特殊：首先，它构成了对本期所生产的最终产品与服务的需求，有时也称其为总需求①。其次，它与总收入之间有着密切的关系，一般来说，总收入增加会导致总支出也增加。当收入增加时，家庭将增加其消费支出（购买更多的消费品）。总收入与总支出的正向变动关系可以用图 3－9（假设两个变量之间为线性关系）表示。

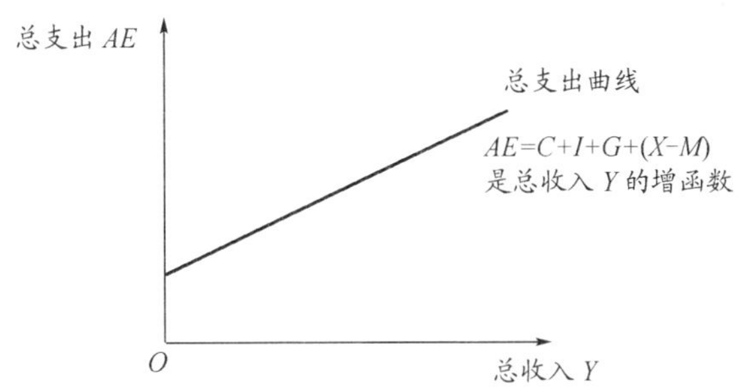

随着收入的增加，总支出逐渐增加。

图 3－9　总支出曲线

为更好地考察图 3－9 中的总支出曲线的形状，以下对构成总支出的各个项目（消费、投资、政府购买、净出口）予以简要说明。

① 参见第五章对有效需求的介绍。总支出曲线描述了对应于各个可能的收入水平，人们对于最终产品与服务的计划总需求。

1. 消费支出(C)

按照凯恩斯消费理论的观点(参见本章附录),消费支出是本期收入的增函数。凯恩斯对消费支出的观点可以简单表示为一个线性公式:

$$C = C_0 + aY \tag{3.10}$$

其中,$C_0 > 0, 0 < a < 1$;Y 是家庭的可支配收入(等于总收入减去税收,再加上转移支付①)。在本节,为简化起见,假设 Y 即为总收入。C_0 被称为自主性消费,它不受收入 Y 的影响,表明无论收入为何种水平时都必须进行的消费(比如,即便收入为零时,为维持生存,家庭也不得不"借债度日",以对基本生活品进行消费支出)。系数 a 表明收入与消费之间的联系,它度量了收入增加 1 单位能够使消费增加的数量 ($a = \Delta C/\Delta Y$),a 为边际消费倾向。$a > 0$ 表明随着收入的增加,消费支出也逐渐增加;并且,由于家庭并不是将所有增加的收入都用于消费支出 (即 $\Delta C/\Delta Y < 1$),所以有 $a < 1$。

2. 投资支出(I)

投资包括三个大项:企业固定资产投资、存货投资、居民住宅投资。对于投资支出,本章简单地将其视为外生的固定变量。用公式表示为:

$$I = \overline{I} \tag{3.11}$$

式中,$\overline{I}$ 为外生给定。

3. 政府购买支出(G)

政府购买构成了财政政策一个很重要的方面。随着讨论内容的深化,本书第四章及第五章将介绍有关财政政策的作用。在本节,暂时将政府购买支出 G 视为外生给定。因此有:

$$G = \overline{G} \tag{3.12}$$

式中,$\overline{G}$ 为外生给定。

4. 净出口(X－M)

净出口包括进口(M)与出口(X)两个部分。其中,进口是由本国居民对外国商品与服务的购买支出,它与本国的可支配收入水平有着密切的联系;而出

① 在凯恩斯国民收入决定模型中的转移支付指政府对居民家庭的无偿货币(或者商品和服务)支付。

口是由外国居民做出的决策，它与本国的可支配收入水平不发生直接联系。

本节考察封闭经济的状况，暂时忽略净出口对总支出的影响。因此这里假设：

$$X - M = 0 \tag{3.13}$$

根据上面对构成总支出的各个项目的讨论，总支出函数可以写成如下的形式：

$$\begin{aligned} AE &= C + I + G + (X - M) \\ &= (C_0 + aY) + \overline{I} + \overline{G} + 0 \\ &= (C_0 + \overline{I} + \overline{G}) + aY \end{aligned} \tag{3.14}$$

在总支出函数中，$C_0 + \overline{I} + \overline{G}$ 是外生给定的常数，a 代表总支出曲线的斜率。

（二）收入—支出分析

图 3 - 10 描绘了刚刚得出的总支出曲线。横轴不仅表示总收入，还表示总产出（根据前面的分析，总收入＝总产出）。之所以表示总收入，是因为它是总支出函数的自变量；之所以又表示成总产出，是因为下面的分析侧重于将总支出（纵轴）与总产出（横轴）进行对比。

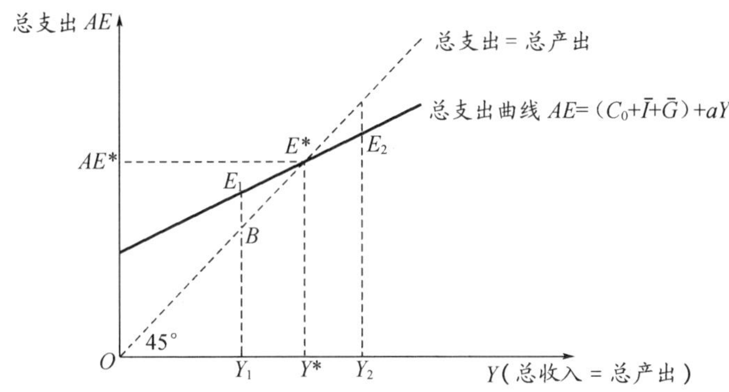

45°线衡量了总支出＝总收入；位于 45°线左上方的点表明总支出大于总产出；位于 45°线右下方的点表明总支出小于总产出。

图 3 - 10　收入—支出分析

与图 3 - 9 相比，图 3 - 10 中还多了一条 45°的虚线。45°线有什么含义呢？对应于 45°线上的每一点，横轴的坐标与纵轴的坐标在数量上是一致的。也就是说,45°线上的点表明总支出(纵轴)等于总产出(横轴)。位于45°线左上方的点表明总支出(纵轴)大于总产出(横轴);位于45°线右下方的点则表明总支出(纵轴)小于总产出(横轴)。

因此,通过加入45°线,可以将横轴表示的总产出与纵轴表示的总支出在数量上进行对比。例如,当收入水平为 Y_1 时,对应的总支出曲线上的点位于45°线的左上方,因此总支出(E_1Y_1)大于总产出($OY_1 = BY_1$)。类似的,当收入水平为 Y_2 时,总支出小于总产出。只有当收入水平为 Y^* 时,总支出曲线与45°线相交,此时总支出等于总产出。

再来看总支出曲线。总支出曲线是否一定与45°线相交呢?根据式(3.14)对总支出曲线的描述,总支出曲线的截距($C_0 + \overline{I} + \overline{G}$)大于零,并且总支出曲线的斜率 $0 < a < 1$(a 为边际消费倾向),这两点保证了总支出曲线确实与45°线相交。

利用图3-10可以对产品市场的均衡(进而总产出的决定)予以分析。首先,图中的 E_2 点不是一个均衡点。在该点上,对最终商品和服务的总支出低于总产出,也就是说,经济体所提供的物品数量超过了人们想购买的数量。在这种情况下,一部分多余的物品可以作为企业的非计划存货①储藏起来。当企业发现自身的存货非计划地增加时,这会给企业提供一种数量信号②,即本期的生产过多,这个信号会指引企业通过削减生产的方法做出反应。可以看出,当总支出小于总产出时,总产出倾向于下降(对应于图3-10,Y 将会减小)。

图3-10中的 E_1 点也不是一个均衡点,因为此时总支出超过了总产出。当总支出超过总产出时,企业将出售前期的存货,以满足本期的“超额”总支出。当企业发现自身的存货非计划地减少时,这提供一个信号,指示企业增加产出。因此,当总支出大于总产出时,总产出倾向于增加(对应于图3-10,Y 将会增加)。

在图3-10中,只有 E^* 点才是一个均衡点。在该点,总支出等于总产出,企业生产的物品都能够被支出所吸收,此时的产出将维持不变,Y^* 是一

---

① 非计划存货又称为非意愿性存货,是指超过企业计划的那一部分存货。现实中,企业为平稳生产或便利生产,会持有一定量的计划存货(又称为意愿性存货)。计划存货可以作为投资支出的一部分,这部分存货的改变并不会给企业提供市场供求不一致的数量信号。

② 可以看到这里与古典主义的观点不同:当总产出不能够被总支出所吸收时,并不表现为实际利率这个价格信号的调整使得漏出等于注入,而直接表现为企业对产量的调整过程。

个均衡产出水平。

可以对产品市场的均衡产出量予以简单的代数计算。

首先，总支出曲线为：$AE=(C_0+\overline{I}+\overline{G})+aY$；而产品市场的均衡条件可以描述成：$AE=Y$。因此，当产出处于均衡产出水平 Y^* 时，有：

$$(C_0+\overline{I}+\overline{G})+aY^*=Y^*$$

根据这个式子，可以得出均衡产出量：

$$Y^*=\frac{1}{1-a}(C_0+\overline{I}+\overline{G}) \tag{3.15}$$

二、总支出曲线的移动与均衡产出的变动

收入—支出分析讨论了凯恩斯主义关于产出决定的基本观点。结合这个框架，现在放松前面的一些假设条件，考察当自发性支出、投资或政府购买等外生变量发生改变时对总产出的影响。

如前所述，总支出函数可以写成 $AE=(C_0+\overline{I}+\overline{G})+aY$。从该式可以看出：$\overline{I}$、$\overline{G}$ 或 C_0 等自发性支出项的增加会导致总支出曲线向上平移（一定的收入水平对应更高的总支出），由此引发均衡产出发生改变。图 3-11

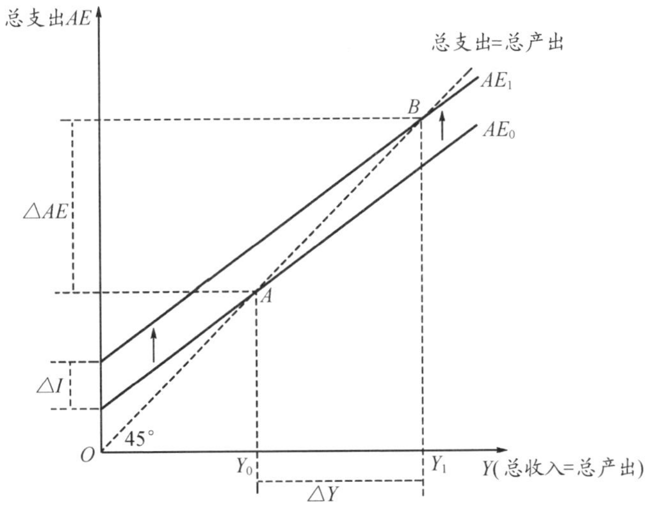

投资支出的增加使总支出及总产出以更大的幅度增加，即投资支出的增加对促进产出增加具有“乘数效应”。

图 3-11　总支出曲线的平移

以投资支出的改变为例,分析了自发性投资的增加对均衡产出的影响①。

如图 3-11 所示,假设初始的总支出曲线以 AE_0 表示,AE_0 与 45°线相交于初始均衡点 A。现在假设某些外生事件导致投资增加,增加量为 ΔI。

投资支出的增加会使总支出曲线向上平移到 AE_1,上移的幅度即投资增加的幅度 ΔI。新的总支出曲线 AE_1 与 45°线相交于新的均衡点 B。B 点所对应的均衡产出水平 Y_1 大于初始的均衡产出水平 Y_0。不仅如此,从图 3-11 还可以看出,产出的增加量 ΔY 要高于投资的增加量 ΔI(即 $\Delta Y/\Delta I > 1$),而且总支出曲线越是陡峭,一定增量的投资支出带来的产出增量就会越大。

式(3.15)其实已经隐含了这点(对具体过程的说明见专栏 3-1)。由式(3.15):$Y^* = (C_0 + \overline{I} + \overline{G})/(1-a)$,不难发现,当投资支出($\overline{I}$)增加 ΔI 时,均衡产出(Y^*)的增量为:$\Delta Y = \Delta I/(1-a)$。

由于 $0 < a < 1$(a 为边际消费倾向),所以 $0 < (1-a) < 1$,从而有:

$$\frac{1}{1-a} > 1$$

系数 $1/(1-a)$ 被称为乘数。它表示,诸如投资这样的支出变量的增加会推动产出以"乘数倍"的幅度获得增加。

专栏 3-1

投资增加对产出增加的"乘数效应"分析

为什么产出的增量会高于投资的增量呢?这需要分析由投资增加所带来的一系列调整过程。

消费支出是总收入的增函数:$C = C_0 + aY$ $(0 < a < 1)$。当起初的投资支出增加 ΔI 时,会带来产出的最初增加,假设产出增加了 ΔY_1,则有 $\Delta Y_1 = \Delta I$;然而在产出增加的同时,家庭会发现他们的收入水平上升了(记住:总产量=总收入),这使得家庭的消费支出也因此而增加。假设消费支出的增加为 ΔC_1,根据消费函数,$\Delta C_1 = a\Delta Y_1$。

可以看出,投资支出的增加在推动总产出增加的同时,也带动消费支出

① 自发性消费支出(C_0)及政府购买支出($\overline{G}$)的改变所产生的影响与投资支出改变的分析类似。

的增加，这是总支出增加幅度超过投资增加幅度的原因所在。

然而，前面的分析过程并没有结束。现在，消费支出在增加了 ΔC_1 后，总产出会再次增加，这是第二轮产出的增加，记产出的增量为 ΔY_2，则有：$\Delta Y_2 = \Delta C_1 = a\Delta Y_1 = a\Delta I$。

第二轮产出的增加会再次分解为各个要素的收入，消费支出因此再次增大，记消费的增量为 ΔC_2，则有：$\Delta C_2 = a\Delta Y_2 = a^2\Delta Y_1 = a^2\Delta I$。

总的来看，上述过程可以归纳为一个等式，当总投资增加 ΔI 时，带来的总支出的增加为：

$$\begin{aligned}\Delta AE &= \Delta I + \Delta C_1 + \Delta C_2 + \Delta C_3 + \cdots + \Delta C_n \\ &= \Delta I + a\Delta I + a^2\Delta I + a^3\Delta I + \cdots + a^n\Delta I \\ &= (1 + a + a^2 + a^3 + \cdots + a^n)\Delta I\end{aligned}$$

当 $0 < a < 1$ 时，$1 + a + a^2 + a^3 + \cdots + a^n = \dfrac{1}{1-a}$，因此 $\Delta AE = \dfrac{1}{1-a}\Delta I$。该式表明，总支出的增量等于投资增量的 $\dfrac{1}{1-a}$ 倍，此处 $\dfrac{1}{1-a} > 1$。由于产出增量等于总支出的增量（$\Delta AE = \Delta Y$），所以有：$\Delta Y = \dfrac{1}{1-a}\Delta I$。

系数 $\dfrac{1}{1-a}$ 即为投资增加对产出增加的乘数，与正文中利用式(3.15)得出的乘数一致。

第三节　政府的作用

古典主义认为，并不需要政府对经济进行过多干预——政府过多干预经济的结果往往会对市场的自发调节机制造成人为的“阻力”。在古典宏观经济模型中，价格机制对经济的稳定运行起到了良好的调节作用：劳动市场达到充分就业；产品市场供需一致；总产出达到充分就业产出水平；经济体不存在内生的不稳定性。

然而凯恩斯主义关于产出决定的理论却表明，当短期中的价格存在刚性时,数量调节机制(如前所述,企业根据存货的变动来决定产出规模)发挥作用。因此,经济不会必然地运行于充分就业产出水平(如图 3-10 所示的均衡产出水平 Y^* 并不必然地就是充分就业产出水平)。此时,非自愿失业的情况就有可能发生。在这种情况下,政府就应该发挥其作用,以促进产出的增加及推动失业的减少。上一节曾经以投资支出增加为例,讨论了投资支出的增加会刺激产出以更大的幅度增加(投资的乘数效应)。其实,上一节的例子对于总支出中的另一个外生变量——政府购买支出也是同样适用的。只不过此时的投资支出的增量 ΔI 改为政府购买增量 ΔG。

因此,可以得到:$\Delta Y=\Delta G/(1-a)$,$1/(1-a)>1$。也就是说,政府购买增加 ΔG 能够带来"乘数倍"的产出的增加。

政府可以通过改变其可控制的变量(如政府购买支出)来影响总产出。为进一步考察政府的作用,引入政府的另外两个可控制变量——税收(T)和转移支付(R)。政府通过改变政府购买支出、税收、转移支付的手段来影响经济运行,构成了政府财政政策的基本工具。

首先,将总支出函数做一些补充修改。利用式(3.10)介绍消费支出时指出,家庭消费是可支配收入的增函数。在那里,为了讨论的简便,将可支配收入用总收入来简单代替,然而,现在要考察税收及转移支付的作用,就不能再做这种简化。

税收和转移支付对总支出曲线最明显的影响在于,它们对家庭的可支配收入产生影响,从而对消费支出产生影响。设家庭的可支配收入为 Y_d,总收入为 Y,则:$Y_d=Y-T+R$。

将式(3.10)所表示的消费函数写成下面的形式:

$$C=C_0+aY_d=C_0+a(Y-T+R) \tag{3.16}$$

根据式(3.16),可以将总支出曲线(AE)修改如下:

$$\begin{aligned} AE&=C+I+G=C_0+a(Y-T+R)+\overline{I}+\overline{G} \\ &=(C_0+\overline{I}+\overline{G})+a(-T+R)+aY \end{aligned} \tag{3.17}$$

与式(3.14)相比,式(3.17)多出了一项 $a(-T+R)$,其中 a 是边际消费倾向。利用这个公式,可以讨论税收及转移支付对均衡产出的影响。

根据收入—支出分析所揭示的产品市场均衡条件:$AE=Y$,代入式(3.17)可知,如均衡产出为 Y^*,则有:

$$(C_0+\bar{I}+\bar{G})+a(-T+R)+aY^*=Y^*$$

$$Y^*=\frac{1}{1-a}(C_0+\bar{I}+\bar{G})+\frac{a}{1-a}(-T+R) \tag{3.18}$$

从式(3.18)可以看出，税收增加 ΔT 会使均衡产出减少 $\frac{a}{1-a}\Delta T$，而转移支付增加 ΔR 会使均衡产出增加 $\frac{a}{1-a}\Delta R$。

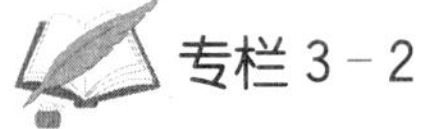专栏 3－2

不同税制下的乘数效应计算

税收制度大致可以分为总额税制和比例税制。总额税又被称为自发性税收或人头税，是指征税的税额与产出水平无关，即无论收入水平的高低，税收固定为：$T=T_0$。比例税则指政府对税收的征收除了自发性的部分之外，还有一部分是与收入水平相联系的，即税收的形式可以表示为：$T=T_0+tY$，$0<t<1$，t 可以理解为边际税收倾向。

作为正文中计算乘数的一个例子，现在计算在两种不同的税收制度下的税收乘数。

根据正文中的式(3.18)，在考虑税收的情况下，均衡产出可以表示为：

$$Y^*=\frac{1}{1-a}(C_0+\bar{I}+\bar{G})+\frac{a}{1-a}(-T+R) \tag{3.19}$$

(1) 总额税的情况。

在实施总额税制的情况下，式(1)中的 $T=T_0$，因此可以直接得到：

$$Y^*=\frac{1}{1-a}(C_0+\bar{I}+\bar{G})+\frac{a}{1-a}(-T_0+R) \tag{3.20}$$

可见，在实行总额税制的情况下，税收乘数是 $-a/(1-a)$，即税收增加 1 单位将导致国民收入减少 $a/(1-a)$ 单位。

(2) 比例税的情况。

当政府实行的税制是比例税时，税收函数与收入水平紧密相关，税收函数可以表示为：

$$T=T_0+tY$$

$$Y^* = \frac{1}{1-a+at}(C_0 + \overline{I} + \overline{G}) + \frac{a}{1-a+at}(-T_0 + R) \tag{3.21}$$

可见,在实行比例税制的情况下,其中自发性部分税收变化的税收乘数为$-a/(1-a+at)$,即T_0增加1单位将导致国民收入减少$a/(1-a+at)$单位。乘数的大小不仅取决于边际消费倾向a,而且取决于边际税收倾向t。从直观的结果上看,比例税制的税收乘数比总额税制小。

附　录　凯恩斯的消费理论

消费首先表现为储蓄的对立面。在本章的正文部分讨论漏出与注入时，曾经介绍过，要素所有者并不一定会将本期的收入都用于消费，而是将其中的一部分作为储蓄储藏起来。因此，如果记收入为 Y，消费为 C，储蓄为 S，则存在下面的公式：

$$Y = C + S \tag{3.22}$$

古典经济学家认为，储蓄 S 是实际利率的增函数。作为对储蓄的一种补偿，较高的利率往往会鼓励储蓄而抑制消费。消费作为储蓄的对立面，它是利率的减函数。

对于古典主义的这种观点，凯恩斯承认，就理论而言，利率会影响消费。然而他同时认为："就经验所提出的主要结论来看，利率对个人既定收入中支出（即消费）的短期影响是第二位和较不重要的。"

一、凯恩斯的消费函数

根据凯恩斯的观点，收入才是消费的主要决定因素。凯恩斯的观点被称为绝对收入假说，绝对收入假说可以简单地表示为一个线性函数的形式：

$$C = C_0 + aY \tag{3.23}$$

式中，$C_0 > 0, 0 < a < 1$。

对于这个公式，有以下几点需要说明：

首先，定义 MPC 为边际消费倾向。它代表增加的 1 单位收入中被用于消费的数量，即 $MPC = \Delta C / \Delta Y$。凯恩斯认为，边际消费倾向处于 0 与 1 之间。即当人们的收入增加时，人们会增加他们的消费，但增加量不会像收入那么多。凯恩斯将这个规律视为人们在消费时所具有的"基本心理规律"。前面在正文部分的分析表明，边际消费倾向对于扩张性财政政策所带来的乘数效应的大小起着至关重要的作用。

其次，定义 APC 为平均消费倾向。它代表消费与收入的比例，即 $APC = C/Y$。凯恩斯认为，随着收入水平的提高，平均消费倾向会逐渐下降。凯恩斯的依据是，储蓄是一种奢侈品，因此富人收入中用于储蓄的比例会高于穷人(从而用于消费的比例会低于穷人)。从式(3.23)中也可以看出这一点:$APC = C/Y = C_0/Y + a$。其中,C_0 和 a 都是一个常数,因此随着 Y 的提高,APC 逐渐递减。

式(3.23)所表示的线性消费函数可以描绘成图 3-12 的形式。

凯恩斯的消费理论在早期曾获得经验数据的支持。一些研究者考察了在两次世界大战期间消费与收入的总体数据,这些数据大多支持了凯恩斯的消费理论。

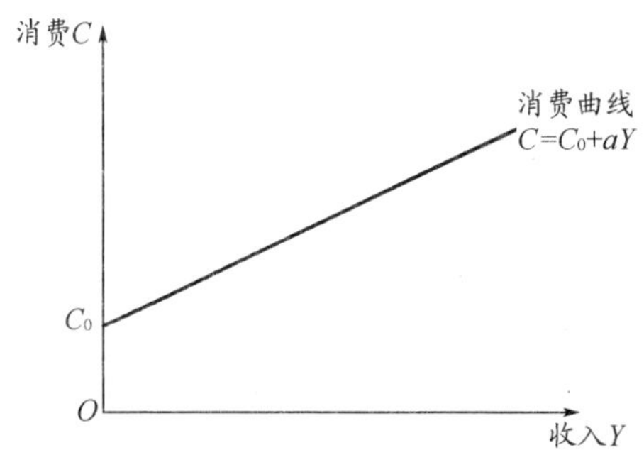

凯恩斯认为,现期消费是现期收入的增函数,并且随着收入水平的提高,平均消费倾向递减。

图 3-12　线性消费函数

二、凯恩斯的储蓄函数

从上述对凯恩斯消费函数的分析中,可以推导出凯恩斯有关储蓄的观点。结合式(3.22)及式(3.23),可以得出储蓄函数。推导如下:

$$\left.\begin{array}{l} Y = C + S \\ C = C_0 + aY \end{array}\right\} \Rightarrow Y = C_0 + aY + S \Rightarrow S = -C_0 + (1-a)Y \tag{3.24}$$

从储蓄函数中可以看出,储蓄(S)也是收入(Y)的增函数 ($0 < 1-a < 1$)。图 3-13 描述了这种关系。

如果定义 MPS 为边际储蓄倾向,它代表增加的 1 单位收入中被用于储蓄的数量,即 $MPS = \Delta S/\Delta Y$。那么可以得出下面的一个等式:

$$MPS + MPC = 1 \tag{3.25}$$

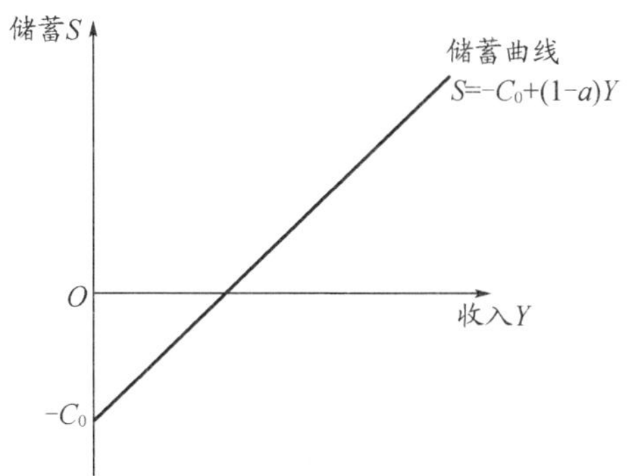

由凯恩斯的消费理论所推导出来的储蓄函数也是现期收入的增函数。

图 3－13　线性储蓄函数

由于边际消费倾向对财政政策乘数效应的大小起着重要的作用,式(3.25)所揭示的恒等关系说明了边际储蓄倾向与财政政策的乘数效应也有着密切的关系。

值得强调的是,在现实经济生活中,储蓄是一个很常用的、极容易引起混淆的概念。凯恩斯的简单国民收入决定理论中的储蓄指居民储蓄(Personal Saving),即居民可支配收入中未用于消费的那个部分。

三、投资、储蓄与产品市场的均衡

在古典宏观经济模型中,曾通过对注入与漏出的说明,揭示出储蓄能够转化为投资是使得总产出从需求方面得以保证的前提。在古典模型中,储蓄转化为投资是通过资本市场的价格——实际利率的自发调节得以实现的。然而,在前面对凯恩斯储蓄函数的分析中,并没有看到利率对储蓄的作用:凯恩斯认为决定储蓄的最关键因素是收入水平。而且,在前面对收入—支出分析的过程中,总是假定投资是一个常数。

在这种情况下,凯恩斯主义者认为,产出(而非利率)必须进行调整,以维持投资与储蓄的平衡。图 3－14 揭示了这个观点。

如图 3－14 所示,在收入水平为 Y_0 时,储蓄与投资达到平衡。假设收入水平大于 Y_0,这时投资小于储蓄,表明对资本品的需求小于其供给,此时资本品的库存增加。库存增加给企业提供了应缩减生产的信号,产出倾向于下降。

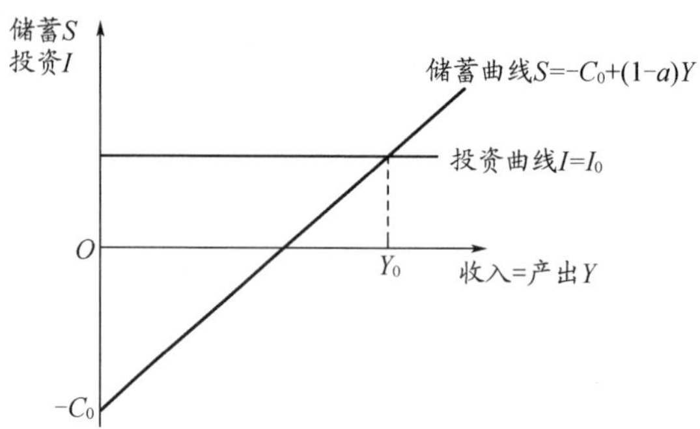

储蓄曲线与投资曲线的交点决定了均衡产出水平的大小。

图 3-14　产出决定的储蓄—投资分析法

假设收入水平小于 Y_0，这时投资大于储蓄，表明对资本品的需求超过了其供给，此时资本品的库存减少。库存减少给企业提供了应扩大生产的信号，产出倾向于增加。因此，只有在收入水平为 Y_0 时，资本品市场才到达均衡，此时产出将维持稳定。

上述分析实际上提出了凯恩斯主义关于产出决定的另一种视角。与收入—支出分析相对应，利用储蓄与投资的关系来分析产出决定的方法称为产出决定的储蓄—投资分析法。

利用储蓄—投资分析法，如果经济中的投资曲线向上移动，将导致均衡产出的增加。不仅如此，产出的增加会比投资增加得更多(乘数效应)。

以下利用储蓄—投资分析法来计算投资增加的产出效应：

$$S=I \Rightarrow -C_0+(1-a)Y=I \Rightarrow Y=\frac{I}{1-a}+\frac{C_0}{1-a} \Rightarrow \frac{\Delta Y}{\Delta I}$$

$$=\frac{1}{1-a}=\frac{1}{MPS}$$

式中，$0<(1-a)<1, 1/(1-a)>1$。

由此可见，利用储蓄—投资分析所揭示出来的“乘数”与利用收入—支出分析所揭示出来的乘数是一致的，都等于边际储蓄倾向(1 减去边际消费倾向)的倒数。

专栏 3-3

“消费之谜”——对凯恩斯消费函数的再研究

在凯恩斯提出消费函数不久,经济学家开始搜集数据,以检验该理论。早期的研究证实了凯恩斯的消费函数在短期确实成立。但是,当西蒙·库茨涅兹以 1869—1938 年的数据作为样本,将一个 10 年与另一个 10 年进行比较时,发现了异常现象。他发现在长期中平均消费倾向 APC(消费 C 与收入 Y 之比)是相当稳定的,并不像凯恩斯预言的那样:APC 随收入增加而下降。

库茨涅兹后来因为这项工作而获得了诺贝尔经济学奖。他的发现被称为“消费之谜”:在短期,凯恩斯的消费函数成立,但在长期却失效了。“消费之谜”引发了许多经济学家的研究与讨论。在 20 世纪 50 年代,莫迪里亚尼和弗里德曼各自提出了自己对“消费之谜”的解释。

莫迪里亚尼关于消费的理论被称为“生命周期假说”。根据他的观点,总量消费函数可以简写为:

$$C=\alpha W+\beta Y \tag{3.26}$$

式中,W 代表财富;Y 代表总收入;系数 α 是财富的边际消费倾向,而 β 是收入的边际消费倾向;C 代表总消费。

利用式(3.26),可以分析莫迪里亚尼对于“消费之迷”的解释。正如前面所讲,“消费之迷”主要表现在短期的平均消费倾向递减;而长期的平均消费倾向不变。因此,首先利用式(3.26)求出莫迪里亚尼消费函数中的平均消费倾向。

$$APC=\frac{C}{Y}=\alpha\left(\frac{W}{Y}\right)+\beta \tag{3.27}$$

由于 α、β 是比较稳定的系数,因此,欲说明 APC 是递减还是不变,关键在于对比值 W/Y 的说明。莫迪里亚尼认为,在短期,人们的财富水平是稳定的,因此随着收入 Y 的增加,平均消费倾向是递减的;而在长期,财富 W 也会发生变动,并且与收入 Y 的变动往往保持一致,即 W/Y 在长期可能是稳定的。因此,平均消费倾向在长期能够保持稳定。

弗里德曼关于消费的理论被称为持久收入假说。弗里德曼认为,现期

收入 Y 应该分为两部分:持久收入 Y^P 与暂时收入 Y^T。

$$Y = Y^P + Y^T \tag{3.28}$$

持久收入是人们预期可以持续到未来的那一部分收入,这部分收入在长期中比较稳定。而暂时收入是人们不可预期的、临时的不稳定收入。举例来说,一个人在工作中获得了升职,他就可以认为随之而来的加薪是持久收入,是可以持续到未来的;而另一个人在某个月的加班异常得多,他在那个月的加班工资就是暂时收入,并不会持续发生。

弗里德曼认为,消费应主要取决于持久收入,而不是暂时收入。持久收入假说可近似写成如下的一个简单消费函数形式:

$$C = \alpha Y^P \tag{3.29}$$

在这里 α 是定值,它衡量持久收入中用于消费的部分,可见消费是与持久收入成比例的。

利用式(3.29)可以说明弗里德曼对于"消费之谜"的解释。根据持久收入假说,平均消费倾向是:

$$APC = \frac{C}{Y} = \alpha \frac{Y^P}{Y} \tag{3.30}$$

式(3.30)表明,平均消费倾向 APC 取决于持久收入(Y^P)与当期收入(Y)的比率。在短期中,由于暂时收入(Y^T)的存在使得收入 Y 会发生波动(因为 $Y=Y^T+Y^P$),从而平均消费倾向在短期就会发生波动——当期收入暂时高于持久收入时,平均消费倾向暂时下降;当期收入暂时低于持久收入时,平均消费倾向暂时上升。然而,如果以一个长期(如每 10 年)的视角来看,暂时收入的影响会相互抵消,此时 Y^P/Y 也倾向于比较稳定。

本章要点

1. 在古典宏观经济模型中,产出由供给方面的因素决定。劳动市场的出清保证了经济运行于充分就业的产出水平,而储蓄能够全部转化为投资,产品市场的产出从需求方面获得保证;在货币市场中,货币数量论表明,货币具有中性,它只影响价格不影响产出。

2. 古典模型:劳动市场的价格——实际工资具有伸缩性,这使得一定

工资水平下的意愿劳动供给都能够被劳动需求所吸收,从而达到充分就业水平。

3. 古典模型:资本市场的价格——实际利率具有伸缩性,这使得对产出支出的漏出项能够被对产出支出的注入项所弥补,从而使总产出从需求方面获得保证。

4. 古典模型:古典经济学家对经济变量存在一种区分,即名义变量与实际变量,并且实际变量对名义变量的变动具有独立性。

5. 凯恩斯主义简单国民收入决定模型即收入—支出分析。凯恩斯认为,短期中的价格缺乏伸缩性,因此数量调节机制对产出的决定起到了关键作用。当总支出不等于总产出而造成企业的非意愿性存货发生改变时,企业会调整生产规模,从而产出发生改变。

6. 凯恩斯主义模型:总支出是总收入的增函数,总支出曲线截距大于零,边际消费倾向"大于零小于1"从一定程度上保证了总支出曲线与45°线相交。企业根据数量信号调整生产规模,从而总支出曲线与45°线的交点即为均衡点,其所对应的产出即为均衡产出。

7. 凯恩斯主义模型:总支出曲线的平移会使均衡产出发生改变,并且均衡产出改变的幅度要大于初始支出项改变的幅度,即支出的改变对产出改变具有"乘数效应"。

关键概念

总量生产函数	名义工资	实际工资	充分就业
自愿性失业	实际利率	名义利率	古典货币数量论
交易方程	剑桥方程	货币中性	古典二分法
收入—支出分析	总支出函数	数量调节机制	乘数
财政政策	绝对收入假说	边际消费倾向	平均消费倾向
边际储蓄倾向	储蓄—投资分析	消费之谜	生命周期假说
持久收入假说			

本章习题

1. 试论述在古典宏观经济模型中,产出即为充分就业产出水平(潜在

GDP)。

2. 当劳动供给曲线发生移动时,充分就业产出水平(潜在 GDP)会发生怎样的改变?当发生技术进步或资本增加时,充分就业产出水平会受到怎样的影响?

3. 在古典宏观经济模型中,货币供给量如何对产出及价格发生影响?

4. 人们普遍使用互联网进行交易,这对货币流通速度会造成怎样的影响?结合剑桥方程,这会对人们的货币需求造成怎样的影响?如果货币供给保持不变,这会使一般价格水平发生怎样的改变?是否会对劳动市场的就业量造成影响?

5. 试论述凯恩斯关于产出决定的观点与古典主义的观点有何区别。

6. 什么是总支出曲线,它有怎样的特征?为什么它能够与 45°线相交?为什么说总支出曲线与 45°线的交点决定了均衡产出水平?

7. 利用收入—支出分析法考察下列事件对均衡产出的影响:① 政府购买支出增加;② 总额税增加;③ 政府购买支出增加的同时,总额税也以同等幅度增加;④ 边际消费倾向减少。

8. 试解释自发性投资的增加为什么会带来均衡产出以乘数倍增加?乘数为什么与边际消费倾向有关?

9. 假设消费函数为 $C=C_0+aY$,投资为 $I=I_0$,不考虑政府购买支出及净出口的影响。

(1) 利用附录中介绍的储蓄—投资分析法,计算均衡产出的大小。自发性投资支出对产出的乘数(投资乘数)是多大?

(2) 利用收入—支出分析法计算均衡产出及投资乘数的大小。它与利用储蓄—投资分析法计算得到的结果是否一致?

案例讨论

用实际数据描绘中国近 20 年的消费函数曲线,并讨论边际消费倾向受哪些因素影响。

第四章 IS-LM 模型及政策效应分析

构成 IS-LM 模型的两个部分是 IS 曲线和 LM 曲线。其中，IS 曲线归纳了凯恩斯主义对产品市场的基本看法；LM 曲线则总结了凯恩斯主义关于货币市场的基本观点。

（1）产品市场与 IS 曲线。第三章介绍的收入—支出法是凯恩斯主义分析产品市场的一个基本工具。在第三章中，投资被视为外生给定的变量，这显然与现实存在很大反差。本章第一节对投资进一步考察，在此基础上，本章第二节对收入—支出法进行完善，推导出 IS 曲线。

（2）货币市场与 LM 曲线。对实物经济的探讨还不是凯恩斯主义的全部思想，正如前面一再强调的那样，在凯恩斯主义模型中，货币对产出的影响也不可忽视（货币具有非中性）。本章从第三节开始，逐渐将货币因素纳入凯恩斯主义的分析框架，并在第四节推导出 LM 曲线。

（3）IS-LM 模型。对于产品市场和货币市场的同时考察形成了 IS-LM 模型。结合 IS 曲线和 LM 曲线，本章第五节将详细讨论 IS-LM 模型。利用这个模型，不仅能够分析短期的产出与利率的决定问题，还能够分析政策所带来的一般效应。

第一节　对投资支出的进一步考察

在凯恩斯主义收入—支出分析框架中,投资支出构成总支出的一个很大而且很容易波动的部分,投资支出的变动可能是总支出曲线移动的基本原因。鉴于投资支出在总支出中的重要性,本节将对投资做进一步的考察。

构成总支出的投资支出主要包括三大类:固定资产投资、存货投资和居民住宅投资。固定资产投资包括企业对新的生产设备(如机器、各种投入品)及厂房等建筑物的购买。存货投资指企业持有的作为储备的各种物品,包括企业根据对未来销售状况的预期而储备的最终产品,或企业为下期生产所储备的各种投入品(如中间产品和原材料)。居民住宅投资包括家庭对新住房的购买。以下主要考察固定资产投资与存货投资,而居民住宅投资类似于家庭对耐用消费品的需求,我们暂时忽略对它的考察。

一、固定资产投资

(一) 利率与固定资产投资

在投资支出中,固定资产投资是最大的部分,它代表了一般意义上的企业投资。对这部分投资(作为对资本品的需求方)的分析比较适合的模型是新古典主义投资模型。这个模型将固定资产投资描绘成利率的减函数(见图 4－1)。

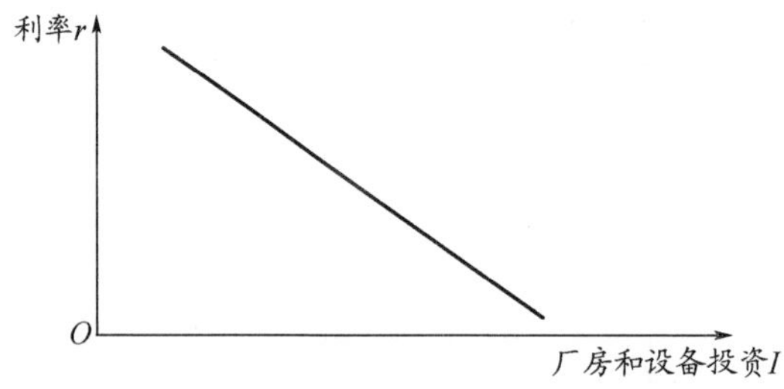

利率衡量了固定资产投资的成本。当利率提高时,企业一般会缩小投资规模。

图 4－1　企业固定资产投资函数

固定资产投资为什么会是利率的减函数呢?最重要的一点,利率的大小衡量了固定资产投资的成本。为更加清楚地看到这一点，以下来考虑企业为进行固定资产投资而筹集资金的途径。

首先，企业的投资资金可能是借来的，在这种情况下，利率越高，企业为融资所需支付的利息就越高。因此，利率理所当然地衡量了投资的成本。其次，如果企业用于投资的资金不是借来的，而是自有资金，在这种情况下，利率衡量了投资的机会成本（如果不投资，而将这笔自有资金存入银行所能够获得的收入）。此时，利率仍然是对投资成本的衡量。

由于利率衡量了企业的固定资产投资成本，故利率较高时，企业愿意进行的固定资产投资就会较少。在理论分析中，固定资产投资与利率的反向变动关系常常可以利用简单的投资函数①表示：

$$I = I_0 - br, b > 0 \tag{4.1}$$

式中，r 代表利率；b 衡量了投资对利率的反应程度（$b = -\mathrm{d}I/\mathrm{d}r$）；$I_0$ 表示自主性投资（与利率无关的投资）。

（二）企业对未来经济形势的预期与固定资产投资

除利率外，企业对未来经济形势的预期也是影响企业固定资产投资的一个重要因素。

预期主要指人们对未来社会经济发展的信心，当经济运行良好、政治环境稳定时，人们往往会对未来持有较好的预期；而当经济运行环境恶化时，比如政治动荡、石油短缺等发生时，会影响人们对于未来的信心。在经济学研究中，通过构造诸如“消费者信心指数”或“投资者信心指数”等指标，可以对人们的预期进行大致的衡量。

预期会对企业的投资行为产生影响。如果企业确信未来的经济形势会变得更好，某种机器设备生产出来的产品将被人们广泛购买，那么企业有可能购置这种机器设备以扩大生产规模。这表现为，在一定的投资成本（一定的利率水平）之下，对未来好的预期会带来投资支出的增加，从而好的预期会使投资曲线向右平移（见图 4 - 2）。

二、存货投资

存货投资是企业投资的一个部分，企业会根据非计划存货（又称为非意

① 在该式中，投资曲线被简写成一个线性函数的形式。

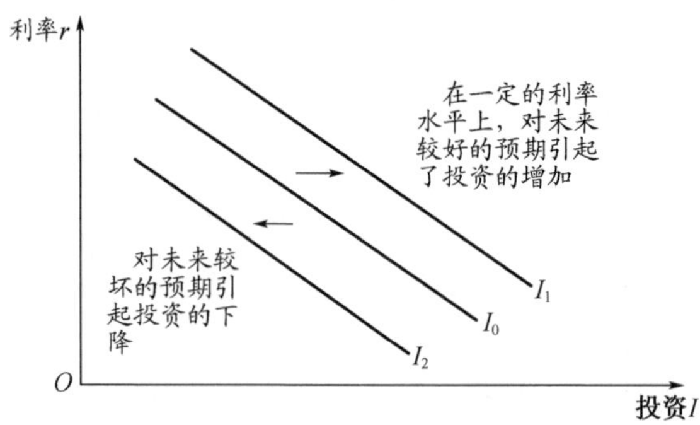

对未来行情的预期会使企业改变现期投资规模。即便利率不变,对未来好的预期也会引发企业增加投资。其实,该图不仅适用于固定资产投资,在企业的存货投资中,预期的变化所引发的存货投资波动更为明显。

图 4-2　预期的变化与投资曲线的平移

愿性存货)的变化调节生产规模。非计划存货是企业没有预料到的存货变动。在正常的情况下,企业为了应对市场的变化,会保留一定的存货,即企业的计划存货(又称为意愿性存货)。在宏观经济学中,计划存货被视为一种支出,它构成了投资支出的一个部分。因此,如果企业的计划存货增加(而非计划存货为零),并不表明总支出小于总产出。

以下的分析讨论企业的计划存货,即存货投资。

企业持有计划存货的原因

企业为什么会持有存货呢?

一种原因可能在于平稳生产。由于经济中存在着许多的不确定性,企业在销售过程中往往会面临着需求的波动,销售量因而会发生波动。如果企业根据销售量的波动而调整产量,其代价是高昂的,每个月甚至每天都会有许多变动。工人和机器可能有时被闲置,有时又被迫要加班。因此,企业喜欢稳定的产出水平,而不必根据需求的波动而频繁调整生产。这种稳定的生产水平与不稳定的产品需求结合在一起,就产生了存货。

持有存货的第二个原因是便利生产。原材料存货是一种生产要素:企业持有的存货量越多,它可以生产的产出也越多。同时,企业还可以大量订购原材料以减少订货次数,这比少量频繁订货成本要低。

持有存货的第三个原因是便利销售。顾客总是希望生产者在他们需要的时候能向他们提供物品。为了做到这一点，生产者必须维持足够的产成品存货以满足预期的销售。否则，因为产品有生产周期，不可能立即制造，顾客就会转向其他生产者。同时，企业持有一定量的产成品存货还可以避免脱销。企业通常必须在了解顾客需求水平之前做出生产决策。如果需求大于生产，而且没有存货，该物品将会在一个时期内脱销，企业将失去销售和利润。存货可以防止这种情况发生。

持有存货的第四个原因则是不可避免的。因为在生产过程中有许多工序，因此，生产需要时间。当一种产品仅仅是部分完成时，其部件也被作为企业存货的一部分。这种存货称为在制品。

（资料来源　N.格里高利·曼昆：《宏观经济学》（第四版），中国人民大学出版社，2000年版）

（一）影响存货投资的因素

与企业固定资产投资类似，存货投资首先取决于利率。

将物品作为存货储备起来，在这个过程中会产生机会成本。如果企业将存货卖出，那这部分存货就能够转化为现金。如果企业将这部分现金放入银行，则能够给企业带来利息收入（用利率衡量）。而现在，企业将物品储存起来，就会失去这部分利息收入。由此可以看出，利率衡量了企业持有存货的机会成本。利率上升，持有存货的成本就会增加，因而企业会减少对存货的持有。存货也是利率的减函数。

除利率外，第二个影响存货的主要因素是预期。一般来说，当经济陷入衰退时，企业可能与以往相比更不愿意持有存货，而是急于将其变换为现金。而当经济处于繁荣时，企业则可能多持有存货，以备下期生产的扩大或满足下期销售的增加。

（二）存货投资的易变性

与固定资产投资相比，存货投资具有更大的波动性。一般来说，固定资产是企业的长期非流动性资产（因而调整的成本较高），而存货则是企业一种主要的短期流动性资产（因而调整的成本较低）。这种区别决定了两者在短期的相对波动程度会有所不同。在分析经济波动现象时，存货投资的波动所起的作用比较关键。

第二节　IS 曲线

在第三章中,曾假设投资支出是一个外生给定的变量,外生给定的投资支出发生改变时,会促使总产出以乘数倍发生变化。以下将详细考察因利率的改变而使总支出,进而均衡产出发生改变的具体过程。

一、利率对均衡产出的影响:IS 曲线

结合收入—支出分析,现在考察利率对均衡产出的影响。根据前面的讨论,利率通过影响投资来改变总支出曲线的位置,由此改变均衡产出量。利率下降,使投资的成本减小,从而投资支出增大,这使得总支出曲线向上平移,结果导致均衡产出水平上升。也就是说,产出表现为利率的减函数。

图 4 - 3 考察了利率影响产出的具体过程。从图 4 - 3(a)开始,来看利

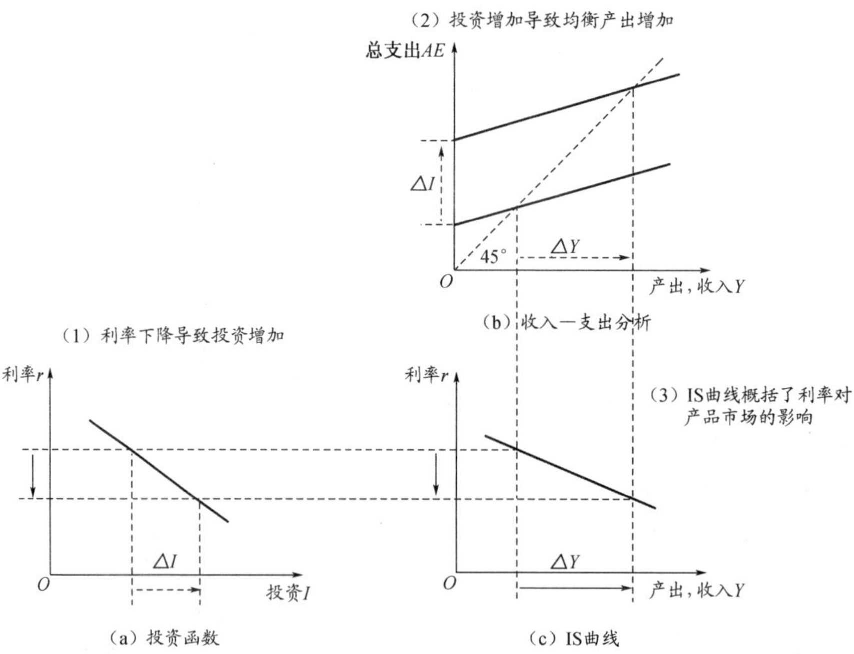

IS 曲线归纳了利率如何对均衡产出造成影响。利率的下降导致投资支出增加,进而总支出增大。对照收入—支出分析,这将导致均衡产出的增加。

图 4 - 3　收入—支出法推导 IS 曲线

率的下降如何对均衡产出产生影响。首先,利率下降使投资增加(沿投资曲线的移动)。由于投资是构成总支出的一个项目,所以投资的增加在图4-3(b)中表现为总支出曲线向上移动。对照总支出曲线与45°线的交点,通过乘数效应,均衡产出获得了增加。

图4-3(c)对上述过程进行了概括,它表明利率下降的最终结果是导致均衡产出的增加。(c)图中负斜率的线即为IS曲线。据此,可以将IS曲线定义为描述了与各个可能的利率相对应的产品市场均衡产出水平的曲线。

专栏4-2

IS曲线的函数表达式

利用总支出曲线的表达式及产品市场均衡条件,还可以具体推出IS曲线的函数表达式。

(1) 根据第三章式(3.14),将利率引入总支出曲线,可以得到总支出曲线为:

$$AE = C + I + G = (C_0 + aY) + (I_0 - br) + \overline{G} = A + aY - br$$

式中,A包含了所有的自发性支出项目,$A = C_0 + I_0 + \overline{G}$;$a$为边际消费倾向。

(2) 产品市场(收入—支出分析)的均衡条件:

$$AE = Y$$

(3) 推导IS曲线的函数表达式:

$$A + aY - br = Y \Rightarrow Y = \frac{A}{1-a} - \frac{b}{1-a}r,\quad a > 0, b > 0$$

从该式可以看出,在自发性支出A、边际消费倾向a以及投资对利率的反应b不变的情况下,一定的利率对应着一定的产出水平。而r前面的系数为负值表明,利率上升会使产出减少。

从式中还可以看出,自发性支出A的增加(如政府支出的增加)会使一定利率水平所对应的均衡产出增大,即IS曲线向右平移。而诸如边际消费倾向(a)、投资对利率的反应程度(b)等系数的大小则影响IS曲线的斜率。

上述利用收入—支出分析法推导出 IS 曲线,利用第三章附录中所介绍的储蓄—投资分析法也可以得到同样的结果。

如图 4-4 的分析,利率下降会导致投资增加,对照图(a)不难发现,利率下降的结果导致均衡产出增加。图(b)归纳了这个过程。

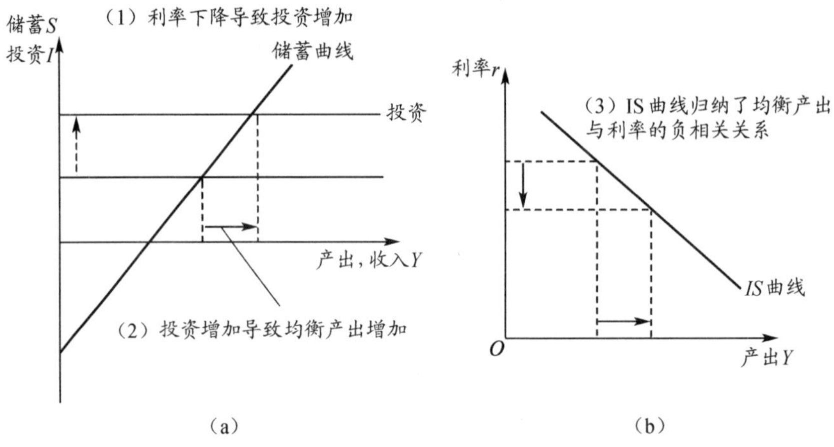

利率下降导致投资增加,从而均衡产出增加。IS 曲线具有负斜率。

图 4-4 储蓄—投资分析法推导 IS 曲线

二、财政政策与 IS 曲线

IS 曲线描绘了对应于每一个既定的利率水平,使产品市场保持均衡的产出水平。然而从前面的分析过程来看,在推导 IS 曲线时,没有考虑诸如政府购买支出($\overline{G}$)、自发性投资支出(I_0)及自发性消费支出(C_0)等自发性项目对均衡产出的影响。实际上,这些因素的改变会使一定的利率水平所对应的均衡产出发生改变,即 IS 曲线发生平移。

图 4-5 考察了政府购买支出增加(增加量为 ΔG)对 IS 曲线造成的影响。在一个既定的利率水平 r_1 之下,政府购买的增加(ΔG)会使总支出曲线向上平移,从而导致均衡产出增加,产出的增加量为 $\Delta G/(1-a)$。在 IS 曲线上,这表现为,对应于利率水平 r_1,使产品市场保持均衡的产出水平变得更大了,即 IS 曲线向右平移。

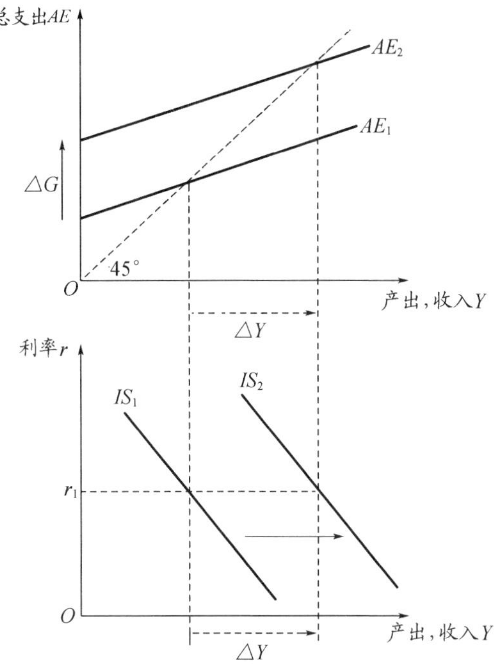

在一定利率水平下，政府购买支出的增加使得产品市场的均衡产出增大。此时，一定的利率对应更多的产出，即 IS 曲线向右平移。

图 4－5　政府购买支出增加导致 IS 曲线右移

政府购买支出的增加是政府实施扩张性财政政策的一个重要工具。与上述推导过程类似，可以看出，当政府减少购买支出（紧缩性财政政策）时，IS 曲线向左平移，即一定的利率水平所对应的均衡产出将会变小。

第三节　货币市场均衡及利率的决定

前两节通过对投资支出的进一步考察，完善了凯恩斯主义的收入—支出分析。然而，收入—支出分析由于只考察了产品市场，它仅仅体现了凯恩斯主义关于产出决定问题的基本思想。为更加全面地考察凯恩斯主义的产出决定问题，本章的以下几节将引入凯恩斯主义对货币市场的考察。

为引入货币因素，本节首先介绍货币需求的有关概念；通过对货币供给及货币市场均衡的说明，本节最后讨论凯恩斯主义关于利率决定的基本思想。

一、货币需求

(一)实际货币余额

实际货币余额衡量了经济中的货币量(M)所能购买的产品与服务的数量。假设人们持有的名义货币量为 M,而经济的一般价格水平为 P,则实际货币余额可以表示为 M/P。如果你需要购买 5 瓶可乐,当可乐的价格为 2 元/瓶时,你需要 10 元名义货币;而当可乐的价格是 4 元/瓶时,你需要 20 元名义货币。也即实际货币余额始终是以可购买的产品与服务的数量测度的货币量,它等于名义货币量除以价格水平。

实际货币余额度量了货币量的购买力,货币需求是指对实际货币余额的需求。剑桥方程可以做一些修改与调整。

第三章在介绍古典货币数量论(剑桥方程)时,曾初步涉及过货币需求函数。根据货币数量论,人们为满足日常交易的需要而对货币产生需求,因此,(名义)货币需求(M^D)是实际产出(衡量了交易量)及价格水平的增函数。即 $M^D = kPY$。从该式,可以推导出人们对实际货币余额的需求公式:

$$\left(\frac{M}{P}\right)^D = kY \tag{4.2}$$

式(4.2)表明,按照剑桥方程,实际货币余额的需求量与实际收入成正比。

(二)持有货币的动机

剑桥方程所讨论的货币需求,是人们为了满足交易的需要而对货币产生的需求,即交易动机的货币需求。在现实生活中,人们不仅仅是为了满足交易的需要而对货币产生需求。比如,人们通常会在手边持有一定量的货币,以应对某些突发性事件的产生。在这种情况下,人们对货币的需求被称为预防动机的货币需求。再比如,投资者为规避风险,而在自己的资产组合中选择保持一定量货币形式的财富(虽然收益较小,但风险也小)。这部分货币形式的财富很容易转化为其他收益更大(风险也更大)的资产形式,它被称为投机动机的货币需求。

1. 交易动机

古典货币数量论(剑桥方程)认为,交易动机的实际货币余额需求仅仅受到实际收入的影响。实际收入越大,为满足日常交易的需要而产生的货币需求就会越多。然而，美国经济学家威廉·鲍莫尔和詹姆斯·托宾却认为，考虑到持有货币的成本因素，交易动机的货币需求除会受收入影响外，利率的影响也不可忽视。

鲍莫尔和托宾指出，人们通常会以两种方式持有财富：一是为了将来的购买而以货币的形式持有财富（即交易动机的货币需求）；二是为了获利而以生息资产（如债券等）的形式持有财富。

如果一个人选择以货币而非生息资产的形式持有其大部分财富，那么他就总有货币可以用于交易，但却因此而放弃了持有生息资产可能带来的利息收入，这部分收入即构成了持有货币的机会成本（可以用利率来衡量）。另一方面，如果他选择以货币形式持有其较小部分的财富，那么当他要进行交易时，就必须将其他财富转换为货币，如去银行提款或出售债券等。一般来说，个人每次将生息资产转换为货币时，都必须承担一定的交易成本。

因此，个人就必须在多持货币所带来的机会成本与少持货币所带来的交易成本两者之间建立一种平衡。鲍莫尔和托宾通过对上述成本问题的考察，得出如下一个有关交易动机的货币需求方程式（即平方根定律）：

$$\left(\frac{M}{P}\right)^{D}=\sqrt{\frac{F\cdot Y}{2r}} \tag{4.3}$$

式(4.3)中，F 代表每一次到银行取款（将其他资产转化为货币）时所发生的交易成本，它可以视为是一个常数。这样一来，交易动机的货币需求仅仅取决于两个变量：收入水平（Y）及利率（r）。一方面，交易动机的货币需求是收入的增函数；另一方面也是利率的减函数。

2. 预防动机

除了为满足交易的需要而对货币产生需求外，在现实生活中，为预防某些不确定性事件的发生，公众也有可能产生持有货币的需求，即预防动机的货币需求。实际上，一个人并不确切地知道他在以后的几周内会进行何种支付——也许年迈的父母突然生病需要支付一笔住院费用，也许多年未曾联系过的朋友突然告知即将结婚而需送上红包。

个人持有的货币越多，他所遭受的不确定性事件而引发的损失也会越少。然而持有的货币越多，他放弃的利息也就越多（即机会成本越高），这又回到类似于交易动机货币需求分析中的取舍情况。

3. 投机动机

投机动机最早由凯恩斯提出，托宾和其他人对此做了进一步的探讨。

拥有财富的人必然会以特定形式的资产持有这些财富,这些资产构成了一个组合。你也许会认为投资者总是希望持有能提供最高报酬的资产。然而,在绝大多数资产的报酬不确定的情况下,只持有风险资产是不明智的。风险规避型的投资者需要持有一定数量的安全资产,作为风险资产价格突变而发生资本损失时的保障。因此,一个精心构造的投资组合(或资产组合)将同时包括低风险投资和高风险投资,即以多种资产形式持有财产。货币,作为最安全的资产,无疑是投资组合中必不可少的资产形式。投机动机的货币需求就是人们为了减少风险而进行资产多元化所需要的货币。

根据资产组合理论,投机动机的货币需求与人们持有其他非货币资产的风险与收益相关,因为这些非货币资产的收益衡量了持有货币的机会成本。比如,非货币资产的预期报酬增加即持有货币的机会成本增加,会降低货币需求。而非货币资产的风险程度增加时,又会增加人们对于货币的需求。

由于投机动机的货币需求与生息资产的风险及收益相关,人们预期未来利率的变动对投机动机的货币需求的影响就不可忽视。当人们预期未来利率将会上升,从而生息资产所带来的利息收入可能增加时,人们倾向于减少投机动机的货币需求(因为此时持有货币的机会成本更大),而将其更大部分的财富以生息资产的形式持有(可以取得未来更多的利息收入)。而当人们预期未来利率将会降低时,生息资产所带来的利息收入就会减少(从而持有货币的机会成本减少),于是人们倾向于持有更多的投机货币。

(三) 货币需求函数

根据上面的分析,人们对实际货币余额的需求主要取决于实际收入水平与利率水平。

首先,货币需求表现为实际收入水平的增函数。当实际收入增加时,为满足交易的需要而对货币产生的需求随之增加;另一方面,实际收入水平增加的同时,人们用于不确定性的意外支出规模也会变大。

其次,货币需求表现为利率的减函数。利率度量了持有货币的机会成本,当利率上升,持有货币的机会成本增大,于是人们倾向于减少货币持有。

货币需求与实际收入及利率的关系可以用简单的线性函数加以描述。货币需求函数描述了人们希望持有的实际货币余额量由哪些因素决定。根据上面的叙述,可以将货币需求函数表示为:

$$\left(\frac{M}{P}\right)^{D}=L(\underset{+}{Y},\underset{-}{r})=kY-hr,\quad k>0,h>0 \tag{4.4}$$

式中，Y 表示实际收入水平；r 表示利率水平；k 表示实际货币余额需求对产出的敏感程度；h 表示实际货币余额需求对利率的敏感程度。

图 4－6 以利率为纵轴，描绘了货币需求曲线。图 4－6 表明，当收入固定时，实际货币余额需求曲线的位置是固定的，利率的增加将会使实际货币余额需求沿曲线减少。类似地，当利率固定时，收入的增加会导致实际货币余额需求曲线向右平移(一定利率水平所对应的实际货币余额需求更大)。

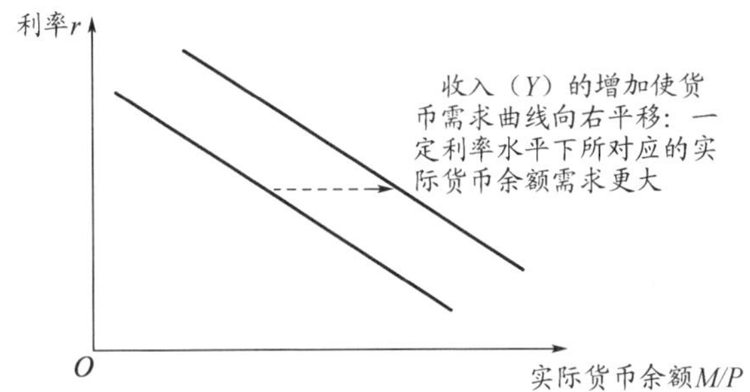

实际货币余额的需求是利率的减函数，是收入的增函数。随着利率的下降，实际货币余额需求沿曲线增加；随着收入的增加，货币需求曲线向右平移。

图 4－6　货币需求曲线

二、货币供给、货币市场均衡与利率的决定

（一）货币供给

与货币需求表示人们意愿持有的货币量相对应，货币供给可以简单地视为人们实际持有的货币量。记名义货币供给量为 M，M 在很大程度上受到中央银行货币政策的影响。本章附录对于货币供给及货币政策的有关问题进行了详细探讨，这里只需将其视为是一个由中央银行控制的外生政策变量。

（二）货币市场均衡与利率的决定

将货币供给与货币需求结合起来，可以考察凯恩斯主义者关于短期利率决定的基本观点。凯恩斯关于利率决定的观点被称为流动性偏好理论①。

首先，从实际货币余额的供给开始。假定中央银行将名义货币供给控

① “流动”一词针对的是经济中最具有流动性的资产——货币；而“偏好”则包含了需求的意思。

制在 $\overline{M}$ 的水平,并且假设短期中价格固定在 $\overline{P}$ 水平不变(因为凯恩斯侧重讨论短期萧条经济),于是实际货币余额供给为:

$$\left(\frac{M}{P}\right)^{S}=\frac{\overline{M}}{\overline{P}}$$

其次,来看实际货币余额的需求。根据前面的讨论,实际货币余额需求可以表示为收入与利率的函数,即:

$$\left(\frac{M}{P}\right)^{D}=L(\underset{+}{Y},\underset{-}{r})=kY-hr,\quad k>0,h>0$$

图 4-7 以利率为纵轴,描绘了实际货币余额的供给曲线与需求曲线。从图中可以看出,实际货币余额的供给曲线是一条垂线。当收入为 Y_1 水平时,实际货币余额需求曲线的位置是确定的,它与供给曲线相交于 A 点。

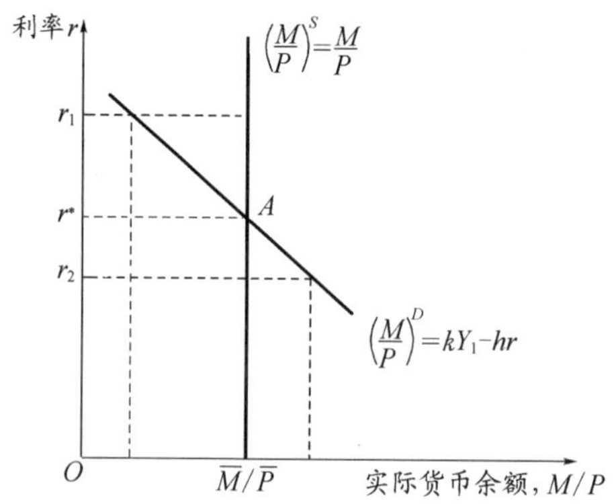

当实际货币余额的需求等于供给时,决定了均衡利率水平。

图 4-7 流动性偏好理论(短期利率的决定)

对照图 4-7,根据流动性偏好理论,在 A 点,当实际货币余额的需求量等于供给量时,实现了货币市场均衡,此时的利率(r^*)即为均衡利率水平。

假设利率水平大于 r^*(如 r_1 水平),此时实际货币余额的供给量超过需求量。这表明人们实际持有的货币余额超过了其意愿持有的货币余额。持有超额货币的人会努力将他们的一部分不能带来利息的货币转换为各种生息资产(银行存款或债券)。此时,生息资产的发行者(银行及债券发行商)发现,现在比以前更容易获得货币,他们因此倾向于将利率降低(因为利率衡量了他们的付息成本)。也就是说,只要在经济中存在着超额的实际货币余额(利率高于 r^*),利率就会有下降的趋势,直到经济中的超额实际货币余额完全消失为止。

当利率低于 r^* 时的讨论与上述过程类似。当利率较低时(如 r_2 水平),实际货币余额的供给量小于需求量。这表明人们意愿持有的货币余额超过了实际持有的货币余额。货币余额需求不能得到满足的人将倾向于卖出部分生息资产而换成以货币的形式持有财富。此时,生息资产的发行者发现,现在与以前相比更难获得货币,他们因此倾向于将利率提高以吸引货币流入。于是,只要在经济中存在着实际货币余额的超额需求(利率低于 r^*),利率就会有上升的趋势,直到经济中的超额需求完全得到满足为止。

第四节　LM 曲 线

一、产出的变动对均衡利率的影响:LM 曲线

图 4-7 考察了当收入固定为 Y_1 时货币市场的均衡情况,而图 4-6 的分析曾经指出,收入水平的改变会使实际货币余额需求曲线发生平移。现在结合这两张图,考察收入水平改变对货币市场均衡的影响。

图 4-8(a)是对图 4-6 及图 4-7 的综合,不难发现,当收入水平增加时,实际货币余额需求曲线将向右平移,由此货币市场均衡利率将会上升。图 4-8(b)总结了这个过程。

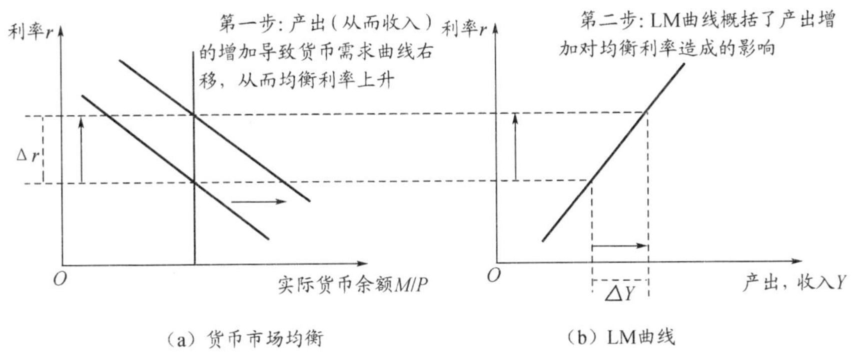

(a) 货币市场均衡　　　　(b) LM曲线

LM 曲线归纳了产出如何对均衡利率造成影响。对货币市场的均衡分析表明,产出增加使货币需求曲线右移,从而均衡利率上升。

图 4-8　LM 曲线

图 4－8(b)中正斜率的线被称为 LM 曲线。据此，可以将 LM 曲线定义为描述了与各个可能的产出(收入)水平相对应的货币市场均衡利率水平的曲线。

专栏 4－3

LM 曲线的函数表达式

根据正文所讨论的过程，可以推导出 LM 曲线的函数表达式：

(1) 实际货币余额的需求：$\left(\frac{M}{P}\right)^D = kY - hr$， $k > 0, h > 0$。

(2) 实际货币余额的供给：$\left(\frac{M}{P}\right)^S = \frac{\overline{M}}{\overline{P}}$， ($\overline{M}$ 及 $\overline{P}$ 为外生的既定变量)。

(3) 利用货币市场的均衡条件推导 LM 曲线的函数表达式：

$$\left(\frac{M}{P}\right)^S = \left(\frac{M}{P}\right)^D \Rightarrow kY - hr = \frac{\overline{M}}{\overline{P}} \Rightarrow r = \frac{k}{h}Y - \frac{1}{h}\left(\frac{\overline{M}}{\overline{P}}\right)$$

从该式可以看出，在货币需求对产出或利率的敏感程度 k、h 均不变的情况下，货币市场的均衡利率 r 是产出 Y 的增函数。

二、LM 曲线的两个极端形式

上文考察了 LM 曲线的一般特征。从专栏 4－3 中还可以看出，LM 曲线的斜率主要受 k 和 h 两个参数的影响。k 代表了货币需求对产出的敏感程度；而 h 代表了货币需求对利率的敏感程度。

关于货币需求对利率的敏感程度(h)的大小，凯恩斯与古典主义有着不同的看法。这使得 LM 曲线在理论上存在着两个极端形式：水平状的 LM 曲线与垂直状的 LM 曲线。

(一) 古典区域：垂直状的 LM 曲线

先来看古典主义的观点。根据前面几章对古典货币数量论的分析，古典主义认为，实际货币余额的需求仅仅是产出 Y 的函数，与利率无关。即在古典宏观经济模型中，货币需求对利率的敏感程度 h 趋于零($h \to 0$)。

根据第三节对剑桥方程的修改，人们对实际货币余额的需求可以表示为$(M/P)^D = kY$。从该式可以看出，在古典模型中，货币需求与利率无关，

仅是产出 Y 的增函数。

由于在古典模型中 $h \to 0$，图 4-8(a)中的货币需求曲线就需要进行修改。图 4-9 描述了按古典货币数量论（剑桥方程）所得出的货币需求曲线的形式。从该图可以看出，当 $h \to 0$ 时，无论利率水平如何变化，实际货币余额的需求并不会受到影响，它的位置只与产出的大小有关。

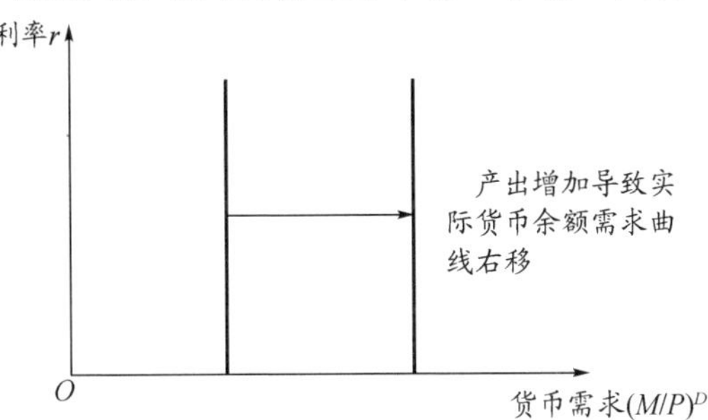

在古典模型中，实际货币余额的需求并不受利率的影响，其位置只与产出水平相关。

图 4-9　古典模型中的货币需求函数

现在，结合图 4-9，我们来推导按照古典模型货币需求的观点得出的 LM 曲线具有怎样的特征。为更加清晰地看到这个过程，我们假设货币需求曲线并不绝对垂直，而是近乎垂直（即 h 趋向于零，而不绝对等于零）。图 4-10 描述了具体的推导过程。

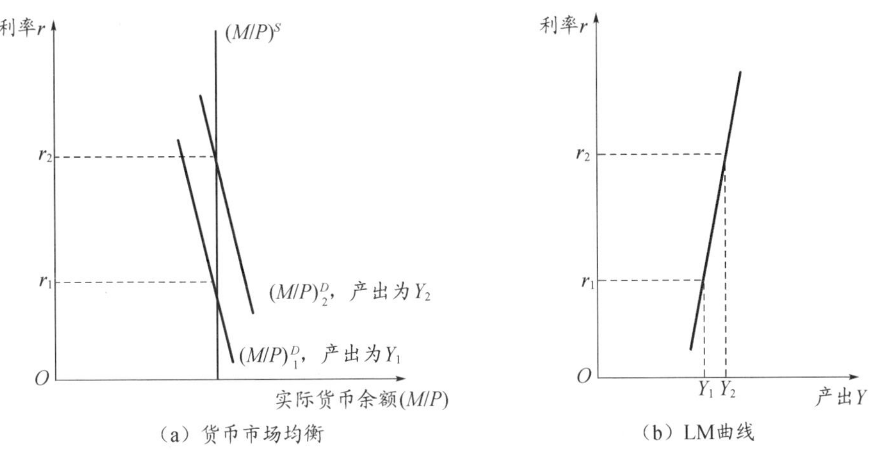

产出的较小增加（从 Y_1 增加到 Y_2）就会导致利率水平的极大上升（从 r_1 上升到 r_2）。

图 4-10　古典模型推导出的 LM 曲线

图 4－10 与图 4－8 类似,只不过(a)图中的货币需求曲线比图 4－8 更加陡峭(反映了$h \to 0$的特征)。现在假设产出发生较小的增加,从 Y_1 增加到 Y_2。4－10(a)图中的分析表明,此时利率将会极大幅度上升,从 r_1 上升到 r_2。这个过程在 LM 曲线中表现为 LM 曲线非常陡峭,是一条近乎垂直的线。

上述垂直形状的 LM 曲线是根据古典模型推导而来的,被称为古典区域的 LM 曲线。

(二)凯恩斯主义陷阱区:水平状的 LM 曲线

下面考察 LM 曲线的另一种极端形式。第三节在介绍凯恩斯的流动性偏好理论时,仅考察了一般情况下的利率决定问题。凯恩斯认为,在利率处于较低水平时,货币需求对利率的敏感程度极大,即 $h \to \infty$(当利率较低时)。因此,按照凯恩斯的观点,完整的货币需求曲线可以描述成图 4－11 的形式。

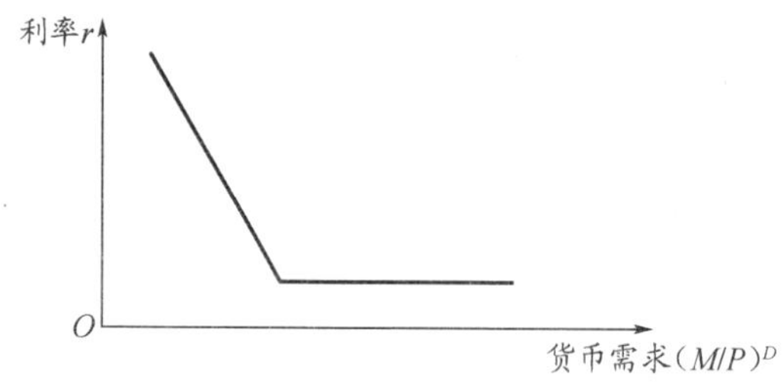

在一般情况下,实际货币余额需求是利率的减函数。而当利率水平较低时,实际货币余额需求近乎一条水平线,此时利率的轻微波动也会导致实际货币余额需求增加极大,即 h 趋于无穷大。

图 4－11 完整的凯恩斯货币需求函数

根据凯恩斯的观点,实际货币余额需求曲线之所以具有图 4－11 所描述的特征,是因为当利率水平降低到一定程度时,人们便预期未来的利率下降已到达一个临界点(预期未来利率不可能再降低),此时人们不再愿意持有生息资产,(投机动机的)货币需求也趋于无穷大。这种情况被称为凯恩斯主义流动性陷阱区。流动陷阱区是对 20 世纪 30 年代出现情况的一种说明。人们对未来经济形势持有悲观的态度,纷纷选择保留大量的货币,经济似乎掉入了一种"流动性陷阱"之中。

由于完整的凯恩斯货币需求函数具有上述特征,因此当利率非常低时,可以推导出 LM 曲线的另一种极端形式。图 4－12 描述了这个过程。

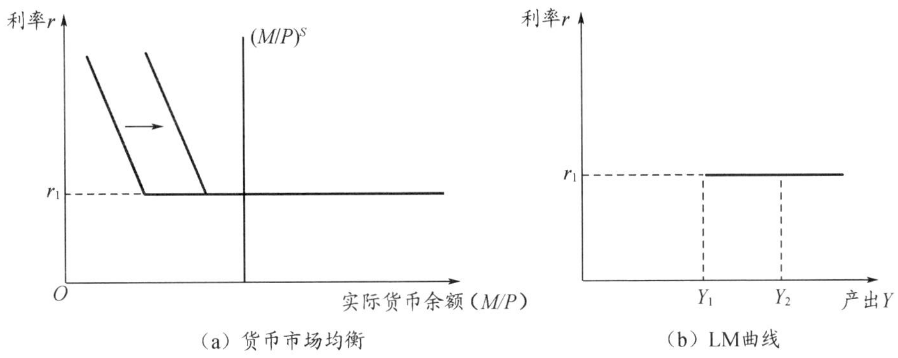

产出的增加并不会使均衡利率发生改变，于是LM曲线表现为水平状。

图4-12 流动性陷阱区的LM曲线

如图4-12所示，在流动性陷阱区，产出的增加虽然使货币需求曲线向右平移，然而由于人们对投机动机的货币需求趋于无穷大，此时无须利率降低，货币市场仍然能够维持均衡。产出的增加并不会对均衡利率造成影响，LM曲线呈水平状。

三、货币政策与LM曲线

LM曲线描绘了对应于一定的产出水平，使货币市场保持均衡的利率水平的大小。然而从前面的分析过程来看，在推导LM曲线时，假设实际货币余额供给$(M/P)^S$是由外生给定的变量，即前面假设：

$$\left(\frac{M}{P}\right)^S=\frac{\overline{M}}{\overline{P}}$$

之所以将价格P视为既定，是因为现在考察的是短期中的经济(假设存在价格刚性)。而将名义货币供给M视为既定，是因为它是一个由中央银行所控制的政策变量。中央银行通过实施货币政策可以影响经济中的名义货币供给总量(M)。一般说来，扩张性货币政策的实施使经济中的名义货币供给量(M)增加，在价格水平不变时，实际货币余额的供给增加。与此类似，紧缩性货币政策的实施将会使实际货币余额的供给减少。

以下分析考察中央银行的货币政策如何对LM曲线产生影响，也即

$(M/P)^S$ 的改变如何对 LM 曲线产生影响①。

如图 4-13 所示,假设中央银行使货币供给从 M_1 减少到 M_2,这就使实际货币余额供给从 $M_1/\overline{P}$ 减少到 $M_2/\overline{P}$。在收入水平不变 $(Y=\overline{Y})$,从而实际货币余额需求曲线的位置不变时,可以看到,实际货币余额供给的减少引起货币市场均衡利率上升。上述过程可以归纳为:对应于一定的收入水平,货币供给减少(紧缩性货币政策)使均衡利率上升。这在 LM 曲线图上表示为 LM 曲线向左平移。

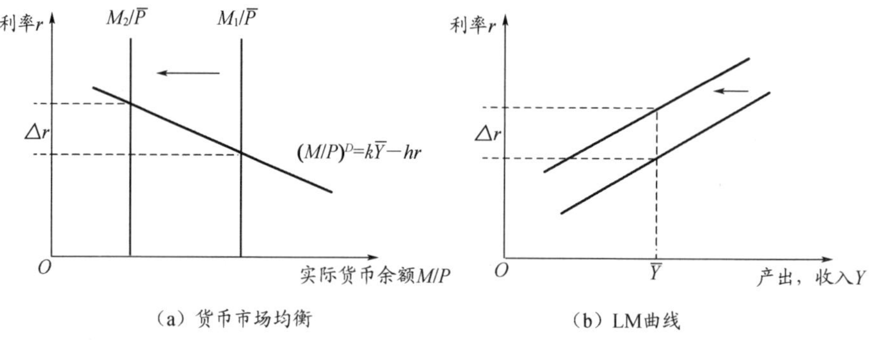

(a) 货币市场均衡　　(b) LM曲线

名义货币供给减少,在价格水平不变的情况下将使实际货币余额的供给减少,从而一定的产出水平所对应的均衡利率上升,LM 曲线向左平移。

图 4-13　名义货币供给的变化使 LM 曲线发生平移

与上述推导过程类似,当中央银行增加货币供给(扩张性货币政策)时,LM 曲线向右平移,即一定的产出所对应的均衡利率变小。

第五节　IS-LM 模型与均衡的(利率,产出)组合

一、产品市场与货币市场的同时均衡

根据前面几节的内容,现在可以将产品市场(IS 曲线)及货币市场(LM

① 影响 $(M/P)^S$ 的因素还包括价格水平 P,这里暂时假定价格 P 不变,只考察名义货币供给量 M 的变化对实际货币余额的供给所产生的影响。在第五章,将考察价格水平 P 使实际货币余额供给改变所带来的结果。

曲线)做一个总结,并寻找出两个市场之间的联系。

IS 曲线描述了产品市场的均衡,即描述了对应于各个可能的利率水平,由收入—支出分析得出的均衡产出。当利率给定时,均衡产出被唯一决定下来。如果以函数的形式描述 IS 曲线,可以认为利率是自变量而产出是因变量。根据专栏 4-2 的分析,IS 曲线的函数式可以写成:

$$Y=\frac{A}{1-a}-\frac{b}{1-a}r \tag{4.5}$$

LM 曲线描述了货币市场的均衡,即描述了对应于各个可能的产出水平,由货币市场均衡条件得出的均衡利率。当产出给定时,均衡利率被唯一决定下来。如果以函数的形式来描述 LM 曲线,可以认为产出是自变量而利率是因变量。根据专栏 4-3 的分析,LM 曲线的函数式可以写成:

$$r=\frac{k}{h}Y-\frac{1}{h}\left(\frac{\overline{M}}{\overline{P}}\right) \tag{4.6}$$

由上面对两个市场因变量和自变量的说明可以看出,产品市场与货币市场是相互影响的。产品市场的均衡产出取决于总支出曲线的位置,总支出曲线受到利率的影响,而利率是由货币市场的供求关系所决定的;货币市场的均衡利率取决于货币供求关系的影响,货币需求受到收入水平的影响,而收入水平又是由总支出曲线的位置所决定的。

由于产品市场与货币市场的上述联系,必须将两个市场结合起来考察,才能够最终说明均衡产出及均衡利率的决定问题。

图 4-14 将 IS 曲线与 LM 曲线置于同一个利率—产出坐标系中。E 点是 IS 曲线与 LM 曲线的交点。假设经济最初的状态处于 A 点。此时对应的(产出,利率)组合为(Y_1,r_1)。

A 点位于 IS 曲线上,但不在 LM 曲线上。这表明,对应于此时的产出水平 Y_1,货币市场实际的利率(r_1)高于其均衡利率(对照 LM 曲线,当产出为 Y_1 时,货币市场的均衡利率应为 r_2)。利率高于均衡利率,意味着实际货币余额的供给超过需求,回顾前面对货币市场均衡的分析,利率因此有下降的趋势(趋向于均衡利率)。利率相对较快的调整使(产出,利率)组合从 A 点调整到 B 点。

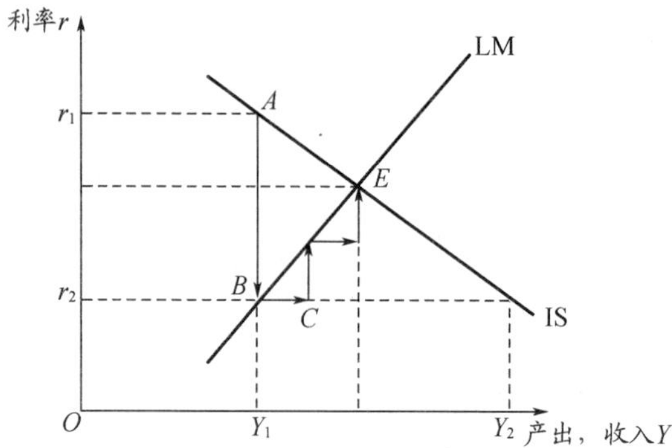

IS 曲线与 LM 曲线的交点 E 即为均衡点。当经济不处于 E 点时，产品市场或货币市场处于不均衡状态，此时会发生一系列的调整过程，直到两个市场同时实现均衡为止。

图 4－14　IS-LM 模型中的均衡

现在，B 点的组合表明，经济的运行处于 LM 曲线上，但它却偏离了 IS 曲线。B 点显示，对应于此时的利率水平 r_2，产品市场实际的产出(Y_1)低于其均衡产出水平(对照 IS 曲线，当利率为 r_2 时，产品市场的均衡产出应为 Y_2)。按照收入—支出分析，产出低于均衡产出，表明总支出大于总产出，于是企业的非计划存货减少，这将指示企业扩大生产规模，B 点所对应的产出水平倾向于增加。然而，当(产出，利率)组合从 B 点向右移动，移动到 C 点时，C 点再次偏离 LM 曲线。此时表明，货币市场实际的利率水平低于均衡利率水平，利率倾向于提高，C 点往上移动①……如此，按照图中箭头所指示的方向，(产出，利率)组合将不断调整，直到 E 点时为止。

E 点是 IS 曲线与 LM 曲线的交点。它不仅表明产品市场此时达到均衡(总支出等于总产出)，还表明货币市场也处于均衡状态(实际货币余额的需求等于供给)。E 点是两个市场同时达到均衡的点，其所对应的(产出，利率)组合即为考虑了两个市场的联系之后的均衡组合。

根据上述分析过程，可以将 IS 曲线的函数表达式及 LM 曲线的函数表达式联立方程组，以求解出 IS-LM 模型中的均衡产出及均衡利率。方程如下：

① 由于货币市场的调整速度要远远快于产品市场，从 B 点向右的调整还没有到达 IS 曲线，而是到达 C 点时，利率即会上升到 LM 曲线。具体见专栏 4－4 的说明。

$$\begin{cases} \text{IS}: Y=\dfrac{A}{1-a}-\dfrac{b}{1-a}r \\ \text{LM}: r=\dfrac{k}{h}Y-\dfrac{1}{h}\left(\dfrac{\overline{M}}{\overline{P}}\right) \end{cases}$$

该方程组关于 r,Y 的解即为 IS-LM 模型中的均衡解。

专栏 4-4

IS-LM 模型中的调整速度

在 IS-LM 模型中,产品市场与货币市场由非均衡向均衡的调整速度存在着差异。一般来说,货币市场的调整速度要远远快于产品市场。

在产品市场上,当总支出不等于总产出时,企业和家庭的调整过程便会发生。然而,这种调整过程并不是迅速完成的。比如当总支出小于总产出时,企业首先会通过非意愿性库存的增加使"超额"的总支出获得满足。企业并不会在当期就直接迅速地减小生产规模,因为对机器设备的使用及工人雇用的调整往往需要一个"时滞"的过程。除企业外,家庭对消费支出的调整也不是迅速进行的,如随着企业生产规模的缩小,家庭所获得的收入减少,从而家庭将缩减消费支出。可以看出,家庭对消费支出的调整是在产出减少从而收入减少之后才进行的。因此,消费支出的调整也比较缓慢。

在产品市场调整缓慢的同时,货币市场的调整速度却是相对迅速的。比如,当产出增加从而货币需求曲线右移时,利率会快速上升。利率之所以会快速调整,是因为金融市场往往是所有市场中较为有效率的一类市场。随着目前电子通信技术的引入,金融市场在全世界范围内的调整几乎在瞬间即可完成。

专栏 4-5

IS-LM 模型的规范分析

IS 曲线与 LM 曲线的交点确定均衡收入与均衡利率。现在利用 IS 曲线与 LM 曲线的表达式,推导出这些均衡值的公式。回忆前面章节中的商品市场均衡方程为:

$$\text{IS}: Y=\frac{A}{1-a}-\frac{b}{1-a}r \tag{4.7}$$

货币市场均衡方程为:

$$\text{LM}: r = \frac{k}{h}Y - \frac{1}{h}\left(\frac{\overline{M}}{\overline{P}}\right) \tag{4.8}$$

在图解中,IS 曲线与 LM 曲线的交点表明 IS 方程与 LM 方程同时成立,联立方程(4.7)和(4.8),求解得出均衡收入水平和均衡利率分别为:

$$Y = \gamma A + \gamma \frac{b}{h}\frac{\overline{M}}{\overline{P}} \tag{4.9}$$

$$r = \frac{k}{h}\gamma A - \frac{1-a}{h}\gamma \frac{\overline{M}}{\overline{P}} \tag{4.10}$$

式中,$\gamma = 1/(1-a+bk/h)$。

方程(4.9)表明均衡收入水平取决于两个外生变量:自发性支出项目($A = C_0 + I_0 + \overline{G}$)和真实货币存量($\overline{M}/\overline{P}$)。自发性支出水平越高,真实货币存量越大,则均衡收入越高。同样,方程(4.10)表明均衡利率取决于自发性支出项目以及真实货币存量。

在前面的章节中我们讨论过,货币供给和政府支出的变化都会移动IS-LM曲线,但财政政策的变动或真实货币存量的变动与最后得到的均衡收入变动之间的精确关系是怎样的呢?下面我们将进一步展开讨论。

财政政策乘数

财政政策乘数表明在真实货币供给不变的情况下,政府支出每增加一单位均衡产出水平会增加几个单位。考虑方程(4.9),政府支出的增加属于自发性支出项目的增加,即 $\Delta\overline{G} = \Delta A$,$G$ 的变动效应为:

$$\frac{\Delta Y}{\Delta G} = \frac{\Delta Y}{\Delta A} = \gamma \qquad \gamma = 1/(1-a+bk/h) \tag{4.11}$$

而在 IS 方程 $\left(Y = \dfrac{A}{1-a} - \dfrac{b}{1-a}r\right)$ 中,G 的变动效应为 $\dfrac{1}{1-a}$,可以检验,γ 小于 $\dfrac{1}{1-a}$,这是因为 IS-LM 模型将利率调整考虑在内,即在 IS-LM 模型中,财政扩张引起的利率上涨对产出增加具有一定的挤出效应。

我们注意到,如果 h 非常小,则方程(4.11)中的表达式几乎为零;如果

h 趋于无穷大，则它等于 $\frac{1}{1-a}$。这些情况分别符合于垂直的与水平的 LM 曲线。类似的，较大的 b 或是 k 意味着政府支出对产出的效应较小。这是因为，较大的 k 意味着收入提高时，货币需求大幅增加，因此需要提高利率才能维持货币市场的均衡。与数值较大的 b 相结合，就意味着私人总需求大幅度下降。

货币政策乘数

货币政策乘数表明在财政政策不变的情况下，真实货币供给每增加一单位均衡产出水平会增加几单位。考虑方程(4.9)，真实货币供给对均衡产出的效应为：

$$\frac{\Delta Y}{\Delta(\overline{M}/\overline{P})}=\frac{b}{h}\gamma=\frac{1}{(1-a)h/b+k} \tag{4.12}$$

h 和 k 数值越小，b 与 a 数值越大，增加真实货币余额对均衡产出的扩张效应越大。

二、IS-LM 模型与宏观经济政策

（一）财政政策与 IS-LM 模型

图 4-5 以政府购买支出的变动为例，讨论了政府购买的增加会使 IS 曲线向右平移。现在在 IS-LM 框架中讨论政府购买支出的增加所造成的影响①。

如图 4-15 所示，假设初始时的均衡点为 A。现在政府购买支出增加 ΔG。政府购买支出的增加使得 IS 曲线向右平移（从 IS_1 移动到 IS_2）。收入—支出分析中的乘数效应表明，对应于任何一个既定的利率水平，IS 曲线向右平移的幅度为 $\Delta G/(1-a)(0<a<1)$。

如果单纯考虑产品市场而不考虑货币市场（假设图中的 LM 曲线不存在），不难发现，IS 曲线右移的幅度即为产品市场均衡产出增加的幅度（在利率水平既定为 r_1 的情况下，从 Y_1 增加到 Y_2）。在这种情况下，产出的增量 $\Delta Y=Y_2-Y_1=\Delta G/(1-a)$。

然而，如果加入对货币市场的考虑（即图中存在着 LM 曲线），不难发现，新的 IS 曲线此时与 LM 曲线交于新的均衡点 B，而 B 点所对应的产出

① 对税收、转移支付等财政政策工具所产生的影响的讨论与对政府购买的讨论是类似的。

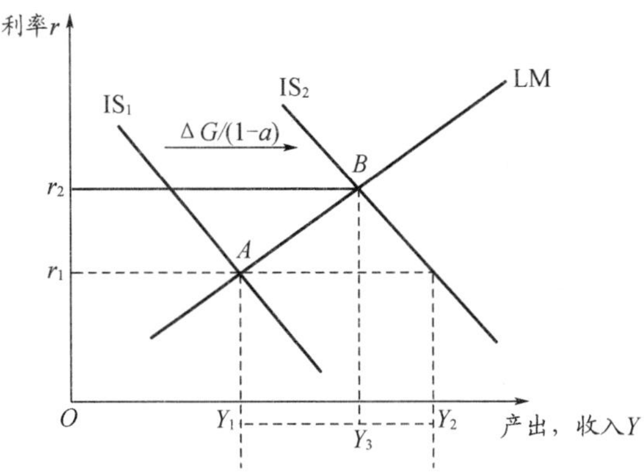

扩张性财政政策将使IS曲线向右平移。结合货币市场的影响，这将使得均衡产出从Y_1增加到Y_3，而均衡利率从r_1上升到r_2。

图4-15　IS-LM型中的财政政策效应

水平为Y_3，它低于Y_2。也就是说，当考虑到货币市场的影响后，政府购买支出增加所带来的产出增量(Y_3-Y_1)比单纯的收入—支出分析中所揭示的产出增量(Y_2-Y_1)要小。

为什么在加入了货币市场的考虑后，政府购买支出增加所带来的产出增量会减小呢？这其实是因为产出的扩张带来利率提高。考虑货币市场，由于经济中的货币需求取决于收入(收入的增加使货币需求曲线向右平移)，总支出的增加在促进产出增加的同时，也使货币需求曲线向右平移。在货币供给不变的情况下，导致均衡的利率水平上升。利率的提高会反馈到产品市场，企业削减投资计划，投资支出减少。投资支出的减少部分抵消了政府购买支出增加带来的产出扩张效应。因此，在IS-LM模型中，政府购买支出增加所带来的产出增加小于收入—支出分析中均衡产出的增加。

利率上升使投资支出减少，从而使扩张性财政政策带来的产出增加部分地被“挤出”。这种效应被称为挤出效应。

专栏4-6

古典区与流动性陷阱区中的财政政策效应

正文中第四节讨论了LM曲线的两个极端形式：垂直状的LM曲线(古典区)、水平状的LM曲线(流动性陷阱区)。结合这两个极端形式，以下讨论扩张性财政政策的效应。

图 4－16 考察了古典区的情况。当 LM 曲线处于古典区的时候,扩张性财政政策(如政府购买支出的增加)在使 IS 曲线右移的同时,导致均衡利率同步上升,从而扩张性财政政策对产出增长的刺激完全被私人部门投资支出的减少所抵消,均衡产出不会发生改变。

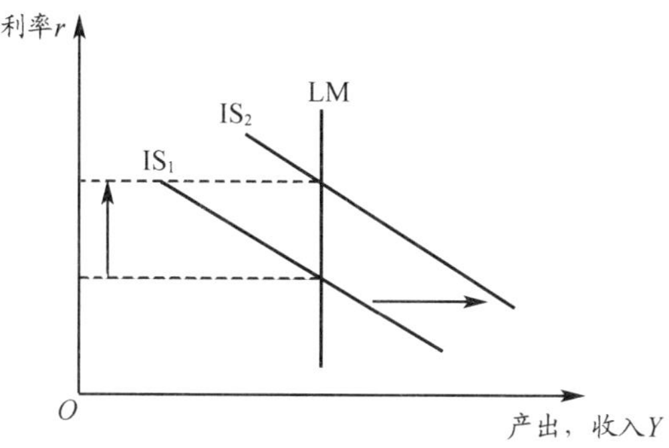

当 LM 曲线垂直时,扩张性财政政策不会对产出造成影响,唯一的结果是导致利率的上升。

图 4－16　古典区中扩张性财政政策的效应

再看 LM 曲线运行于流动性陷阱区时的情况(见图 4－17)。由于 LM 曲线呈水平状,扩张性财政政策不会对利率产生影响,从而私人投资不会发生改变,扩张财政刺激产出增长的效应达到最大。

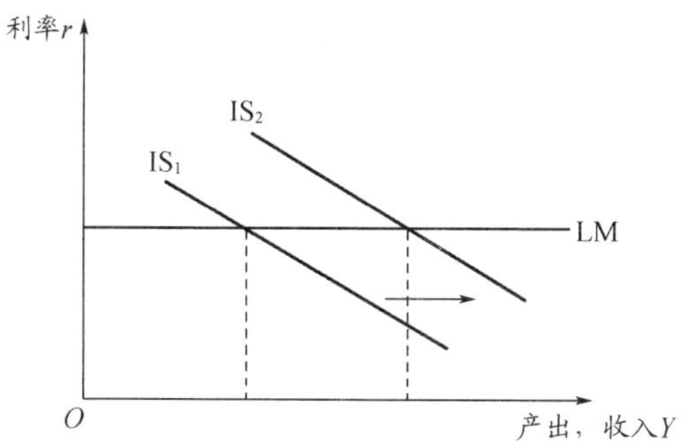

当 LM 曲线水平时,扩张性财政政策对私人投资的挤出效应为零,产出获得最大限度的增加(与收入—支出分析法的结果一致)。

图 4－17　流动性陷阱区中扩张性财政政策的效应

(二) 货币政策与 IS-LM 模型

第四节的分析表明,扩张性货币政策会使 LM 曲线向右移动。现在结合 IS-LM 模型,讨论 LM 曲线的移动所带来的影响。

如图 4－18 所示,中央银行通过增加名义货币供应量(M)使实际货币余额(M/P)增加(假设短期中的价格水平固定)。根据前面的讨论,这将导致 LM 曲线向右平移。对照 IS 曲线与 LM 曲线的交点,不难发现,货币供给增加的结果是使得利率下降及产出增加。

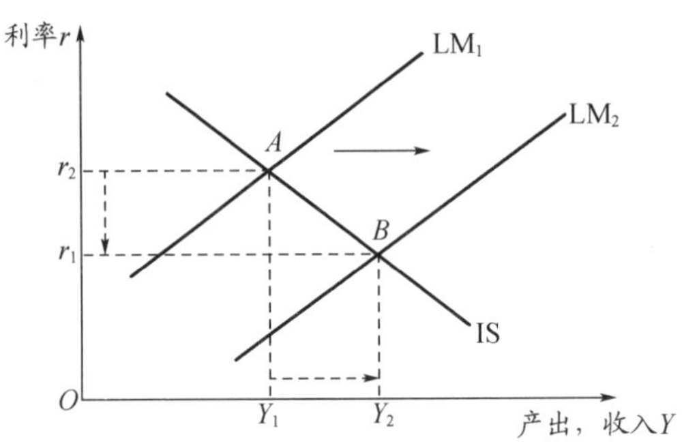

扩张性货币政策使均衡利率下降的同时,刺激了私人投资的增加,从而均衡产出获得增加。

图 4－18　扩张性货币政策的效应

为了解释货币供给增加为什么会对产出造成影响,我们首先来看货币市场。当中央银行增加货币供给时,在现行的利率水平下,实际货币余额的供给超过对其的需求,人们真实持有的货币余额超过了意愿持有的货币余额。根据第四节对货币市场的分析,这将使均衡利率下降,以趋于货币市场新的均衡点。而利率的下降对产品市场会产生影响,即较低的利率刺激了投资支出的增加,总支出曲线向上平移,均衡产出增加。

上述分析表明,在凯恩斯主义框架中,货币数量可以通过改变利率而对实际产出产生影响(关于货币如何影响产出的机制被称为货币政策传导机制)。这与第三章所介绍的古典宏观经济模型“货币中性”的观点完全不一致。凯恩斯主义认为货币会影响产出,即货币具有非中性。

前面讨论的是 LM 曲线为一般情况时的货币政策效应,类似于专栏 4－5,还可以推导出 LM 曲线极端形式下(古典区、流动性陷阱区)的货币政策效应,这里不再专门列出考察,读者可以作为一个例子自己分析。

(三) 财政政策与货币政策的相互作用

上文分别讨论了财政政策与货币政策的作用。其实,在具体的操作过程中,政府并不单独采用某种政策工具,而是将财政政策与货币政策配合使用。一种政策与另一种政策之间是相互影响的，为考察具体的政策效果，就必须考察两种政策的相互作用。

假设政府减少购买支出，这种政策对经济会带来哪些影响呢？根据IS-LM模型，答案取决于中央银行的目标。

以下讨论了三种可能的结果。它们分别代表了三种假设的中央银行目标。

如图 4－19 所示，假设此时中央银行不针对政府购买支出的减少做出任何应对措施，在这种情况下，LM 曲线不发生改变。由于政府购买支出的减少会使 IS 曲线左移，在 LM 曲线不变的情况下，结果导致均衡利率及均衡产出下降。

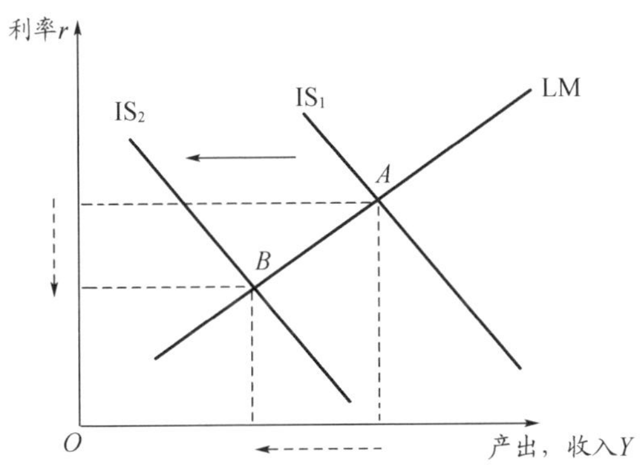

在政府实施紧缩性财政政策的同时，中央银行不采取任何针对性措施，结果导致均衡产出及均衡利率的下降。

图 4－19　情况一

图 4－20 描述了中央银行的第二种可能性。此时，中央银行的目标是防止因政府购买支出减少而带来的产出下降，为此，中央银行必须增加货币供给，并使 LM 曲线向右移动到足以抵消 IS 曲线左移所带来的产出减少部分。在这种情况下，与图 4－19 相比，政府购买支出的减少并不会导致产出的减少，但利率却会发生更大幅度的下降。

如图 4－20，初始时的 IS_1 与 LM_1 相交于 A 点，此时的均衡产出为 Y_1，均衡利率为 r_1。现在政府购买支出减少导致 IS_1 曲线左移至 IS_2，如果中央银行不改变经济中的货币供给量，IS 曲线的左移将会使均衡产出从 Y_1 下降至 Y_2，均衡利率从 r_1 下降至 r_2。

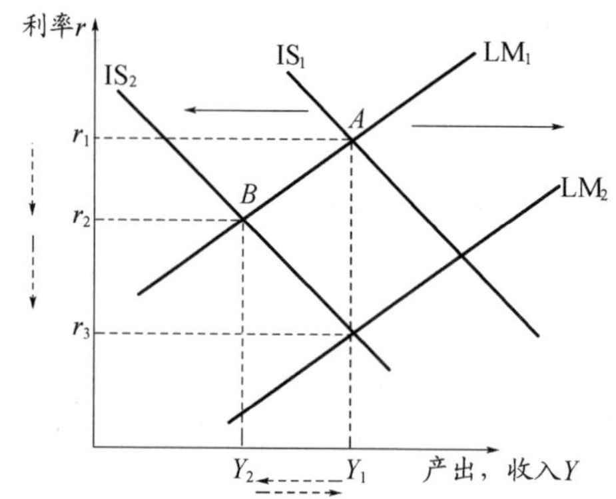

在政府实施紧缩性财政政策的同时,中央银行的目标是防止产出下降。为此,中央银行必须实施扩张性货币政策,这使得均衡利率进一步降低。

图 4-20　情况二

为使产出仍然维持于 Y_1 水平,中央银行必须实施扩张性货币政策,以使 LM_1 曲线右移到 LM_2 的位置。在该位置,均衡产出水平仍然为 Y_2,但均衡利率下降为 r_3。

再看第三种情况,中央银行现在的目标是维持利率的稳定。图 4-21 描述了这种情况。在这种情况下,当 IS 曲线左移的时候,利率有下降的趋势,为了维持利率的不变(假定中央银行的目标利率水平为 r_1),中央银行必须减少经济中的货币供给量,以使 LM 曲线向左平移。如图所示,当 IS_1 曲线左移至 IS_2 时,只有使 LM_1 曲线左移至 LM_2,才能使新的均衡点所对应的利率为目标利率水平。

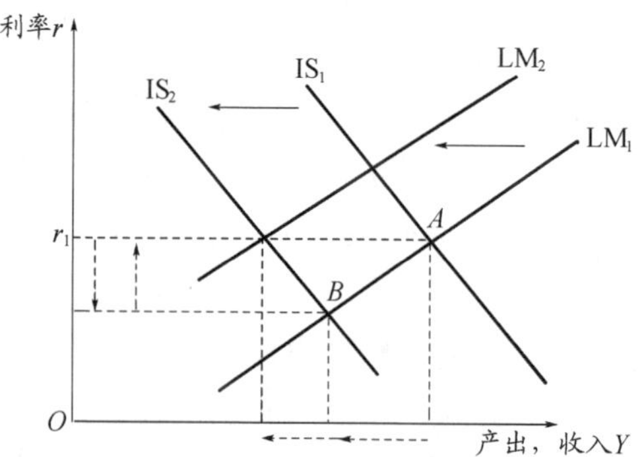

在政府实施紧缩性财政政策的同时,中央银行的目标是维持利率不变。为此,中央银行必须实施紧缩性货币政策,这使得均衡产出进一步降低。

图 4-21　情况三

附　录　货币供给与中央银行货币政策

本章第三节简单地介绍了货币供给的概念，在那里，我们将货币供给定义为人们实际持有的货币数量，并且我们假设，中央银行通过货币政策可以影响货币供给。以下对货币供给及货币政策的相关基本概念进行较详细的说明。

一、货币概述

在现代经济中，货币起着根本性的作用。但由于货币似乎天然就是经济的一部分，我们一般并不考虑生活中如果没有了货币会是什么样子。事实上，如果没有货币，经济生活会变得非常不便。

货币是什么呢？在宏观经济学中，货币并不仅仅指现金，而是现金加上一部分形式的资产。简单地说，货币是可以很容易地用于交易的资产存量。以下提供了衡量货币的几种方式：

第一种是最狭义的货币衡量指标，它包括我们可以随身携带的现金（包括纸币和硬币），这部分货币用 M_0 表示。现金可直接用于支付，因而是最具有流动性的资产。

第二种货币衡量指标 M_1 是 M_0 加上活期存款（或支票账户）。银行活期存款的流动性仅次于现金，因为只要通知银行就可以从账户中提取现金，无须等待或缴纳罚金。对活期存款开出的支票在很多国家也是普遍接受的支付方式。

第三种货币衡量指标 M_2 是 M_1 加上小额定期存款。M_2 中的资产的共同特点是具有高度流动性，或者很容易转换为 M_1。

第四种货币衡量指标 M_3 包括 M_2 中的一切，再加上大额储蓄账户。M_3 的流动性比 M_2 略差一些。

上述货币衡量的几种方式其实提供了关于货币供给的几种不同定义。研究货币对经济影响时最常用的衡量指标是 M_1 和 M_2。因此假设 M 代表货币供给，C 代表现金，D 代表活期存款，我们可以写出：

$$M = C + D$$

二、商业银行与货币创造过程

由于活期存款构成货币供给的重要组成部分,我们必须讨论商业银行在货币供给中所起的作用。在现代社会中,商业银行参与货币创造的过程,了解到这一点,对于我们正确理解现代经济的运行非常重要。

我们考察当某人将一笔钱存入商业银行时,商业银行会如何"处理"这笔钱。首先,商业银行会将其中的一部分贷放出去,以赚得存贷的利息差收入。其次,商业银行不可能将这笔钱全部贷放出去,否则当大量储户到银行取款时,就容易发生挤兑现象,甚至导致银行破产。为维持金融系统的稳定性,各国政府都会规定一个法定准备金率——规定银行必须将所吸收存款的一定比率作为准备金交到中央银行,以备不时之需。比如,假设中央银行规定法定准备金率为10%,如果储户储存了1 000元钱,商业银行必须将其中的100元作为法定准备金,剩余的钱才能够贷放出去。

假设我国的中央银行——中国人民银行将法定准备金率规定为r,我们来看商业银行是如何参与货币创造过程的。假设某农民将1万元作为活期存款存入中国农业银行(这样,农民的活期存款账户增加了1万元,经济中货币供给增加了1万元),中国农业银行在接受了这1万元存款后,首先将其中的$1\times r$万元作为法定准备金交给中央银行,然后将其余的$1\times(1-r)$万元贷放出去。假设中国农业银行将这$1\times(1-r)$万元全部贷给某建筑商,而建筑商在获得这笔贷款后用其购买建筑材料,材料供应商又将出售材料所获得的这$1\times(1-r)$万元存入自己在中国建设银行的活期存款账户[这样,材料供应商的活期存款账户增加了$1\times(1-r)$万元,经济中货币供给又增加了$1\times(1-r)$万元]。中国建设银行在获得$1\times(1-r)$万元存款后同样需将其中的一部分按照法定准备金率保存下来,即中国建设银行需将$1\times(1-r)\times r$的部分作为准备金而将其余的$1\times(1-r)^2$贷放出去。

按照上述过程,一笔原始存款会引出新的存款,而新的存款又将引起再一轮新的贷款,新的贷款又将变成又一轮新的存款,如此反复不断。在上述过程中,每一轮新的存款都会带来货币供应量的增加。

我们可以利用等比级数求和的方法计算出一笔原始存款一共能够引发多少新的货币供应量,计算方法如下:

根据前面的分析,我们设$r(0<r<1)$为法定准备金率,那么,最初的

1 万元创造的货币量是：

最初存款 $=1$(万元)

第一轮贷款 $=(1-r)\times 1$(万元)

第二轮贷款 $=(1-r)^2\times 1$(万元)

第三轮贷款 $=(1-r)^3\times 1$(万元)

$\vdots$

$$货币总供给=[1+(1-r)+(1-r)^2+(1-r)^3+\cdots+(1-r)^n]\times 1$$
$$=\frac{1}{r}\times 1(万元)$$

也就是说，每 1 元新存款注入商业银行体系，将创造 $1/r$ 元的货币供给(r 为法定准备金率)。因此，如果假设 $r=10\%$，可以计算出最初的 1 万元存款将创造出 10 万元的货币。系数 $1/r$ 又称为货币乘数。

三、中央银行的货币政策工具

大多数货币供给的变动并不是某人在一家银行存入 1 万元现金的结果，而是中央银行行动的结果。中央银行通过改变基础货币①直接影响货币供给，或者通过改变法定准备金率来间接地影响货币供给。通过这些行动，中央银行影响着经济活动的水平。

中央银行有三种可以改变货币供给的工具：公开市场业务、改变法定准备金率、改变贴现率。

(一) 公开市场业务

公开市场业务是中央银行最经常使用的货币政策工具。在公开市场业务中，中央银行进入市场，买卖政府债券。

设想一下，中央银行从公众手中购买了 1 万元的政府债券，并支付了 1 万元的人民币。这 1 万元离开中央银行进入公众手中，所以这种购买会增加流通中的货币量。现在假设公众将其向中央银行出售政府债券而获得的 1 万元收入存入他们在商业银行的账户。根据前面对货币创造过程的讨论，假设商业银行的法定准备金率为 10%。这样，通过存款创造过程，最终会使得商业银行的存款增加 10 万元，货币供给也就增加 10 万元。

上述过程可以简要归纳为：当中央银行从公众手中购买政府债券时，为

① 基础货币是公众以现金形式持有的货币及银行以准备金形式持有的货币，它由中央银行直接控制。

政府债券支付的1万元就增加了基础货币。通过货币创造过程,增加的基础货币被以货币乘数的倍数进行扩大,从而使经济中的货币供给量得到扩张。

与此类似,当中央银行向公众出售政府债券时,公众为购买政府债券而付出的货币流入中央银行的账户(这部分货币退出流通领域),从而减少了经济中的基础货币,通过反向的货币乘数作用,经济中的货币供给量得以收缩。

(二)法定准备金率

法定准备金率要求所有的存款机构都必须把存款的一个最低百分比作为准备金。对法定准备金率的规定,构成了中央银行控制货币供应量的一个重要工具。

假设中央银行最初规定的法定准备率为10%,并且商业银行都按规定持有准备金。然后,中央银行做出了将法定准备率降为5%的决定。每家商业银行将发现,现在有了超额准备金——准备金超过法定要求的数量。这就意味着,每家商业银行都可以更多地贷款。那些获得贷款的人又会在他们的银行账户中存入存款,这使得银行发放贷款的行为得以继续进行。并且,根据前面的分析,这一存款创造过程将最终使得银行存款扩大至准备金的20倍(1/5%),而不是最初的10倍(1/10%)。

反之,当中央银行决定提高法定准备金率时,比如提高到20%,银行就会发现它们的准备金数量不足,它们就必须收回一部分贷款,而贷款被收回的借款人会从他们的支票账户提出存款。只有当银行存款降至准备金率的5倍而不再是10倍时,这个过程才会结束。

从上面的分析可以看出。改变法定准备金率一方面可以影响银行的超额准备金数量,另一方面会影响"货币乘数"(法定准备金率的倒数)。以降低法定准备金率为例,一方面,降低法定准备金率会使超额准备金增加,经济中可贷款的货币数量增多;另一方面,它使得货币乘数变大,也就是说,这部分超额准备金创造出了更多的货币供给。

由于上述两方面的影响,改变法定准备金率往往会在较短的时间内对货币供给产生大幅度的影响。因此,中央银行使用改变法定准备金率这个强有力的工具时一般比较谨慎。事实上,改变法定准备金率是中央银行货币政策工具中最不经常使用的一种。

(三)贴现率

中央银行又称为"银行的银行",这是因为它可以借钱给商业银行。当商业银行发现自己没有足够的准备金以应付需要时(如出现了对某家银行的挤兑,而该银行所持有的准备金不能满足提款的需要时),商业银行可以向中央银行借款,而贴现率即为商业银行向中央银行借款时必须支付的利息率。贴现率不同于资本市场的利率(由供求的力量决定),它是由中央银行直接规定的。中央银行往往通过改变贴现率的大小来影响经济中的货币供给量。

如果贴现率下降,商业银行会发现,它们向中央银行的借款将变得更加便宜。若预期的收益不变,商业银行倾向于增加向中央银行的借款。这样一来,商业银行的可贷资金增加,通过货币乘数的作用,经济中的货币供给量进一步增加。

相反,如果贴现率上升,商业银行向中央银行的贷款成本增加。这将减少商业银行的可贷资金,从而使货币供给量减少。

由此可见,中央银行通过改变贴现率能够影响货币供给量。现在,中央银行使用贴现率已不仅仅是为了对货币供给(及贷款规模等)直接产生影响,而是更多地作为一种市场信号,被用于向公众传达中央银行对于货币政策的意图。当中央银行降低贴现率时,是要向市场传达其宽松信贷的意图;当中央银行提高贴现率时,则是为了表明其限制信贷的意图。

本章要点

1. IS 曲线考察了产品市场的均衡,它归纳了利率对均衡产出的影响。当利率上升时,投资支出减少,从而产品市场的均衡产出下降。IS 曲线具有负斜率。

2. 政府购买支出等自发性支出的增加会导致 IS 曲线向右平移,即一定利率水平所对应的均衡产出更大。

3. LM 曲线考察了货币市场的均衡,它归纳了产出对均衡利率的影响。当产出上升时,实际货币余额的需求增加,在实际货币余额的供给不变时,均衡利率上升。LM 曲线具有正斜率。

4. 当货币需求对利率的敏感程度 h 趋于零时,它反映了古典货币数量论的观点:实际货币余额需求是产出的增函数,与利率水平无关,此时,LM 曲线呈现垂直状(古典区)。当货币需求对利率的敏感程度 h 趋于无穷大时,产出的增加不会使均衡利率发生改变,此时 LM 曲线呈现水平状态(流动性陷阱区)。

5. 扩张性货币政策会导致 LM 曲线向右平移,即一定的产出水平(从而一定的货币需求曲线)所对应的均衡利率将会更小。

6. IS 曲线与 LM 曲线的交点决定了产品市场与货币市场的同时均衡。据此,可以讨论财政政策或货币政策对产出及利率造成的影响。

7. 财政政策与货币政策产生的效应是相互影响的,要考察具体的政策效果,就必须考察两种政策的相互作用。

关键概念

IS 曲线　LM 曲线　古典区的 LM 曲线　流动性陷阱区的 LM 曲线
IS-LM 模型　挤出效应　货币政策传导机制　政策组合

本章习题

1. 分析税收减少对 IS 曲线造成的影响。如果在税收减少的同时,政府购买支出以同等数量增加,这会对 IS 曲线造成影响吗?

2. 考虑如下一个经济中的情况:

(1) 消费函数为 $C=200+0.75(Y-T)$,投资函数为 $I=200-25r$,政府购买及税收均为 100。试求出 IS 曲线的函数表达式,并做出 IS 曲线。

(2) 货币需求函数为 $(M/P)^D=Y-100r$,名义货币供应量为1 000,价格水平固定在 $P=2$ 处。试求出 LM 曲线的函数表达式,并做出 LM 曲线。

(3) 求均衡利率及均衡产出水平。

(4) 当政府购买支出从 100 增加到 150 时,对均衡利率及均衡产出水平会造成怎样的影响?

(5) 在政府购买支出从 100 增加到 150 的同时,名义货币供给量从1 000减少到 800,这会对均衡利率及均衡产出水平造成怎样的影响?

3. 考察当 LM 曲线运行于古典区及流动性陷阱区时,扩张性货币政策会有怎样的效应?

4. 结合收入—支出分析法说明:

(1) 边际消费倾向越大,IS 曲线将会越平缓。

(2) 投资对利率的敏感程度越大,IS 曲线将会越平缓。

5. 结合货币市场的均衡条件说明：

(1) 如果货币需求对产出的敏感程度较大，则LM曲线比较陡峭。

(2) 如果货币需求对利率的敏感程度较大，则LM曲线比较平缓。

6. 用IS-LM模型分析下列变动对产出、利率的影响：

(1) 政府增加对居民的转移支付。

(2) 企业及居民对未来经济形势的预期变得更好。

(3) 政府增加税收的同时，中央银行降低法定准备金率。

案例讨论

试寻找中国近十年的利率、货币供给量、GDP、消费量、投资量等相关数据，描绘出中国宏观经济运行的IS-LM曲线，并以此来讨论财政政策、货币政策在中国宏观经济运行中的作用。

第五章 总需求与总供给模型

对于产出增长的研究是宏观经济学的一大主题，在对产出增长的研究中，宏观经济学的任务在于理解短期经济波动及长期经济增长。第三章及第四章介绍的收入—支出分析法及 IS-LM 模型为我们理解短期经济波动提供了基本的分析工具。

在前两章内容的基础上，本章介绍总需求—总供给模型(AD-AS 模型)。这个模型不仅将凯恩斯主义的经济波动理论纳入其中，还综合了第三章介绍的古典宏观经济模型。

其中，总需求是对 IS-LM 模型的一个推广，而总供给则体现了劳动市场的影响。总供给分为两种类型：长期总供给与短期总供给。前者假定价格(包括工资)具有伸缩性，而后者则体现了价格(包括工资)具有黏性时的情况。结合 AD-AS 模型，我们可以进一步看到，IS-LM 模型所分析的其实是 AD-AS 模型的一个特例，即 IS-LM 模型所考察的是短期总供给曲线处于其极端(水平状态)时的情况。

第一节 总需求曲线

一、IS-LM 模型与总需求曲线

总需求曲线(AD)描述了产出的需求量与物价总水

平之间的关系。为理解总需求的决定，本节将利用 IS-LM 模型推导总需求曲线。在展开具体的讨论之前，本节首先介绍有效需求的概念。

（一）有效需求

在收入—支出分析中，总支出函数描述了对应于各个可能的收入水平，人们对最终产品与服务的计划购买支出，总支出因此可以理解为一种计划总需求。如果计划总需求大于总产出，即总支出大于总产出，这时候的计划总需求是不稳定的，因为此时企业的计划存货非计划减少，将导致企业扩大生产规模。随着产出（收入）的增加，计划总需求会随之增加。同样，如果计划总需求小于总产出，此时的计划总需求也不稳定，它倾向于减少。

因此不难发现，在收入—支出分析中，只有当总支出曲线与 45°线相交时所对应的计划总需求才是稳定的总需求。与总产出一致的总需求因此被称为有效需求。

由于有效需求即为与总产出一致时的计划总需求（总支出），所以在前面几章利用收入—支出分析或 IS-LM 模型推导出来的均衡产出水平在数量上便等于有效需求（如图 5－1 所示，均衡产出 Y_0 等于有效需求 AD_0）。

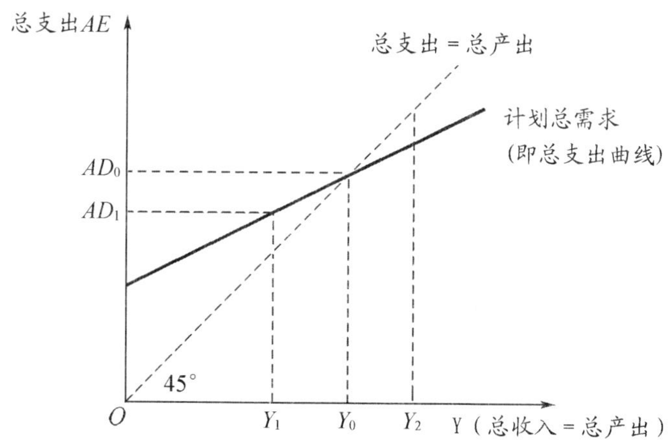

总支出曲线描述了对应于各个可能的收入水平，人们对最终产品与服务的计划总需求。当收入水平为 Y_1 时，计划总需求（AD_1）大于总产出（Y_1）。AD_1 水平的计划总需求是不稳定的，虽然它可以部分地通过企业的意愿库存非计划地减少而获得满足，然而，企业的意愿库存非计划地减少将引导企业扩大产出规模，产出将增加到 Y_0 的水平，从而只有 AD_0 水平的计划总需求才是稳定的总需求。

图 5－1　有效需求

(二) 利用 IS-LM 模型推导总需求曲线

利用 IS-LM 模型可以考察价格水平与有效需求之间的关系，即总需求曲线。根据第四章的分析，首先来看 IS 曲线及 LM 曲线的有关函数表达式。

(1) IS 曲线描述了产品市场均衡时利率与产出之间的关系。其函数表达式为：

$$Y=\frac{A}{1-a}-\frac{b}{1-a}r \tag{5.1}$$

式中，a 为边际消费倾向，A 是各项自发性支出的加总，b 代表了投资对利率的敏感程度。

(2) LM 曲线描述了产出与货币市场均衡利率之间的关系。其函数表达式为：

$$r=\frac{k}{h}Y-\frac{1}{h}\left(\frac{M}{P}\right) \tag{5.2}$$

式中，k 为实际货币余额需求对产出的敏感程度；h 是实际货币余额需求对利率的敏感程度；(M/P) 衡量了实际货币余额的供给。

在式(5.2)中，价格水平通过影响实际货币余额的供给 (M/P) 而影响 LM 曲线，使 LM 曲线发生平移(一定的产出对应于不同的均衡利率)。在 IS 曲线不受影响的情况下，LM 曲线的平移将会导致均衡产出发生改变。均衡产出在数量上等于有效需求，价格水平的改变会使有效需求发生改变。图 5－2 考察了价格水平下降所发生的一系列调整过程。

对照图 5－2(a)，价格水平从 P_1 下降到 P_2，在名义货币供给 M 不变的情况下，这将导致实际货币余额的供给增加。对照 LM 曲线的函数表达式，这将导致一定的产出水平对应于更小的均衡利率水平，LM 曲线因此向右平移。LM 曲线右移的结果是导致均衡产出即有效需求增加，图 5－2(b) 的总需求曲线归纳了价格水平下降对有效需求带来的影响。

价格变动与 IS 曲线

从正文中的式(5.1)可以看出，价格水平的变动似乎对 IS 曲线不会造成影响。在正文部分推导总需求曲线时，也只是考察了价格变动使 LM 曲线发生移动的情况。实际上，价格水平的变动也会影响总支出曲线，从而对 IS 曲线的位置产生影响。

价格变动对总支出曲线（IS 曲线）的影响主要表现为财富效应和替代效应。

财富效应又称为庇古效应。英国古典经济学家庇古在几篇论文中建立了一种消费函数理论。在他的模型中，消费被看成是实际财富的函数。根据庇古的观点，实际货币余额（M/P）构成了家庭实际财富的一部分，当物价水平上升而其他条件不变时，家庭所拥有的实际货币余额下降（或货币的购买力下降），居民会感到其实际财产减少，这将引导居民增加劳动时间，致力于积累更多的财产，以使得实际财产恢复到物价水平上升前的状态。因此，居民普遍地增加储蓄、削减消费开支，这导致了消费的下降。

替代效应是指当物价水平上升而其他条件不变时，居民希望持有的货币总量增加，即全社会的货币需求量增加。此时，货币供给量不变，银行等金融贷款机构有条件地提高贷款利率。在现代社会的消费方式中，信用消费占有重要的地位。因此，在面对较高的贷款利率时，居民会延迟对资本品和耐用消费品的购买计划，减少支出以节约当期和未来期间的利息成本。也就是说，在替代效应发挥作用时，价格上涨会导致计划投资的减少。

由此，价格变动会对消费支出或投资支出产生影响，从而对总支出曲线造成影响。这表现为，价格上升会使产品市场上一定的利率所对应的均衡产出下降，即使得 IS 曲线向左平移。在考虑到上述情况后，我们再来考察总需求曲线。不难发现，价格水平上升一方面会使得 LM 曲线向左平移，从而均衡产出（总需求）减小；另一方面，IS 曲线向左移动进一步增强了总需求减小的倾向。因此，总的结果表现为总需求曲线是一条具有负斜率的曲线，如图 5－2(b)所示。

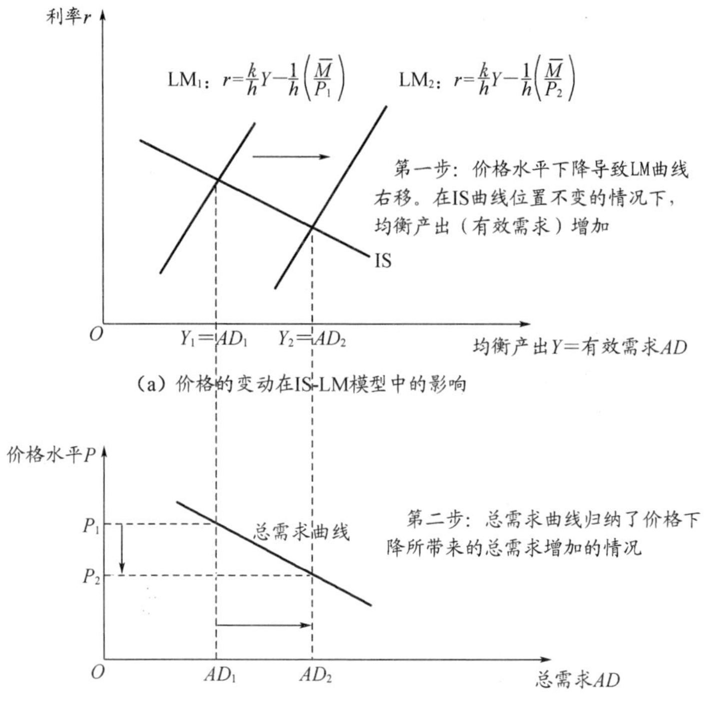

(a) 价格的变动在IS-LM模型中的影响

(b) 具有负斜率的总需求曲线

总需求曲线归纳了价格水平的变动与有效需求之间的关系。价格水平的变动会使实际货币余额的供给发生改变，从而使 LM 曲线发生平移，最终影响到均衡产出(有效需求)。

图 5-2　总需求曲线的推导

二、总需求曲线的平移

根据前述 IS-LM 模型推导总需求曲线的过程，可以具体考察引发 AD 曲线移动的背后原因。初步来看，除价格水平外，其他导致 IS 曲线或 LM 曲线发生改变的因素都能够使总需求曲线发生平移。以下以政策及预期的作用为例，讨论导致总需求曲线平移的背后原因。而对于其他导致 IS 曲线或 LM 曲线发生改变的因素则可以用类似的方法予以说明。

(一) 财政政策与总需求曲线的平移

财政政策和货币政策对宏观经济的影响在第四章已有所涉及。结合第四章的讨论，现在分析财政政策如何使总需求曲线发生平移。

图 5-3 考察了扩张性财政政策对总需求曲线的影响。(a)图中，当价格水平固定为 P_1 时(从而 LM 曲线固定)，扩张性财政政策(如政府购买支

出增加或者减税)使 IS 曲线右移,均衡产出增加。对应于(b)图,在价格水平为 P_1 时,总需求从 Y_1 增大到 Y_2,即总需求曲线向右平移。

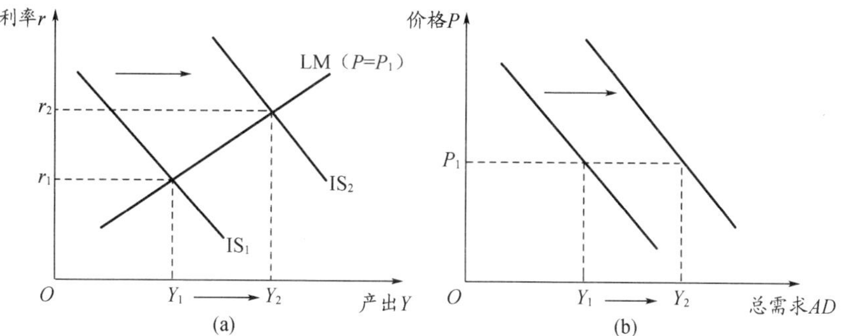

在一定的价格水平($P=P_1$)下,扩张性财政政策的实施使 IS 曲线向右移动,这将导致均衡的产出(有效需求)增加,从而表现为总需求曲线向右平移。

图 5-3 扩张性财政政策导致总需求曲线右移

(二)货币政策与总需求曲线的平移

中央银行通过改变基础货币量可以控制或影响经济中的货币供给量,从而使经济中的总需求发生改变。

图 5-4 描述了货币供给对总需求曲线的影响。如图所示,在任何一个既定的价格水平下(图中取 $P=P_1$),名义货币供给量(M)的增加使实际货币余额的供给(M/P)增加,在货币市场上,这将导致均衡利率下降,从而 LM 曲线向右平移(一定产出对应的均衡利率更低)。在 IS 曲线不变的情况下,LM 曲线右移导致均衡产出从 Y_1 增加到 Y_2,从而在价格水平 P_1 下,总需求从 Y_1 增加到 Y_2,这表现为总需求曲线向右平移。

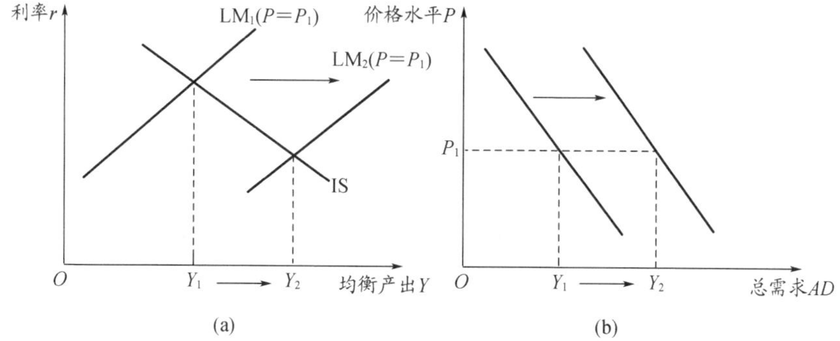

在一定的价格水平($P=P_1$)下,扩张性货币政策的实施使 LM 曲线向右移动,这将导致均衡的产出(有效需求)增加,从而表现为总需求曲线向右平移。

图 5-4 扩张性货币政策导致总需求曲线右移

(三) 预期改变与总需求曲线的平移

第四章第一节的讨论曾经揭示,企业对于未来经济形势的预期是影响投资支出的一个重要因素。如果企业预期未来的经济形势会变得更好,企业则倾向于增加当前的投资支出,以扩大生产规模。

由于企业预期未来形势更好而引发的投资支出增加会导致 IS 曲线右移(一定利率水平下所对应的均衡产出更大)。与前面对财政政策导致总需求曲线平移的论述过程类似,对未来好的预期会使总需求曲线右移。同样,对未来坏的预期则使总需求曲线向左平移(见图 5-5)。

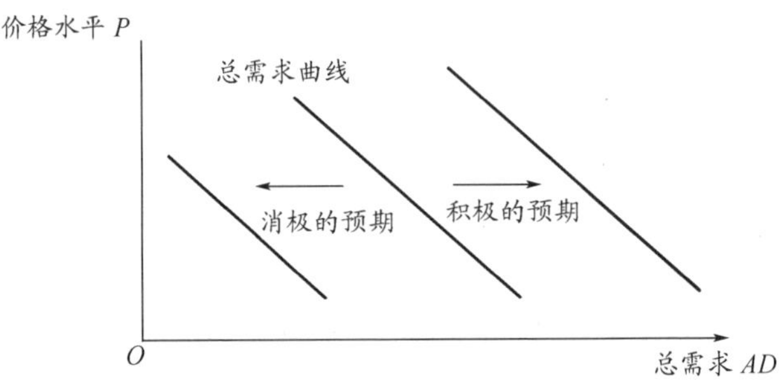

积极的预期会使总支出增大,从而 IS 曲线向右平移,一定价格水平所对应的总需求(有效需求)更多;而消极的预期则使一定的价格水平所对应的总需求(有效需求)减少。

图 5-5 预期与总需求曲线的平移

第二节 总供给曲线

一、宏观经济学的时间范围

总供给曲线(AS)描述了整体企业对产品与服务的供给量与一般价格水平之间的关系。由于在不同的时间范围内价格的灵活程度有所不同,因此不同的时间框架所对应的总供给曲线的特征也有所区别。

专栏 5-2

宏观经济学的时间范围

在宏观经济模型中,往往涉及短期模型和长期模型的区别。这种区别来自宏观经济学中对时间范围的基本界定。此处,我们对“短期”“长期”的概念做一个回顾,并加入对“超长期”的说明。

短期　短期的各种价格都是黏性的,即价格会针对市场供求的变化逐步(缓慢地)进行调整。由于这种价格黏性,即价格体系的非及时调整,“短期”这一概念也往往意味着资本、劳动等生产要素不一定能够得到最为有效的配置(要素市场不出清)。短期框架中的一个极端形式是价格具有刚性。刚性意味着价格完全固定。

长期　在延续几年的视野范围内,价格往往能够针对市场供求的变化做出充分调整。长期框架中通常假设价格具有完全的伸缩性,而且不考虑价格调整的时滞。这个假设前提意味着长期中的各个市场均能够保持出清,从而资源能够得以充分利用。长期性假设是古典模型的基本假设。另外,在长期的框架中,往往将资本、劳动和技术视为既定的。

超长期　在一个可以延续几十年或更长的时期,不仅价格具有伸缩性,资本、劳动、技术等要素也会发生改变。经济增长理论(第九章、第十章)所考察的就是超长期的产出增长问题。

二、长期总供给曲线(LAS)

(一) 长期总供给曲线的特征

根据专栏 5－2 的叙述,长期中的价格具有伸缩性,并且要素的数量视为既定。在上述假定之下,第三章所介绍的古典宏观经济模型是一个适合的模型。

根据第三章的讨论,古典模型从劳动市场及总量生产函数的角度出发,分析了古典主义对总供给的基本看法。在古典宏观经济模型中,由于所有的价格(包括工资等)都具有伸缩性,产出(供给)总能够维持于充分就业产出水平(潜在 GDP)。也就是说,在古典模型中,产出并不取决于物价水平。

长期总供给曲线(LAS)可以写成如下形式:

$$LAS = F(\overline{K}, \overline{L}) = \overline{Y} \tag{5.3}$$

式(5.3)表明,长期的总供给由经济中的资本、劳动以及技术等实际方面的因素决定,一般价格水平(P)并不会对总供给产生影响。式中的$\overline{Y}$衡量了充分就业产出水平(潜在 GDP)。图 5－6 以价格为纵轴,描绘了长期总供给曲线的形状。

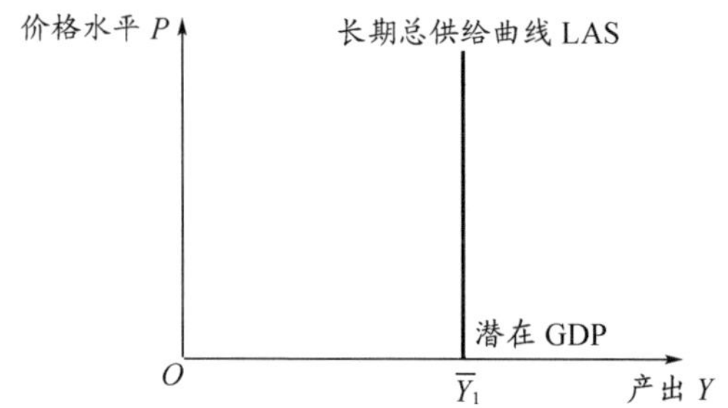

长期的总供给不受价格水平的影响,始终处于充分就业产出水平。

图 5-6 长期总供给曲线

专栏 5-3

长期总供给曲线的推导

长期总供给曲线为什么表现为位于充分就业产出水平的垂直线?第三章介绍的古典宏观经济模型其实对此已有所说明。

图 5-7 是对第三章图 3-5 的一个复制。(a)、(b)两图表明,由于实际工资具有伸缩性,这保证了劳动市场的出清(就业量为 L^*),从而对应于生产函数,产出将处于充分就业产出水平(Y^*)。以下考察价格水平上升所造成的影响。

假设在劳动市场上起初的名义工资为 W_1,价格水平为 P_1,实际工资 W_1/P_1 是劳动市场的出清价格。

现在假设价格水平上升(从 P_1 上升至 P_2),在名义工资不变的情况下,价格水平的上升会使实际工资下降,从而劳动需求超过劳动供给。然而,实际工资的下降仅仅是暂时的。根据古典主义的假定,面对较高的价格,工人必然要求名义工资做出相应的调整,以维持实际工资不变。名义工资会上升到 W_2,使得 $W_2/P_2=W_1/P_1$。

由于实际工资并不发生改变,因此价格水平的变化对劳动市场不会造成影响:就业量仍然为 L^*,产出仍然处于充分就业产出水平 Y^*。根据上面的讨论,价格水平与总供给的关系在图(c)中得到反映。图(c)即为长期总供给曲线。

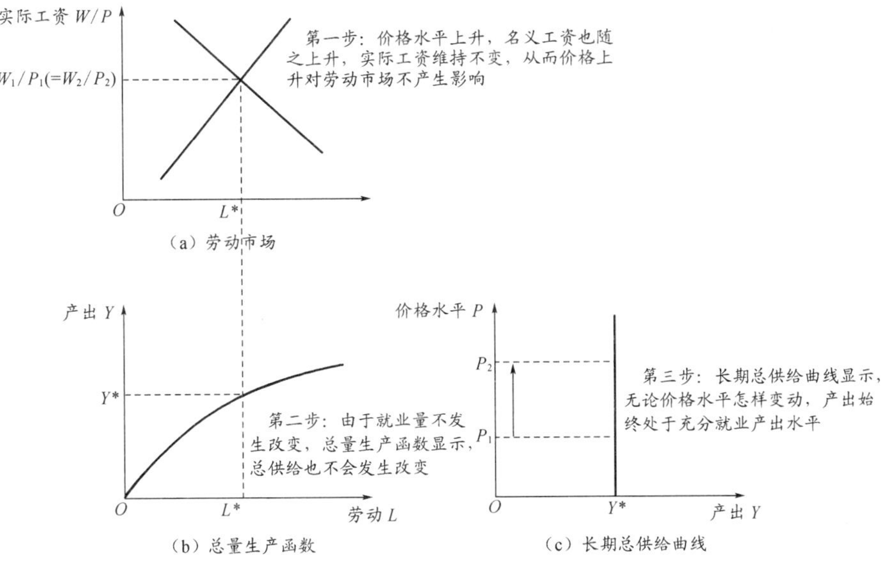

图 5－7　长期总供给曲线的推导

（二）长期总供给曲线的平移

对长期框架的考察使我们更容易理解在超长期的框架中经济体会具有怎样的特征。在一个更长的时间范围内，劳动、资本或技术会发生改变，从而潜在 GDP 本身发生变化，这表现为长期总供给曲线发生平移（见图 5－8）。

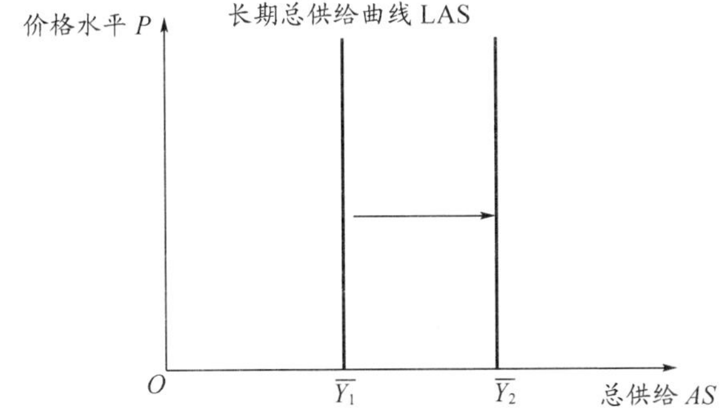

在超长期，当资本、劳动、技术等要素发生改变时，充分就业产出水平本身发生变化，从而长期总供给曲线发生平移。

图 5－8　长期总供给曲线的平移

1. 劳动量的改变

劳动供给量的改变是导致长期总供给曲线平移的一个原因。对照图 5 - 7(a)可以看出,如果劳动供给增加(劳动供给曲线向右平移),那么社会的充分就业量必然增加。对应于总量生产函数,这使得潜在 GDP 增加。

这里需要说明的是,在严格意义上,劳动量的增加并不等于劳动力数量的增加。劳动量增加实际上可以通过两种途径实现:一是就业的劳动力人数的增加;二是不变数量劳动力工作效率的提高,即在相同工作时间中提供了更多的劳动成果。

2. 资本量的改变

资本量的增加会使得图 5 - 7(b)中所描述的总量生产函数向上平移,使得一定的就业量所对应的产出水平发生改变。对经济体系而言,资本量越多,潜在 GDP 也越大。

对于发展中国家来说,资本紧缺是一种普遍的状态,资本的增加往往带动劳动力就业量的增加和产出的提升。在现代意义上,资本不仅包括可以直接用货币计量的物质资本,还包括人力资本。一个国家或地区的人力资本水平通常采用人均受教育年限来衡量。

3. 技术状态改变——技术进步

自 20 世纪 70 年代以来,技术进步成为产出增长最重要的驱动因素之一。技术进步可以分为基础性的技术进步和技术改进。基础性的技术进步带来整个生产方式的革新,如计算机技术和 Internet 技术,它主要在一个较长的时期中才能使潜在 GDP 上升。技术改进则主要是单项技术或工艺上的改进,如新的地基技术带来了修建高层建筑的可能性,与基础性的技术进步相比,它可以在一个相对较短的时期内(如几年)带来产出的增加。这一时期的长短取决于技术体系中从科研到生产的转化速率。

三、短期总供给曲线(SAS)

(一) 短期总供给曲线的特征

长期中的经济运行于潜在 GDP 水平,与此对应,短期经济一个最重要的特征是实际 GDP 与潜在 GDP 的偏离。为更好地理解短期经济所具有的特征,以下介绍短期总供给曲线(SAS)。

短期总供给曲线(SAS)具有正斜率,表明随着价格水平的上涨,对产品与服务的总供给增大(见图 5 - 9)。

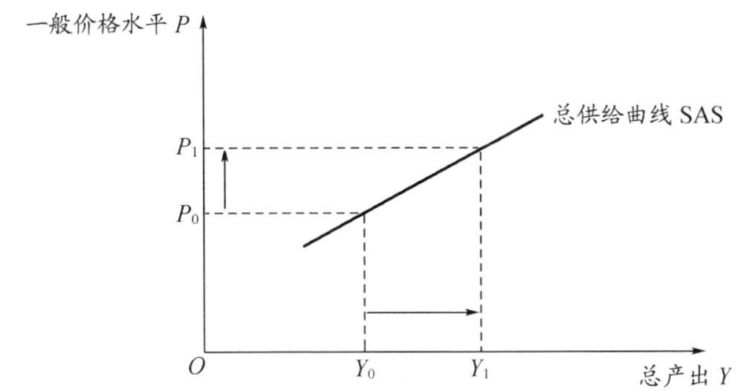

短期总供给曲线是一条具有正斜率的曲线，表明随着价格水平的上升，对产品与服务的总供给增大。

图 5-9　短期总供给曲线

什么因素导致短期的价格与总供给存在着这样的正相关关系呢？黏性工资模型可以认为是对短期总供给曲线具有正斜率特征的一种说明①。

黏性工资模型认为，短期总供给曲线具有正斜率是因为名义工资调整缓慢，即名义工资在短期具有黏性——名义工资往往由工人与企业签订的长期合约所确定，这种合约一经签订就不再发生改变。当名义工资合约签订后，如果价格水平发生（未预期的）降低而名义工资仍然滞留在 W 水平上，这将导致实际工资 W/P 增大。由于实际工资构成企业生产的主要成本，实际工资增大使企业削减劳动雇佣量，从而企业对产品与服务的供给就会减少。

名义工资是以货币面额来衡量的工资，而实际工资反映了名义工资的购买力（它剔除了通货膨胀的影响）。名义工资（W）与实际工资（w）的关系为：$w=W/P$，P 为一般价格水平。

在工人就业之前，往往会与企业就名义工资签订合约。在签订合约时，工人（和企业）关心的却是未来能够获得的（或必须支付的）实际工资水平，签约的双方会首先确定一个目标实际工资。目标实际工资由劳动供给与劳动需求的相互作用而确定，它其实就是使劳动市场出清时的实际工资水平。

① 在宏观经济学中，凯恩斯主义学派经济学家曾提出过多种模型说明短期总供给曲线呈正斜率的原因，除黏性工资模型外，还有黏性价格模型、工人错觉模型等。

当劳动供求力量的相互作用确定出一个目标实际工资后,工人和企业在这个基础上就名义工资签订长期合约。工人和企业会将名义工资设定为:

$$名义工资=目标实际工资\times价格水平$$

在上式中,由于价格的变动还没有发生,签约双方对价格水平的判断只是一种预期的价格水平。假设签约双方对未来价格的预期为 P^e,而签约双方已确定的目标实际工资水平为 w^e,那么工人和企业将会就名义工资达成协议,将名义工资设定为 $W=P^e\cdot w^e$。

因此,如果未来的真实价格水平为 P,那么未来真实的实际工资水平将会是:

$$w=\frac{W}{P}=w^e\cdot\frac{P^e}{P}$$

上式表明,未预期到的价格水平的变化会使真实的实际工资水平与目标实际工资水平发生偏离。比如,当真实价格水平 P 低于预期价格水平 P^e 时,真实的实际工资便会高于目标实际工资。

现在考察价格水平下降对劳动市场造成的影响,图 5-10 描述了这个过程①。工人与企业依据实际工资而做出劳动供给与需求的决策,并且劳动市场供给与需求的相互作用决定了目标实际工资水平 w^e。在该工资水平上,劳动供给等于劳动需求,劳动市场处于充分就业状态。依据这个目标实际工资及对价格的预期,工人和企业签订名义工资合约。在合约签订后,如果真实的价格水平下降并低于预期价格水平,将导致真实实际工资 w 超过目标实际工资。从图中可以看出,真实的实际工资高于目标实际工资,意味着劳动需求下降,从而导致就业量下降,劳动市场出现了资源闲置。

① 在图 5-10 中,劳动供给曲线被描绘成一条折线。当就业量小于充分就业量 L^* 时,劳动供给曲线是水平的;而当就业量高于 L^* 时,劳动供给曲线变得具有正斜率的特征。水平状的劳动供给曲线反映了当就业量低于充分就业量时,劳动供给对实际工资的弹性趋于无限大。实际工资只需提高很少,就能够刺激劳动供给的无限增多。这其实反映了这样一个事实:当就业量低于充分就业量时,工资的提高很容易吸引就业的增加。另外,劳动供给曲线被画成折线型表明,此时的就业量由劳动的需求方决定。

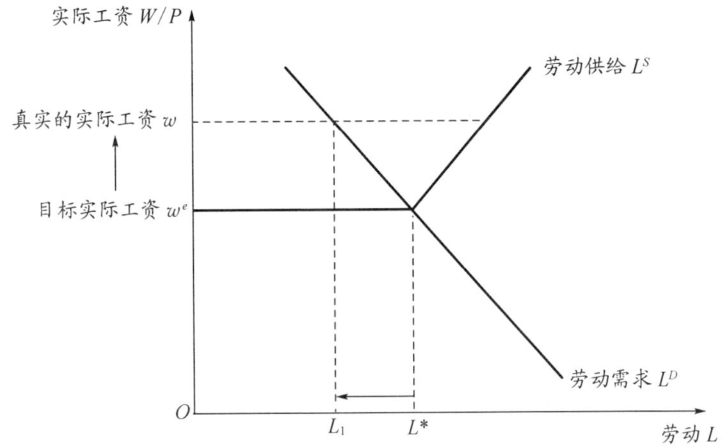

由于名义工资具有黏性，价格水平的下降会使实际工资高于市场出清时的工资水平，从而劳动需求减少，就业量低于充分就业水平。

图 5－10　短期中的劳动市场

根据前面的分析，未预期的价格水平下降导致就业量减少(就业量低于充分就业量)，结合总量生产函数所揭示出的就业量与总供给的关系可以发现，就业量下降的结果会导致总供给减少(总供给低于充分就业产出水平)。上述过程简要地可以归纳为：

$$SAS=\overline{Y}+\alpha(P-P^e) \tag{5.4}$$

式中，$(P-P^e)$为实际价格水平对预期价格水平的偏离，$\overline{Y}$为充分就业产出水平。

该式归纳了前面的分析过程，即当实际价格水平低于预期价格水平时，总供给低于充分就业产出水平。

式(5.4)即为短期总供给曲线函数式。它表明，当预期价格水平(P^e)及充分就业产出水平($\overline{Y}$)固定时，短期总供给(SAS)与价格水平(P)之间存在着正相关关系。价格水平(P)的上涨会使短期总供给增加，价格水平(P)的下降会使短期总供给减少。

式(5.4)不仅提供了短期总供给曲线的函数表达式，还反映了短期总供给曲线与长期总供给曲线两者之间的关系。如图 5－11 所示，当价格等于预期价格水平时，短期总供给曲线与长期总供给曲线相交。

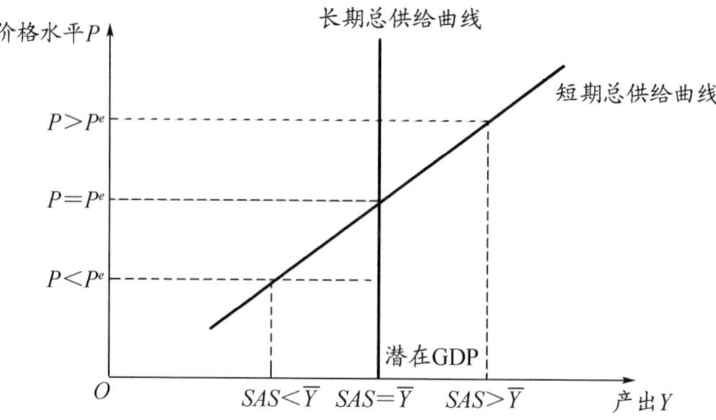

当价格能够被预期时($P=P^e$),短期总供给曲线与长期总供给曲线相交。当价格高于预期价格水平时,这会刺激短期总供给超过潜在GDP的水平;当价格低于预期价格水平时,将造成短期总供给低于潜在GDP的水平。

图5-11　短期总供给曲线与长期总供给曲线

专栏5-4

工资黏性的原因解释

第一种解释是工人存在着"货币幻觉"。20世纪60年代,弗里德曼和费尔普斯提出的一些模型指出了名义工资和实际工资在价格变动下的脱离。实际工资是劳动力市场上雇佣双方议价的结果。当价格提高时,由于工人对价格变动的信息掌握不充分,具有"货币幻觉",他们在短期内并没有感觉到提高名义工资以维持原收入水平的必要性。因此,就社会平均状态而言,名义工资的调整要滞后于价格水平的调整。

第二种解释是劳动力市场中名义工资下降存在"刚性"的可能。这一论断是由凯恩斯提出来的,它否定了劳动力市场是完全竞争的市场。在西方劳动力工资决定机制中,工会发挥了重要的作用,往往被视为劳动卖方的垄断力量。工会并不反对货币工资率上升,但一旦雇主提出降低名义工资,则往往遭到工会的抵制。

对于转型经济国家的情形,则可以结合心理学和组织激励机制理解。雇员总是积极欢迎名义工资的上涨,在名义工资提高的激励下,雇员的效率得到提高。但在面临名义工资下降时,雇员通常表现为两类行为:一类是主动离职；一类是隐性地降低劳动生产率。前一种行为将使企业在当期或后期增加更多的成本用于招聘和培训新雇员；后一种行为将降低单位劳动的产出，降低企业运营的绩效。因此，企业为了降低这部分成本对利润的影响，通常自我克制降低名义工资的欲望。

综上所述，无论是在西方劳动力市场还是在转型经济的劳动力市场，劳动力市场中都存在名义工资下降的“刚性”，这使名义工资率只能上升，不能下降，强化了工资率降低过程的滞后性。

第三种解释是协调问题。假设对劳动的需求量下降且价格水平不变，此时均衡的实际工资率下降，也就要求均衡的名义工资率下降。但是，如果一家厂商削减工资而其他厂商没有相同的行为，则该厂商的行为会导致其雇佣工人的不满和离职，影响正常的生产活动。因此，对协调行动的担心也是延迟厂商调整工资水平的原因之一。在一个经济体系中，如果所有或大部分厂商都有如此的担心，那么工资调整的滞后性就成为必然。

第四种解释是效率工资理论。效率工资理论是对新古典工资决定理论的创新。最早将效率工资制度提升到理论高度的是美国经济学家索洛(Solow，1979)。他于1979年发表的题为《工资黏性的另一可能源泉》的文章中，首先提出了在成本最小化的工资水平下，相对于工资的工人努力弹性(The Elasticity of Effort)为单位弹性。这一命题后来被称为“索洛条件”(Solow Condition)，开创了现代经济学家研究效率工资机制的先河。由于降低工资会导致工人不努力工作而降低生产力水平，影响企业利润，所以在经济高涨或衰退时，企业将增加或减少工人来调节产量，而不是通过降低或增加工资来调节，即工资具有黏性。

（二）短期总供给曲线的平移

从短期总供给曲线的表达式 $SAS=\overline{Y}+\alpha(P-P^e)$ 中可以看出，预期价格水平(P^e)及充分就业产出水平($\overline{Y}$)的变化都会使短期总供给曲线发生平移。

1. 预期价格水平的变化

从短期总供给曲线的表达式中可以看出，如果预期价格水平(P^e)上升，一定的价格水平(P)所对应的短期总供给就会减少，即短期总供给曲线向左平移。利用黏性工资模型解释如下：

预期价格水平的改变会使工人与企业签订的名义工资水平发生改变。

假设人们预期物价水平提高,在一定的目标实际工资水平上,工人和企业所签订的名义工资(W)增多。名义工资(W)的增多使得一定的价格水平(P)所对应的实际工资增加。这会使企业减少劳动的雇佣,从而对产品与服务的供给减少。也就是说,即便价格水平(P)不发生改变,对价格的预期(P^e)增大也会使短期总供给减少。

2. 充分就业产出水平的变化

充分就业产出水平的变化也会使短期总供给曲线发生平移。如果充分就业产出水平增加,那么一定的价格水平(P)所对应的短期总供给就会增加,这表现为短期总供给曲线向右平移。

根据前面对长期总供给曲线(LAS)的说明,充分就业产出水平即潜在GDP主要受到劳动、资本及技术水平的影响。因此,当劳动、资本或技术的改变使充分就业产出水平发生改变时,这不仅会影响长期总供给曲线(使之发生平移),还会使短期总供给曲线发生平移。

第三节　透视实际 GDP 的波动

一、宏观经济均衡

(一) 宏观经济均衡

在 AD-AS 框架中,存在着两种基本类型的宏观经济均衡:长期宏观经济均衡及短期宏观经济均衡。

当总需求曲线与长期总供给曲线相交时,此时的均衡被称为长期宏观经济均衡。如图 5-12 所示,对应于不同的总需求曲线,A 点、E_2 点及 B 点都是长期均衡点。长期宏观经济均衡反映了这样一个事实:在长期中,物价水平有可能随着总需求曲线位置的改变而发生改变,但均衡总产出却始终维持于充分就业产出水平。

总需求曲线与短期总供给曲线的交点被称为短期宏观经济均衡。短期中的均衡产出有可能低于、等于或高于充分就业水平(潜在 GDP)。因此,以潜在 GDP 为分类标准,这三种短期宏观经济均衡分别称为就业不足均衡、充分就业均衡和过度就业均衡。如图 5-12 所示,E_1 点代表了就业不足均衡(均衡产出低于潜在 GDP),E_3 则代表了过度就业均衡(均衡产出高

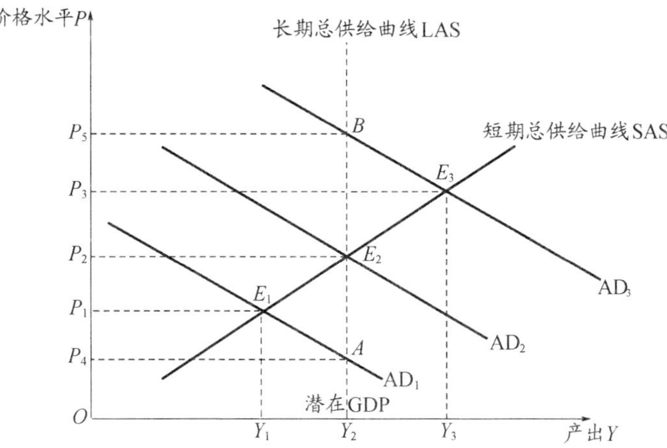

E_1 点是就业不足均衡点(短期均衡);E_3 点是过度就业均衡点(短期均衡);而 E_2 点既是长期宏观经济均衡点,又是充分就业均衡点(短期)。

图 5-12 长期宏观经济均衡及短期宏观经济均衡

于潜在 GDP)。只有当短期总供给曲线与总需求曲线、长期总供给曲线三者相交,此时的短期均衡才是充分就业均衡(均衡产出等于潜在 GDP)。就业不足均衡和过度就业均衡反映了实际 GDP 围绕潜在 GDP 上下波动的情况。

(二)短期均衡与长期均衡的关系

在上面的几种均衡类型中,就业不足均衡(E_1)及过度就业均衡(E_3)只是在短期中才能够存在的现象,在长期,经济必然会调整到充分就业均衡。①

1. 就业不足均衡的长期调整过程

如图 5-13 所示,短期总供给曲线 SAS_1 与总需求曲线 AD 相交于 E_1 点。此时,短期均衡产出为 Y_1,均衡价格为 P_1,E_1 点代表了就业不足均衡点。另一方面,长期总供给曲线 LAS 与总需求曲线 AD 相交于 A 点。因此,长期均衡产出为 Y_2,均衡价格为 P_4。A 点代表了长期均衡点。

① 在凯恩斯的理论体系中,并不存在从短期到长期的调整过程。凯恩斯注重短期分析,他认为,"在长期,我们都会死去"。所以在凯恩斯的理论体系中,没有考虑短期总供给因预期的改变而发生的平移。

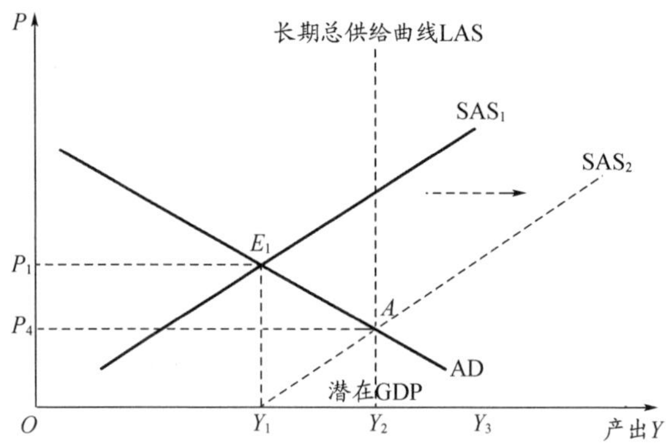

当短期中的经济处于 E_1 点时，工人和企业将会预期未来的价格水平下降，于是短期总供给曲线向右平移。经济将会调整到总需求曲线与长期总供给曲线相交点 A 处。

图 5－13　就业不足均衡(短期均衡)的长期调整过程

从图 5－13 中可以看出，在就业不足均衡点(E_1)，均衡价格(P_1)高于长期均衡价格(P_4)。由于长期均衡价格代表了长期中的价格变化趋势，工人和企业会依据长期均衡价格水平做出自己的价格预期。也就是说，当短期均衡价格高于长期均衡价格时，工人和企业预期未来的价格水平将会下降。根据前面对短期总供给曲线的说明，预期价格水平下降会使短期总供给曲线向右平移①。

只要短期均衡点对应的价格水平还高于长期均衡价格水平，工人和企业就会一直修改自己的价格预期，从而使短期总供给曲线平移。只有当短期总供给曲线平移到与总需求曲线的交点正好与长期均衡点吻合时，这时预期价格的调整才会结束(此时的短期均衡价格即为长期均衡价格)。如图 5－13 所示，短期总供给曲线最终将会右移到 SAS_2 的位置。此时，短期总供给曲线与总需求曲线的交点就是长期总供给曲线与总需求曲线的交点。

2. 过度就业均衡的长期调整过程

与上述过程相类似，当短期中的均衡为过度就业均衡时，短期均衡价格

① 具体地说，预期价格水平下降将导致工人和企业修改工资合约，从而使名义工资水平下降，使得一定的价格水平所对应的实际工资下降，企业将增加劳动雇佣，从而一定的价格水平对应的总产出增大，即短期总供给曲线向右平移。

低于长期均衡价格，此时工人和企业预期未来的价格水平将会提高，由此短期总供给曲线向左平移，直到与总需求曲线相交于长期均衡点处为止。图5-14论证了这个过程。

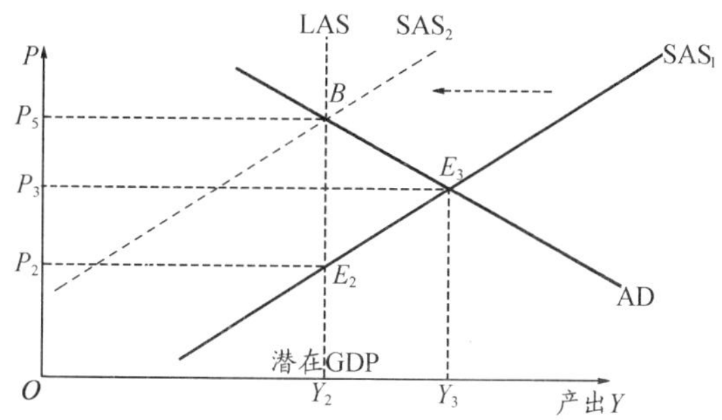

当短期中的经济处于 E_3 点时，工人和企业将会预期未来的价格水平上升，于是短期总供给曲线向左平移。经济将会调整到总需求曲线与长期总供给曲线相交的 B 点。

图5-14 过度就业均衡(短期均衡)的长期调整过程

二、实际GDP的波动

从前面对三种短期宏观经济均衡的介绍中可以看出，短期中的总产出与潜在GDP有可能发生偏离，即发生实际GDP的波动。引发实际GDP波动的因素很多，总的来说可以归纳为来自总需求方面的冲击及来自总供给方面的冲击。

(一) 总需求冲击

总需求冲击指的是因总需求曲线的移动而导致实际GDP与潜在GDP发生偏离的状况，总需求冲击是导致实际GDP围绕潜在GDP波动的一类原因。

为更加清晰地说明问题，以下考察一个比较简单的情况。假设经济在初始时处于长期均衡状态，此时，总需求曲线与短期总供给曲线相交于长期均衡点。如图5-15所示，总需求曲线是 AD_1，短期总供给曲线是 SAS_1，长期总供给曲线是LAS，对应的潜在GDP为 Y^*，短期均衡点与长期均衡点都是 C 点。

随后，由于某些原因导致了总需求扩张，总需求的扩张使总需求曲线从 AD_1 右移到 AD_2。从 AD_2 与 SAS_1 的交点(A 点)可以看出，短期中，总需求扩张的结果使价格水平上升(从 P_1 上升到 P_2),同时总产出增加(过度就业均衡,产出从 Y^* 增加到 Y_1)。

但是,正如前面的分析所揭示的那样,过度就业均衡只是短期中存在的现象。由于此时的短期均衡价格(P_2)低于新的长期均衡价格(即新的总需求曲线与 LAS 的交点所对应的价格水平 P_3),工人和企业会提高自己的价格预期,于是,对名义工资的调整会使短期总供给曲线向左平移,从 SAS_1 移到 SAS_2。

由上面的分析可以看出,总需求扩张的结果是导致短期中的价格与产量上升,从长期来看,总需求扩张只能带来唯一的结果——价格水平上升。

图 5-15 考察的是总需求扩张时的影响,对于总需求缩小的影响(AD 曲线左移),其分析过程与此类似。不难发现,当总需求曲线左移时,实际产出会经历一个先下降再上升的过程,而价格水平会持续下降。

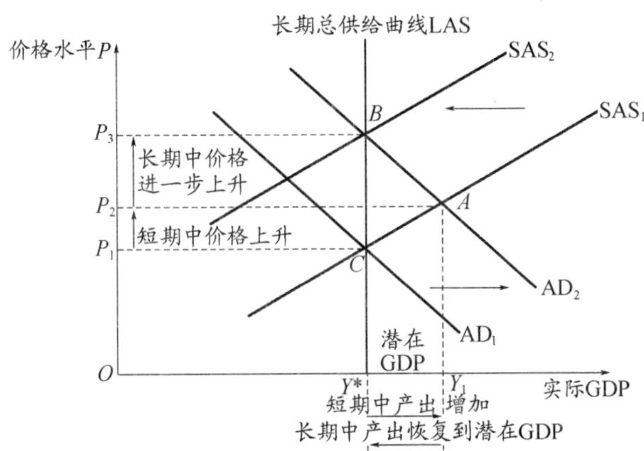

当总需求受到冲击向右平移时,短期中的产出和价格都会上升。然而,长期中,随着短期总供给曲线的调整,产出恢复到潜在 GDP 的水平,而价格水平进一步上升。

图 5-15　总需求的冲击与经济波动

专栏 5-5

总需求扩张的效应:当短期总供给曲线为水平状态时

在凯恩斯发表《通论》的那几年,短期中的总供给曲线其实处于一种极端形式水平状态。水平的总供给曲线反映了这样一个事实:当经济运行于极端萧条状态时,无论劳动还是资本都处于极端闲置状态。此时只要实际价格水平稍微高于预期价格水平,企业就会大量增加对劳动的雇佣①,从而对产品与服务的供给增加非常多。

水平的总供给曲线可以用图5-16表示。在图5-16中,由于经济处于萧条状态,企业预期未来的价格水平将不会上升,从而价格稳定于P^e水平不变,P^e即为人们预期的价格水平。如果实际价格水平稍微大于预期价格水平,企业将大量吸收闲置劳动,从而产出的增加将倾向于无穷大。

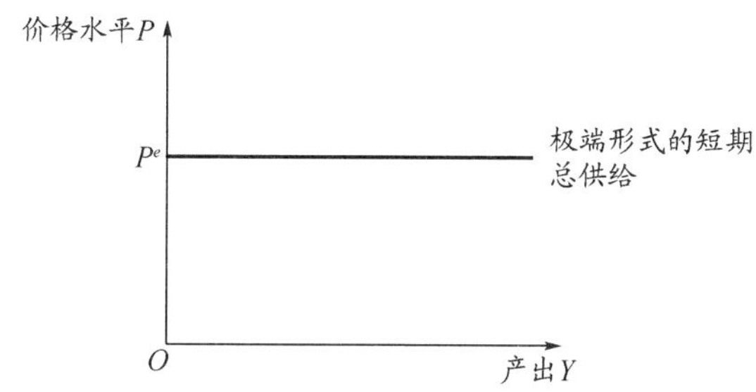

水平总供给曲线描述了短期总供给曲线的一种极端形式,它反映了经济处于极端萧条时的情况。此时只要实际价格水平稍微高于预期价格水平,就会导致企业大量雇佣闲置的劳动力资源,从而对产品与服务的供给增加非常多。

图5-16 水平状的短期总供给曲线

由于凯恩斯时代的短期总供给曲线具有上述特征,我们便不难理解为什么在前几章的分析中,我们一直没有对价格水平进行考察(假设价格水平不变)。根据前面的分析,IS-LM模型其实是一种总需求理论,当短期总供给曲线水平时,根据IS-LM模型所得出的总需求曲线的平移只会引发产出的改变,而对价格不会造成影响(见图5-17),并且此时依据总需求—总供给框架所分析出来的总需求扩张效应与依据IS-LM分析得出的结果是一致的。

① 结合前面的讨论,未预期到的价格水平上升会导致实际工资下降,从而企业会增加对劳动的需求。

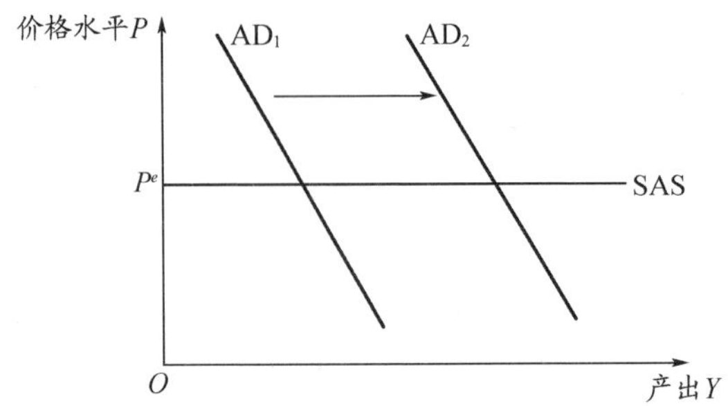

当总供给曲线水平时,利用总需求—总供给框架所分析的结果与依据 IS-LM 模型所分析的结果其实是一致的。

图 5－17　总供给曲线水平时,总需求扩张的效应

(二)总供给冲击

除总需求的冲击之外,总供给的冲击是导致实际 GDP 偏离潜在 GDP 的另外一类原因。总供给冲击是指因总供给曲线的移动而带来的产出波动过程。

假设欧佩克组织提高了石油价格,全球的生产活动都受到影响(这里忽略石油价格对需求方面的影响)。在既定的产品价格下,利润空间缩小,厂商减少产品的供给,短期总供给曲线从 SAS_1 向左移动到 SAS_2。从图 5－18 中可以看出,由于短期总供给曲线左移,此时短期中的价格将会上涨,而实

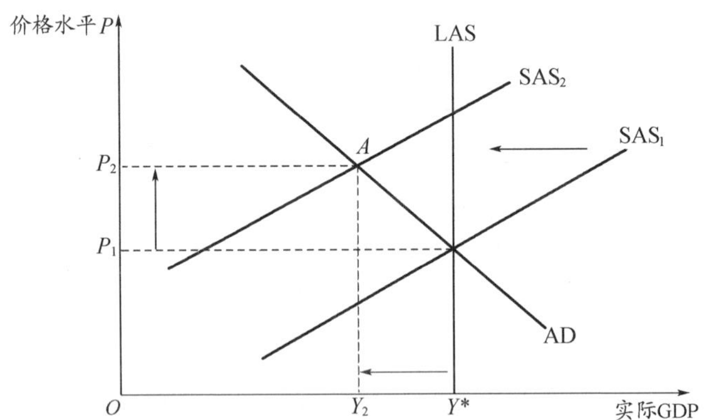

假如欧佩克组织提高了石油价格,这将导致短期总供给曲线向左平移,于是产出降低的同时价格水平上升。

图 5－18　总供给的冲击与经济波动

际 GDP 将会减少，这种现象也被称为"滞胀"(停滞膨胀)。滞胀是 20 世纪 70 年代以来困扰经济发展的现象之一。由于通货膨胀和产出下降这两种现象的并存，政府此时如果扩大总需求以促进产出增加，会造成价格水平更大幅度的上升(更为严重的通货膨胀)；而如果政府的目标在于稳定价格，从而实施需求紧缩的政策，则又会导致产出更大幅度的下降。如何通过政策使经济体系走出滞胀的阴影，是宏观政策制定者面临的一大难题。

三、财政政策和货币政策的 AD-AS 模型分析

财政政策是指通过政府支出和税收来影响宏观经济的政府行为，是通过财政系统，运用财税工具，由财政传导机制使之生效。货币政策则是指政府通过控制货币供给量来影响宏观经济的行为，是通过金融系统，运用金融工具，由金融传导机制使之生效，主要通过利率机制(货币传导机制)来实现。

本章作为前几章的一个总结，对财政政策及货币政策将详细讨论，并且结合 AD-AS 框架，分析政策的产出及价格效应。

总需求冲击或总供给冲击使短期中的产出背离潜在 GDP，即短期中有可能存在生产的不足或"过热"。在第二章介绍宏观经济学的三大主题时，我们曾强调，短期中关于产出的目标是促使经济运行于充分就业产出水平(即运行于生产可能性边界)。由此，财政政策及货币政策在稳定经济中的作用便成为本节所关心的主题。

在 AD-AS 模型中，财政政策和货币政策在稳定经济中的作用主要体现在对总需求 AD 的影响上，而其对于总供给的影响通常是"不自觉"的(见专栏 5-6)。

(一) 财政政策

就政策工具而言，财政政策可以分为两大类：自动稳定器和相机抉择的财政政策(又称为自主性财政政策)。

自动稳定器又称内在稳定器，指财政政策系统本身存在一种机制，可以在经济繁荣时抑制过热，在衰退时减轻萧条，从而减弱国民经济的冲击。

比如社会福利的转移支付和社会性失业保险措施就能够起到一种自发稳定经济的作用。当经济处于萧条阶段时，社会上的失业人口、贫困人口和低收入人口会增加，根据失业保险计划和社会福利计划，失业人口将得到失业保险金，以帮助他们度过困难的生活阶段，直至他们找到工作为止。同时，由于贫困人口和低收入人口的增加，根据福利计划的安排，对他们的资

助和补贴将会增加。在萧条阶段,有效需求不足的情况下,这种社会福利的转移支付和失业保险措施的实行,有利于扩大需求和支出水平,推动经济走出低谷。相反,当经济处于高于潜在产出的高涨阶段,失业人数和贫困人口以及低收入人口一般会下降,失业保险金以及福利性的转移支付将会下降,从而降低了社会总需求或支出水平,有利于将经济拉回潜在产出水平。可见,社会福利转移支付制度和社会失业保险措施用一种反周期的稳定方式将资金注入和排出经济,起到自动稳定经济的作用。

再比如累进所得税制度。一般国家的税收制度都实行累进所得税制,即税收收入的增长在比例上快于收入的增长。在这样的制度下,当经济萧条、收入水平下降时,政府的税收收入也会自动下降,一定程度上增加人们的可支配收入,抵消下降的消费需求。相反的情况下,税收会自动增加,减少人们的可支配收入,一定程度上抑制消费需求,减轻经济的过热状况。

相机抉择的财政政策是政策的制定者根据对经济形势的观察,提前对经济运行趋势进行判断,及时采取政策行动,抹平经济波动,实现经济稳定发展或增长。具体讲就是在经济处于萧条的阶段,政府通过提高购买支出(如公共工程等)或临时性减少税收,扩大总需求,推动产出向潜在产出增长。相反,在经济已经高于潜在产出水平、通货膨胀严重的阶段,政府则往往减少购买支出或适当地临时增税,以抑制总需求,使产出水平恢复到潜在水平,以抑制物价水平的上涨。

相机抉择的财政政策可以分为两类:扩张性财政政策和紧缩性财政政策。它们是政府主动改变税收和政府支出的一些政策。

在介绍总需求曲线平移的因素时,曾讨论过政府的财政政策与总需求曲线的关系。一般来说,扩张性财政政策(政府支出扩大或税收减少)会导致总需求曲线向右平移,而紧缩性财政政策(政府支出减少或税收增加)会使总需求曲线向左平移。结合总供给曲线及宏观经济均衡的有关概念,可以考察财政政策对均衡产出及均衡价格产生的影响。

图 5-19 描述了扩张性财政政策带来的影响。假设经济初始时运行于就业不足均衡状态(点 E_1),实际 GDP 低于潜在 GDP。由于经济运行于就业不足均衡,此时的资源处于闲置状态。为促进实际 GDP 的增加(到达充分就业产出水平),政府可以通过扩张性财政政策使总需求曲线向右平移。

再来看图 5-19,如果政府实施扩张性财政政策的时机准确,使总需求曲线适时地右移到 AD_2 的位置,那么此时总需求曲线与短期总供给曲线的交点将会是充分就业均衡点 $E_2$①。

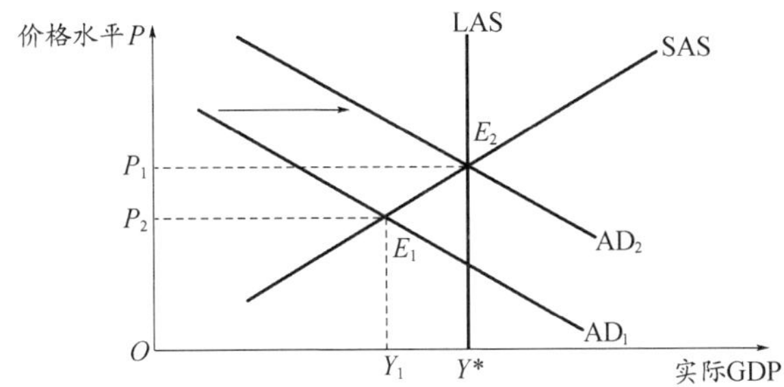

在短期中，政府的任务在于促进宏观经济运行于充分就业产出水平(生产可能性边界)，财政政策可以通过影响总需求来实现这个目标。

图 5－19　扩张性财政政策的效应

同理，假设经济的初始为过度就业均衡状态，实际 GDP 大于潜在 GDP，表明此时经济“过热”。为平稳经济的运行，政府须选择实施紧缩性财政政策：要么增加税收，要么减少政府对产品和服务的购买，要么兼而有之。紧缩性财政政策将使 AD 曲线向左平移。从图5－20 中可以看出，如果政府的紧缩性财政政策把握较好，使总需求曲线左移至 AD_2 的位置，则此时的短期均衡点 E_2 即为充分就业均衡点。

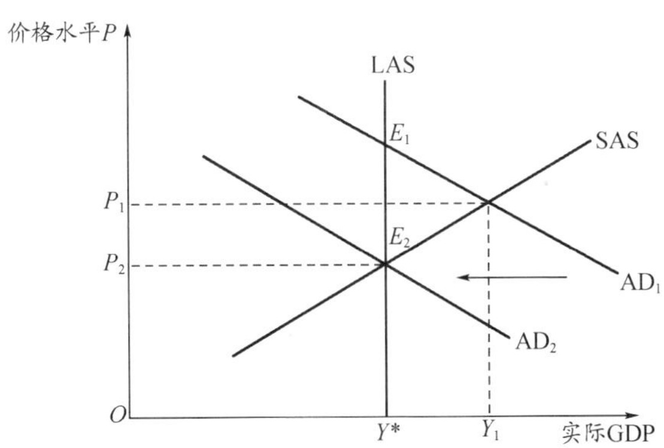

紧缩性财政政策使总需求曲线向左平移。当短期中的经济运行于过度就业均衡状态时，紧缩性货币政策可以用于实现我们的短期目标。

图 5－20　紧缩性财政政策的效应

① 需要说明的是，与收入—支出分析及 IS－LM 分析框架相类似，在 AD－AS 模型中，扩张性财政政策也存在着乘数效应，因此政府支出的增加量小于 ΔY，或者税收的减少量接近 ΔY。

专栏 5 - 6

财政政策与总供给曲线

正文中讨论了财政政策与总需求曲线的关系。其实财政政策除了会对总需求产生影响,也会对总供给产生不自觉的间接影响。

一般来说,政府购买的增加,即增加生产型服务和资本的存量,会对潜在 GDP 及短期总供给产生影响。税收对总供给的影响则较为复杂。以紧缩性财政政策中的税收政策为例,如果所有居民的边际消费倾向都是相同的,政府通过提高所得税税率,并将税率增加所带来的更多财政收入用于增加社会保障基金,提高老人、失业群体的保障性收入,那么收入在不同居民间的转移并不导致总需求的变动,因为相同的边际消费倾向意味着 A 群体所减少的消费只是由 B 群体来填补而已。但是税率的变化不仅可能影响对产品的消费,还将对劳动力供给进而产品供给产生影响。由于能够从转移支付中得到更高的保障性收入,劳动的税后工资也减少,闲暇需求将可能增加。因此,劳动供给减少了,劳动供给的减少使总供给减少。

总而言之,一般认为,扩张性的财政政策使总需求增加,AD 曲线向右上方移动,也使总供给增加,AS 曲线向右下方移动。紧缩性的财政政策使总需求减少,AD 曲线向左下方移动,也使总供给减少,AS 曲线向左上方移动。

因此,财政政策的最终效应取决于需求效应和供给效应的结合,也就是取决于 AD 曲线和 AS 曲线各自的弹性,即实际 GDP 需求和价格、实际 GDP 供给和价格之间的敏感程度。凯恩斯主义者认为,就扩张性政策而言,扩张性财政政策使总需求的增加幅度远远大于总供给增加的幅度,因此实际 GDP 增加,价格水平上升,如图 5 - 21(a)所示。与此相对应的是,供给学派则认为,扩张性财政政策使总需求的增加幅度要小于总供给,实际 GDP 增加的同时价格水平下降,如图 5 - 21(b)所示。

可见,如果当时经济体系的状况满足供给学派的假设,那么实施扩张性财政政策就能够带来无通胀的产出增加。至于紧缩性财政政策的情况,请读者自行推导。

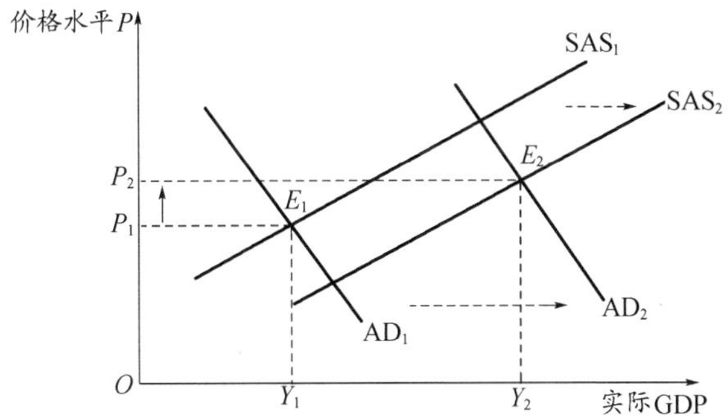

凯恩斯主义者认为，扩张性财政政策对总需求的影响超过其对总供给的影响。

(a) 凯恩斯主义者的观点

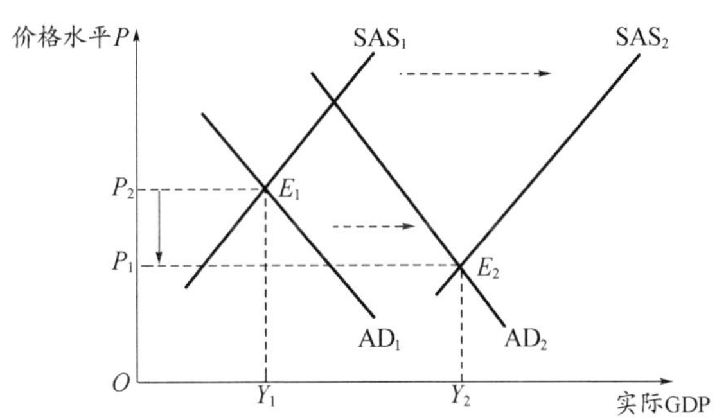

供给学派认为，扩张性财政政策对总供给的影响超过其对总需求的影响。

(b) 供给学派的观点

图 5-21 扩张性财政政策的需求效应与供给效应

（二）货币政策

货币政策是用于平稳经济波动的另一类政策工具，货币政策的实施会导致总需求曲线发生平移，结合宏观经济均衡的概念和前述对于财政政策的讨论，可以从 AD-AS 模型中推导出货币政策对于均衡产出及均衡价格的影响。

如前所述，紧缩性货币政策的实施会造成 AD 曲线向左平移——一定价格水平所对应的总需求减少。

假设工业原料和固定资产的价格持续上涨，经济体系面临通货膨胀的危险,为了防止通货膨胀,中央银行实施紧缩性货币政策,减少经济中的基础货币量,这将会导致 AD 曲线向左平移,从而均衡价格和均衡产出下降。如果时机和调整幅度得当,将使经济处于长期宏观经济均衡(Y^*)处(见图 5－22)。

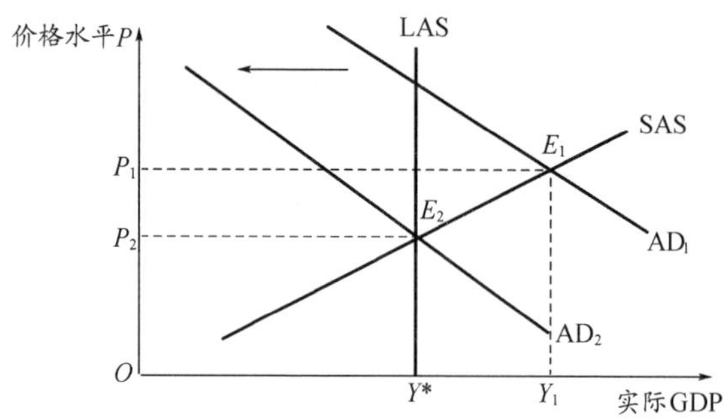

紧缩性货币政策也可能通过影响总需求进而使我们的短期目标得以实现。

图 5－22　紧缩性货币政策的效应

可见,在经济过热时,紧缩性的货币政策能够使实际 GDP 和价格水平都下降;而在经济衰退时,扩张性的货币政策则可使总需求增加,从而 AD 曲线向右上方移动,实际 GDP 和价格水平都上升。

与财政政策相比,货币政策的一个优势在于它在制定政策造成的时间延迟上相对较短。形象地说,改变货币供给量的实际行动是由会议、电脑网络和电话线连接起来的。货币政策的出台没有冗长的决策时滞,也不需要像财政政策那样需要取得广泛的社会认可。但是,和财政政策相比,货币政策也具有一定的局限性。

首先,是制定政策幅度的困难。估计潜在 GDP 和进行经济预测是一项艰难并且难以精确的工作,而对实际经济运行的准确判断是影响货币政策效果的关键。一旦估计失误,则可能加大经济的波动。

其次,货币政策对经济体系的影响不像财政政策那样直接。它对总需求变动的影响还依赖于私人部门对利率的敏感性、对未来收益率的预期,甚至是个人的心理偏好。所以,出台一项货币政策并不存在较长的时滞,但是使一项货币政策真正影响总需求则需要一个较长的时滞,这种时滞往往大于财政政策的实施时滞。而且,基于个人在不同经济背景下心理预期调整的速度不同,紧缩性的货币政策在治理通货膨胀、抑制社会需求时政策效应较为显著,但扩张性的货币政策在治理通货紧缩时却往往显得效果欠佳。

本章要点

1. 总需求曲线(AD)描述了对应于一定的价格水平,人们所想要购买的产品与服务的数量。利用剑桥方程可以理解总需求曲线所具有的基本特征。

2. 利用 IS-LM 模型可以进一步理解价格水平与有效需求之间的关系(即总需求函数)。并且,利用 IS-LM 模型,我们还可以理解引发总需求曲线发生平移的诸多因素,比如财政政策、货币政策及预期的改变都会使总需求曲线发生平移。

3. 总供给曲线(AS)描述了整体企业对产品与服务的供给量与价格水平之间的关系。总供给曲线的特征与我们所考察经济的时间范围有着密切的联系。

4. 在长期中,由于价格(包括工资)具有伸缩性,总供给曲线是一条垂线。在超长期,长期总供给曲线会发生平移,导致长期总供给曲线平移的因素包括劳动量、资本量或技术水平的改变。对超长期的考察属于经济增长研究的课题。

5. 在短期,由于价格(包括工资)具有黏性,总供给曲线是一条具有正斜率的曲线。黏性工资模型提供了理解短期总供给曲线特征的一个途径。根据黏性工资模型所得出的结果,预期价格水平的改变或充分就业产出水平的变化都会导致短期总供给曲线发生平移。

6. 利用总需求—总供给模型,我们可以详细考察短期中的产出及价格波动的原因,并且可以通过短期的这些波动,分析在长期所趋向的结果。

7. 短期中,我们的目标是使经济运行于充分就业产出水平,对此,需结合总需求—总供给模型来考察财政政策与货币政策的效应。财政政策主要可以分为两类:自动稳定器与自主性财政政策(相机抉择的财政政策),前者对于经济的稳定起到了自动调节的作用,而后者则是政府根据短期目标自主实施的政策工具。除财政政策外,货币政策对于经济稳定也起到了关键作用。无论是财政政策还是货币政策,它们主要都是通过影响总需求来稳定经济的,对总供给的影响往往是“不自觉”的。

关键概念

总需求	有效需求	短期、长期、超长期
宏观经济均衡	长期宏观经济均衡	短期宏观经济均衡
就业不足均衡	充分就业均衡	过度就业均衡
总需求冲击	总供给冲击	自动稳定器
相机抉择的财政政策	扩张性财政政策	紧缩性财政政策
货币政策		

本章习题

1. 分别解释以下事件对中国总需求的影响:

(1) 由于房地产投资所带动的房地产价格上升,中国国内价格水平上升。

(2) 中国利率水平提高。

(3) 中国政府实施减税政策(如个人所得税起征点提高,增值税从生产型向消费型过渡)。

(4) 中国企业普遍预期未来利润上升。

2. 解释短期总供给与长期总供给的差别及其形成原因。

3. 当短期中的经济运行于就业不足均衡时,短期总供给曲线在长期将如何发生调整? 如果处于过度就业均衡时又会如何调整?

4. 回顾使用IS-LM模型推导总需求曲线的过程。现在假设边际消费倾向降低,那么政府购买支出的增加对总需求曲线造成的影响与边际消费倾向降低之前相比会发生怎样的变化?

5. 考虑黏性工资模型推导短期总供给曲线的过程。假设企业与工人在签订名义工资合约时,将名义工资完全依据通货膨胀指数化。也就是说,名义工资此时并不是固定不变,而是依据通货膨胀的变化而适时调整,从而名义工资的实际购买力(实际工资)不变。这种情况下,短期总供给曲线会具有怎样的特征?

6. 给财政政策下定义,在其他因素保持不变的前提下,请确定下列因素会引起实际GDP什么样的变化。

(1) 政府购买减少。

(2) 转移支付减少。

(3) 边际消费倾向降低。

案例讨论

试分析石油价格在 2005—2015 年的波动情况,通过 AD-AS 模型讨论油价上涨对中国经济的影响。

第六章　失业与通货膨胀

失业及通货膨胀是宏观经济学研究的两个重要主题，前面几章在考察国民收入决定问题时，对这两个问题已有所涉及。本章将失业与通货膨胀问题系统化，并且重点讨论将两者联系在一起的菲利普斯曲线。

以下简要回顾前面几章中关于失业及通货膨胀问题的一些看法：

（1）在长期的框架（古典宏观经济模型）中，由于实际工资具有伸缩性，劳动市场的意愿供给都能够被意愿需求所吸收，此时劳动市场出清，社会就业量处于充分就业水平。然而，理论上的充分就业并不代表实际生活中所有具有劳动能力的人都已就业。由于某些原因，即使对应于理论上的充分就业状态，经济中仍然会存在一定程度的失业率。在充分就业时所出现的失业是一种不可避免的现象，此时的失业率为自然失业率。

（2）在短期的框架中，曾考察了周期性失业的有关问题。周期性失业是指就业量低于充分就业量，或失业率高于自然失业率的现象。第五章图5－10提供分析周期性失业的一个例子：当未预期到的价格水平下降，使真实的实际工资偏离了预期的实际工资（目标实际工资）时，就会导致劳动需求的减少，从而就业量低于充分就业量。与自然失业相比，周期性失业在一定程度上是可以避免的，第五章在讨论短期的财政政策及货币政策时就已经指出，财政政策或货币政策的实施通过影响总需求，可以减少周期性失业，使经济运行于充分就业水平。

正如我们不可能在得到“鱼”的同时又得到“熊掌”，宏观经济政策的实施在努力减少周期性失业的同时，需要付出一定的代价。按照一些经济学家的观点，在短期中，减少周期性失业的努力往往与高通货膨胀联系在一起。要么低失业和高通胀，要么低通胀和高失业，宏观经济政策只能够在这两个“组合”中选择其一，而不能够将低失业与低通胀两者兼顾。

(3) 除了对失业问题的考察，前面的章节对通货膨胀现象也有初步的涉及。在长期框架中，总需求曲线的移动是导致通货膨胀的主要原因(长期总供给曲线是垂直的，并且比较稳定)。在短期的框架中，总需求与总供给的相互作用可能导致通货膨胀产生。如果按照 IS-LM 模型来说明总需求，则诸如财政政策、货币政策(货币数量的增加)、企业或居民对未来经济形势的预期或某些自发性支出的增加都是引发通货膨胀现象的原因所在。此外，诸如预期价格水平、原材料价格的上涨等则可能引发短期总供给曲线的移动，由此也有可能引发通货膨胀。

第一节 失 业

一、自然失业率

自然失业率是经济运行于充分就业水平时的失业率，根据前面对长期经济分析框架的说明，它也是经济在长期中所趋近的失业率。

图 6－1 描述了美国在 1947—1995 年的失业率变动情况。从短期来看，失业率表现出一定的波动特征，然而众多短期的失业率波动又存在着一个平均趋势；从长期来看，失业率的平均趋势相对稳定，它所衡量的就是自然失业率水平。

为什么长期框架中的失业率相对比较稳定呢？根据前面对长期的设定，在长期框架中，劳动市场的价格(实际工资)具有伸缩性，因此，实际工资的灵活调节保证了劳动市场实现出清，此时经济运行于充分就业水平。

可是，既然经济已经实现了充分就业，为什么此时还会存在失业呢？前面曾经讲过，充分就业是理论分析所描述的一种状态，在现实生活中，影响劳动市场就业的因素非常复杂，有些失业是不可避免的，它是“自然”就存在的。下列几种情况说明了某些失业不可避免：

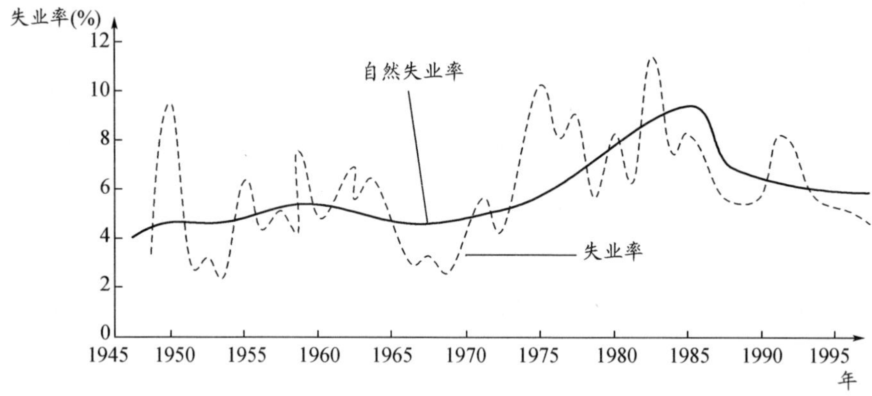

自然失业率即长期框架中失业率的平均趋势。短期的失业率往往围绕自然失业率上下波动。

图 6-1　自然失业率

(1) 当冬季来临时,冷饮行业开始"萧条",冷饮制造工及销售员便会处于失业状态。与此类似,在冬季,旅游业的市场缩小,而为旅游业提供服务的工作岗位也相应减少。当季节的转换使得某个行业的活动减缓时,就会使这个行业的失业率有所提高。由于季节转换引发的失业称为季节性失业。

(2) 寻找工作需要一定的时间,这也会导致失业的产生。在日常生活中,人们会经常改变自己的生活方式,"白领阶层"因工作不适合自己而转换岗位;另外,经济的景气状况也会处于不断变动之中,有的企业破产倒闭从而辞退所有员工,同时另外的企业却因为扩大规模而存在职位空缺。在岗位的转换或就职过程中,人们寻找到与其工作能力及兴趣爱好相匹配的岗位需要一定时间,不可能在瞬间完成,此时失业就不可避免地产生,这种失业称为摩擦性失业。摩擦性失业产生于从一个工作岗位转换到另一个工作岗位所需的时间,如果人们可以在瞬间转换工作,摩擦性失业就不会产生。

(3) 还有一部分失业的产生是源于经济中的结构性问题。比如当某项技术发明使得传统的产业结构获得升级时,传统产业因为衰落而导致其失业人数增加。这种因结构性调整而产生的失业称为结构性失业。结构性失业具有一个重要的特征,即在结构性失业产生的同时,那些新兴产业却有可能存在大量的职位空缺,这可能是因为传统部门的工人难以达到新兴产业岗位的技能要求。

季节性失业、摩擦性失业以及结构性失业与经济的运行机制无关，在正常情况下，这部分失业总是不可避免的。它们的存在是充分就业状态下的失业率大于零的原因所在。

自然失业率一般来说比较稳定，但它并不是既定不变的，影响上述三种失业大小的因素都会对自然失业率造成影响。比如，计算机网络技术的引进使得劳动市场的信息传递机制更为完善，这会减少摩擦性失业的人数，由此使自然失业率有所降低。

二、周期性失业

除上述“自然”失业之外，在短期，经济中还存在着一种与经济波动密切相关的失业，即周期性失业。具体来说，周期性失业对应的是劳动市场不出清的情况，它表明劳动力资源此时存在闲置(劳动的意愿供给大于意愿需求)。周期性失业往往与就业不足均衡联系在一起，也就是说，周期性失业的存在使得经济下降到低于潜在水平。

由于周期性失业与就业不足均衡表达的是同样的内涵，因此，总需求—总供给模型可以帮助我们理解周期性失业产生的原因。

导致周期性失业的原因很多，比如当企业预期未来的经济形势更坏时，企业将会减少其投资支出，由此经济中的总需求将会减少。在短期，总需求的减少会带来价格的下降，在名义工资为刚性的情况下，这将导致实际工资上升。实际工资上升使得企业对劳动的需求减少，由此产生了周期性失业。再比如，政府增加税收的行为也会使总需求曲线向左平移，其结果也有可能导致周期性失业的出现。

除总需求的紧缩有可能产生周期性失业之外，短期总供给的紧缩是周期性失业存在的另一个原因。曾经考察过石油价格的上涨使经济运行于就业不足均衡的情况，此时产出低于潜在 GDP，经济中存在着周期性失业。

周期性失业会给经济带来许多危害。除了使实际产出低于潜在 GDP 之外，周期性失业还会在以下方面对一国的经济运行带来负面影响：

(1) 失业会导致大量的人力资本流失。所谓人力资本主要是指个人在接受教育培训时所掌握的各项技能的价值。当失业的持续时间较长时，原先所掌握的技能就找不到充分运用的机会，这时的人力资本便处于流失状态。而随着技术的进步，劳动者起初所掌握的技能被更先进的技术要求淘汰时，人力资本几乎完全流失。

(2) 较为严重的周期性失业还会导致社会的不稳定因素增多。当一个人无法通过合法途径获得收入时,迫于生计的压力,"胆大者"很有可能采用非法手段获取钱财,而"胆小者"则可能选择自杀或吸毒以逃避压力。另外,失业还会给社会带来很大的负担。当失业问题较为严重时,家庭在教育、医疗、养老等方面的支出就会受到限制,而政府的财政也因为税收的减少而日益紧张,此时整个社会的教育、医疗、养老服务的质量将会受到威胁。

第二节　通货膨胀

维持物价稳定是宏观经济学关注的一大主题。与失业相比,通货膨胀会影响经济中的每一个人,因此,当严重的通货膨胀出现时,它往往会成为政府最先考虑解决的问题。

一、通货膨胀的类型

根据通货膨胀严重程度的差异,可以将其分为温和的通货膨胀、急剧的通货膨胀和恶性的通货膨胀。

温和的通货膨胀是指价格上涨的速率缓慢而且可预测,通货膨胀率通常维持一位数水平。当通货膨胀较为温和时,物价相对稳定,人们相信货币的价值在未来的几个月中不会发生太大的变化,愿意持有货币。现在,大多数的工业国家都存在着不同程度的温和的通货膨胀。有些经济学家对此持赞成的态度,认为温和的通货膨胀有助于刺激经济增长和收入提高。

当价格总水平以两位数或三位数的速率上升时,称为急剧的通货膨胀。这种通货膨胀出现后,由于价格上涨率高,人们预期价格会继续上涨,因而采取各种手段规避价格上涨可能带来的危害,这往往使急剧通货膨胀的形势更加严峻。例如,20 世纪 70 年代的阿根廷和 20 世纪 80 年代的巴西,通货膨胀率就曾经达到 50%和 700%。在急剧的通货膨胀下,经济出现严重扭曲。人们对货币不信任,使得大多数经济合同采取价格指数或者某种外币(通常是美元)进行指数化。快速的货币贬值促使人们纷纷囤积物品、购置房产,大量资本逃往国外。

如果说发生急剧通货膨胀的经济还能够勉强维持,那么,当价格以百分之一百万甚至更高的速率持续上涨,出现恶性的通货膨胀时,整个经济陷入瘫痪，人们对货币完全失去信任，货币购买力急剧下降，各种正常的经济联系和货币联系遭到严重破坏，整个经济体系和价格体系全面崩溃，甚至引起社会动乱。记载最完全的恶性通货膨胀发生在20世纪20年代德意志魏玛共和国，从1922年11月到1923年11月，魏玛共和国的价格指数从1上涨到10 000 000 000。

按照价格增长是否可预测，通货膨胀还可以分为可预期的通货膨胀和未预期到的通货膨胀。

可预期的通货膨胀：假定所有价格每年上涨5%，并且每个人都预期这种趋势会继续下去，人们在日常生活与经济核算中就会把物价上升的5%考虑在内，对每一种价格都要求上涨5%。经济学家们认为，这种可预期的通货膨胀对个人收入与财富分配基本没有影响，而且可能在一定程度上刺激经济增长。可预期的通货膨胀有时也称为惯性通货膨胀。

未预期到的通货膨胀：事实研究证明，大多数通货膨胀是未预期到的。举例来说，1992年的俄罗斯，价格突然放开，早已经习惯价格长期稳定的普通百姓根本没有预测到未来5年内价格会上升1 000倍。仍旧以传统方式(持有现金或储蓄)保存财富的人，其财富会迅速缩水。

二、通货膨胀的成因

(一) 古典主义的观点

根据第三章对古典宏观经济模型的讨论，古典主义者对通货膨胀问题的看法集中体现在古典货币数量论中。按照古典货币数量论，影响物价水平的唯一因素在于货币供给量的大小，并且由于产出总能够运行于潜在水平，而货币流通速度也比较稳定，物价水平变动的幅度也因此与货币供给量变动的幅度保持一致。

在古典模型中，通货膨胀问题似乎比较简单，通货膨胀产生的唯一原因在于货币供给量的增大。这里存在着一个疑问：既然货币供给量的增大是引发通货膨胀的唯一根源，而且通货膨胀并不是一个好的结果，那么政府为什么不对货币供给量予以控制，在有的时候反而还会增加货币供给呢？换句话说，引起政府增加货币供给的背后原因是什么呢？

事实上，政府可以从货币发行中得到利益。比如当政府出现支出大于收入(财政赤字)而又无法通过税收的方式来弥补这种支出的缺口时，(通过中央银行)发行新的货币也许会成为政府的一种选择。

当政府发行新的货币时,经济中的货币供给量增加,货币供给量的增加又会引发通货膨胀。通过这种途径产生的通货膨胀会使部分财富从公众手中直接转移到政府手中,因此政府通过发行新的货币而筹集的收入又被称为通货膨胀税。

考察一个只提供苹果的经济。本来你有 30 元钱,而苹果的价格为 3 元/千克,你可以利用这 30 元钱购买到 10 千克苹果。现在政府增发新的货币使苹果的价格上升到5 元/千克,你会发现,利用所拥有的 30 元钱,现在只能够买到 6 千克苹果了。你拥有的财富在名义上并没有变动(30 元钱),但实际财富却出现了缩水(少了 4 千克苹果)。你少买的 4 千克苹果实际上已经归入政府的口袋(因为政府在这个例子中新增发了 20 元货币,恰好可换回 4 千克苹果)。

当政府通过发行货币而为其赤字进行融资时,物价会上涨,居民为保持其货币的实际价值不变,必然需要增加名义货币的持有。货币的购买力下降,类似于政府向居民征收税收。

通货膨胀税=通货膨胀率×实际基础货币量。在我们这个例子中,实际基础货币量指的是期初的基础货币量,即 30 元。

(二) 现代通货膨胀理论

根据总需求—总供给模型,我们可以考察现代通货膨胀理论的观点。现代通货膨胀理论认为,引起通货膨胀的根源并非只有一个(货币),需求和供给方面的变化都有可能导致通货膨胀。

1. 需求拉动型通货膨胀

因总需求的扩张(AD 曲线右移)而引发的通货膨胀称为需求拉动型通货膨胀。对照总需求—总供给模型不难发现,当总需求扩张而总供给曲线位置不变时,无论在短期还是在长期,都将使均衡的价格水平上升(参照第五章图 5-15)。

对照第五章关于导致总需求曲线平移因素的分析,不难发现,需求拉动型通货膨胀主要产生于下列因素的变化:① 扩张性财政政策;② 扩张性货币政策;③ 人们对未来经济形势预期的改变。

2. 供给型通货膨胀

供给型通货膨胀主要是指供给曲线左移所带来的通货膨胀。供给型通货膨胀的特点在于,通货膨胀往往与产出的减少(或失业的增加)联系在一起。通货膨胀伴随着失业率的增加,这种情况称为滞胀。

滞胀现象所表现出来的通货膨胀与失业率之间的关系似乎与本章后面所介绍的菲利普斯曲线的结论存在着区别。关于这个区别，利用专栏 6-2 所介绍的供给冲击可以对之予以说明。滞胀其实是供给冲击(v)为负时的情况。当供给冲击为负时，菲利普斯曲线可以修改为：

$$\pi - v = \pi^e - \delta(u - u^n), \quad v > 0$$

当供给曲线向左平移时，v 逐渐增大，此时一定的通货膨胀(π)所对应的失业率(u)有可能增大。

由于供给型通货膨胀是由供给曲线左移所带来的结果，它因此主要产生于下列因素的变化：① 预期价格水平的上升；② 劳动、资本或技术的稀缺导致生产要素价格上涨（包括目标实际工资的增加、原材料价格的上涨等）。

三、通货膨胀的成本

（一）古典主义的观点

根据古典主义的观点，价格水平的变动并不会对实际经济造成多大的影响。在古典货币理论中，价格水平的变动仅仅是衡量单位的变动。这类似于我们以“斤”为单位衡量一个人的体重变成以“公斤”为单位进行衡量，虽然数值上会发生变化，但人体重的实际并不会因此而改变。

在古典模型中，对经济产生影响的是相对价格水平而不是一般价格水平，因此古典模型认为，通货膨胀给经济带来的成本是很小的。

（二）可预期的通货膨胀的成本

从理论上说，当通货膨胀被完全预期到时，人们会相应地对每一种价格做出调整，从而相对价格并不发生变化，通货膨胀不会给经济带来多大的负面影响。然而，在实际生活中，即便价格的变动被完全预期到，人们针对预期在进行相对价格调整的过程中也会产生一定的成本，这将导致可预期的通货膨胀的成本并不为零。

1. 菜单成本

高通货膨胀会迫使企业经常改变产品的报价。报价的改变是有成本的，比如需要不断印刷新的产品目录，把新的产品目录投递到中间商和顾客手中等。调整价格的成本被称为“菜单成本”。企业调整价格有时是出于经营战略的需要。但是，如果是因为高通货膨胀率带来企业成本的增加而不得不频繁变更产品价格时,企业支付的菜单成本就十分高昂了。

由于改变价格会面临菜单成本,当价格上升时,有些企业未必会采取频繁变动价格的手段,当经济中一些企业改变了价格而另一些企业并未改变时,相对价格就会受到影响。由于相对价格是市场经济配置稀缺资源的依据,消费者也是通过比较各种产品和劳务的相对价格来决定消费选择,这些都会影响稀缺生产要素的配置过程。当通货膨胀扭曲了相对价格,也就扭曲了稀缺资源的配置,会造成微观经济的无效率。

2. 皮鞋成本

当通货膨胀发生时,人们为了规避通货膨胀税对货币实际价值的侵蚀,只有通过减少货币持有量的方法来避免,这将使得人们增加去银行的取款次数。减少货币持有量的成本被称为通货膨胀的"皮鞋成本",更经常地奔波于银行会使鞋子磨损得更快。在温和的通货膨胀下,皮鞋成本微不足道,但是假如是急剧通货膨胀甚至恶性通货膨胀,皮鞋成本就十分重要了。

3. 税收扭曲成本

政府在制定税法时一般不会考虑通货膨胀的影响,通货膨胀的存在会以法律制定者没有想到的方式影响个人的税收负担,从而使税收问题更加严重。考虑一个通货膨胀对资本收益税的影响,假设你将手中的股票以相同的实际价格在一年后售出,此时因为没有投资收入而不用付税。但是,假如通货膨胀率是 10%,如果你仍然以相同的实际价格在一年后售出,那么你每股售出的名义价格应当上涨 10%。可是,税收没有考虑通货膨胀的影响,认为你每股赚取了 10%的资本收益,你也因此承担相应的税收义务。扭曲的税收会改变人们的行为方式,也会造成经济资源配置的无效率。

(三)未预期到的通货膨胀的成本

未预期到的通货膨胀的影响比可预期的通货膨胀的成本更大。

首先,未预期到的通货膨胀会使相对价格信号受到扭曲,从而损害资源配置的经济效率。在一个低通货膨胀的经济中,市场价格的波动是产品供求双方力量对比的结果,生产者和消费者很容易依据价格的上升或是下降做出正确的生产和消费决策。而在高通货膨胀的经济中,人们很难区分相对价格变化与整体价格变化,商店会频繁更换报价,相对价格更会混乱得让人无所适从。价格信号的混乱妨碍稀缺资源的有效配置。

其次,未预期到的通货膨胀会造成任意的收入与财富再分配效应,这是未预期到的通货膨胀所带来的最重要的成本。日常生活中,许多经济贷款都是按照货币来规定的，当通货膨胀发生时，人们因为持有的资产与负债的区别而受到不同的影响。通货膨胀率提高，债务的实际价值减少，财富从债权人手中转移给债务人。换句话说，通货膨胀有利于债务人的财富增加，但损害了债权人的利益。当通货膨胀率下降，再分配效应正好相反。通货膨胀的再分配效应主要是通过影响人们财富的实际价值来实现的。

第三节　菲利普斯曲线

一、通货膨胀率与失业率之间的替代

由于周期性失业会给经济带来许多危害，政府就必须采取相应的措施以减少周期性失业。政府（或中央银行）可以通过扩张性政策影响总需求，从而减少周期性失业，使经济运行于充分就业产出水平。

政府的上述政策虽然能够从一定程度上解决周期性失业问题，其代价却是导致了通货膨胀的产生。政府会面临一个“两难”的选择：要么高通货膨胀和低失业，要么高失业和低通货膨胀。

政府在低通货膨胀与低失业率之间只能选择其一，从总需求—总供给框架中可以看到这一点。如图 6 - 2 所示，假设短期中的经济运行于就业不足均衡点 A，此时的产出为 Y_1，低于充分就业产出水平 Y^*。

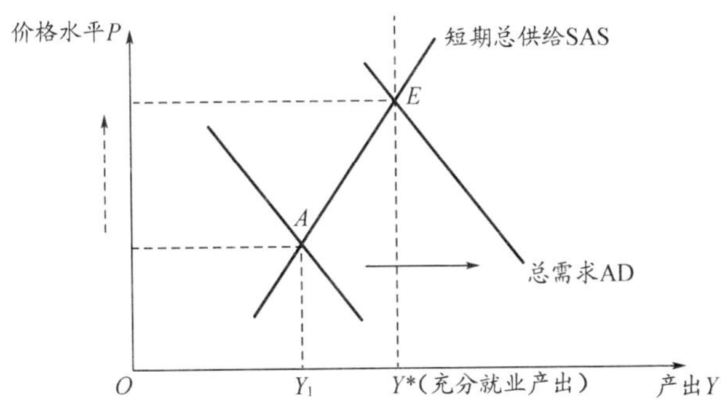

为降低周期性失业率，政府可以采用需求扩张的政策，以刺激经济从就业不足均衡点 A 移动到充分就业均衡点 E。然而，在这个过程中，却不可避免地会带来价格水平的上升。

图 6 - 2　政府的“两难”选择

为减少周期性失业，政府可以采取需求扩张的政策（扩张性财政政策或扩张性货币政策)使总需求曲线向右平移,以使短期均衡点达到充分就业均衡点 E。结合图 6-2 不难发现,政府为减少周期性失业的努力却在无形中带动了价格水平的上涨(通货膨胀)。

经济学中著名的菲利普斯曲线概括了上述失业率与通货膨胀率之间的替代关系。图 6-3 描述了菲利普斯曲线的形状。

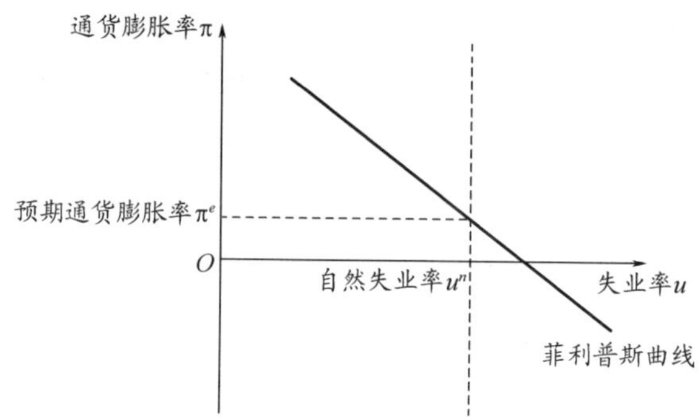

菲利普斯曲线描述了通货膨胀率与失业率之间的替代关系。高通货膨胀率与低失业率相对应;而低通货膨胀率与高失业率相对应。经济决策者在面对低通货膨胀和低失业两个目标时会发生冲突。

图 6-3 菲利普斯曲线

如图 6-3 所示,在短期,通货膨胀率与失业率的组合被菲利普斯曲线表示出来:高通货膨胀率对应着低失业率,而低通货膨胀率对应着高失业率。

专栏 6-1

财政政策与总供给曲线

1958 年,经济学家菲利普斯在《经济学杂志》上发表《1861—1957 年英国失业和货币工资变动率之间的关系》一文。在这篇文章中,菲利普斯将工资上涨的决定因素数量化,在深入研究英国近一个世纪的失业和货币工资的有关资料后发现:当失业率上升,工资趋于下降;当失业率下降,工资趋于上升。他把这种现象的存在解释为:当工作比较难找时,工人要求提高工资的压力自然就会减小,而当企业盈利较少时,企业对增加工资要求的抵制也就更为坚持;反之,亦然。

菲利普斯的文章很快引起了广泛关注,很多研究者纷纷将数据拓展到其他国家。而菲利普斯起初所总结的英国失业率与工资之间的关系也被凯恩斯学派的经济学家用来显示失业率与通货膨胀率之间的关系。1960年，保罗·萨缪尔森(Paul Samuelson)和罗伯特·索洛(Robert Solow)在《美国经济评论》上发表了《反通货膨胀政策分析》的文章，以美国的数据证明了失业与通货膨胀之间存在类似的负相关关系。他们认为，低失业与高的总需求密切相关，而较高的总需求会带来物价上涨的压力，并将失业与通货膨胀之间的负相关关系称为菲利普斯曲线(Phillips Curve)。

菲利普斯曲线的重要意义在于，它向决策者提供了一个可选择的经济政策菜单：通过货币政策或者财政政策影响总需求，从而在高失业、低通胀与低失业、高通胀之间做出抉择。

二、菲利普斯曲线的推导

从前面的讨论还可以看出，菲利普斯曲线其实就是短期总供给曲线的另一种表达方式。在图6-2中，总需求曲线的移动使得均衡点沿着短期总供给曲线发生移动，即价格水平上升的同时，产出沿着短期总供给曲线增加。奥肯定律认为产出增加与失业率减小之间存在着一定的联系，因而我们可以通过短期总供给曲线来推导价格变动(通货膨胀率)与失业率之间的联系，即菲利普斯曲线。

回顾一下第五章介绍的短期总供给曲线。根据第五章的式(5.4)，总供给曲线可以写成如下的形式：

$$Y=\overline{Y}+\alpha(P-P^e),\quad \alpha>0 \tag{6.1}$$

式中，P^e 是企业和工人对未来价格水平的预期，而$\overline{Y}$是充分就业产出水平(潜在产出)。

该式表明，当真实价格水平不等于预期价格水平时，实际产出与潜在产出发生偏离：如果真实价格水平高于预期价格水平，则实际产出高于潜在产出；如果真实价格水平低于预期价格水平，则实际产出低于潜在产出。

根据式(6.1)的短期总供给曲线表达式，以下考察通货膨胀率与失业率之间的联系。

(1) 将式(6.1)中的$\overline{Y}$移到等号左边，可以得到产出缺口(实际产出与潜在产出的偏离)与未预期到的价格水平(真实价格减去预期价格)之间的关系。

$$Y-\overline{Y}=\alpha(P-P^e),\quad \alpha>0 \tag{6.2}$$

(2) 利用奥肯定律将产出缺口与周期性失业率之间进行联系:① 周期性失业率可以表示为短期失业率与自然失业率的偏离,如果记自然失业率为 u^n,而失业率为 u,则周期性失业率为$(u-u^n)$;② 根据奥肯定律,产出缺口与周期性失业率之间存在着确定的数量关系,失业率每高于自然失业率 1%,就会导致产出低于潜在产出 2%~2.5%。奥肯定律所描述的确定系数虽然可能发生改变,但是它说明了产出缺口与周期性失业率之间确实存在着一定的函数关系,因此我们假设:

$$Y-\overline{Y}=-\beta(u-u^n),\quad \beta>0 \tag{6.3}$$

(3) 将式(6.3)代入式(6.2),可以得到周期性失业率与未预期到的价格水平之间的关系:

$$-\beta(u-u^n)=\alpha(P-P^e) \tag{6.4}$$

(4) 我们再将式(6.4)等号右边的价格水平转化为通货膨胀率。为此对等号右边先减去上一期的价格水平 P_{-1},再加上 P_{-1},可以得到:

$$-\beta(u-u^n)=\alpha[(P-P_{-1})-(P^e-P_{-1})] \tag{6.5}$$

设通货膨胀率为 π,代表本期价格与上一期价格的偏离,因此有 $\pi=(P-P_{-1})$[①];设通货膨胀预期为 π^e,代表企业和工人对本期价格的预期与上一期价格的偏离,即 $\pi^e=(P^e-P_{-1})$。由此,式(6.5)可以改写为:

$$-\beta(u-u^n)=\alpha(\pi-\pi^e) \tag{6.6}$$

(5) 式(6.6)即为菲利普斯曲线的表达式,将其整理可得:

$$\pi=\pi^e-\delta(u-u^n),\quad \delta=(\beta/\alpha)>0 \tag{6.7}$$

式(6.7)表明,当实际通货膨胀率高于通货膨胀预期率时,失业率低于自然失业率;而当实际通货膨胀率低于通货膨胀预期率时,失业率高于自然失业率(此时存在周期性失业)。而且失业率越低,与之对应的通货膨胀率

① 这只是一种近似表述,因为通货膨胀率实际上是物价水平变动的百分比,即 $\pi=\frac{P-P_{-1}}{P_{-1}}$,这里为了推导的方便,做了一个简化。为表述准确,不妨将这里的 P 理解为价格水平的对数,即 $P=\lg$(物价水平)。这样,$dP=d(\lg$ 物价水平$)=d$(物价水平)/ 物价水平。

就会越高。因此，为降低周期性失业，必须以较高的通货膨胀率为代价。式(6.7)所表示的菲利普斯曲线可以用图 6-3 加以描述。

专栏 6-2

供给冲击与菲利普斯曲线

正文在推导菲利普斯曲线时，主要的依据是总需求的冲击会导致均衡点沿着短期总供给曲线移动，从而得出菲利普斯曲线与短期总供给表达了同样思想的结论。然而，在描述价格与产出的关系时，短期总供给曲线本身的移动也不可忽视。短期总供给曲线的移动对菲利普斯曲线带来的影响可以被视为是一种供给冲击。

供给冲击对菲利普斯曲线会造成怎样的影响呢？对此，还需要回到短期总供给曲线的表达式中去。不难发现，如果短期总供给曲线向右平移(被称为正的供给冲击)，在新的短期总供给曲线上，一定的价格水平所对应的产出(供给)相比之前移动更大了。根据奥肯定律，产出增加对应着失业率的减少。因此，正的供给冲击会使一定的价格水平所对应的失业率减少。体现到正文中的式(6.7)中，正的供给冲击会使一定的通货膨胀所对应的失业率减小，因此可以在正文中的式(6.7)等号左边加上一项 v，$v>0$：

$$\pi + v = \pi^e - \delta(u - u^n), \quad v > 0 \tag{6.8}$$

与此类似，还可以考察负的供给冲击(即短期总供给曲线向左平移)对菲利普斯曲线造成的影响。不难发现，当供给冲击为负时，菲利普斯曲线可修改为：

$$\pi - v = \pi^e - \delta(u - u^n), \quad v > 0 \tag{6.9}$$

三、预期与菲利普斯曲线

在式(6.7)中，通货膨胀预期 π^e 对菲利普斯曲线的位置起着关键的作用。不难发现，假设企业和工人预期未来的价格水平上升(从而通货膨胀预期 π^e 上升)，这将会导致一定的失业率(u)所对应的通货膨胀率(π)增大，由此菲利普斯曲线将会向上平移。图 6-4 描述了这种情况。

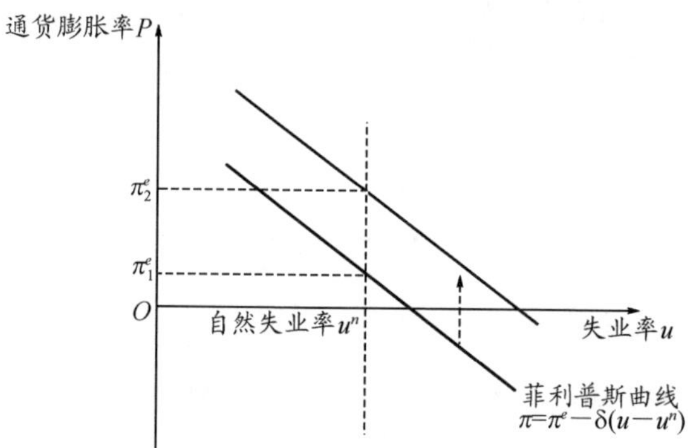

假设工人和企业的预期价格水平提高，这将导致通货膨胀预期提高。根据菲利普斯曲线的表达式，这将导致菲利普斯曲线向上平移——一定的失业率将会对应着更高的通货膨胀水平。

图 6-4　预期的改变对菲利普斯曲线的影响

由于通货膨胀预期对菲利普斯曲线起着重要的作用，我们有必要考察通货膨胀预期的具体形成机制。在宏观经济学中，关于通货膨胀预期的形成机制有两种主要的看法：适应性预期及理性预期。

（一）适应性预期

适应性预期理论认为，人们根据上一期所观察到的通货膨胀来形成他们对本期通货膨胀水平的预期。理解"适应性预期"并不困难，因为人们往往会根据过去的经验来预期未来的情况，正如"一朝被蛇咬，十年怕井绳"。过去的数据给人们提供了一种参照：既然上一期的价格上升很快，没有理由在这一期价格水平会放慢增长甚至下降。

根据适应性预期理论对预期形成机制的看法，式(6.7)中的通货膨胀预期可以写成如下的形式：

$$\pi^e = \pi_{-1} \tag{6.10}$$

将式(6.10)代入菲利普斯曲线的表达式，可以得到按照适应性预期理论"修正"的菲利普斯曲线：

$$\pi = \pi_{-1} - \delta(u - u^n), \quad \delta > 0 \tag{6.11}$$

引入适应性预期理论会给短期宏观分析两点启示：

(1) 适应性预期表明，通货膨胀具有惯性，它将会一直持续下去。

根据短期总供给曲线：$(Y-\overline{Y})=\alpha(P-P^e)$，只要上一期存在通货膨胀，人们就会预期当期也会存在通货膨胀(人们预期当期的价格水平 P^e 会上升)。由于当期的 P^e 上升，对照短期总供给曲线的表达式，这将影响短期总供给曲线在当期的位置，使一定价格水平下所对应的产出减小，即总供给曲线在当期向左上方平移。于是，在总需求曲线位置不变时，将导致当期的真实价格水平 P 上升。

当期价格水平的上升给人们一个“参照”，根据适应性预期，人们将预期下一期的价格水平仍然上升。于是下一期的短期总供给曲线也类似地向左上方平移，在总需求曲线不变时，价格水平在下一期也会持续上升。

按照适应性预期的观点，只要某一期存在着通货膨胀，这种通货膨胀将会逐期持续下去，这种情况因此被称为通货膨胀惯性。

(2) 适应性预期还表明，如果失业率偏离了自然失业率，菲利普斯曲线就会逐期发生平移，从而在长期，只有自然失业率才是稳定的。

从菲利普斯曲线 $\pi=\pi^e-\delta(u-u^n)$ 可以看出，当失业率高于自然失业率($u>u^n$，即存在周期性失业)时，通货膨胀率将低于预期通货膨胀率(参见图 6-5中的 A 点，即 $\pi<\pi^e$)。由于实际通货膨胀低于预期通货膨胀，根据适应性预期理论，人们下一期的通货膨胀预期将会减小，通货膨胀预期的减小将导致菲利普斯曲线向左下方平移。只要失业率高于自然失业率，菲利普斯曲线在长期向左平移的趋势就不会停止(也可以这样理解：对于原先 A 点的失业率水平，通货膨胀率将逐期下降)。

再来看失业率低于自然失业率的情况($u<u^n$，参见图 6-5 中的 B 点)。当失业率低于自然失业率时，通货膨胀率将高于预期通货膨胀率，根据适应性预期理论，人们在下一期将提高自己的通货膨胀预期，由此导致菲利普斯曲线向右上方平移。只要失业率低于自然失业率，这个平移的过程就不会停止(可以这样理解：对于原先 B 点的失业率水平，通货膨胀率将逐期上升)。

从上面的讨论可以看出，只有当失业率等于自然失业率($u=u^n$)时，实际通货膨胀率才会与预期通货膨胀率保持一致($\pi=\pi^e$)，而此时的通货膨胀预期比较稳定，菲利普斯曲线不再发生平移。由此可以得出长期菲利普斯曲线所具有的特征：长期菲利普斯曲线描述了在预期充分调整的情况下，失业率与通货膨胀之间在长期的关系。根据前述讨论，由于长期中的稳定失业率为自然失业率，按照适应性预期理论的观点，长期菲利普斯曲线将是一条位于自然失业率水平的垂线。

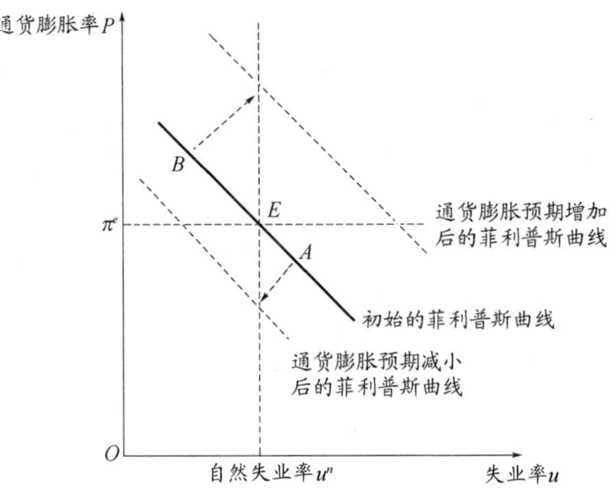

如果失业率与自然失业率发生偏离,人们就会改变对通货膨胀的预期,从而使菲利普斯曲线发生平移。

图 6-5 菲利普斯曲线的平移

长期菲利普斯曲线所具有的特征表明,在短期,失业率与通货膨胀之间可能存在一定程度的替代关系;在长期,这种替代关系消失,失业率将自动调整到自然失业率的水平。

上述结论与第五章的总需求—总供给框架所得到的结论是统一的。第五章的图5-15表明,当总需求曲线向右移动时,在短期,这将使得产出水平增加(即失业率减少)的同时价格水平上升。但是在长期,总供给曲线会因为预期的改变而发生调整,从而总需求曲线右移的长期结果只是导致价格水平的上升,而失业率会维持于自然失业率水平。

专栏 6-3

货币主义的修正与长期菲利普斯曲线

自 20 世纪 60 年代中后期开始,以费尔普斯(Plelps,1967)、弗里德曼(1968)为代表的货币主义对菲利普斯曲线率表示质疑,发难主要集中在两个问题上:菲利普斯曲线是否稳定?菲利普斯曲线所表示的失业与通货膨胀的交替关系在长期是否依然成立?由此,菲利普斯曲线开始区分短期与长期的异同。

货币主义认为,菲利普斯曲线在长期表现为一条垂直直线,失业率与通货膨胀率之间的替代关系不存在,或者说两者之间没有任何关系。也就是说，在长期中，失业率保持不变，预期通货膨胀率取决于上一期的通货膨胀率（适应性预期），这也被称为费尔普斯和弗里德曼的自然失业率假说。否定长期菲利普斯曲线中失业率与通货膨胀率之间的替代关系正是货币主义对菲利普斯曲线理论发展的重大贡献。

1976 年，弗里德曼在其著作《价格理论》一书中进一步发展了菲利普斯曲线理论。他将 7 个发达国家 1956—1975 年共 20 年的数据分成 4 个 5 年区间作平均数，经过比较研究发现：自 20 世纪 60 年代后期以来，菲利普斯曲线已经从负斜率的曲线开始向正斜率的曲线转变。弗里德曼将这一重要发现在 1977 年诺贝尔经济学奖颁奖大会上以《通货膨胀与失业》为主题发表演讲，将他有关菲利普斯曲线的重要思想归纳为三个阶段：

第一阶段，菲利普斯曲线斜率为负，失业与通货膨胀之间存在相互替代关系。这种观点曾经于 20 世纪 60 年代得到普遍认可。

第二阶段，自然失业率假说。考虑通货膨胀预期的影响，区分短期与长期菲利普斯曲线。这种观点在 20 世纪 70 年代以后得到普遍认可。

第三阶段，菲利普斯曲线斜率为正，即高失业与高通货膨胀并存：当通货膨胀率上升时，失业率也跟着提高。弗里德曼将原因归结为，政府的需求扩张政策导致通货膨胀率上升，同时为了稳定物价又采取反通货膨胀政策，断断续续的政策导向使通货膨胀率和预期通货膨胀率之间的差异越来越大，不仅缩短了合同的合理期限，也降低了市场价格“看不见的手”的有效性。

弗里德曼由此得出结论认为，经济活动和政治活动的关系已经比以往更加密切，也正是由于政治因素的干涉，导致高通货膨胀率与高失业率并存的现象发生。弗里德曼进一步建议，国家应减少对市场的干预，让“看不见的手”去解决失业问题，反对政府采取凯恩斯主义的需求扩张政策。

（资料来源　弗里德曼：《价格理论》，商务印书馆，1994 年版，第 301～302 页）

（二）理性预期

诺贝尔经济学奖获得者罗伯特·卢卡斯提出了一种与适应性预期不同的预期形成机制。卢卡斯认为，人们没有必要在等到事情发生之后才将其嵌入自己的预期，事实上，人们可以利用所有能够获得的信息（包括对财政政策及货币政策所能够带来的效应的预期），对通货膨胀予以更为理性的预期。卢卡斯对于预期形成机制的看法称为理性预期。

以下考察理性预期的一个极端形式:假设人们对于未来的结果是完全确知的(通货膨胀完全可预期)。在此基础上,人们对当期通货膨胀的预期与当期实际的通货膨胀完全一致,即

$$\pi^e = \pi \tag{6.12}$$

将式(6.12)代入菲利普斯曲线的表达式,可以得到按照理性预期的观点进行修正后的菲利普斯曲线的形式:

$$\left.\begin{array}{l}\pi = \pi^e - \delta(u - u^n)\\ \pi^e = \pi\end{array}\right\} \Rightarrow u = u^n \tag{6.13}$$

因此,在理性预期的极端例子中,无论在长期还是在短期,失业率将始终处于自然失业率水平,经济中并不会存在周期性失业。

上面的例子考察的是理性预期的极端形式,但它反映了理性预期的基本观点:由于人们的预期更为理性,菲利普斯曲线的移动可能要比适应性预期理论推测的移动速度快得多。即便在短期,也不存在失业率与通货膨胀率之间的取舍关系,菲利普斯曲线始终表现为一条位于自然失业率的垂线。

本章要点

1. 自然失业率是经济运行于充分就业水平时的失业率,在统计上可以视为长期框架中的平均失业率。引起自然失业率为正的原因包括季节性失业、摩擦性失业和结构性失业。

2. 周期性失业对应着劳动市场不出清的情况,此时劳动供给大于需求,劳动力资源存在着闲置。周期性失业会给一国的经济带来诸多负面影响,因而对它的治理成为宏观经济学关注的一个重点。

3. 现代通货膨胀理论认为,引发通货膨胀的原因主要包括需求拉动型通货膨胀与供给型通货膨胀。其中,供给型通货膨胀得出的结论可以解释滞胀现象,该现象与传统菲利普斯曲线所描述的失业率与通货膨胀率具有替代关系的结论相矛盾。

4. 通货膨胀主要可以分为可预期的通货膨胀与不可预期的通货膨胀。其中,预期到的通货膨胀对相对价格体系不会造成太大的影响,从而不会过多地影响资源配置,预期到的通货膨胀的成本主要包括菜单成本、皮鞋成本、税收扭曲成本。未预期到的通货膨胀对经济的危害相对较大,它不仅会

影响相对价格从而影响资源配置，还会造成收入与财富的再分配效应。

5. 一些经济学家认为，在治理周期性失业的过程中，政府会面临“两难”的选择，低失业率与低通货膨胀两大目标不可能同时实现，政府欲达到一个目标，就必须以牺牲另一个目标为代价。

6. 政府在制定宏观经济政策时面临的通货膨胀与失业率的替代关系可以用菲利普斯曲线表述。宏观经济政策通过影响总需求而对通货膨胀或失业施加影响，菲利普斯曲线描述了当总需求曲线平移时均衡点沿着短期总供给曲线移动的过程，因此是短期总供给曲线的另一种表达方式，可以利用短期总供给曲线推导出菲利普斯曲线。

7. 不同的预期形成机制对菲利普斯曲线的影响是不同的。按照适应性预期理论的观点，菲利普斯曲线所描述的失业率与通货膨胀率之间的替代关系在短期能够成立，然而在长期却消失了，长期菲利普斯曲线是一条位于自然失业率水平的垂线。按照理性预期理论的观点，无论在长期还是在短期，菲利普斯曲线都是一条位于自然失业率水平的垂线，即失业率与通货膨胀率之间不存在替代关系。

关键概念

自然失业率	季节性失业	摩擦性失业
结构性失业	周期性失业	菲利普斯曲线
供给冲击	适应性预期	理性预期
长期菲利普斯曲线	温和的通货膨胀	急剧的通货膨胀
恶性的通货膨胀	可预期的通货膨胀	未预期到的通货膨胀
通货膨胀税	菜单成本	皮鞋成本
税收扭曲成本	需求拉动型通货膨胀	供给型通货膨胀
滞胀		

本章习题

1. 讨论季节性、摩擦性、结构性失业与周期性失业的区别，并回答以下问题：

(1) 哪些因素有可能导致经济中存在着岗位空缺的同时，一部分劳动力却处于失业状态(即一部分企业具有劳动需求的意愿,而一部分劳动的意愿供给却不能够得到满足)?

(2) 如果需要你做一项社会调查,调查南京市中山陵旅游区的导游中专职导游与兼职导游的人数。你预计哪部分人数所占导游总数的百分比更大,说出你的理由。

(3) "炒老板鱿鱼"是20世纪80年代以后出现的一个新名词,许多年轻人在发现自己的工作与其兴趣爱好并不匹配时便会"炒老板鱿鱼"。试讨论当"炒老板鱿鱼"的现象比较普遍时,经济中的自然失业率会受到怎样的影响。

(4) 如果政府设立一个大型网站来公布岗位需求信息,这会对自然失业率产生怎样的影响?

2. 简述通货紧缩的形成原因以及通货紧缩的效应。

3. 菲利普斯曲线描述了政府在治理通货膨胀或失业时所面对的通货膨胀率与失业率之间的替代关系,如何理解它与短期总供给曲线表达了同一层意思?

4. 菲利普斯曲线可以表示为:$\pi=\pi^{e}-\delta(u-u^{n})$。

(1) 试以图形的形式表示出菲利普斯曲线所隐含的失业率与通货膨胀率的替代关系。

(2) 通货膨胀预期的改变对菲利普斯曲线会产生怎样的影响?

(3) 如果失业率超过了自然失业率,政府为减少失业率必须付出的代价是什么,怎样衡量?

5. 菲利普斯曲线表明,政府为治理通货膨胀,必须以失业率的提高(从而产出的下降)作为代价。我们可以用牺牲率来衡量通货膨胀每减少1%所必须放弃的一年实际GDP的数量。假设在第4题中,菲利普斯曲线的各项系数分别为:$\delta=0.5$,$u^{n}=0.06$,而此时的预期形成机制为适应性预期。试计算,如果政府试图将通货膨胀率降低5%,其牺牲率为多大?(提示:结合奥肯定律)

6. 传统菲利普斯曲线并没有考虑供给曲线的平移(供给冲击)所产生的影响,因此,当20世纪70年代出现了滞胀现象时,菲利普斯曲线受到了许多经济学家的质疑。结合专栏6-2,试讨论利用供给冲击,现代菲利普斯曲线是如何解释滞胀现象的。

7. 根据适应性预期理论:

(1) 通货膨胀具有惯性,试讨论这种通货膨胀惯性产生的原因。

(2) 在长期中，菲利普斯曲线有怎样的特征？理性预期理论对此有何不同的看法？

8. 讨论下列各项对价格水平会产生怎样的影响，并分析在各项中，哪些项目所引发的价格水平的变动是可以被人们提前预期到的。

(1) 政府宣布，未来的两年将进一步完善高速公路网络体系的建设，政府会进一步增加对高速公路建设的投入。

(2) 中国人民银行宣布，将于近期进一步上调贷款利率。

(3) 恐怖分子利用卫星通信系统向某国公众发送恐怖信号，造成了公众的大恐慌。

(4) 石油输出国组织欧佩克宣布抬高石油的价格，从每桶 20 美元上升到每桶 25 美元。

案例讨论

试用中国的数据验证菲利普斯曲线在中国的适用性。

第七章 经济周期

经济周期（或商业周期）是市场化国家不可避免的经济现象。在经济周期的各个阶段，不仅产出会具有周期性波动的特征，其他许多宏观经济指标也会呈现出“顺周期”或者“逆周期”的变化。本书前几章已经对产出（及失业与通货膨胀）波动进行了凯恩斯主义视角的分析，为更加全面系统地理解经济周期，本章从经济周期的基本特征、测度方法及各种经济周期理论等角度对经济周期做进一步介绍。

第一节 经济的周期性波动

任何一国在其长期的经济增长过程中，经济运行并不是直线上升的，而是经历着一再重复发生的扩张与收缩相互交替的发展进程。这种普遍的周期性波动至今仍然存在，并将持续下去。毋庸置疑，经济周期是所有市场经济国家至为重要的经济现象。经济学家把实际产出和就业指标的短期波动称为经济周期。

一、经济周期的含义

伯恩斯（Burns）和米切尔（Mitchell）在其著作《衡量经济周期》中写道：“经济周期是在主要按照商业企业来组织活动的国家的总体经济活动中所看到的一种波动：一个周期由几乎同时在许多经济活动中所发生的扩张，

随之而来的同样普遍的衰退、收缩和与下一个周期的扩张阶段相连的复苏所组成；这种变化的顺序反复出现，但并不是定时的。”

按照上述定义，所谓经济周期，是指经济运行中经济扩张和经济收缩、景气和不景气交替的过程。某些积极因素可以在一段时期内带动经济的高速发展，而某些消极因素又可以在一定时期内阻碍经济的进一步增长甚至导致经济指标绝对量的下滑。诸多因素的不同作用方向，使得国民经济呈现出一种循环变动的上下波动特征。17 世纪末以来，人们就用“经济周期”一词反映商业的繁荣和萧条。

对于经济周期的定义，一般可以做如下理解：

第一，经济周期是现代社会中的经济波动，是不可避免的经济现象。无论哪一个国家和地区，只要属于“主要是按商业企业来组织活动的国家”这种现代市场经济的类型，就必然会有经济波动。

第二，经济周期不是局部经济的波动，而是总体经济的波动。这种波动不是仅仅发生在一个或几个有联系的经济部门，而是一旦发生就存在于几乎所有经济部门。

第三，每个经济周期都可以分为上升和下降两个过程。上升过程的最高点称为顶峰，此后经济就进入下降阶段。下降阶段的最低点称为谷底。经济从一个顶峰到另一个顶峰，或者从一个谷底到另一个谷底，就是一次完整的经济周期。

一般来说，一个完整的经济周期由四个阶段构成(见图 7 - 1)。

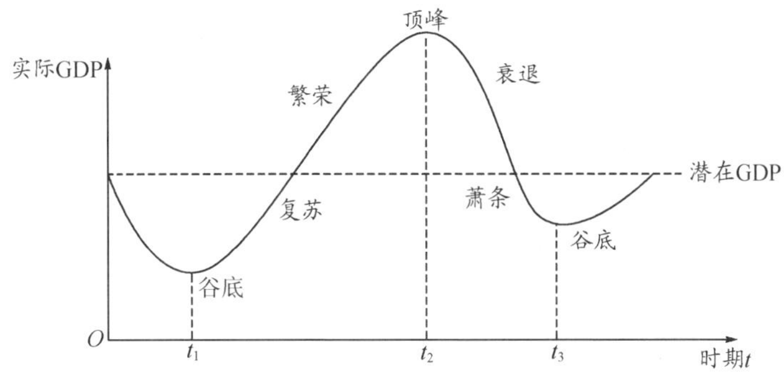

图 7 - 1　经济周期的阶段划分

(1) 繁荣阶段。此时生产量和贸易量扩大，收入增加，就业率较高；需求扩大，物价上涨；呈利率结构上升的形态；投资增加，企业的生产能力提高。并且,这些因素相互推动并逐渐增强,从而使总体经济增长率高于长期经济增长趋势。

(2) 衰退阶段。经济不可能一直处于繁荣阶段,峰顶是经济扩张的顶点,也是在周期内达到的最高点。这一点通常标志着经济已经达到充分就业,或者达到了当时资源供给约束的极限。过了这一点,经济开始收缩和下跌,进入衰退阶段。企业的成本增加,利润减少,投资减少,价格水平下降。与此同时,在整个货币市场上到处都是更高的利率结构,这就进一步限制了经济的扩张。

(3) 萧条阶段。当经济收缩超过萧条转折点时,就真正进入了萧条阶段。这一阶段与扩张时正好相反:生产量和贸易量缩减,收入减少,失业率上升;需求减少,商品价格跌落;利率结构下降;投资支出大为减少,企业生产能力萎缩。

(4) 复苏阶段。谷底是经济收缩的顶点,也是在周期内达到的最低点。过了这一点,经济又开始逐渐转好,进入复苏阶段。所谓"物极必反",当经济跌落到谷底时,就会有一种力量限制其进一步下滑,这种力量来自经济中各种因素的相互作用。例如,商品价格在降到一定程度时,总需求会扩大,从而刺激企业扩大生产;由于购买原材料的成本降低,利润率得到提高,企业就有动力寻求良好的投资机会,进行新一轮的投资。随着特定领域的扩张散播到相关联的经济活动,复苏就聚集起了动力,具体表现就是各项经济指标都开始好转并继续上升。当经济运行过了扩张转折点时,就又进入繁荣阶段。至此,整个经济的景气波动依次经过了这四个阶段,形成一个周期,并且会周而复始不断循环下去。

经济周期虽然反复出现,但每个周期的时间长短并不是完全相同的。也就是说,每一次经济周期都有自己的特点,其时间长短、范围大小、表现形式都不完全一致,具体由当时的经济背景决定。

二、经济周期的测量

虽然经济周期是宏观经济领域一项确定的事实,但是由于涉及众多的单个经济变量并且这些变量在时间上的反应程度很不一致,如收入、产出、就业、投资、价格、利率等变量的时间变化特征并不完全一致,因此,如何测量经济系统的综合状态是一个较为困难的问题。在关于采用何种指标测量经济周期的论题中,其中心点涉及两个概念:经济指示器和生产能力的利用率。

（一）经济指示器

在不同国家和不同时期，对经济周期进行测量的指标体系有所不同。早期使用的经济指示器主要有哈佛晴雨表、美国国家经济研究局指示器、德国指示器等。使用经济指示器的目的在于构成数据的时间序列，通过对这些时间序列的分析使经济系统的发展路径变得清晰，从而能够供分析部门和决策部门确定当时经济体系所处的状态。

这些经济指示器不仅被用来测量过去和现在的经济周期，还可以被当作预测经济周期的工具。但是，如果它们被用来预测，则必须以清楚易懂的方式嵌入某种经济理论中。此外，需要注意的是，经济指示器只是表明经济状态，不能对这一状态做出解释。

1. 哈佛晴雨表

哈佛晴雨表又称为哈佛 ABC 曲线。这一指示器是由 W. M.皮尔逊斯在 1919 年提出的，最初由 5 组时间序列组成。同一组的时间序列具有大致相同或同时发生的周期。由 20 个不同序列组成，被用来设立这 5 个时间序列组。它们包罗了各方面的可唯一度量的经济单项指标，如“为 20 个城市发行的建筑许可证的价值”“布拉德街的商品价格指数”。哈佛晴雨表中的所有序列组都解释了相似的周期模式。

为了对一般经济行为的周期运动作一个简明的描述，哈佛晴雨表经历了一个简化的过程。5 个时间序列后来被减少到 3 个——称为 ABC 组；时间序列的数目也被减少到 13 个，那些相对其他时间序列的波动更不规则的时间序列被排除。具体而言，A 组由 4 个时间序列组成，提供一个投机事业的衡量指标；B 组由 5 个时间序列组成，提供一个物资生产和商品价格的综合指标；C 组由 4 个时间序列组成，提供一个纽约金融形势的指标。

2. 美国国家经济研究局指示器

美国国家经济研究局（NBER）设计的经济指示器在实质上与哈佛晴雨表大致相同。NBER 提出了两种有影响的指示器：一种是领先、滞后和同步序列，一种是扩散指数。

最初，W.C.米切尔和 F.伯恩斯根据政府部门的要求，在 1938 年提出了参照周期，并且在参照周期的基础上构造领先、滞后和同步序列。他们选定 71 个时间序列作为经济周期运动的统计指标，把这些序列根据其相对于参照量的平均超前或滞后量进行排序，从而描述出一次经济周期运动的图像。

G.H.穆尔在 1950 年发展了领先、滞后和同步序列。他研究了 801 个美国月度和季度时间序列,并通过一致性检验和时间选择检验将经济指示器的时间序列数目减少到21个。

扩散指数(Diffusion Index)由伯恩斯和穆尔于1954年提出。这一指数所要表明的思想是:在任何时点,一个特定集合中的一些序列会向上运动,而其余的序列则向下运动。这些序列包括不同性质的序列,如生产、价格、利率、库存等。如果向上运动的序列在总时间序列中所占的比例大于50%(即扩散指数的值在50%~100%),那么这一时期就处于扩张期;反之,如果向下运动的序列在总时间序列中所占的比例大于50%(即扩散指数的值在0~50%),那么这一时期就处于收缩期。

与哈佛晴雨表一样,领先、滞后和同步时间序列能够作为过去经济周期的回顾和现在经济周期的分析工具;如果被用来进行经济状态的预测,也受到和哈佛晴雨表类似的限制。扩散指数提供了一个在给定集合中有多少单项序列处于上升或下降趋势的信息,并显示了其随时间变动的过程。扩散指数在分析历史经济周期方面是一个有用的工具。

3. 德国指示器

美国国家经济研究局指示器在国际上引起了广泛的关注和深远的研究,也促使了其他国家对经济指示器构成的尝试。1928年瓦格曼在位于柏林的经济周期研究所(Deutsches Institut für Konjunkturforschung),对哈佛晴雨表提出了批评,认为这一经济指示器的单项指标缺乏普遍性,只有一个由包含更广泛内容的晴雨表体系才能更可靠地评价经济周期的状态。

因此,瓦格曼建立的德国指示器实际上由8个晴雨表构成,涉及以下八个方面的经济行为:生产、商品、就业、信贷、存货、对外贸易、企业计划、三个市场(股票市场、商品市场、短期信贷市场)的价格运动。

第二次世界大战以后,德国"专家委员会"对德国经济指示器进行了改造,将指示器修改为12个时间序列的组合。但是,由于缺乏实用性和可靠性,这一指示器没有得到沿用。

(二)生产能力的利用率

考察西方发达国家在"二战"以后的发展情况可以发现,生产能力的利用程度是考察经济周期的主要变量,而生产能力的利用率主要由就业率表示。这是基于以下原因,即就业率与国民生产总值及其变化率密切相关。如果劳动的生产能力没有得到充分利用(表现为就业率偏低),则GDP或GNP的增长或减少必然伴随着就业率的提高或降低。正是基于上述原因,既有理论基础又有社会吸引力的就业率便成为经济周期的测量指标之一。

上述讨论的各种经济指示器实际上都体现出对产出、价格、就业、证券成交额等方面的可测量数据的整合。利用指示器衡量经济状态，为测定经济周期提供了可能性。对经济周期的测量具有较为深远影响的是哈佛晴雨表和美国国家经济研究局指示器。目前美国经济咨商局（The Conference Board）仍沿用领先序列和同步序列对世界各主要国家的经济状态进行评价，只是具体的单项内容发生了一些改变。采用经济指示器这种分析方法，就意味着必须要掌握不同种类的足够多的数据。因此，利用就业率也成为一种衡量经济周期的更为简便有效的方法。

三、经济周期的类型

（一）绝对波动与相对波动

对经济变量是否存在波动有两种考察方法（见图 7－2）：一种是以经济总体水平绝对值的变动来考察，即经济增长水平会出现负值的经济周期。

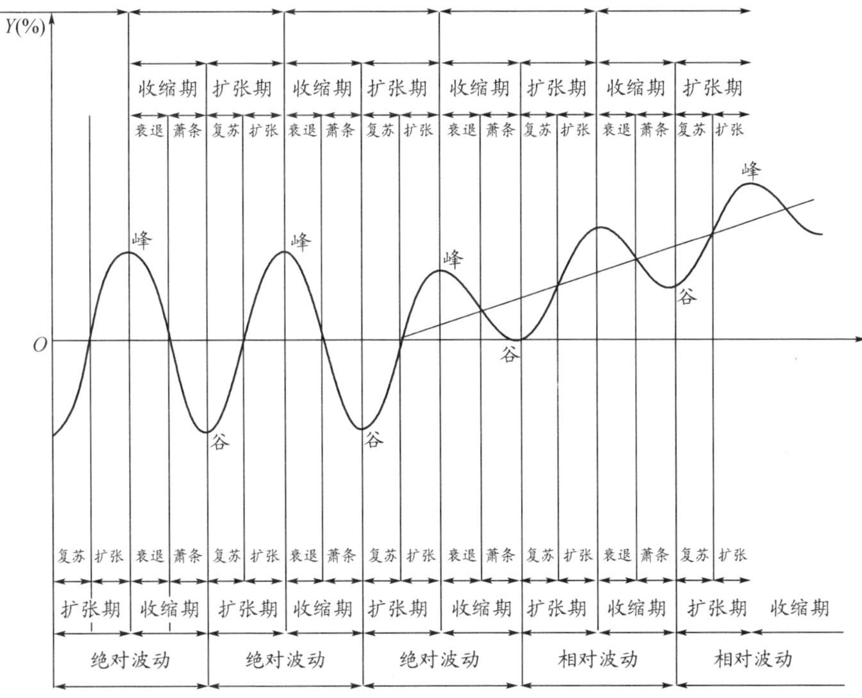

绝对波动以经济总体水平的绝对值的波动分析考察；相对波动以增长率的波动衡量。

图 7－2　绝对波动与相对波动

这种经济周期也称为绝对波动。绝对波动在第二次世界大战以前曾经出现过。另一种是以经济总体水平的相对值变动来衡量。它反映这样一种增长过程——经济增长率出现波动但仍然为正数。这种经济周期其实是指总量经济增长率的波动,衡量的是经济总量增长的快慢,增长率可以高于或低于增长趋势。这种经济周期又称为相对波动。相对波动是经济长期增长的表现形式,在“二战”之后较为普遍。

(二) 按照时期长度划分的经济周期

1. 基钦周期(Kitchin Cycles)

英国经济学家约瑟夫·基钦对美国(60 年间)和英国(100 年间)银行清算和批发物价的详细资料进行分析后,提出了持续时间为 2～4 年的短波周期。他认为经济周期实际上有两种表现:主周期和次周期。次周期有约 40 个月的平均持续期,而主周期由 2～3 个次周期构成,是次周期的聚合。基钦提出的这种 2～4 年的周期,后来被称为库存投资周期,因为这种周期主要由存货等变量因外生随机影响发生暂时波动引起的。

2. 朱格拉周期(Juglar Cycles)

法国人克莱蒙特·朱格拉通过对法、英、美三国银行数据、利率和物价的研究,提出了持续时间为 7～11 年的中波周期。他认为周期之所以有必然性,是因为经济周期是经济增长本身所固有的。朱格拉中波周期与投资品生命期相对应,主要是工商业固定投资的大规模更新变动起主导作用所引发的周期。

3. 库兹涅茨周期(Kuznets Cycles)

库兹涅茨在研究 1840—1914 年美国某些商品的生产与价格变动的长期趋势时,发现美国存在 15～25 年的周期。他又根据英、法、德和比利时等国 60 种工农业主要产品产量和 35 种工农业主要产品价格变动的历史资料,提出主要资本主义国家都存在平均时间为 15～25 年的周期。后来有人认为这种周期是与建筑业的长周期相联系的,因此库兹涅茨周期也称为建筑业周期。由于建筑物的更新期限比一般的机器设备等固定资产长,所以其波动的周期也较长。

4. 康德拉季耶夫周期(Kondratieff Cycles)

苏联经济学家康德拉季耶夫的长波观点是在 20 世纪 20 年代初逐步形成并提出的。他根据美、英、法 100 多年批发物价指数、利率、对外贸易和煤炭产量与消费量等的变动,提出了持续时间为 40～60 年(平均为 50 年)的长波周期。他认为长波的存在，不是由偶然的因素，而是由资本主义经济发展中内在的因素决定的。技术发明和由此引起的产业结构的变动被认为是这种周期波动的主要原因。康德拉季耶夫指出，在1780—1920年的140年间，西方主要资本主义国家已经经历了2.5次长波：第一个周期为1790—1851年；第二个周期为1850—1896年；第三个周期的上升波从1890—1896年开始至1914—1920年止，下降波可能是在1914—1920年开始。与这三个周期相对应的生产技术创新分别为：以纺织业和蒸汽机为核心的产业革命时期，蒸汽机和钢铁业兴盛的铁路建设时期，以及电力、汽车和化学工业发展的时期。

以上是对经济周期的早期划分，这些经济名词在现代文献中也会不时地被提及。1939年，美籍奥地利人熊彼特综合融贯前人的论点，首次提出在资本主义的历史发展过程中，同时存在着长、中、短三种周期的理论。在这里，熊彼特的长周期即康德拉季耶夫周期，而且用创新理论作为基础，以各个时期的主要技术发明和它们的应用以及生产技术的突出发展，作为各个长波的标志。中周期即为朱格拉周期。短周期即短波为基钦周期。熊彼特还宣称，上述几种周期并存而且相互交织的情况，正好进一步证明了他的创新理论的正确性。在他看来，一个长波大约包括有六个中周期，而一个中周期大约包含有三个短波。

专栏7-1

中国经济周期波动的总体考察

1952年我国完成了新中国成立初期的国民经济恢复之后，从1953年起进入工业化进程，由此开始了我国的经济周期波动。在对中国经济周期波动的总体考察中，我们以经济增长率(GDP增长率)作为主要指标。

根据中国GDP增长率的数据可以绘出图7-3。

按照阿瑟·刘易斯的说法，确定一次完整的经济波动，可以从一个波峰到另一个波峰，也可以从一个波谷到另一个波谷，或者按周期中同样状态(波峰、波谷或整个周期)一些年的平均值到另一些年的平均值来衡量。从图7-3可以看出，1953—2004年这52年中，以GDP增长率为主要考察指标，按照从谷底到谷底计算，我国共经历了10个经济周期，其中改革前5个周期，改革后5个周期。因此可以肯定的是我国经济在宏观总体上，存在着周期性波动。

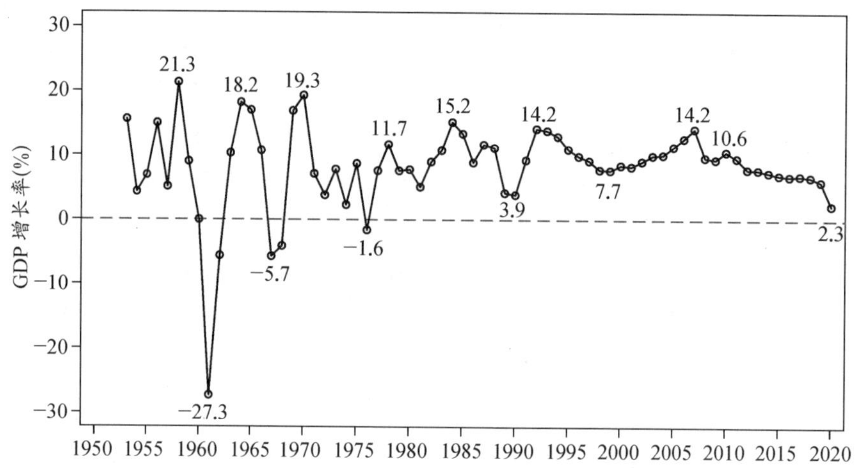

图 7-3　中国经济增长率波动图

在前文对中国经济周期波动总体考察的基础上,我们可以归纳出中国经济周期的一般特征。

1. 周期的类型

根据前面的分析可以发现,"绝对波动"全都发生在改革之前,而"相对波动"则大都出现在"文革"结束之后。因此,我国经济周期波动的首要特征是改革前后周期类型的变化,改革前"绝对波动"占主导地位,改革后"相对波动"占主导地位。这说明我国在改革开放后,总体经济一直在增长,社会物质产品在不断地丰富,没有出现绝对量水平下降的严重衰退。

2. 周期的统计特征

周期的统计特征一般包含以下几点:① 波动的幅度,指每个周期内经济增长率峰顶与谷底的落差。改革后的 5 个周期振幅均在 8%以下,其平均振幅为5.54%,比起改革前,波动幅度的下降极为显著。经济波动的这种"微波化"趋势表明中国经济增长的稳定性在增强。② 波动的高度,指考核指标在周期内达到的最高值。改革前 5 个周期的高度平均为 16.5%,改革后平均为12.44%,下降了 4%。这说明我国经济增长在改革后在一定程度上减少了盲目扩张性。③ 波动的深度,是指考核指标在周期内达到的最低值。对波动深度的考察也是划分"绝对波动"和"相对波动"的主要依据。改革前 5 个周期的深度平均为-5.1%,改革后平均为 6.9%,波动深度的上升极为显著。这表明我国经济的增长有了较强的抗衰退能力。④ 波动的平均位势或波位，即本资料的每个周期内各年度平均的经济增长率。改革前的波位平均为5.9%，改革后平均为 9.43%，我国经济的总体增长水平有了显著提高。⑤ 波动的扩张长度，是指每个周期内扩张期的时间长度。改革前各周期的扩张长度平均为 1.8 年，改革后平均为 2.8 年，延长了 1 年。这说明我国经济的增长在扩张期有了更强的持续性。

第二节　乘数—加速数模型

一、萨缪尔森的乘数—加速数原理

在解释投资的理论中，加速数模型假设资本存量和产出水平成某一比例，即 $K=\beta Y$。根据该假设，投资 $I=\Delta K=\beta\Delta Y$。这就是加速数模型，加速的含义是指产出的变动 ΔY 决定了投资水平，而非产出水平 Y 本身。加速数模型运用最成功的领域是存货投资领域，当企业生产开始加速时，企业想持有更多的存货，因此存货投资上升；反之，则存货投资下降。

萨缪尔森(1939)把加速数模型和总需求理论中的乘数效应结合起来，解释经济波动产生的机制，这就是乘数—加速数模型。尽管该模型诞生于八十多年前，但直到今天，它依然是解释经济波动的一种重要理论。

假设 Y_t 是 t 期的国民收入，它由三部分组成：消费支出 C_t、私人投资 I_t 以及政府支出 G_t。

$$Y_t=C_t+I_t+G_t \tag{7.1}$$

$$C_t=\alpha Y_{t-1} \tag{7.2}$$

$$I_t=\beta(C_t-C_{t-1}) \tag{7.3}$$

$$G_t=G \tag{7.4}$$

式中，$\alpha\in(0,1)$，$\beta\in(0,+\infty)$。

在萨缪尔森(1939)的原始文献中，投资不是直接取决于产出的变动，而是取决于消费的变动，即式(7.3)。但是根据式(7.2)反映的消费和产出关系，我们可以看到，投资是间接取决于产出的变动，因此式(7.3)本质上就是加速数原理的体现。

二、加速原理举例

乘数原理用来说明投资的变动如何引起国民收入的倍数变动;而加速原理则是说明收入或消费的变动如何引起投资大幅度地加速变动的理论。在解释投资的理论中,加速数模型假设资本存量和产出水平成某一比例,即$K=\beta Y$。根据该假设,投资$I=\Delta K=\beta\Delta Y$。该式说明,净投资取决于产量水平的变动,变动的幅度大小取决于β的数值。资本产量比β在这里通常称为加速数,该模型就是加速数模型。模型中如果加速数为大于1的常数,所需资本存量的增加必须超过产量的增加。加速原理发生作用以资本存量得到充分运用,生产技术不变,从而资本产量比固定不变为前提。加速原理运用最成功的领域是存货投资领域,当企业生产开始增加时,企业想持有更多的存货,因此存货投资上升;反之,则存货投资下降。

加速数,又称加速系数。它指的是资本增量与产量增量之比,意味着新增一单位产量所需增加的资本量。以β代表加速数,ΔK代表资本增量,ΔY代表产量增量,则:

$$\beta=\frac{\Delta K}{\Delta Y}$$

在技术水平和规模收益不变的条件下,资本产量比率等于加速数。由于资本增量也就是投资,因而加速数是投资和产量增量之比,即:

$$\beta=\frac{\Delta K}{\Delta Y}=\frac{I}{\Delta Y}$$

例如,增加投资500万元,可以使产量或收入增加100万元,则加速数β为(5=500/100),也就是说,每增加1元的产品或收入,需要增加5元投资。假定:

(1) 企业全部固定资本均由机器构成。

(2) 企业原有机器1 000台,每台价值20万元。

(3) 每台机器生产产品10件,销售收入为10万元。也就是说,加速数为2,每增加10万元收入,需增加20万元投资。

(4) 每年有100台机器需更换、重置,也就是说,每年的重置投资为(2 000万元=100台×20万元/台);机器不是历年累计折旧,而是一次性折旧、更换。

根据这些假定,可列成表7-1。

表 7-1　加速原理例表

年度（t）	收入（Y）/万元	所需全部固定资本（K）		重置投资（D）		净投资（I）		总投资（G）	
		数量/台	市值/万元	数量/台	市值/万元	数量/台	市值/万元	数量/台	市值/万元
1	10 000	1 000	20 000	100	2 000	0	0	100	2 000
2	10 000	1 000	20 000	100	2 000	0	0	100	2 000
3	11 000	1 100	22 000	100	2 000	100	2 000	200	4 000
4	12 000	1 200	24 000	100	2 000	100	2 000	200	4 000
5	12 500	1 250	25 000	100	2 000	50	1 000	150	3 000
6	12 500	1 250	25 000	100	2 000	0	0	100	2 000
7	11 500	1 150	23 000	100	2 000	−100	−2 000	0	0
8	11 000	1 100	22 000	100	2 000	−50	−1 000	50	1 000
9	10 000	1 000	20 000	100	2 000	−100	−2 000	0	0

这样，随着产量（收入）或消费的变动而引起的历年投资的变动如下：

第一年，根据假设，1 000 台机器生产的收入为10 000万元（1 000 台×10 万元/台）。本年只需重置 100 台机器，重置投资为2 000万元，没有净投资，总投资（重置投资＋净投资）也为 2 000 万元。

第二年，假设年收入仍维持 10 000 万元，与上年收入比较，未增也未减，所需的机器规模不变，只需 2 000 万元的重置投资，总投资仍为 2 000 万元。

第三年，假设年收入或年消费增至 11 000 万元，比上年收入增加 1 000 万元，即增加 10%，这就要求追加投资。除了每年需要的 2 000 万元重置投资外，还必须追加2 000万元的净投资，这样总投资为 4 000 万元。这就是说，当收入增加 10%时，总投资需增加 100% $\left(=\frac{4\,000-2\,000}{2\,000}\times 100\%\right)$。

第四年，当收入增加 9%时，总投资增加为 0。换句话说，当收入增加减速，由上年的 10%降为 9%时，总投资增加的速度，便由上年的 100%急剧地下降为当年的 0。

第五年，当收入的增加速度进一步下降为 4%时，总投资则绝对地下降了25%。

第六年,当收入比上年不增不减时,总投资绝对地下降了33%。

第七年,当收入比上年减少8%时,总投资减少到0,即绝对地下降了100%。

第八年,当收入减少4.3%,即减少的速度比上年放慢时,总投资又大大地增加了,由上年没有增加,上升到增加1 000万元。

第九年,当收入减少9%,即减少的速度比上年增大时,总投资又减少到0,即绝对地下降了100%。

从上面加速原理的例解中,可以发现:

(1) 投资的变动取决于收入增量的变动率,而不是取决于收入的绝对变动量。只要收入增量的增长率下降,即使其绝对数量还在增加,也会导致投资水平下降。

(2) 投资的波动大于收入(产量)的波动,收入(产量)的轻微变动会使投资支出发生较大的变动。

(3) 加速原理既可以在正方向起作用,也可朝相反的方向起作用。即收入(产量)的增加可使投资支出发生更大的增加。收入(产量)的增长率放慢或者减少也可使投资支出发生更大的减少。

(4) 加速原理只在没有剩余生产能力的条件下才能起作用。如果企业存在剩余生产能力,即处于开工不足和设备等闲置的条件下,那么,当市场消费或收入增加时,企业只需用闲置的机器设备和生产能力便可满足消费或产量增加的需要,而不必添置、增加新的机器设备。如此一来,也就谈不上带动投资的加速增加。

三、加速原理的基本思想与政策含义

乘数—加速数模型试图把外部因素和内部因素结合在一起对经济周期做出解释,特别强调投资变动的因素。假设由于某种原因使投资数量增加,投资数量增加会通过乘数作用使收入增加。当人们的收入增加时,他们会购买更多的物品,从而整个社会的物品销售量增加。通过上面所说的加速数的作用,销售量的增加会促进投资以更快的速度增长,而投资的增长又使国民收入增长,从而销售量再次上升。如此循环往复,国民收入不断增大,于是,社会便处于经济周期的扩张阶段。

由于整个社会的资源有限,收入增长迟早会达到资源所能容许的峰顶。

一旦经济达到经济周期的峰顶，收入便不再增长，从而销售量也不再增长。根据加速原理，销售量增长的停止意味着净投资量下降为零。投资下降，收入减少，从而销售量也因之而减少。根据加速原理，销售量的减少使投资进一步减少，投资的下降又使国民收入进一步下降。如此循环往复，国民收入会持续下降。这样，社会便处于经济周期的衰退阶段。

收入的持续下降使社会最终达到经济周期的谷底，由于在衰退阶段长时期所进行的负投资，生产设备逐年减少，所以仍在营业的一部分企业会感到有必要更新设备。这样，随着投资的增加，收入开始上升。上升的国民收入通过加速数的作用又一次使经济进入扩张阶段。于是，开始新一轮的经济周期。

在社会经济生活中，投资、收入和消费相互影响、相互调节，通过加速数，上升的收入和消费会引致新的投资，通过乘数，投资又使收入进一步增长。假定政府支出为一固定的量，则靠经济本身的力量进行调节，就会自发形成经济周期。经济周期的阶段正是乘数与加速数交互作用而形成的：投资影响收入和消费（乘数作用），反过来，收入和消费又影响投资（加速数作用）。两种作用相互影响，形成累积性的经济扩张或收缩的局面。该模型的政策含义是：只要政府对经济干预，就可以改变或缓和经济波动。例如，采取适当政策刺激投资，鼓励提高劳动生产率以提高加速数，鼓励消费等措施，就可克服或缓和经济萧条。

第三节　实际经济周期理论

实际经济周期理论将经济波动的根源归结为以技术冲击为代表的实际因素。这里所谓的技术，是指任何使生产函数发生移动而不涉及投入要素数量变化的因素。在这样的定义下，技术不再仅是通常人们所理解的新科技或设备的采用，而是资本、劳动投入的质量改变，新的管理方法、新产品的开发及新的生产技术的引进所引起的冲击。

1982 年，基德兰德和普雷斯科特建立了新古典宏观经济学的实际经济周期理论（Real Business Cycle，RBC）。基德兰德和普雷斯科特排除了货币因素作为经济波动初始根源的可能性。按照他们的分析，经济波动的根源是各种实际因素作用的结果，包括科学技术的突然变化、生产力的变化以及消费者偏好的改变和其他意外变化等,其中特别值得注意的是技术冲击。以技术进步为例,假定一个经济处于正常的运行之中,这时出现了重大的技术突破(如马斯克的星联技术的出现)。这种技术突破引起对新技术的投资迅速增加,这就带动了整个经济迅速发展,引起经济繁荣。由于技术是决定经济的重要因素之一,所以,这种繁荣并不是对经济长期趋势的背离,而是生产能力本身的提高。但新技术突破不会一个接一个,当这次新技术突破引起的投资热过去之后,经济又趋于平静。这种平静也不是低于长期趋势,而是一种新的长期趋势。

一、鲁滨孙经济

鲁滨孙被困在海洋中的一个荒岛上,展开了一系列求生行为。他应对自然环境各种变化的行为选择也构成一个鲁滨孙经济。借助对鲁滨孙个人行为的分析,可以解释实际经济周期理论。

荒岛上的鲁滨孙为了生存,就需要食物——海里的鱼。为了在岛四周捕鱼,需要利用岛上树枝制作鱼叉等捕鱼工具。鲁滨孙制作捕鱼工具可看作是他进行的投资,如果计算鲁滨孙经济中的 GDP,并且不考虑价格因素,只需要将岛上的鱼与捕鱼工具数量加总即可。鲁滨孙会在自然环境和岛上资源的限制下,选择他自认为最佳的休息、生产、消费和投资行为,这便构成了一个简化的宏观经济框架。

鲁滨孙经济肯定会受到一些突发事件的影响,鲁滨孙的行为选择就会做相应调整。假设,某一天,一个大鱼群游经荒岛东面,鲁滨孙一定会减少休息时间,连续进行捕鱼活动。相应地,鲁滨孙"就业"增加了,另一方面他的捕鱼产量也提高了,鲁滨孙经济处于繁荣阶段。再假设另一段时间风雨肆虐,鲁滨孙只好待在自搭的茅屋中休息,就业、捕鱼量和捕鱼工具的制作都大大下降,鲁滨孙经济由此出现衰退。由上可见,鲁滨孙经济中,经济的波动都是由实实在在的自然因素引起的,都是鲁滨孙面对自然环境的变化而做出的各种合理和最佳的反应,与货币量或价格刚性等因素统统无关。

实际经济周期理论认为,现实社会中的经济波动与鲁滨孙经济的波动基本相同,突发事件会改变就业水平、产量和投资水平等,使经济出现相应的波动。

二、基本内容

实际经济周期理论与新古典增长理论一脉相承，基本假定为完全竞争、价格可以自由调整以及市场出清。在简化的实际经济周期模型中，只引入消费者和生产者两类经济主体，以集中讨论一种外在冲击（即技术冲击）。消费者追求效用最大化，在每个时期决定提供的劳动数量以及消费、储蓄产品的数量，并且对未来有理性预期。生产者追求利润最大化，在每个时期根据预期的工资率和投资回报率决定雇用多少劳动以及进行多少投资。由于技术冲击使相对价格发生变动，理性预期的消费者就会对此做出最佳反应，调整劳动供给和消费，同时生产者也会调整其雇用的劳动和资本。于是，产量和就业的变动是就技术进步对总量生产函数产生冲击后进行的帕累托最优调整过程。

传导机制的核心是劳动供给的跨期替代（在不同时段重新配置工作时间的意愿）。劳动者关心自己的整个工作成果，并对工作时机有所选择。劳动者在工资率较高的时候多付出劳动。劳动的这种跨期替代并不意味着劳动供给对工资的永久性变动很敏感，如果工资上涨并继续维持在较高的水平上，那么在这一时期比下一时期提供更多工作并不能多得到收入，因此，劳动供给对工资的永久性变动的反应可能是微弱的。通过这种跨时期的替代方式，人们各个时期的劳动供给总量之和基本不变。但是，在时期上做对比会发现，如果技术冲击是暂时的，使得当期的实际工资暂时地高于标准，那么劳动者将以工作替代闲暇，提供更多的劳动，于是产量和就业量均上升，而在预期实际工资较低的未来减少工作，因此实际工资的变动会带来较大的供给变化。这样，就通过劳动的跨期替代对外来冲击形成了经济波动。经济周期的存在是因为长期均衡路径自身发生了变化，政府无法进行调节，经济的动荡只是经济系统中真实因素冲击之下的市场现象而已。

三、实际经济周期理论的贡献及局限性

（一）贡献

RBC 理论通过构建动态随机一般均衡模型来研究技术冲击对经济周期波动的影响，其构造宏观经济模型的新思路、新方法对现代宏观经济学影响很大，为现代经济周期理论奠定了微观基础。在方法论上，该理论利用计量方法和计算机编程技术为经济学研究做了一定的学术规范，特别是动态

一般均衡方法已逐渐成为宏观经济学家普遍采用的一种分析方法,而且他们认为,经济周期不是对均衡的偏离,而是均衡本身暂时的波动,这一研究把经济周期的理论融入经济增长的理论之中,改变了宏观经济学中将长、短期分开研究的传统。在理论方面,他们开创了现代新古典主义宏观经济学的现代经济周期理论的先河,首次从供给角度考察经济波动问题;在政策指导方面,他们认为实际因素特别是技术进步的变化才是影响经济周期的关键,政府无须干预经济,这与凯恩斯所认为的需求尤其是消费需求的变化是影响经济周期的关键因素、政府需干预经济的观点不同。

(二)局限性

对实际经济周期理论提出批评的经济学家大都认为它的局限性主要是缺乏充分的经验检验。一是实际经济周期理论用实际因素来解释宏观经济波动,的确使它不同于以往的周期理论,但是它们的区别仅此而已。实际经济周期对政府的作用仍局限于对流通领域供给和需求的分析,完全不涉及对生产领域生产关系的研究,这就决定了其不可能得到完备的结论。二是实际经济周期理论的一个重要假设是生产率冲击可以是正向的,也可以是反向的,也就是说,技术可能进步,也可能后退。根据这一理论,反向冲击会导致衰退。但这个假设招致很多怀疑,先进技术通常要持续使用到被一个更为先进的技术所替代为止,这使得技术水平会后退的观点显得十分牵强。但如果没有反向的技术冲击,这个理论就只能解释经济社会周期性的扩张,而不能解释经济衰退。三是实际经济周期理论不但试图证明财政政策无效,还反对政策选择机制本身。该理论持有者一反传统上把政府决策当作外生变量的做法,把政策作为内生变量纳入模型中,从而解出最优决策路径。但是,把政策制定者的行为简化为一个定义清楚的模型解的同时,也消除了政策制定者的选择权。最后,这类模型在大量使用数学和计算机技术的同时,给模型的稳健性带来很大挑战,模型最终的结果往往很依赖于前提假设中参数的假设,当假设参数的值有微小的变化时,就很可能得到不同的模型结论。

第四节　金融经济周期理论

在金融市场全球化背景下,经济周期的运行特征发生了显著变化。资金的高度流动性改变了经济周期的特征事实。首先，计算机和信息技术的突破、金融工具的大量涌现和金融管制的放松极大地便利了跨国金融交易，巨额国际游资瞬间即可完成大规模跨币种资产组合转换，全球金融市场的融合已成为一种趋势，源自某国的微小冲击都可能通过金融加速器(Financial Accelerator)效应而被放大，并借助于国际金融市场在全球传播。金融体系已成为世界经济周期的主要传导媒介。其次，经济周期波幅减小、波长增加，而金融波动更加剧烈。各国普遍采用宏观政策调控经济运行，逆风向的需求政策显著地平抑了实体经济周期的波动，特别是主要工业化国家，大规模固定资产同时更新几乎没有出现，消费、投资和储蓄等宏观变量的方差变小，而以金融为核心的虚拟经济周期波动则愈加突出。传统经济周期理论无法解释货币或资产价格冲击导致经济短期剧烈波动的现象，需要新的理论对经济周期新特征进行解释。金融经济周期理论从委托—代理问题切入，突破了传统理论的局限性，从一个全新的视角研究了现代经济周期的运行规律。

金融体系影响实体经济周期的相关理论在20世纪80年代有了重大突破，伯南克等学者(Bernanke, Gertler 和 Gilchrist, 1996)对货币和证券的"中性论"进行了反思，建立了一般理论框架，突出强调信贷市场的自身变化导致小冲击被放大和加强的传导过程。即使一个外部冲击趋于零，由于金融摩擦的存在，这一冲击将被金融加速器无限放大，从而导致经济出现剧烈的波动，而且这种经济波动具有确定性，这就是所谓的金融加速器效应。该理论一经提出以后，引起学界广泛关注，经过不断完善和发展，现已成为货币政策传导机制及经济波动问题的有效分析工具。

一、BGG 模型的主要内容

伯南克和格特勒等人在1996年提出金融加速器模型之后，把金融加速器机制引入到新凯恩斯标准动态模型中，提出了 BGG 模型(Bernanke, Gertler 和 Gilchrist, 1999)。BGG 模型不同于新凯恩斯标准动态模型之处是：它假定信贷市场存在摩擦问题，即在信贷关系中存在信息、激励等问题。这些摩擦的存在就导致产生金融加速器，而金融加速器影响产出的变化。尤其是在 BGG 模型中，信贷市场摩擦使得无抵押的外部融资比内部融资更昂贵。外部融资的溢价影响了资本的全部成本，也影响了企业的实际投资决策。技术突破、新材料的发现等对经济产生冲击，并改善经济基本面。

这类冲击对产出、就业等宏观经济量产生直接影响。然而,在 BGG 模型中,这类冲击还有间接影响,即来自相关股价的上升所产生的影响。更高的股价改善了资产负债表的状况,减少了外部融资成本并进一步刺激了投资。投资的增长也可能导致股价的上涨和现金流的增加。金融加速器提高了初始冲击对经济的影响,金融加速器机制对货币政策的运作也有重要的启示:在 BGG 模型中,利率可以通过借款者的资产负债表产生影响,宽松的货币政策,如降低利率使股价上升,能改善借款者的财务状况,从而减少外部融资成本,这种成本的减少给投资者更大的投资刺激。

二、金融经济周期的一般传导机制

"银行信贷渠道"和"资产负债表渠道"是金融经济周期两个最重要的传导机制,其发生作用的前提条件是借贷双方信息不对称和金融摩擦。

银行信贷渠道主要从银行角度考察金融周期,经济周期的传导以银行中介为核心。一方面,货币负向冲击(如银行超额准备金降低)导致银行交易账户资金的减少和名义利率的提高,这意味着家庭持币余额的降低。为了使市场出清,债券(或贷款)的真实利率将提高,这会影响利率敏感型投资支出,从而最终抑制总需求和总产出。另一方面,金融冲击改变银行资产组合,而非货币性资产是不完全替代的,各类资产对真实经济的影响不同。家庭根据冲击调整资产组合中银行存款和债券的持有比例,形成了经济周期的传导机制。在衰退期,当银企之间代理人问题突出时,融资渠道的信息不对称问题将进一步放大消极因素对经济的冲击。金融摩擦妨碍企业从其他信贷渠道获得外部资金以代替银行贷款,也妨碍银行从金融市场融资以弥补存款或者超额准备金的减少。因此,紧缩性货币政策减少银行超额准备金而影响贷款能力,银行为了满足资本充足率和法定准备金率的要求,防范陷入"挤兑危机"和"流动性困境",将采取压缩自身信贷规模、规定更加严格的信贷合同、催还企业贷款和提高信贷实际收益率等措施。企业因贷款规模减小,成本上升,投资急剧减少,整体经济的活跃程度降低。信贷渠道是金融经济周期的一个重要传导机制。

资产负债表渠道主要从企业角度考察金融经济周期。金融市场的缺陷是决定金融经济周期特征的关键因素。企业资产负债表与融资能力之间的关系可以用代理人问题、信息不对称和担保不足来解释。由于逆向选择和道德风险的存在,企业的净资产、留存收益和融资结构与投资可获得性极为紧密。当资本市场存在缺陷时，借贷双方代理人问题导致的金融摩擦会使内源融资和外源融资的可替代性大打折扣。银行为了在贷后检查中监督公司实现的收益，不得不承担审计成本，而企业家作为内部人却可以无成本地获得相关信息。信息不对称下的审计成本是贷款风险升水的直接原因，直接决定贷款合同中的资金价格。负向冲击会降低企业收益，增加成本，减少净资产价值，提高财务杠杆，从而恶化企业的资产负债表和企业的融资条件，导致外源融资的可获得性降低或融资升水的提高。如果公司外源融资依赖性强，冲击将被这种传导机制放大数倍。当金融摩擦严重时，金融周期波动尤为明显。资产负债表渠道也是货币政策冲击的主要传导机制。当随着紧缩性货币政策而来的负向冲击恶化企业的资产负债表时，企业获得的授信额度将降低，这对企业的投资支出将产生放大效应。因此，金融摩擦是决定金融经济周期传导机制的关键因素，负向冲击经过资产负债表渠道传导之后，会导致实体经济出现剧烈波动。要使经济重新恢复活力，中央银行必须增加未预料到的货币供给；否则，经济无法依靠内生机制走出衰退。

三、金融经济周期理论的贡献和局限性

金融经济周期理论的贡献在于将金融引入经济周期的理论研究，从微观视角研究经济波动的宏观现象，在与现实相符的假设条件下，研究金融摩擦对经济周期传导机制的影响。金融经济周期研究发现冲击可能外生，也可能由金融体系内生，在不同的条件下，市场对冲击的自我调节机制存在差异，金融经济周期的传导机制也有差别。经济周期传导机制受金融摩擦显著影响，其影响程度与金融摩擦的原因有关。信息不对称和金融制度都会产生金融摩擦。金融摩擦通过改变经济周期的传导机制，既可能增强也可能缓解冲击对经济的影响。因此，政府应根据市场环境做出是否干预和如何干预的决策。这些成果不但丰富了经济周期研究的内容，也为政府适当干预经济提供了理论依据。

然而，金融经济周期理论体系总体上较松散，各流派的观点也存在冲突，因而目前尚未形成一个公认的分析框架。可以预见的是，未来的研究方向是将金融经济周期理论中的重要分支与真实经济周期理论、制度经济学等更好地结合起来，并拓展到开放经济。

专栏 7－2

金融加速器与金融危机

(1) 金融加速器与亚洲金融危机。

亚洲金融危机时期，泰国、菲律宾、马来西亚、新加坡、韩国和印度尼西亚等贬值国经济的急剧崩溃使传统开放经济理论遭到了广泛质疑。传统的蒙代尔—弗莱明模型表明本币贬值将提高外国产品相对于本国产品的价格，导致本国产品被更多地消费，从而通过"支出—转换效应"带来产出的扩张。基于金融加速器理论的视角，学者们认为由货币贬值带来的企业资产负债表的恶化是导致亚洲金融危机时期产出急剧下降的主要推动力量。这是因为，东南亚新兴市场的外部债务几乎全部是以发达国家货币(主要是美元)计价的。当企业的收入以本国货币计价而债务以美元计价时，未预期的本币贬值严重恶化了企业的资产负债表，这反过来影响了其借贷能力。而贬值进一步恶化了借贷国整体的"资产负债表"，外国资本的风险溢价大幅度上升，外国借贷急剧收缩，由此导致经济状况的进一步恶化甚至崩溃。

(2) 金融加速器与次贷危机。

进入 21 世纪以来，随着美联储为刺激经济复苏连续调低利率，美国房地产市场持续火热，学者们对房地产部门经济中的金融加速器效应给予了高度关注。Aoki 等在 BGG 模型中引入了房地产部门。在该模型中，住房既提供消费流，又是家庭借贷的抵押品，房地产价格的上涨使得家庭拥有更多的抵押价值，反过来刺激其更多地借贷为消费或房屋投资融资，从而推动新一轮的房地产价格上升和经济扩张，货币冲击在房地产价格、住房投资和消费中的作用通过金融加速器效应被放大了。通过模型化以房屋所有权为担保的额外借贷成本的降低，Aoki 等指出金融监管的放松和金融创新会强化金融加速器效应。Iacoviello(2005)发展了一个包含名义债务和与房地产价格相连的担保约束的名义货币周期模型，其中金融加速器机制通过两个渠道产生，房屋的担保效应提高总需求对房地产价格冲击的影响，需求冲击推动房地产价格和名义价格同方向运动，并被放大和传导；价格水平的上涨又减少了名义债务的实际价值，由于借贷者的边际消费倾向大于贷款者，以及财富的重估效应从而刺激消费和产出的进一步上涨(即名义家庭借贷进一步放大了房屋的担保效应),产生更加显著的金融加速器效应。

(资料来源 何德旭、张捷:“经济周期与金融危机:金融加速器理论的现实解释”,《财经问题研究》,2009年第10期)

本章要点

1. 宏观经济的长期事实是经济增长和经济发展,而短期事实则通常与经济波动和经济周期相联系。经济周期大体上会经历四个阶段:繁荣、衰退、萧条和复苏,并按照波动时期长度分为基钦周期、朱格拉周期、库兹涅茨周期、康德拉季耶夫周期。

2. 衡量经济周期和经济波动最简单的方法是检验产出(或者产出增长率)、价格指数的波动,但这两种方法只能用于简单的描述。为了实现精确度量和预测的目标,经济学界已经构造了若干系统的衡量方法:哈佛晴雨表、美国国家经济研究局指示器、德国指示器等经济指示器方法。不过,生产能力利用率(常用失业率衡量)也是很有效的度量经济周期的方法。

3. 通过对不同影响因素和机制的解释,形成了多种经济周期理论。经济周期的影响因素包括投资、货币金融、技术进步等。其中,凯恩斯主义的经济周期理论是长期以来经济周期研究的主流。

关键概念

经济周期	基钦周期	朱格拉周期
库兹涅茨周期	康德拉季耶夫周期	实际经济周期
技术冲击	乘数—加速数模型	金融加速器

本章习题

1. 试论述经济周期是什么,并对经济周期各种衡量指标比较说明。

2. 说明影响经济周期的因素及其作用机制。

3. “如果企业能够准确预测未来产出和利润率,就不会有经济周期”,请判断该观点是否正确,并且说明理由。

4. 请分析美国金融危机过程中,有哪些微观机制是顺周期的,它们带来哪些后果。

案例讨论

试讨论中国是否存在政治行为影响经济周期波动的情况。

第八章 维持稳定的宏观经济政策

在前面的章节中，利用IS-LM模型和AD-AS模型分析了财政政策与货币政策，讨论了经济中的失业与通货膨胀，这些问题都与宏观经济政策的制定以及政策对经济的影响有关。宏观经济学短期分析的基本内容是研究经济波动，以及用于克服波动的一般财政政策和货币政策的影响。在此基础上，需要进一步讨论的是，如果考虑到具体的操作层面，宏观经济政策能否产生理想的效果(即宏观经济政策的有效性问题)？此外，如果在面临更多选择时，宏观经济政策的制定应当遵循什么样的原则才是最优的？这些问题一直以来都困扰着经济学家和决策者，并成为宏观经济学争论的焦点之一。

关于宏观经济政策的有效性问题，一些经济学家认为，实施有效的宏观经济政策能够熨平经济波动。从前面章节的讨论中可以看出，当政府实施“逆经济风向标”的宏观经济政策时，即经济过热时采取紧缩型宏观经济政策，经济萧条时实施扩张型宏观经济政策，经济将会更加平稳运行。

与上述观点相反，另一些经济学家则认为，宏观经济政策对于稳定经济是无效的，他们认为政府的经济干预是没有必要的。

对于第一种观点(即认为宏观经济政策有效的观点，称为积极政策论)，在前几章中的讨论已经为其提供了理论上的支持。本章主要分析第二种观点，即认为宏观经济政策无效的观点，称为消极政策论。

第一节　消极政策论者的依据

一、政策存在时滞效应

消极政策论者认为宏观经济政策对于稳定经济是无效的,一个主要的依据是认为政策存在着时滞效应。

在电影中,追车镜头是最常见的,机智的车手运用娴熟的驾驶技巧,在拥挤的公路躲避一个又一个危险,最后总能化险为夷。但好莱坞大片《泰坦尼克号》中的海难一幕,也令人震撼,就在邮轮即将与冰山相撞之前,船长已发觉到了危险,但此刻转舵已经无济于事。巨轮对舵的反应,与汽车对方向盘的反应相比,要迟缓得多。即便是经验丰富的老船长,发现冰山就在眼前时,再怎么掌控邮轮,灾难也不可避免。

正如驾驶汽车和航行一样,现实经济并不总是处于平稳运行状态。如果决策者能够及时发现经济中的不稳定因素,并能马上做出正确判断,制定出相应的政策,而且政策的执行和生效也是即时性的,经济就能够立即恢复到稳定状态。但现实并不总是处于理想状态,就像泰坦尼克号的船长一样,决策者不一定能及时发现"冰山",或者即便做出了决策也不能及时产生作用。消极政策论的支持者认为,正是由于时间上的滞后性使得宏观经济政策失效,甚至产生事与愿违的结果,因此反对政府干预经济。

宏观经济政策的制定与执行,以及政策产生影响的每一阶段,都会存在时滞效应。经济学家将这些政策的时滞效应分为内部时滞和外部时滞。区分内部时滞与外部时滞的关键,在于政策实施的时点,前者发生于政策实施之前,而后者则是政策实施后的滞后影响。

(一) 内部时滞

内部时滞是指冲击发生到相应的经济政策实施所花费的时间。决策者确认冲击已发生,而后才能够实施适当的政策,这是内部时滞产生的原因。内部时滞的长短取决于决策者对经济形势发展的预见能力、制定政策的效率和行动的果断性。一般意义上,由于时滞产生的时间和性质的不同,内部时滞又可分为三种:认识时滞、决策时滞和行动时滞。

认识时滞是在冲击出现到决策者确认必须实施适当的宏观政策之间的

那段时间。认识时滞的长短，主要取决于决策者获取信息的敏捷程度、预测能力。这种时滞可以很长，也可以很短。如果冲击能够预见，或者在其发生之前就能采取适当的宏观经济政策，那么这种时滞的符号也可以为负。例如，中央银行根据以往积累的信息，预测国庆节期间由于居民出行旅游的增加刺激了消费，扩大了对现金的需求，相应地运用扩张货币的手段，来适应这种季节性交易动机货币需求的增加，在这种情况下认识时滞就不会产生。但在一般情况下，认识时滞是正数，原因在于冲击对宏观经济的影响是由弱到强的渐进过程，决策者很难在冲击的起始点就了解到冲击的起因和具体性质，从冲击产生到确认需要采取政策之间会耗费一定时间。例如，索洛和卡耐基较早就研究过政策制定的历史，并且得到认识时滞平均约为 5 个月的结论①。

决策时滞是认识到需要采取行动到政策确定之间的时间间隔。决策时滞一般取决于决策者的决策能力、决策体制的结构和效率等因素。决策者的素质高、能力强，决策体制的结构合理，决策程序的效率高，往往能够缩短决策时滞。一般而言，如果决策机制过于强调决策的民主性会拉长决策的内部时滞，但科学的民主决策机制却能够缩短政策的外部时滞。

行动时滞是政策确定和政策开始实施之间的间隔。决策者做出决策以后，动员各种可控资源，并采用各种调控手段使既定的宏观经济政策正式、全面实施，总是需要一定的时间。行动时滞的长短，与决策机构和执行机构的运作环节、执行人员素质及工作效率有关。如果相关机构过于繁杂和工作低效率，无疑将会延长行动时滞，而政策执行人员对宏观经济政策的理解透彻，将有助于缩短行动时滞。

由于内部时滞产生于政策实施之前，克服内部时滞的办法是增强决策者的信息搜集、判断能力，科学简化有关立法、行政程序，增强决策和执行机构设置的科学性、合理性，提高政策执行人员经济素养。

（二）外部时滞

外部时滞是指政策实施到政策行为对经济产生影响的时间。政策实施后不能对支出、收入和就业在瞬间产生影响，是导致外部时滞的原因。

① 参见 John Kareken and Robert Solow：Lags in Monetary Policy，in E.Cary Brown et al (eds)，*Stabilization Policies*，Englewood Cliffs，N. J.：Prentice-Hall，1963。

外部时滞的长短,一是与宏观经济政策对经济的调控手段和工具的传导机制相关,如金融体系的完善程度和金融市场的活动水平,对货币政策的外部时滞就有很大影响。二是与有关市场主体的敏感度相关。市场主体对宏观经济政策的反应快,接收到相应信息后,为了自身利益,就会即刻调整其行为,这时外部时滞就比较短,反之则较长。三是与决策者的决策力度相关。决策力度大,外部时滞无疑会短一些,反之则长一些。但宏观经济政策力度过大时,有可能产生较大的副作用,如过度的扩张型货币政策可能引发通货膨胀。四是与有关市场主体的预期相关。市场主体依据其预期顺应宏观经济政策的实施而调整其行为,外部时滞会短一些,而相背于宏观经济政策的实施调整其行为,必然会出现各种“对策”,外部时滞就会被拉长。例如,中央政府为抑制经济过热,实施紧缩型政策组合,但地方政府为了短期政绩仍然刺激地方的投资行为,就会在客观上延长紧缩型政策的外部时滞。

(三)时滞效应与政策的无效性争论

消极政策论者认为,由于时滞的存在,经济稳定政策要取得成功几乎是不可能的。不仅如此,由于时滞效应,政府为稳定经济所做的努力反而有可能成为导致经济不稳定的一个因素。

从第五章“短期均衡与长期均衡的关系”(见第五章图 5-13 及图 5-14)中,可以看到,虽然经济在短期有可能偏离潜在水平,然而在长期,短期总供给曲线会自发做出相应调整,使经济趋于充分就业状态。因此,当经济出现就业不足均衡或过度就业均衡时,政府似乎无须做出调整(来影响总需求),市场的自发调节机制也能够使经济回到充分就业状态,只不过这种调整的过程可能会很长。

图 8-1 的 A 点描述了经济处于就业不足均衡时的一种情况,此时产出低于潜在 GDP,经济中存在着资源的闲置。如果不考虑政府政策的作用,让经济自发调节,根据第五章的分析不难看出,短期总供给曲线在长期会发生平移(从 SAS_1 右移到 SAS_2),经济也会从 A 点移动到 B 点。

现在考察政府政策的作用,如果政府没有考虑到政策的时滞效应,而是认为政策能够对经济稳定起到瞬时的作用(这正是我们在前几章所讨论的政策实施情况),在这种情况下,政府实施需求扩张的政策,通过拉动总需求从 AD_1 右移到 AD_2 而试图使经济走出就业不足均衡状态(即政府试图使经济从 A 点移动到 C 点),以实现充分就业均衡。

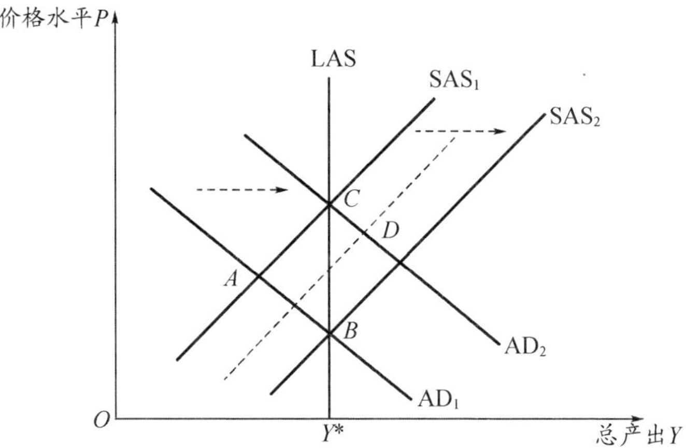

当出现就业不足均衡(点 A)时,政府试图拉动总需求,以使经济运行于充分就业均衡(点 C)。然而,由于总需求政策具有时滞效应,在总供给自发调整之后,总需求政策才起到作用,这会使实际的均衡结果(点 D)偏离目标结果(点 C)。

图 8－1　时滞的存在使稳定政策的实际结果偏离了目标结果

然而,由于政策时滞的存在,政府的政策对经济并不会在瞬间发挥作用,当总供给曲线经过自发调整而右移了一段时间之后,总需求政策才开始发挥作用,使 AD_1 右移到 AD_2。现在,新的均衡点为 D 点(即 AD_2 与虚线所代表的短期总供给曲线的交点)而非 C 点。可以看到,政府实施的需求扩张政策本来的目的是平稳经济,其结果却是导致过度就业均衡。

上述过程讨论了时滞效应的存在会导致政策偏离其目标,消极政策论者以此为依据否认稳定政策的作用。针对这种观点,积极政策论者却认为,上述现象的存在并不能够构成完全否认政策作用的理由,因为即便时滞效应的存在使得经济政策偏离其目标,宏观经济政策中还存在着一类具有“自动稳定器”功能的政策,这种政策在稳定经济时的内部时滞非常小,能够很好地克服政策的时滞效应。

第五章介绍的累进所得税收制度、社会保障与福利制度(如失业救济)是具有“自动稳定器”作用的典型代表。累进所得税在经济的繁荣(过热)或衰退时期能够自动改变居民的可支配收入,从而对经济起到抑制或刺激的作用。社会保障制度与福利制度所起到的作用也是类似的,当经济进入衰退时,更多的人会得到补贴,从而消费扩大,自动刺激产出上升。由于"自动稳定器"是针对经济波动的状况自动调整的,它避免了认识时滞、决策时滞及行动时滞等内部时滞效应,因此能够很好地克服因时滞带来的不利结果。

(四)财政政策和货币政策的时滞效应

一般来说,实施财政政策和货币政策具有不同的时滞效应。财政政策调节经济运行的难题在于内部时滞过长,各国财政政策的实施,都需要经过国会或政府机构的表决、批准,有时甚至需要立法,复杂而缓慢的审核与批复程序往往延缓财政政策的实施。此外,对应于不同的财政政策,政策时滞也不相同。政府购买政策(主要是政府采购和基础设施投资)的行动时滞和外部时滞较长(政府购买需要调动的资源庞大,而基础设施建设周期长),税收政策的决策时滞长而外部时滞短(税率的变化需要相关政府机构和国会的批准,但税率一经改变就会对经济产生影响)。

货币政策的内部时滞,相对于财政政策而言要短得多,原因在于中央银行可以在很短的时间内决定并执行新的货币政策。但货币政策的外部时滞却很长,货币政策外部时滞的长短取决于中央银行与商业银行、居民、企业和政府等一系列经济主体之间的关系,这些关系又主要由金融市场和商品市场的运行决定,中央银行往往难以把握和控制其他经济主体的反应,而这一系列行为主体的反应特征在很大程度上会影响货币政策的传导过程。所以,货币政策的外部时滞一般长于内部时滞。

以考察中央银行如何通过货币政策控制通货膨胀为例。首先,中央银行提高利率会使总支出减少,进而收入减少,同时收入的减少导致消费支出的降低,接着又降低了总支出。实际 GDP 和可支配收入一起减少,消费支出也会减少,最后实际 GDP 增长减慢,通货膨胀率下降。相关研究表明:在货币政策做出变动 6 个月之后才会影响经济活动①。而根据我国学者的测算,我国的货币政策时滞大约为 7～24 个月。

二、理性预期与卢卡斯批判

除上述时滞效应的存在可能导致宏观经济政策无效之外,以卢卡斯等人为代表的理性预期学派强调在政策实施的同时,人们的预期会针对政策的变动做出相应的调整。而凯恩斯主义并没有充分考虑到政策对于预期的

---

① 参见 N.格里高利·曼昆:《宏观经济学》,中国人民大学出版社,2005 年版,第 363 页。

这种影响，这也是导致凯恩斯主义政策无效的一个原因。

（一）理性预期理论

“理性预期”一词，由穆斯（1961）在“理性预期与价格变动理论”①一文中首次提出，而理性预期理论是20世纪70年代从货币主义的理论中演化而来的。穆斯从工程学文献中借用了这一概念，他假定：公众在进行预测时，总是以自己尽可能收集到的信息作为依据。但穆斯的这一理论在当时并未在经济学界引起多大反响，直到20世纪70年代卢卡斯发表了“产量—通货膨胀交替的一些国际证据”②等一系列论文，并将理性预期理论应用于宏观经济政策分析，才掀起了“理性预期革命”，并奠定了理性预期理论在经济学中的地位。

所谓理性预期，是指公众预先充分掌握了一切可以利用的信息，并在对这些信息进行理智整理的基础上预测未来。这种预期之所以被称为“理性的”，是因为它是公众对历史能提供的所有信息加以最有效利用，并经过周密的思考之后才做出的一种预期。从理论上来说，理性不仅是对经济变量取值的预测，而且是对这个取值的概率分布的判定。因此，一个经济变量的理性预期，等于该变量的数学期望值。

在理性预期下，对经济变量的预期平均值总是等于该经济变量的实际值，出现的误差是由随机扰动所致。理性预期的主体只会犯随机性误差，而不会犯系统性误差。

理性预期理论不排除现实经济中存在不确定性因素，也不排除不确定性因素对预期的影响，使得预期偏离实际。但是在理性预期模型中，公众会针对预期的不准确信息来不断调整对未来的预期。在理性预期理论中，公众也会犯随机性错误，但不会犯系统性错误。

虽然说理性预期是最准确和最有效的预期形成形式，但针对理性预期的批评却从未停止过，在这里我们简要地分析一下常见的两种反对意见。

主要的一种批评涉及信息成本，即公众获取和处理那些可公开获得的信息，以形成理性预期所需的成本（时间、努力和金钱）。既然获取和处理信

① Muth, J.F.: Rational Expectation and the Theory of Price Movements, *Econometrica*, 1961, July.

② Lucas, R.E.Jr.: Some International Evidence on Output-Inflation Tradeoff, *American Economic Review*, 1973, June.

息有成本,那么公众就不可能使用所有可得到的公开信息。针对这种批评的辩护观点认为,"理性"公众在形成他们的预期时,有激励去最佳地利用所有可获取的公开信息。即公众有激励把信息运用到这样一点,在这一点边际收益(以预期精确度的改进衡量)等于边际成本(从获取和处理所有可得到的公开信息的角度分析)。此外,理性预期并不要求公众独立地去获取和处理可获得的公开信息。公众可以间接地,如从新闻媒介和专业研究机构发表的预测和评论中获取信息。

另一个更为严厉的批评意见则认为,由于经济学家们自己就什么是正确模型都存在巨大的分歧,那么公众在现实中是如何获取"正确的"经济模型的知识?分散的市场行为主体能否"了解"经济的真实模型,是一个很有争议的问题。

对于以上的批评,卢卡斯给出了经典的回应:鸟没有学过复杂的空气动力学却能飞得很好。理性预期学派认为,因为公众不断地吸取教训,能够做到"吃一堑,长一智",从而有效利用一切信息来逐渐修正预期,因此理性预期是一种合理的理论假设。

(二) 卢卡斯批判

由于公众会对政策变化所带来的影响做出理性的预期,并相应地改变自己的行为,这就为政策研究者提出了一个尖锐的问题:当政府准备实施一项政策时,我们需要知道公众依据自身的判断可能对这项政策如何做出反应。除非我们充分了解公众对政策的预期,否则我们就不能从各变量和政策之间的历史关系中找出答案。

1976 年卢卡斯发表了题为"对经济计量政策评估的批评"[①]的论文,他认为传统的凯恩斯模型不能用于研究政策变化的影响,因为传统的政策评估方法,比如依靠标准宏观经济计量模型的方法,没有充分考虑到政策对预期的影响。卢卡斯对传统政策评估的批评,就是经济学中著名的"卢卡斯批判"。

借助 AD-AS 模型,可以简要说明在理性预期的假设前提下,传统凯恩斯主义宏观经济政策失效的基本依据(见图 8-2)。

① Lucas, R.E.: Econometric Policy Evaluation: A Critique, in K. Brunner and A. Meltzer (eds), *The Phlips Curve and Labor Markets*, Amsterdam: North Holland, Carnegie-Rochester Series on Public Policy, 1976.

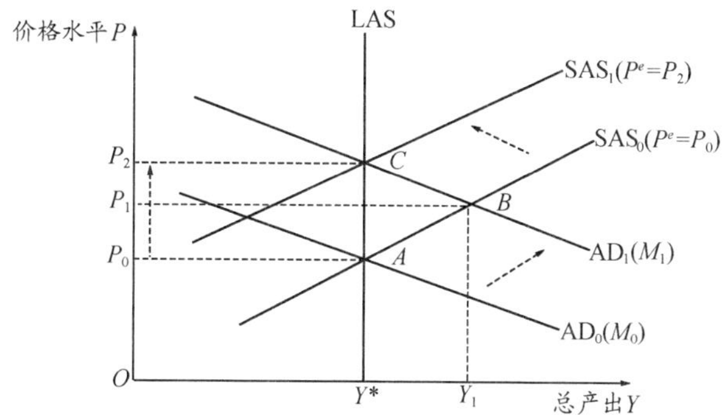

公众会对政府政策所产生的结果加入自己的预期，从而导致实际结果与目标结果发生偏离。

图 8－2　理性预期宏观经济政策无效

在图 8－2 的 AD-AS 模型中，经济起初在点 A 处运行，该点是初始的总需求曲线（AD_0）与短期总供给曲线（SAS_0）及长期总供给曲线（LAS）的交点，经济处于充分就业产出水平。

现在假设决策者为刺激经济，宣布将要增加货币供给。政府将货币供给由 M_0 增加到 M_1，总需求曲线将由 AD_0 向右移动至 AD_1。如果工人和企业对此没有任何反应的话，短期总供给曲线将保持不变（SAS_0），扩张性货币政策的实施将使总产出从 Y^* 增加到 Y_1。

但根据理性预期的观点，理性的公众在形成他们的预期时，会将因扩张性政策所导致的价格上升考虑进自己的预期，即工人与企业预期未来的价格水平会上升（AD_1 与长期总供给曲线 LAS 的交点）。根据第五章的分析，这将会导致总供给曲线由 SAS_0 向左移动，直到 SAS_1。经济将从 A 点迅速移动到 C 点，货币供给的增加并没有使产出获得增加，而仅仅造成通货膨胀（价格水平从 P_0 上升到 P_2）。

再来考察出乎公众意料之外的、突然的政府政策变化所产生的影响，即政府在实施扩张性货币政策之前并没有向公众宣布，而是突然增加了经济中的货币供给量。此时，拥有不完全信息的公众不会预见到物价水平的上涨，SAS_0 不发生移动，未预期的价格水平的上涨使得实际工资下降，企业对之的反应是增加劳动需求，从而总产出沿着 SAS_0 增加。然而，这只是公众预期的随机性误差造成的。公众将纠正误差（这种纠正过程是迅速的），结合第五章图 5－14 的分析，公众将价格的预期调整至与长期均衡点（C 点）相互一致的水平,通过短期总供给曲线的移动,产出就会迅速回到充分就业水平。

从上述过程中可以看到“卢卡斯批判”的基本思想:在凯恩斯主义的理论体系中,由于没有考虑到预期的作用,短期总供给曲线被视为固定不变,从而宏观经济政策通过影响总需求而对实际经济产生影响。而理性预期学派却认为,人们会利用一切信息对价格的变动做出自己的预期,当政府政策改变时,人们会对预期进行适时调整,短期总供给曲线并不是固定不变,而是会针对宏观经济政策的变动做出相应调整。因此,在制定宏观经济政策时,政策制定者应该了解和重视这种调整。

专栏 8 - 1

地方政府的“理性预期”行为

地方政府的“理性预期”行为有时候会使宏观经济政策的实际结果与政策制定者的初始目的发生偏离。比如,针对不断升温的宏观经济,中央政府曾于 2003 年年底开始发出经济应该放缓的信号,并采取了许多温和的“微调”措施,力图能够实现最优的经济“软着陆”。但是,这些温和的“微调”却得到了逆向效果。在许多地方,投资额反而有增无减,被中央列为低水平重复建设、加以抑制的行业依旧顶风而起,地方经济呈现出一幅“大干快上”的热闹景象。

为何会出现这种中央喊停,各地经济却冲刺的现象?为何中国的经济运行对于经典教科书开出的处方似乎具有系统性的“免疫”能力呢?其根源在于地方政府与中央政府在多次的博弈中形成了一种理性预期。为了能在中国特有的经济周期波动中获取最佳的发展空间,各个地方政府的官员往往在经济紧缩的前夜进行最后的冲刺,而这种白天学习贯彻中央文件,晚上继续加班加点开工的行为,往往都能够取得经济上的成功,比如可以在下一轮经济启动时占有先机,可以先将项目突击审批上马而向上级政府进行融资的“倒逼”等,而最后政治上的“进步”就是对这种经济成功的“肯定”。

有了这种理性预期概念,也就不难理解地方政府的“非理性”冲刺行为了。中央政府不断出台的“微调”政策,恰似十字路口不断闪烁的“黄灯”,刺激着各个地方政府在即将到来的“红灯”亮起之前,猛踩投资扩张的“油门”,做出最后的冲刺。

(资料来源　沈坤荣:“新一轮中国经济波动中的‘黄灯效应’”,《现代经济探讨》,2004 年第 9 期)

第二节　单一规则与相机抉择

除了对宏观经济政策有效性的争论外，经济政策的制定是遵循固定的单一规则（即遵循某种既定的规则）还是相机抉择，是关于宏观经济政策另一个有争议的话题。

如果决策者事先向公众发布了各种情况下政策如何制定的信息，并能始终遵守事先的各种承诺，则宏观经济政策就是按单一规则实施的，体现出决策者的公信力。而在相机抉择的情况下，决策者不受任何单一规则的制约，可以根据实际情况最优化当期政策选择，使得宏观经济政策的实施有很大的灵活性，相机抉择是决策者认为在恰当的时候改变政策。

诺贝尔经济学奖得主米尔顿·弗里德曼曾提出一个单一规则政策：不管经济形势如何，货币当局只要保持货币量供给以一个固定的速率增长，就能够成功避免通货膨胀。由于受货币主义观点的影响，人们往往认为，大多数单一规则是针对消极政策，并且偏爱货币以固定比例增长。但实际上，无论积极政策还是消极政策，都是可以遵循一定的单一规则。以货币供应增长率为例，消极的货币政策可以规定，无论发生任何情况，货币增长率将保持在4%。而一项积极政策同样可以遵循这样的单一规则：

$$货币增长率=4\%+2\times(失业率-5.5\%)$$

上述方程暗示的积极货币政策的规则为：在5.5%的失业率时货币增长为4%，如果失业率上升到5.5%以上，货币增长自动增加，如失业率为6%，货币供给增长率就为5%；反之，失业率下降到5.5%以下时，货币增长将低于4%。通过上式可以发现，一个积极的旨在稳定经济的货币政策，通过将货币增长与失业率相联系，同样可以使得政策的实施不存在任何相机抉择的因素。因而，我们不能简单地将积极政策与相机抉择以及消极政策与单一规则画等号。

一、单一规则与相机抉择的比较

支持相机抉择的经济学家认为，宏观经济政策的制定是以宏观经济状态为依据的，任何时点的宏观经济政策都不应是固定的，而应该随经济状态灵活变动。相机抉择,就如同在公路上行车,司机可以选择相机抉择的政策,决定车辆行驶速度以及与其他车辆的距离。

与相机抉择相比,支持单一规则的经济学家却主张,不管经济形势如何,政策应当采取某种既定的单一规则。

单一规则的支持者认为,由于宏观经济政策非常重要,它不能交由决策者相机抉择。决策者往往不是专业的经济学家,而且其决策的过程容易受到利益集团的左右,因此若采用相机抉择的决策机制,宏观经济政策有可能会步入歧途。另一方面,政府其实也是由普通的个人所组成,这些政府官员有着自己的利益目标,当决策者的目标与公众的目标相背离时,相机抉择使政府官员追求自己利益的机会主义行为获得生存的空间。

基于上述考虑,一些经济学家提倡应该将经济政策的制定与政治过程相分离。他们认为,单一规则正如路边的停车标志牌,“不管前面的道路如何,即使道路上没有任何其他车辆也应该停车”,这样就避免了因决策者的无能或机会主义倾向而给经济带来危害。

二、前后不一致性

假如决策者是充分可信任的,政策的制定是否可以相机抉择呢?

相机抉择的支持者认为,由于相机抉择是根据不同的经济状况,制定相应时点上最优的政策,体现了政策制定的灵活性,因此,只要决策者具有充分的理性和公信力,就能针对经济状况的变化做出适时、准确的反应。

然而情况却并非想象得那么简单,反对相机抉择的经济学家认为,即便决策者拥有充分的理性和公信力,仍然需要事先以固定的单一规则来约束决策者的行为。因为从特定时点上来看,相机抉择可能是最优的,但长期的政策绩效却并非是最优的。经济学上用政策的前后不一致性来(或称动态不一致性)解释这一问题。

(一)前后不一致性的理论基础

从某个时点开始,决策者需要选择一组政策组合,以使经济绩效达到最优,当前所制定的政策组合,包括了现在和将来两个不同时间段的政策实施计划。但是,正如一句谚语所说,“计划赶不上变化”,在将来的某一个时点,决策者发现,如果实施不同于前期所确定下来的那些政策组合,有可能会带来更好的经济绩效,决策者于是根据后来所在时点的经济状况,设计出一组新的政策组合,这就会产生政策的不一致性问题。

2004 年诺贝尔经济学奖获得者基德兰德和普雷斯科特在理性预期理论与博弈论的基础上发展了前后不一致问题，用以证明相机抉择短期可能最优而长期次优。前后不一致性问题的核心是①：经过千挑万选，一项经济政策终于出台了，政策一旦出台就会影响家庭和公司对政策的预期，当这些预期转化为实际行动时，决策者就会对他们的决定做出修改，结果却是最好的政策被抛弃。这样的结果与其说是决策者的目标与公众的目标不同所致，还不如说是不同时间对经济政策的制约因素不同所致。

对前后不一致性问题的研究，始于基德兰德和普雷斯科特 1977 年发表的经典论文《规则而非相机抉择：最优计划的不一致性》②，在这篇文章中，基德兰德和普雷斯科特将前后不一致性模型应用于货币政策分析，用以解释"滞胀"现象。他们认为③，如果决策者缺乏预先做出判断能力的话，往往会制定导致高通货膨胀率的政策。假设决策者的目标是小幅通货膨胀，并将这一政策公之于众，又进一步假设这样的政策导致了低通货膨胀预期和工资的小幅上升。一旦出现这种情况，必然诱惑政策制定者实行更高的通货膨胀政策，因为这样可以在短期内减少失业。基德兰德和普雷斯科特认为，这样的诱惑将使经济陷入高通货膨胀而不能自拔，并且于解决失业无补。

基德兰德和普雷斯科特的前后不一致性理论分析框架，比较了单一规则和相机抉择哪一种更优。分析结果显示，相机抉择之所以对单一规则而言具有次优性，不是由于决策者的短视（不能辨别未来的发展趋势），因为每个决策都是建立在对当期和未来的事实准确判断上。这种次优性的原因在于，政策制定后所采用的相机抉择政策，忽视了理性的公众会预期到政府的决策行为，并产生相应的对策，改变自身的决定，最终导致长期相机抉择次优于单一规则。关于这一点，与理性预期理论的政策无效性主张的论述一致。

运用前后不一致性理论分析，虽然可以得出单一规则优于相机抉择的结论，但需要明确这一分析方法的理论假设，即长期中决策者的偏好函数和经济约束条件没有未预期到的变动，从而公众必须能够充分理性地预期到

① 资料来源：http://www.ifsfd.org/lab/newshtml/jingjixuejiang/20050106150909.htm。

② Kydland，F. E. and Prescott，E. C.：Ruler Rather than Discretion：The Inconsistency of Optimal Plans，*Journal of Political Economy*，1977，June.

③ http://www.ifsfd.org/lab/newshtml/jingjixuejiang/20050106150909.htm。

决策者的政策行为和宏观经济环境。这种分析的局限性在于,它并没有考虑经济中公众未预期到的非暂时性(非随机)变动。当经济中发生突发性事件并且影响时间长、强度大,则应根据实际宏观经济形势,实施相机抉择的宏观经济政策。例如,1998 年亚洲金融危机的爆发,是没有被大多数人所预见到的,此时为稳定国内经济,中国政府转而实施扩张型财政政策。这种相机抉择的宏观经济政策为稳定经济起到了不可估量的作用。因此,发生未预见到的重大变化,应对既定宏观经济政策进行修正,使其适应新的经济环境。

(二)前后不一致性的案例分析

在面对一些经济问题时,决策者可能愿意事先公布将要遵循的政策规则,以便影响公众的预期。但随着经济状况的变化,公众根据预期做出相应个体决策时,决策者可能会受到某种更有利的经济条件的诱惑,而改变最初所制定的政策选择。意识到决策者的前后不一致性后,公众就会不再信任决策者所公布的信息。在这种情况下,为了增强自身的可信度,决策者就会想用固定的政策规则做出承诺。

首先来看一个公共政策方面的例子,来理解决策者前后不一致的行为。

许多国家对于劫持人质事件的政策,往往是首先宣布政府根本就不会与劫持者就人质问题谈判。政府的这种姿态,是为了对劫持者形成威慑,政府的原则是不会与劫持者妥协,劫持者也就不会从劫持人质上得到任何利益,从而理性的劫持者就不会劫持任何人。所以决策者公开宣布政府的立场,就是为了影响劫持者的预期,从而影响他们的行为。然而,可以再深入地思考一下,只有决策者完全可信地对这个政策做出了承诺,否则事先表明政府的立场不会产生任何作用。劫持者知道,只要他们绑架了人质,决策者面临极大的压力,为保证人质安全就会对劫持者做出某种让步。这种政策的改变可能在当期为决策者带来较好的政绩,但从长远来看却不能杜绝劫持人质的行为。而威慑理性劫持者的唯一方法就是取消决策者相机决策的权利,并对绝不谈判的规则做出充分可信的承诺。从中可以看出,只有当政府真的不与劫持者谈判,才可以从根本上消除劫持人质行为。

在货币政策的实施过程中,同样会产生前后不一致性问题。

一般来说,货币政策当局可能既关心通货膨胀又关心就业问题,但这两种政策目标是存在矛盾的,使得中央银行处于两难境地。菲利普斯曲线表明,通货膨胀与就业之间的取舍关系取决于公众的通货膨胀预期。因而,货币政策当局就会希望公众的通货膨胀预期比较低,并向公众宣布低通货膨胀是货币政策的首要目标。公众对通货膨胀预期比较低，不会过多地在工资与投资回报合同中考虑通货膨胀的因素，从而不会造成物价的上涨，并为货币政策实施创造一个宽松、有利的环境。但是，当公众形成了低通货膨胀的预期，并确定了工资和投资回报合同，从而不会对物价造成影响，货币政策当局就会有违背事先承诺的激励，实施扩张型货币政策以降低失业、增加产出。当意识到中央银行已改变了事先的声明，公众将不再信任决策者的承诺。可以想象，正如政府因受到保障人质生命安全的压力而与劫持者谈判一样，拥有相机抉择权利的中央银行也有制造通货膨胀以减少失业的激励。就像劫持者不相信政府的绝不妥协的声明一样，公众也不相信中央银行宣布的低通货膨胀目标。这样，从长期来看，因为失去了公众的信任，中央银行将面临一个糟糕的政策制定环境。

前后不一致性产生于决策者在选择政策时的逐期最优化行为。因为决策者被赋予太大的相机抉择的权利，这样的逐期最优化的长期结果可能并不好。最优的政策选择应该是，在起始点选择一个能够实现期望目标的计划或规则，并抵制短期政策绩效的诱惑坚持这一规则。

一旦认识了前后不一致性，就会发现在宏观经济政策制定的其他方面也存在类似的前后不一致性问题。

下面再看税收规则的例子。为了增加收入，政府热衷于征税，法律对偷税、漏税行为规定了严厉的惩罚条款，但仍然不能杜绝偷税、漏税行为的发生。在压缩预算时期，政府有时会偏离既定的税收规则以求短期内有额外收入。一种做法就是“税收大赦”，如果全部税款于大赦期间补缴，政府将保证对过去的逃税行为不追究法律责任。税收大赦也是一项前后不一致政策，并且也不是最佳政策。政府为获得短期额外收入，而同意不实施既定规则。但长期来看这一行动是有成本的，政府的信誉被破坏，公众会预期将来还会有税收大赦，从而助长了逃税行为。

接下来引入一个多期的专利权案例进行分析。

假定创新者如果得不到政府授予的专利权，将不能获得垄断利益，就没有任何经济主体会投资于研究，因此任何形式的创新都不会出现。但创新能增进社会福利，所以最佳的政策是允许专利保护，并长期坚持下去。假设一旦创新在 1 期出现，被授予 1、2 期的专利权。但在相机抉择的政策情况下，2 期为了使更多人免费享受到创新带来的福利，政府宣布取消专利保护。在 3 期因为没有了专利保护，就不会再有资源配置到创新上。人们通过经验积累知道,政府在1期宣布保护专利,在2期却违反自己的承诺,因此怀疑政府的公信力。由于3期没有了创新,社会福利会下降,政府会重新宣布保护专利。但由于怀疑政府会再次出尔反尔取消专利保护,政府的信誉下降了,创新也不会发生。所以引入了政府的信誉分析,社会福利最大化政策还是应该坚持初始的最佳政策,即严格执行专利权制度。

通过上面的案例分析不难发现,在每一种情况中,理性的公众都会预期到决策者的失信行为,从而影响公众的行为,进而恶化政策的制定环境,增加了政策制定的长期成本。政策的前后不一致在短期内可能带来较好的政策绩效,但从长期来看却不是最优的。要从根本上解决这些前后不一致问题,需要增强政府的公信力,遵循单一规则的政策选择,并对相机抉择保持审慎态度,减少政策制定的短期行为。

专栏8-2

亚历山大·汉密尔顿与前后不一致性

前后不一致性早就是一个与相机抉择政策有关的问题。事实上,这也是亚历山大·汉密尔顿在1789年被乔治·华盛顿总统任命为美国第一任财政部长时最先遇到的重大问题之一。

汉密尔顿面临的问题是如何处理新国家在独立战争期间所积累的债务。当革命政府发行债券时,它承诺战争结束时偿还这些债务。但在战后,许多美国人建议不偿还债务,因为偿还债务就要增加税收,而税收总是有代价的,也是不受欢迎的。

汉密尔顿反对拒付债务的前后不一致性政策。在1790年提交议会的第一份公共信用报告中,他写道:那么,如果维护公共信用的确如此重要,自然而然下一个问题就是:用什么手段使之实现?对这个问题现成的回答是:凭借一个准时实施的合约。各州也和个人一样关注他们的承诺,受到了尊重和信任,而相反的是那些采取相反行为的人的结局。因此,汉密尔顿建议国家对偿还其债务的政策规则做出承诺。

汉密尔顿最初建议的政策规则已经保持了200多年。虽然现在与汉密尔顿的时代不同,但当国会争论支出的优先顺序时,却没有一个人严肃地建议把拖欠公共债务作为一种减税的方法。就公共债务而言,现在每一个人都同意,政府应该对固定的政策规则做出承诺。

三、货币政策的单一规则

在以上的分析中，即便相信单一规则胜于相机抉择，但对宏观经济政策的制定仍然存在争论。当中央银行决定制定单一规则的货币政策，那么可以思考一下，应当以什么目标规则制定货币政策呢？

在对单一规则和相机抉择的比较中，曾提到弗里德曼的观点，即货币量的供给应保持在一个固定的增长率水平，这样能够保证产出、就业与物价的稳定。这是一种最具有代表性的货币政策单一规则。虽然经济学家相信，固定的货币供给增长速度能够防止经济波动，但这并不一定是最好的可选择的货币政策规则。因为只有当货币的流通速度稳定时，货币供给的稳定增长才能稳定总需求。然而如果经济经历货币需求变动的冲击，就会改变货币的流通速度。大多数经济学家认为，货币政策规则要稳定经济，需要允许货币供给对经济的各种冲击做出调整。

第二种被广泛接受的货币政策单一规则是，将名义 GDP 稳定在一定水平上作为目标。根据这种规则，中央银行将对外公布一个计划的名义 GDP 路径。如果名义 GDP 高于计划目标，就将降低货币增长率，以抑制总需求；如果名义 GDP 低于计划目标，则提高货币增长率，刺激总需求。因为以名义 GDP 为目标的单一规则允许根据货币流通速度的变动调整货币政策，在一定程度上这种政策规则被认为比固定货币增长率的规则能使经济更稳定。

经济学家建议采用的第三种规则是以通货膨胀为目标。根据这种规则，中央银行事先公布最低通货膨胀率目标，当实际通货膨胀率偏离这一目标，中央银行就调整货币供给。与名义 GDP 目标一样，通货膨胀率目标也考虑到货币流通速度变化时将改变货币供给的增长率。

需要注意，货币供给、名义 GDP 和通货膨胀率都是名义变量，如果将实际变量作为货币政策单一规则的目标，那将会对经济产生什么影响呢？例如，中央银行可以将失业率作为货币政策的单一规则，但这个单一规则存在的问题是没有人能确切知道自然失业率是多少。如果计划的失业率低于自然失业率，因为货币的供给超过经济所需要的货币量，就会造成通货膨胀。而计划失业率高于自然失业率，就会造成通货紧缩。以不适当的实际变量作为单一规则，不仅不会对经济稳定做出贡献，相反会造成经济的混乱。所以，尽管失业率和实际 GDP 等实际变量是衡量经济运行最直观的指标，但经济学家并不赞成仅仅用实际变量作为货币政策的规则。

货币政策即便是单一规则的,但总会发生变化,为了保证货币政策的变化能实现社会福利最大化,各国普遍采取的对策是加强中央银行的独立性。通过法律程序保证中央银行的独立性,这一做法的目的在于将中央银行制定的货币政策隔离于政治活动,使其较少受政治的影响,保持货币政策规则的一致性。有些经济学家的研究显示,较为独立的中央银行与低而稳定的通货膨胀密切相关。例如,德国、瑞士和美国等中央银行独立性较强的国家,平均通货膨胀率较低。而中央银行独立性较低的国家,如西班牙、新西兰等,通货膨胀率较高。

四、财政政策的单一规则

目前为各国政府广泛采用的财政政策的单一规则包括两种:赤字(盈余)规则与支出规则。

赤字(盈余)规则,即以保证一定的财政预算赤字为目标。赤字规则的优点在于,能够与一个公众可以直接了解的宏观经济指标相联系,增加了政策的透明度,如规定赤字规模占 GDP 的 2%。

往往大多数人会认为财政政策应保持财政预算平衡,但政府要保持严格财政预算平衡,就会使累进制所得税和转移支付等自动稳定器失效。当经济进入衰退期,税率自动下调税收下降,同时失业救济将增多,这样财政赤字就会增加(或盈余减少)。而当经济进入繁荣期,税收增加,失业救济减少,财政赤字减少(或盈余增加)。如果财政收支保持严格的平衡,那么将缺乏资金来源,自动稳定器就不能发挥正常作用。

支出规则,这一规则通常是对支出领域规定支出上限,这样的安排能够使公众较好地理解财政支出方向,加强财政支出的约束,同时不影响自动稳定器在收入和支出两方面发挥作用。这种安排的不足之处在于在经济的周期波动中,限制了财政政策调整的灵活性。此外,规定支出的上限,往往会产生“拆东墙补西墙”的不均衡发展现象。如政府的基础设施建设投资支出过多,相应政府就会减少对社会保障体系的支出,而政府在一个公共领域投资建设持续不足,长期中这一领域将难以与经济整体的发展要求相匹配。

在制定了财政政策的单一规则后,还需要保持财政政策的透明度,这样能够缓和财政政策灵活性和纪律性不能两全的矛盾。如果财政政策缺乏透明度,没有健全的监督机制,单一规则的财政政策依然会产生“代理人寻租”

问题。如果没有监督机制，决策者可以通过降低政府公共支出的质量，获取个人利益。这样即便是单一规则的财政政策，也不会产生理想的效果。此外，财政政策的透明度，能够增强政府的公信力。当经济发生周期性波动，政策需要偏离既定单一规则，公众对政府的信任，将有助于减少政策变动的成本。

专栏 8－3

宏观经济学主要流派简介

在本书之前的讨论中，读者可能已经发现宏观经济学实际上是一个非常庞大的体系，其中学派林立。为了帮助读者更好地理解宏观经济学基本理论，本专栏将对现代宏观经济学的各主要流派进行一个初步的介绍。

宏观经济学作为一个完整的经济学理论体系的建立，以凯恩斯 1936 年的《就业、利息与货币通论》（简称《通论》）的发表为标志。在过去八十多年的发展历史当中，最为主要的流派有以下几个。

古典主义宏观经济学

在凯恩斯的《通论》发表之前，西方经济学中占据统治地位的是以马歇尔（Alfred Marshall）等为代表的古典经济学。古典学派坚信“供给会创造它自身需求”的萨伊定律，并且认为市场的价格是灵活变动的。市场机制可以始终保持经济实现均衡，任何失衡经济最终在市场力量的作用下都会达到新的均衡。因而，政府对市场经济运行的任何干预都是不必要的。

凯恩斯主义宏观经济学

由于凯恩斯的理论大大改写了西方经济学的研究主题和内容体系，从根本上改变了经济学家对现实世界的认识，所以，在经济学理论上将凯恩斯理论称为“凯恩斯革命”。与古典主义的宏观经济学理论的观点不同，凯恩斯认为由于消费边际倾向递减、资本边际报酬递减等因素，有效总需求会呈现出不足，因而经济中存在着周期性失业现象。政府应当通过需求管理政策干预宏观经济的运行。

货币主义

20 世纪 60 年代末 70 年代初，以弗里德曼（Milton Friedman）为代表的货币主义作为一种经济学思潮兴起于美、英等国家。货币主义产生的背景主要是 20 世纪 70 年代发生在西方资本主义世界的滞胀现象（指经济停滞与通货膨胀并存)。

货币主义与凯恩斯主义在理论上的最主要差别表现在菲利普斯曲线上。弗里德曼认为原始的菲利普斯曲线是不能成立的,也即并不存在通货膨胀与失业率之间的反向交替关系。弗里德曼基于适应性预期假说和自然失业率假说,指出对于一个既定的预期的通货膨胀率来说,存在通货膨胀与失业之间的短期替换关系,但是长期的菲利普斯曲线在自然失业率水平上是垂直的。

新古典宏观经济学

到20世纪70年代中期,卢卡斯(Robert E. Lucas Jr.)、萨金特(Thomas Sargent)等人掀起了对宏观经济学影响深远的“理性预期革命”。理性预期学派基于理性预期假说、市场出清假说,提出“政策无效性命题”,并根据前后不一致性命题,否定了凯恩斯主义者所主张的财政政策和相机抉择政策。

基于实际产出和就业变化的经验数据说明,产出和就业的变化具有惯性,并不是随机的,为对这种现象进行解释,20世纪80年代基德兰德(Finn Kydland)和普雷斯科特(Edward Prescott)等人提出了实际经济周期理论。实际经济周期理论把经济波动主要看作是由对经济的持续的实际(供给侧因素)冲击引起的。也即由于大规模的随机的技术进步或生产率的波动,会导致相对价格波动,而理性的经济当事人通过改变他们的劳动供给和消费来对相对价格波动做出最优反应,从而引起产出和就业的周期波动。根据实际经济周期理论,产量和就业波动主要是由供给方引起的增长趋势波动,因此,政府就不应该试图用稳定政策来消除这些波动。

由于理性预期学派和实际经济周期理论在政策上均反对政府的任何干预,这与古典主义观点具有内在一致性,因而,在理论上一般将它们统称为新古典宏观经济学。

新凯恩斯主义宏观经济学

新凯恩斯主义是在与货币主义和新古典宏观经济学的理论斗争中,通过从其反对派那里吸取“营养”而获得“新生”的凯恩斯主义,以曼昆(N. Gregory Mankiw)等人为代表。新凯恩斯主义继承了凯恩斯主义的传统,如接受“失业和非市场出清是经济的常态”、货币非中性等观点,而与此同时,新凯恩斯主义模型中也融入了垂直的菲利普斯曲线、供给冲击等思想。

新凯恩斯主义经济学家着重从微观层面上来解释失业和经济波动等宏

观经济现象，通过“菜单成本”理论、“近似理性”(Near Rational)模型、长期合同理论或价格交错调整理论来解释工资刚性和价格刚性，从而得到了一个以经济当事人的最大化行为和理性预期为基础的工资和价格刚性模型。在政策主张上，新凯恩斯主义者几乎都赞成政府对经济进行干预。这与货币主义、新古典主义宏观经济学主张经济活动的自由放任或规则管理有着明显的区别。

（资料来源　方福前：“20 世纪西方宏观经济学的发展与成果”，《教学与研究》，2004 年第 1 期）

本章要点

1. IS-LM 模型和 AD-AS 模型为研究宏观经济政策提供了一个理论视角，但在操作层面能否产生理想的效果，才是决定政策应是积极还是消极的关键。

2. 宏观经济政策的制定、实施以及产生作用都存在时滞。但由于政策时滞效应的存在，客观上降低了宏观经济政策稳定经济的效果。这成为消极政策支持者解释宏观经济政策失效的一个理由。

3. 理性预期理论认为公众是理性的，只会犯随机的而非系统性的错误，并且能够对错误进行纠正。因此，公众能够及时、准确地预见到政府采取的政策，分析政策对自身的影响，并采取相应的对策，从而导致宏观经济政策失效。

4. 卢卡斯批判是建立在理性预期的基础上，认为公众能够预期到政府将要采取的政策，并会做出适当的反应，这会对宏观经济政策效果产生影响，将公众的行为当作常量处理的传统计量模型的预测是不准确的。

5. 宏观经济政策争论的另一个焦点是：政策的制定到底应遵循单一规则还是相机抉择？单一规则体现了决策者的公信力，而相机抉择的优势则在于政策的灵活性。

6. 前后不一致性理论认为，相机抉择注重短期利益，却忽视了理性的公众会预期到政策变动而调整自身行为，因而不能实现长期的福利最大化，所以长期来看单一规则优于相机抉择。

关键概念

政策时滞效应　　内部时滞　　外部时滞　　认识时滞　　决策时滞

行动时滞　　适应性预期　　理性预期　　卢卡斯批判　　单一规则　　相机抉择　　前后不一致性

本章习题

1. 试解释宏观经济政策时滞的分类和不同政策时滞效应的区别。

2. 请找出一个政策时滞的案例,并分析如何缩短政策的时滞。

3. 为什么理性的公众在预期时不会犯系统性错误?这在现实中是否合理?

4. 你认为理性预期理论基础是什么?这在现实中是否成立,为什么?

5. 卢卡斯批判对我们运用计量模型进行预测有什么启示?

6. 请对比分析单一规则和相机抉择的优点和不足,并列表说明。

7. 为什么依据前后不一致性理论,单一规则优于相机抉择,而中国的很多政策制定都是相机抉择的,并取得了很好的效果?理论和现实是否存在差异?

8. 前后不一致性理论的前提是什么?这样的约束条件能否放松?

9. 试举生活中一则前后不一致性的案例,并分析各行为主体的动机和反应。

10. 请结合本章内容分析以下案例:

(1) 为培养孩子的良好行为,父母宣布只要孩子有不良行为就会得到惩罚。但孩子做错事后,父母又想原谅孩子,因为惩罚对双方都是不愉快的。

(2) 为了鼓励学生努力学习,老师宣布学期末将会考。但当学生努力学习一学期后,老师却取消了考试,因为这样不必再判卷子。

(3) 为了鼓励投资,政府宣布不对资本收入征税。但在工厂建成之后,政府为了增加税收而放弃了承诺。

(4) 为了鼓励研究开发,政府宣布给予新药品研发公司暂时的垄断权。但研发成功后,为了使公众能够消费得起,政府取消了专利或垄断价格。

案例讨论

结合专栏 8-1,讨论中央政府在制定政策时应如何和地方政府博弈。

第九章 经济增长及其核算

面对日益加剧的世界经济竞争和不可逆转的全球经济一体化趋势，各个国家都不得不将增长问题视为一个重要而紧迫的问题。一国经济增长的速度不仅直接关系到其综合国力及国际政治地位的提升，而且与其居民生活水平的提高紧密相连。增长问题变得越来越重要，不仅吸引了经济学家的较多关注，更是成为政府议事的中心和主题。人们不禁要问：什么是经济增长？经济增长的典型事实是什么？为什么不同国家会在经济增长速度上存在如此大的差异？

一般来说，经济增长是指一个国家或地区生产商品和劳务能力的增长（潜在 GDP 的增长），或指其产出水平的提高。国内生产总值（GDP）或人均国内生产总值的高低，不仅关系到人们当前收入和消费水平的高低，而且关系到长期的财富或资本积累水平。

库兹涅茨（1981）指出："一个国家的经济增长，可以定义为给居民提供种类日益繁多的经济产品的能力长期上升，这种不断增长的能力是建立在先进技术以及所需要的制度和思想意识之相应调整的基础上的。"

第一节 增长的典型事实

从世界各国的增长经验看，经济增长包含如下典型事实：

(1) 人均产出的平均增长率为正并相对不变。

(2) 资本的实际回报率并没有显示出上升或下降的趋势。

(3) 国民收入中归于资本及劳动的份额均没有明显的改变。

(4) 各国经济增长速度存在巨大差异。

(5) 各国人均收入水平存在巨大差异。

(6) 各国经济的增长是不平衡的。

一、各国经济增长迅速

无论是发达国家还是后来居上的发展中国家,其经济都经历了相当长时间的持续增长。20 世纪 50 年代到 90 年代,是主要发达国家经济增长的黄金时期;从 50 年代初期到 70 年代初期,G7 国家中经济增长最快的是日本和联邦德国,其人均产出的年均增长率分别为 8.2%和 5.7%,增长最慢的是美国,人均产出的年增长率为 2.2%;而主要发展中国家在 1950—1973 年的平均增长率约为 3.7%,其中东亚"四小龙"更是创造了经济增长的奇迹,年平均增长率达到 5.7%左右。更多的证据也表明许多国家的人均产出保持了较长时间的持续增长。一般而言,正如新古典模型所预期的,如果技术条件和储蓄率的增长率均不变,经济会维持一个恒定的增长率水平。

随着人口的增长,人均产出也会以一个相对稳定的速度增长。这个现象是从许多国家较早的增长经验中得到的;但是,面对不断出现的信息技术和日益明显的世界经济一体化趋势,人均产出的增长可能并不像新古典模型预期的那样保持不变,有可能在一段时期内因为采纳新技术而产生十分迅速的经济增长,也有可能由于在某一阶段实施了成功的发展战略而导致经济的跳跃式增长,并且经济政策对经济增长的影响力越来越大。例如,"二战"后,由于实行了一系列旨在复兴经济的重大改革措施,以及得到美国在资金、技术上的大量援助,联邦德国和日本的经济增长十分迅速,德国用大约 10 年的时间就恢复到战前经济水平的 3/4,日本经济的迅速崛起使之成为美国主要竞争对手之一。

世界历史上曾经有三次成功的经济追赶。第一次是美国对英国的追赶。根据麦迪森提供的数据,1820 年,美国人均 GDP 相当于英国人均 GDP 的73.3%,而后美国开始经济起飞,到 1913 年,美国人均 GDP 已超过英国 5.5 个百分点。在 1870—1913 年,美国 GDP 年均增长率为 3.9%,而英国同期为 1.9%。

第二次是日本对美国的追赶。1950 年，日本人均 GDP 只相当于美国的 19.6%，1953—1992 年，日本 GDP 平均增长率为 6.5%，美国同期为 3.0%。1992 年，日本人均 GDP 相当于美国人均 GDP 的 90.1%。

第三次是韩国对西欧国家的追赶。1965—1992 年，韩国 GDP 年均增长率为8.8%。1973 年，韩国人均 GDP 相当于西欧国家的 24.3%，1992 年上升到 57.5%，经过 30 多年的追赶，其人均 GDP 才达到与西欧大致相当的水平。

进入 21 世纪，世界经济增长的势头不减。表 9－1 给出了部分国家的经济增长率，可以明显看出，新兴市场国家以及一些成功转型的国家，其经济增长率要明显高于其他国家。

图 9－1～图 9－3 展示了三种不同类型国家的经济增长前景，它们分别是目前世界上经济实力最强的国家、主要的发达国家以及最具增长潜力的国家。

表 9－1　1999—2018 主要国家 GDP 年平均增长率

国家名称	国家代码	年平均增长率(%)
中国	CHN	8.76
印度	IND	6.38
新加坡	SGP	5.17
韩国	KOR	4.12
俄罗斯	RUS	3.69
加拿大	CAN	2.68
美国	USA	2.07
西班牙	ESP	1.80
英国	GBR	1.79
法国	FRA	1.40
德国	DEU	1.36
日本	JPN	0.90
意大利	ITA	0.38

注：根据世界银行网站数据计算。

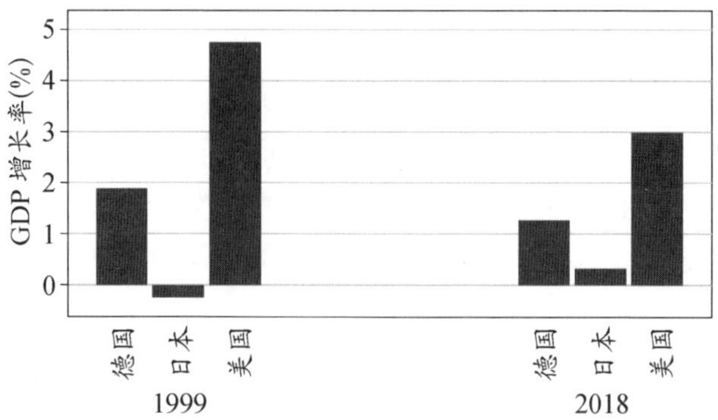

图 9-1　经济实力排列前三的国家经济增长率

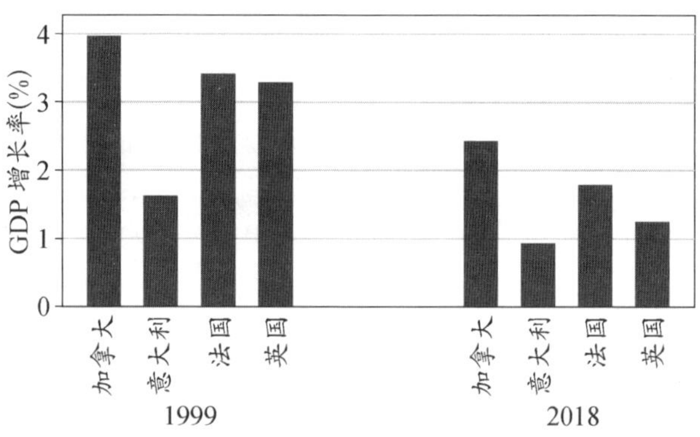

图 9-2　主要发达国家经济增长率

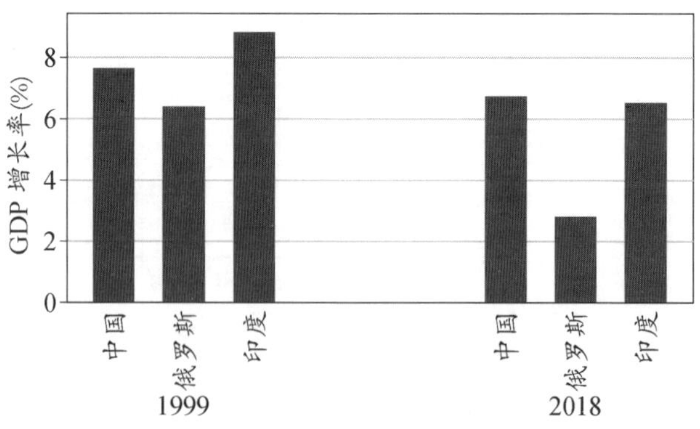

图 9-3　最具增长潜力的三个国家的经济增长率

二、各国经济增长的初始条件存在巨大的差异

一个国家的初始禀赋对该国经济的长期增长有很大影响。这里的初始禀赋主要包括不可再生的自然资源(各种矿产和能源),劳动者的受教育程度和使用技术的熟练程度,物质资本的稀缺程度,该国的地理位置(是否沿海,海岸线的总长度),法律的起源和法治传统,政府在经济中扮演的角色,等等。由于这些初始条件的不同,各国似乎很难找到一个共同的起点开始经济增长。

为什么不同的初始条件会导致长期经济增长水平出现如此大的差异呢?经济学家发现,一国初始资源禀赋越差,可能无法生产出先进的中间资本品,而资本品是进一步生产其他更高级资本设备的投入。因此,没有足够数量的中间资本品将使产出的增长受到限制,而消费品的生产也会受到资本品匮乏的影响,最终会影响一国的产出水平。另外,当劳动力数量极其有限的时候,在其他条件不变的情况下,一国想要实现较快的经济增长肯定比那些拥有较多劳动力的国家困难得多。具体地,初始条件主要包括以下五个重要因素:

(1) 自然资源。不同国家和地区有本国或本地区独特的自然资源,经济增长初始条件的不同,导致今后的经济增长在不同的路径上进行,各要素的收入水平也会呈现出巨大的差异。由于包括矿产资源在内的资源具有不可再生性,因此对于能源依赖型的国家,自然资源的丰富程度对经济的可持续发展具有举足轻重的作用。“资源诅咒”指出,如果增长高度依赖自然资源和投资,而投资的边际报酬递减,将使投资增速不变条件下经济增速放缓。

(2) 地理位置。地理环境对一国经济增长的重要性主要体现在对外交流的难易程度上。在全球经济趋于一体化的今天,能否快捷地获取世界上先进的技术和国际资本对本国经济的增长至关重要。即使在一个国家内部,不同地区也会呈现巨大的差异,城市和沿海地区相对内陆省份来说资本等要素更加集中,劳动力受教育的程度也更高,投资和消费的环境相对较好。

例如,从外国直接投资的世界流动趋势看,每年流向中国沿海、新加坡、中国香港、韩国的外国直接投资的数量与日俱增,一个重要的原因是这些国家和地区拥有优良的地理位置。墨西哥与美国有 2 000 千米的边界线,在

美国和墨西哥达成了自由贸易协定之后,每年有100亿美元的资金流向墨西哥,这也是一种“海岸线”贸易。在世界上高收入地区周围,如美国、西欧、东南亚、日本、韩国、中国沿海的附近存在着逐渐扩大的投资圈和经济开发区。但较为偏远的地区,如南亚、整个非洲、南美,特别是那些内陆国家,吸引的外国投资就相对较少。

一国地理位置的好坏的确会影响到其与世界经济的交流,而通过对外经济交流和参与国际分工,一国可以很方便地获得资金和技术上的帮助,这可以提高发展中国家的经济增长速度,因此,地理条件是影响落后国家经济收敛的一个重要因素。

(3) 劳动力供给。在长期增长中,劳动力供给具有决定性的作用。可以参加工作的劳动力数量是整个经济体可以使用的劳动力资源,以后每年劳动力数量的增加又是产出增加的直接原因。例如,20世纪70年代以后,随着“二战”后美国生育高峰时期出生的一代人进入工作年龄和大量妇女进入劳动力市场,实际工作的人数大量增加,为美国经济的强劲增长提供了丰富的劳动力资源。中国拥有世界上最丰富的劳动力资源,劳动力的供给可以保证经济在相当长的一段时间持续增长,而不必担心劳动力紧缺问题。

(4) 人力资本。由于科技在社会生产过程中运用得越来越广泛,劳动者所掌握的知识与技能日益成为生产发展的关键,这种体现在人体内、对生产发挥着重要促进作用的有用知识和技能被称为人力资本,是现代经济增长的一个重要动力和不竭源泉。自1994年起,世界银行对一些国家和地区的财富进行了初步计算,结果表明,除中东和少数资源型国家外,其他国家的人力资本在国家财富中所占的份额都在60%或以上。

人力资本投入的增加不仅可以提高人力资本自身的生产效率,还可以提高其他生产要素的生产效率。作为生产要素的人力资本,一方面直接对经济增长做出贡献,另一方面又通过促进科学和技术进步来促进经济增长。科学和技术进步依赖人力资本的提高,而技术进步又是人力资本规模收益率提高的直接原因。正是这种双向的因果关系,使人力资本的初始条件对于一个国家经济的腾飞非常重要。

(5) 生产技术和知识。随着经济发展,新的生产方式逐渐取代了旧的生产方式,技术已广泛渗透到社会生产力的各个要素之中。从增长的历史经验来看,在20世纪初,劳动生产率的提高主要依靠增加劳动、资本、设备以及原材料的投入，技术进步的作用仅占5%～20%。而今，各发达国家多以集约型增长取代了粗放型增长，劳动生产率的提高主要依靠技术进步，技术进步的作用上升为60%～80%，技术进步发挥了革命性作用。

世界各发达国家对新技术、新能源、新知识的有效使用极大地提高了其经济增长率。例如，20世纪90年代以来以信息技术为先导的新经济，向人们充分展示了技术进步在一国经济增长中所扮演的重要角色。信息技术给经济的长期增长注入了极大的活力，不仅改变了经济增长的基础和根本方式，也改变了经济增长的前景和发展趋势。图9-4～图9-7反映了各个国家研发支出占GDP的比例以及居民专利申请的数量，从中可以看出，我国的R&D经费占GDP的比重与发达国家相比还有较大的差距。

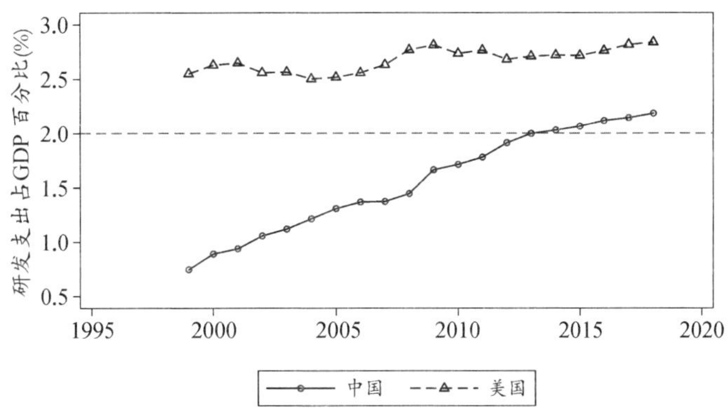

图9-4　中美研发经费占GDP比例

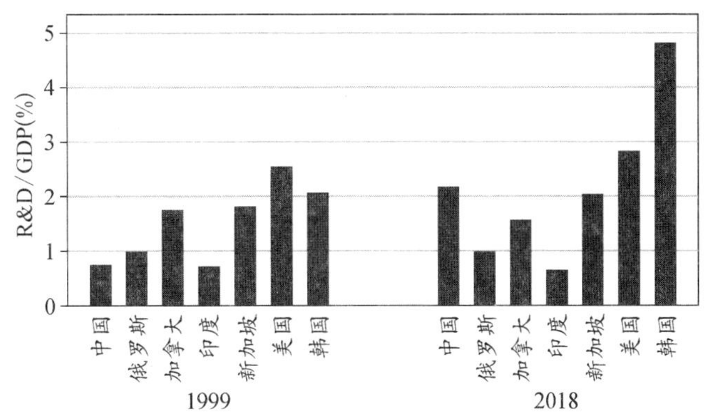

图9-5　年均增长率超过2%的国家的研发经费占GDP的比例

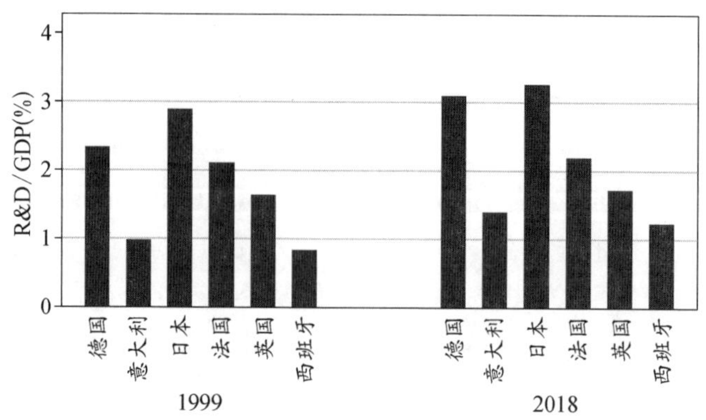

图 9-6　年均增长率低于 2%的国家的研发经费占 GDP 的比例

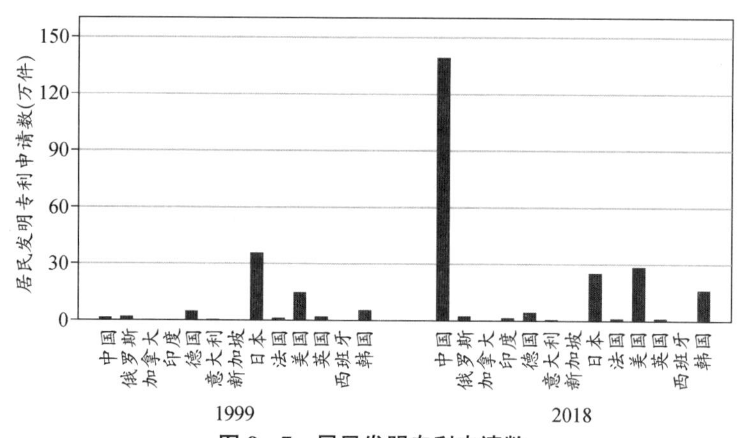

图 9-7　居民发明专利申请数

专栏 9-1

世界上不同国家教育水平差距巨大

尽管入学机会增加了,各国和各地区的教学质量却相差很大。一项广泛的调查探讨了界定和衡量教学质量的最佳方法:依据投入、教程和学生进行评估(Card and Kruger,1992;Greaney and Kellaghan,1996)。教学质量是一些指标的组合,它们反映了投入、教程和成果方面的情况。其中,投入指标指每个学生的人均费用以及教师的数量和质量;教程指标指学习时间长度和课程内容;成果指标则用学习成绩、态度、考试成绩以及辍学率等综合情况来衡量。

在这些指标都已很完备的高收入国家，即使那些基础教育已经普及的国家，学生成绩差别也很大。在工业化国家中，16～25岁的青少年功能性识字率相差也很大，美国是45%，瑞典是80%，而中等学校净入学率在这些国家里都达到了85%以上。

在发展中国家，由于成绩指标比较缺乏，另一些较为不准确的指标，如辍学率和复读率等都被用来评估教育成果，在此不完善计量基础上产生的数据显示教育质量相差很大。东亚地区的小学复读率和辍学率比收入更高的拉丁美洲地区要低，而考试成绩比拉丁美洲地区要高些。20世纪90年代，一些拉丁美洲国家的公共教育支出有所增加，但同时小学平均辍学率也上升了。另一些基于国际比较的考试成绩的研究也表明，大量的公共支出并不一定能保证教育的高质量。

教育质量差异如此之大，原因何在？教育成果的好坏与供求因素有关，还取决于影响整个经济的政策和激励机制。例如，人们发现在拉丁美洲地区，表现为国际贸易条件和国民生产总值波动性的宏观经济稳定性是教育成果的一个决定性因素。通过分析来自18个家庭调查的数据，Behrman and Duryea(1998)发现20世纪80年代的债务危机影响了拉丁美洲地区国家学校教育的发展。Kaufmann and Wang(1995)的研究发现，宏观经济政策会影响到社会部门的投资项目。人们要求得到更高质量的教育，并愿意为之支付费用。这一需求越强烈，私人投资就越多，教师待遇就越高，学生完成高学业的积极性越高，尽管其间有不同的时滞。对教育的要求越高，教育的质量就越高，反之亦然。如果一个国家将公共资源都用于补贴物质资本而不是基础教育，产生的收益就不利于非熟练劳动者，并损害穷人利益。

在微观层面上，众多研究都考察了教育质量和学生成绩之间的联系。Behrman and Knowles(1998)发现在教育水平、经常性投入的质量和在校儿童成绩之间存在强烈的正相关关系。Hanushek and Kim(1995)发现传统的学校资源衡量指标，即学生教师比率和教育经费，对学生的考试成绩并无影响。在跨国回归分析中，测试成绩和实际人均国民生产总值密切相关，说明经济增长对教育需求和学生良好的成绩之间有潜在的反馈作用。Lee and Barro(1997)发现，家庭背景、牢固的社区、学校的投入以及学期的长度与学生成绩密切相关。然而他们无法解释清楚为什么东亚地区国家的教育成绩比其他发展中国家要高。这暗示还有其他因素在起作用,其中包括那些与更开放和出口导向型的经济环境的关系。

(资料来源　世界银行:《2000 年世界发展指标》,中国财政经济出版社,2000 年版)

三、经济增长的代价

随着经济增长,环境退化和能源危机将对经济的可持续发展构成极大的挑战。世界上许多国家为了追求短期的经济增长,都经历了过度开采森林、过度消耗矿产资源的发展过程,不仅造成了森林退化,生物种群的减少,还造成了空气和水污染,严重破坏了自然生态环境。而且经济增长加快以后,会导致城市化水平提高,工业扩张,对可再生和不可再生资源需求增长导致开采加剧,这也会对环境形成巨大的压力。

据有关资料显示,近十年来,东亚在经济增长和减少贫困方面取得了令人瞩目的成就,但与此同时其环境却恶化了。1995 年,以空气中总悬浮物浓度测算的全球 20 个污染最重的城市中,有 15 个在中国。空气污染,尤其是高浓度的悬浮物,导致曼谷、雅加达、马尼拉和中国的一些城市许多人过早死亡。20 世纪 80 年代实施了经济改革而迅速增长的国家,比如中国、韩国、马来西亚和泰国,在经济改革以及经济加速增长之后,人均二氧化碳的排放量也增加了 1 倍甚至 2 倍。自然资源的状况也不佳。大多数国家的森林退化率都很高,时至今日依然保持这种水平。东亚约 20%的耕地由于抽水、被侵蚀和过度种植而退化。中国、泰国和越南严重的土壤退化已对许多生态系统造成不可逆转的损失,东亚 50%～75%的沿海和海洋保护地区已被确定为高危地区。

经济学家 Grossman and Krueger(1991)通过对 42 个国家横截面数据的分析,发现环境污染与经济增长的长期关系呈倒 U 形,就像反映经济增长与收入分配之间关系的库兹涅茨曲线(Kuznets,1955)。当一个国家经济发展水平较低的时候,环境污染的程度较轻,但是其恶化的程度随经济的增长而加剧;当该国的经济发展达到一定水平后,其环境污染的程度逐渐减缓,环境质量逐渐得到改善。这种现象被称为环境库兹涅茨曲线(Environmental Kuznets Curve)。

环境库兹涅茨曲线对于我们认识经济增长与环境变化的关系十分有用。如果环境库兹涅茨曲线确实存在,或者在到达一定的转折点后,人均收入或财富的增长有助于改善环境质量,那么对环境破坏问题的解决还需依靠经济增长本身，这实际上意味着促进经济增长应成为首要政策目标，而非环境保护为重或者环境与增长并重。环境库兹涅茨曲线也表明，在最终实现人民福利之前，可能不得不经历环境恶化的过程，这对环境状况本来就不好的发展中国家而言，无疑是灾难性的。实际上，发达国家的教训已经告诉我们，实行环境与经济增长并重的政策才是发展中国家最好的道路选择。

人们更感兴趣的问题是经济到达什么阶段环境污染才会下降，按照全球监督系统的一项研究，明显的污染在人均收入达到 4 000 美元的门槛时开始下降，而大多数污染在人均收入达到 8 000 美元时开始下降，如此高的收入标准与发展中国家的收入水平相距甚远。

第二节 新古典模型

经济学家提出各种各样的增长模型来解释现实的经济增长，其中最具代表性的是麻省理工学院的索洛(Robert M.Solow)教授于 1956 年提出的长期增长模型。索洛在 1956 年发表了题为“对经济增长理论的一个贡献”的论文，首次提出了平衡增长路径的概念。索洛模型被视为新古典增长理论的起点，索洛模型也被称为新古典增长模型。之后，许多经济学家对索洛模型做了进一步的拓展，并运用索洛模型解释与经济增长密切相关的其他问题。下面先简单介绍一下索洛模型。

一、简单的索洛模型

简单的索洛模型研究的是无技术进步的封闭经济。索洛模型使用的生产函数具有连续、规模报酬不变、资本和劳动可以相互替代的特点。假定生产函数具有以下形式：

$$Y = F(K, L) \tag{9.1}$$

其中，Y 代表产出，K 代表资本存量，L 代表劳动力，且 $F_K > 0$，$F_L > 0$，$F_{KK} < 0$，$F_{LL} < 0$，前两个不等式表示资本和劳动的边际产出为正，即增加一单位资本或劳动所带来的产出是正的，后两个不等式表示随着资本和劳动投入的增加，其边际产出是递减的。因为假定生产函数具有不变的规模收益，用公式表示：

$$\lambda Y = F(\lambda K, \lambda L) \tag{9.2}$$

式(9.2)表示资本和劳动力同时增加一定比例,产出也增加同样比例,为了得到人均资本存量与人均产出的关系,我们取 $\lambda = 1/L$,相当于把(9.1)式两边同除以 L,我们得到:

$$y = F(k, 1) = f(k) \tag{9.3}$$

其中 $y = Y/L$, $k = K/L$,分别表示人均产出和人均资本。可以看出,人均产出仅仅依赖于人均资本存量。索洛模型的人均生产函数曲线满足边际产出递减的规律:随着人均资本存量的增加,资本的边际产量下降。

索洛模型假定平均储蓄倾向不变,储蓄率被定义为国民收入中储蓄所占的份额,用 s 表示。在一个封闭经济中,一国的储蓄水平等于储蓄率乘以国民收入:

$$S = sY \tag{9.4}$$

资本存量的增加量等于新投资减去资本折旧,在这里我们假设折旧为零,则资本存量的增加就等于新的投资。由于封闭经济中储蓄等于投资,故得到:

$$\dot{K} = I = S = sY \tag{9.5}$$

其中,$\dot{K}$ 表示资本存量对时间的导数。在简单的索洛模型中,假设劳动力供给的增长率不变,且为常数 n,为了得到人均资本增长率和人均产出之间的关系,结合 $k = \frac{K}{L}$,有:

$$\dot{k} = \frac{\dot{K}L - K\dot{L}}{L^2} \tag{9.6}$$

得到:

$$\dot{k} = \frac{\dot{K}}{L} - k\,\frac{\dot{L}}{L} \tag{9.7}$$

劳动力供给的增长率为 n,并利用式(9.5),得到:

$$\dot{k} = \frac{sY}{L} - kn \tag{9.8}$$

整理,得到:

$$\dot{k}=sf(k)-nk \tag{9.9}$$

这便是索洛模型中的关键等式,右边的第一项反映了人均储蓄的大小,第二项表示使人均资本不变所需的投资水平。索洛模型可以用图 9-8 来表示。

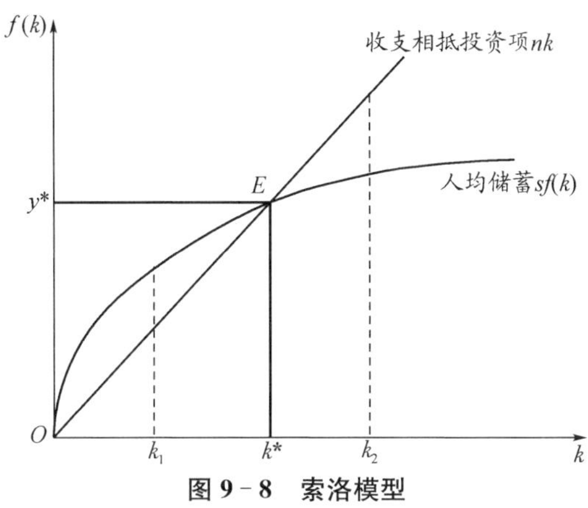

图 9-8　索洛模型

在图 9-8 中,横坐标表示人均资本存量,纵坐标表示人均产出水平,曲线代表人均储蓄水平 $sf(k)$。由于 $f'(k)>0$,储蓄率 s 是一个外生变量,资本的边际收益递减,所以随着人均资本的增加,人均储蓄曲线越来越平①。从原点出发的射线 nk 是收支相抵投资项,代表了为保持现有的人均资本不变而需要的投资,由于没有折旧,因此它等于装备新增劳动力的投资。人均储蓄曲线和收支相抵投资项射线的交点 E 表示经济中由储蓄转化的投资正好能维持人均资本水平不变,这时经济进入稳态(A Steady State)或沿着平衡增长路径(A Balanced Growth Path)运行。在索洛模型中,经济稳态 E 点对应(9.9)式中 $\dot{k}=0$ 的情况,相应的 k^* 是稳态人均资本水平。

如果初始条件中经济体的人均资本量较少,这种情况对应于稳态左边的 k_1 点,此时,由储蓄转化而来的投资水平超过了收支相抵的水平,故人均资本增加,这表现为人均资本逐渐从 k_1 向 k^* 靠近,一直增加到经济的稳态

① 在稻田条件(Inada Condition)$\lim\limits_{k\to 0}f'(k)=\infty$,$\lim\limits_{k\to\infty}f'(k)=0$ 的约束下,它会与直线 nk 在某点相交。

水平 k^*,此时,人均资本处于均衡状态。

同样的道理也适用于初始经济中人均资本量较多的情况,当人均资本在 k_2 的水平时,此时由储蓄转化而来的投资达不到收支相抵的水平,因此人均资本将下降,这表现为人均资本从 k_2 向 k^* 趋近,经济最终达到均衡点。索洛模型证明了无论初始状态如何,经济将最终达到稳定状态,在稳态中,资本存量和劳动力将以同样的速度增长。

如果经济达到稳定状态,那么此时的经济增长率是多少?沿着图 9 - 8 描述的平衡路径,该国经济的增长率将趋于常数,在长期内产出的增长率将与资本存量的增长速度、劳动的增长速度相同。因为根据(9.3)式,人均产出是人均资本的函数,在稳态中,我们有 $sf(k^*)=nk^*$,因为 $y=f(k^*)$,k^* 不变,y 也不变,故人均产出增长率 $\gamma_y=0$。在经济达到平衡时,资本和产出以与劳动相同的速度增长,增长率均为常数 n,而人均资本增长率 γ_k 等于 0。

二、经济的稳态分析

在稳态处,人均资本达到均衡值并维持在该水平不变,在忽略了技术变化的条件下,人均产量也达到稳定状态。经济达到稳态有以下特征:

(1) 稳定状态不仅对应一个特定的资本存量水平,而且也对应特定的产出、收入和消费水平。不考虑技术进步的情况下,在经济增长的稳态中,资本—劳动的比率保持不变,即 $\dot{k}=0$,稳态时的人均资本水平为 $k^*=\dfrac{sf(k^*)}{n}$,相应的人均产出水平为 $y^*=k^*\dfrac{n}{s}$。

(2) 如果一个经济的稳态资本存量水平较高,那么稳态的产出水平也较高,收入和消费水平也较高。而且,即使短期中资本存量水平、产出水平不稳定,但最终肯定会向这个较高的均衡水平收敛。

(3) 如果一个国家稳定状态的人均资本、人均产出水平低,那么即使眼前的资本、产出水平很高,这个高水平也不能长期维持,因为经济最终会向较低水平的稳定状态收敛。

(4) 当经济处于稳态时,劳动力、资本存量和总产出会以相同的速度增长。在稳态时,资本产出比率等于储蓄率与劳动力增长率之比。

(5) 如果经济偏离了平衡增长路径,它会自动地趋向平衡增长路径。

（一）储蓄率的变动对增长率的影响

从式(9.6)可以看出，在长期内，一国经济增长率并不依赖于储蓄率，而只与劳动力供给的增长率相关。因为在稳态中，资本存量和产出都以与劳动力相同的速度增长，影响经济增长的唯一因素是劳动力投入的增长率，但这并不意味着储蓄率的大小对经济增长毫无影响。

从图9-9中可以看出，当储蓄率从 s 提高到 s'，人均储蓄曲线将从较低的位置 $sf(k)$ 变动到较高的位置 $s'f(k)$，假设收支相抵投资项的斜线 nk 不变，则由于储蓄率的提高，经济达到稳态时人均资本将在较高的位置上达到均衡点，从 k_1^* 增加到 k_2^*，这同时也意味着资本存量将达到更高的增长水平。假定劳动力的增长率为1%且不变，如果原来经济处在较低的储蓄水平，比如储蓄率在5%，由于某种经济政策出现了储蓄率的大幅攀升，储蓄率增加到10%，原来的平衡增长条件 $sf(k)=nk$ 将被破坏，此时 n/s 的值由0.2变为0.1，而原来的产出资本比为0.2，所以此时资本的边际产出超过 n/s，追求利润最大化的企业将增加投资，资本将比劳动力增长得更快，因为资本的边际收益递减，所以资本产出比率将上升。这一过程一直持续到资本产出比率上升到资本的边际产出等于0.1的时候，经济重新达到了均衡，此时的经济增长率仍然等于0.1，因为劳动力的增长率等于0.01不变。在这一过程中，经济的实际增长率曾经超过0.1，但后来又恢复到0.1的均衡增长水平，因为根据式(9.9)，一开始储蓄率上升导致人均资本存量增加，人均资本增长率为正，经济增长率大于0.1，而后来随着经济的增长，人均资本存量 k 不断上升，当经济重新达到均衡时人均资本增长率为零，经济增长率又恢复到原来的水平。因此，从长期看，高储蓄率导致了产出水平的增加，更多的储蓄提高了潜在的GDP水平，但储蓄率并不改变稳态时的GDP增长率。

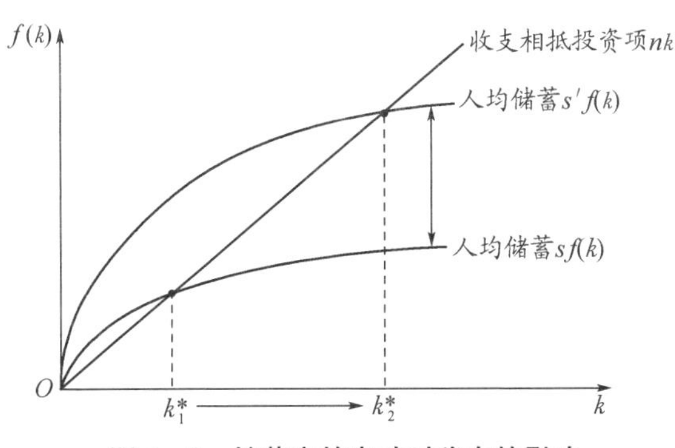

图9-9　储蓄率的变动对稳态的影响

储蓄率与经济增长的关系小结如下：

(1) 如果一个经济保持较高的储蓄率，它会保持较高的资本存量水平和较高的产出水平，但是它无法保持较高的增长率，因为资本的边际收益递减。如果储蓄率较低，则经济会有较低的资本存量水平和产出水平。

(2) 较高的储蓄率仅意味着较高的稳定状态，表示当前资本存量水平(未达到稳态水平)与较高稳态之间的差距可能更大，经济增长会有较大的空间和速度，导致经济在未达到稳态之前有一个较快的增长。但这种较快的增长仅仅是暂时的，一旦经济在长期中达到稳定状态，资本存量增长率恒定。

(二) 劳动力增长率变动对增长率的影响

从式(9.9)可以看出，劳动力增长率 n 的提高将直接影响到稳态时的经济增长率。如果不考虑技术进步，那么在封闭经济中一国长期经济增长率将由劳动力增长率唯一决定，而储蓄率的高低只决定最终 GDP 的实际水平。如图 9－10 所示，当劳动力增长率从 n 增加到 n' 时，人均投资的斜线从 nk 转动到 $n'k$，此时人均资本量由 k_1^* 减少到 k_2^*，均衡时实际的 GDP 水平有所下降，较低的人均资本水平意味着较低的稳态人均产出水平 y_2^* 和较低的生活水平，因为人均产出是人均资本的增函数。

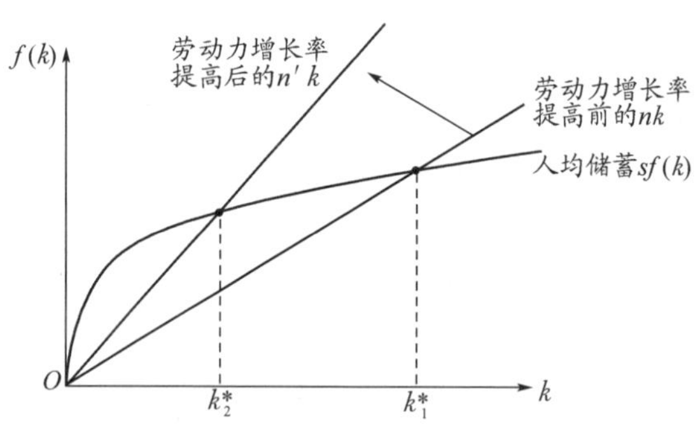

图 9－10　劳动力增长率对稳态的影响

过快的劳动力增长率降低了人均国民收入水平，这在直观上是很容易理解的，因为较高的人口水平需要更多的资本以保持现有的资本装配程度不变。假如劳动力增长率由原来的 1%增加到 2%，其他条件不变，储蓄率为 5%，那么原来资本的边际产出为0.2(＝0.01÷0.05)，在劳动力增长率提高以后，资本的边际产出将小于 n'/s(＝0.02÷0.05)，追求利润最大化的企业将减少资本的投入，直到资本的边际产出上升到0.4，资本—劳动的比率也将下降，由于企业减少生产规模，均衡时经济的总产出也将下降。

从索洛模型中可以看出，人口规模较大且有较快的劳动力增长速度的国家，其经济增长率应较高，这符合一部分发展中国家的情况，比如中国和新加坡等国家；但是，也与一些国家的增长事实相反，比如人口增长率较低的工业化国家，它们的经济增长率要明显高于人口增长率较高的发展中国家，可能是由于经济增长的初始条件不同，工业化国家拥有较高的人均资本水平，更接近于 k^*，所以更容易收敛于较高的产出水平。

专栏 9－2

人口红利

人口红利通常被描述成一种特定的人口结构特征，即在劳动年龄人口占比较大、抚养比较低时，一个国家将拥有充足的劳动力供给、高投资率和高资本形成率，进而为高速经济增长提供保证。2010 年中国第六次人口普查数据显示，2011 年，15～59 岁的中国劳动年龄人口绝对数量开始逐年递减，同年抚养比开始上升。即使采用国际通用的标准将 15～64 岁作为劳动年龄人口，2013 年中国的劳动年龄人口也达到了峰值。实际上，中国在 2010—2015 年的人口结构变化特征与 20 世纪 90 年代初的日本非常相似。中国在 2010—2015 年的人口变化特征与日本 1990—1995 年非常接近。

人口结构转变导致了日本在 20 世纪 90 年代之后潜在增长率迅速下降。日本的 GDP 潜在增长率从 1990 年的 4.5%下降到 1995 年的不足 1.1%。与日本相似的是，中国在 2010—2015 年，无论是 15～64 岁还是 15～59 岁的劳动年龄人口结构都发生了根本变化——劳动年龄人口绝对数量下降，人口抚养比上升。由于人口结构的变化，2011—2015 年中国的平均潜在 GDP 增长率将降至 7.75%，2016—2020 年将进一步降低至 6.70%，到2050 年，中国的潜在增长率将降至 4%以下。

在人口红利消失后，日本政府还依然坚信其经济增长率能够维持在之前的水平。正因如此，日本政府实行的经济刺激计划最终导致了泡沫持续膨胀并最终破裂，对日本经济的影响可能远不止是“失去的十年”。日本的经验对中国的意义在于,当潜在增长率下降已经成为必然的趋势时,试图采取经济刺激方案来实现短暂的经济繁荣使实际增长率远高于潜在增长率将导致经济泡沫,结果只能使经济进一步恶化。

(资料来源　陆旸,蔡昉:"人口结构变化对潜在增长率的影响:中国和日本的比较",《世界经济》2014 年第 1 期,第 3～29 页)

三、有技术进步的索洛模型

这里的技术进步主要指外生的偏向劳动型的技术进步。在索洛模型中,即使劳动力和资本的投入没有改变,技术进步也会使劳动生产率以一种外生的速度逐渐提高,在时间 t 时,只需要 $1/A(t)$ 单位的劳动力就可以完成在时间 0 时一单位劳动力所能完成的产出量。在含有技术进步的索洛模型中,生产函数的形式变为:

$$Y=F(K,A(t)L) \tag{9.10}$$

假定生产函数规模收益不变,劳动生产率以一个固定不变的速率 x 增长,所以 $A(t)=A_0e^{xt}$,可以把 $A(t)L$ 看作是有效劳动,即考虑了劳动生产率提高后的实际劳动投入,记 $\hat{L}=A(t)L$,人均资本存量(本小节中均指的是资本存量除以有效劳动量)为:

$$\dot{\hat{k}}=\left(\frac{\dot{K}}{\hat{L}}\right)=\frac{\dot{K}\hat{L}-K\dot{\hat{L}}}{\hat{L}^2} \tag{9.11}$$

$$\Rightarrow\dot{\hat{k}}=\frac{\dot{K}}{\hat{L}}-\frac{K}{\hat{L}}\frac{\dot{\hat{L}}}{\hat{L}} \tag{9.12}$$

利用在封闭经济中国内储蓄等于国内投资,有:

$$\dot{\hat{k}}=\frac{sY}{\hat{L}}-\frac{K}{\hat{L}}\frac{\dot{\hat{L}}}{\hat{L}} \tag{9.13}$$

将 $\hat{L}=A(t)L$ 代入式(9.13),得到:

$$\dot{\hat{k}}=s\frac{Y}{A(t)L}-\frac{K}{A(t)L}\frac{\dot{A}(t)L+A(t)\dot{L}}{A(t)L} \tag{9.14}$$

$$\Rightarrow \dot{\hat{k}} = sf(\hat{k}) - \hat{k}\left(\frac{\dot{A}(t)}{A(t)} + \frac{\dot{L}}{L}\right) \tag{9.15}$$

从而得到最后的资本存量积累方程：

$$\dot{\hat{k}} = sf(\hat{k}) - (n + x)\hat{k} \tag{9.16}$$

与没有技术进步的资本增长方程相比，式(9.16)只是在第二项中增加了劳动生产率增长率 x，可以把$(n+x)$看作是有效劳动的增长率，如果将资本的折旧 δ 考虑进去，则可以得到完整的资本存量增长方程：

$$\dot{\hat{k}} = sf(\hat{k}) - (n + x + \delta)\hat{k} \tag{9.17}$$

式(9.17)中的 $(n+x+\delta)\hat{k}$ 项就是考虑劳动力、技术进步和折旧后的收支相抵投资项。可以把 $(n+x+\delta)\hat{k}$ 看作是资本存量自然增长所必需的最低投资。一个经济体要想获得经济增长，就必须有超过资本存量自然增长的投资，而在封闭经济中这种投资就必须由国内储蓄来提供，因此，式(9.17)表达了一个经济体实际的资本积累方程。

当 $\dot{\hat{k}} > 0$ 时，投资增加促进了资本存量的积累，经济面临资本深化的情形；当 $\dot{\hat{k}} < 0$ 时，储蓄小于投资，经济体中的资本存量就会下降，经济增长率也会随之下降；当 $\dot{\hat{k}} = 0$ 时，经济达到均衡状态，这时的人均资本存量为 $\hat{k}^*$，我们可以使用类似的图形来描述这种情形。

图 9 - 11 的纵轴表示人均资本的增长率，$\frac{sf(\hat{k})}{\hat{k}}$是一条向下倾斜的曲线，可以理解为实际投资所带来的平均资本增长率，此时 $(n+x+\delta)$ 与人均资本无关，表现为一条水平线，表示资本的消耗速度。从图中可以看出，刚开始人均资本较小的时候，实际投资的资本增长率要大于资本的平均消耗速度，所以人均资本是增加的，且向 $\hat{k}^*$ 靠近，而当人均资本较大时，资本的平均消耗速度大于实际投资的资本增长率，人均资本水平是下降的。无论初始的人均资本处于什么水平，经济最终都要向 $\hat{k}^*$ 收敛。

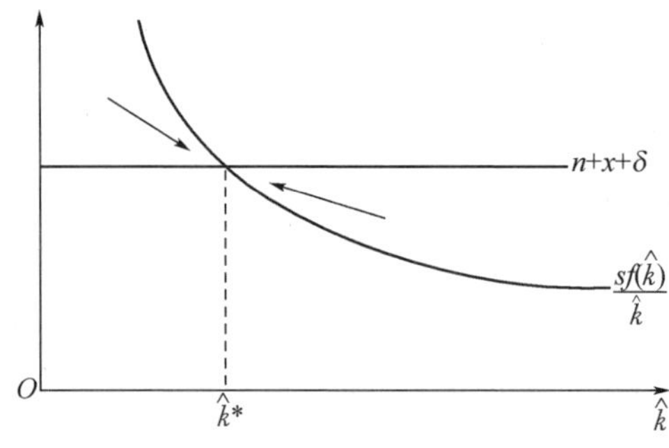

图 9-11　考虑技术进步的稳态

在考虑技术进步的条件下,由于人均产出和总产出分别以 x 和$(n+x)$的速率增长①,因而技术进步可用来解释人均意义(生活水平意义)上的经济增长。索洛模型表明,只有技术进步是一个经济长期持续增长的源泉,能够推动产出和生活水平的不断上升。提高储蓄率只能实现在到达稳态之前的短期增长而不是长期持续的高增长——长期均衡增长率与储蓄率无关,而人口增长对人均意义上的增长是没有意义的。将技术进步因素纳入我们的分析框架,为了提高一国经济的劳动生产率,并最终提高一国的国民收入,可以有两条途径:

(1) 提高整个 $f(k)$曲线,这意味着改变生产函数和使用新技术,在一定的人均资本下提高劳动生产率;

(2) 提高 s,这意味着增加积累和提高储蓄率。

四、最优储蓄率的决定

长期消费水平最高的资本积累水平被称为资本积累的黄金律水平(Golden Rule Level)。要使人均消费达到最大,人均有效资本存量 $\hat{k}^*$ 的选择应能够使 $f(\hat{k}^*)$与$sf(\hat{k}^*)$之间的垂直距离 $\hat{c}^*=f(\hat{k}^*)-sf(\hat{k}^*)$ 达到最大化,这个稳态的人均资本存量水平 $\hat{k}^*$ 就称为黄金律水平 k_g^*。稳态时人均消费水平如图 9-12 所示,人均产出与人均储蓄的差额决定了人均消费的水平。

① 根据假定,技术 A 的年进步率是 x,生产函数的形式是 $Y=F(K,AL)$,人均产出为 $Y/L=Af(k)$,对该式两边取对数并对时间 t 求导,再考虑到稳态时,人均有效劳动的产出的增值率为 0,即可得人均产出的增长率是 x。

由于稳态人均产出为 $f(\hat{k}^*)$，根据资本存量的积累方程式(9.17)，稳态时人均储蓄 $sf(\hat{k}^*)=(n+x+\delta)\hat{k}^*$，我们的目标就是求使人均消费达到最大的储蓄水平。对于一个给定生产函数、劳动力增长率、折旧率和技术进步率，对储蓄率 s 的每个值而言，都有唯一的一个稳定值 $\hat{k}^*$ 与之对应。我们可以把人均消费看成是储蓄率 s 的函数，即 $\hat{c}^*=(1-s)f(\hat{k}^*(s))$。运用数学上求极大值的方法，我们可以求出此时的一阶条件：

$$f'[\hat{k}^*(s)]=n+x+\delta \tag{9.18}$$

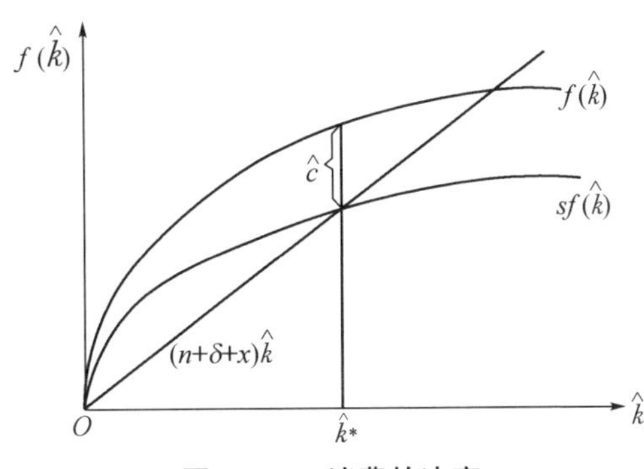

图 9 - 12　消费的决定

满足这个条件的储蓄率就是最优的储蓄率，此时的人均消费取得最大值。可以用图 9 - 13 表达这种关系。

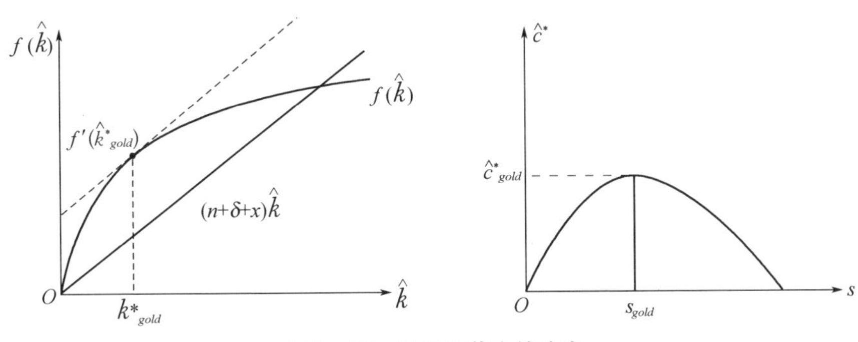

图 9 - 13　最优储蓄率的确定

图 9 - 13 描述了随着储蓄率的变化，稳态的最优人均资本 k^* 的变化路径，在某一点上，储蓄率的取值使得人均消费达到最大值，此时的储蓄率为最优储蓄率 s_{gold}。

一个经济会自动收敛于一个稳定状态,是否会自动收敛到一个黄金律的稳定状态?我们可以将式(9.18)变为:

$$f'[\hat{k}^*(s)]-\delta=n+x \tag{9.19}$$

在实际经济既有人口增长,又有技术进步的情况下,资本的边际净产出($f'[\hat{k}^*(s)]-\delta$)与($n+x$)的关系(小于或大于),决定了资本存量高于还是低于黄金律稳态水平。在既定的资本存量下,一个国家可以通过储蓄政策的调整影响长期的经济增长,如果一国通过经济政策改变一国的储蓄水平,使稳态的人均资本存量正好达到黄金率水平,也就是达到最优储蓄率,则经济可以收敛于黄金律的稳定状态。我们关注两种情况下调整储蓄率对经济的影响:

(1) 资本存量过高时。假设此时降低储蓄率,那么处于黄金律稳态时的消费水平肯定高于储蓄率变化前的水平,但新稳态的产出和投资都比以前要低一些。消费水平不仅在最终阶段得到了提高,而且在整个调整过程中也都高于原来水平。因此,当资本存量超过黄金律水平时,采取减少储蓄的措施明显是一种好的政策,因为它会增加每个时点的消费水平。

(2) 资本存量过低时。储蓄率的变化虽然最终也能够提高人们长期的消费水平,但却不能保证这种政策一定会顺利进行。因为虽然黄金律稳态的消费水平高于当前储蓄对应的消费,但在这种调整的开始阶段消费会下降,因为储蓄率的提高挤占了当前的消费,增加的储蓄用于增加投资,并最终提高经济增长水平,这需要一段调整的时间。政策制定者必须决定是否以牺牲当前的消费为代价追求未来更多的消费。

第三节　增长核算

索洛模型还向我们提供了一个可以测算资本、劳动对经济增长贡献的方法,即增长核算的方法。简单地讲,增长核算其实就是定量分析资本、劳动、技术进步对经济增长的各自贡献份额。下面简单介绍一下经济增长的核算方法。

一、增长核算公式

为了简化分析，这里假设生产函数的形式为 $Y=AF(K,L)$，这里的 A 是技术水平指标，也称为全要素生产率（TFP）。对生产函数两边取对数，并对时间 t 求导数，得到：

$$
\begin{aligned}
\frac{\dot{Y}}{Y} &= \frac{\dot{A}}{A} + \frac{F_K\dot{K} + F_L\dot{L}}{F} \\
&= \frac{\dot{A}}{A} + \left(\frac{Y_K K}{Y}\right)\frac{\dot{K}}{K} + \left(\frac{Y_L L}{Y}\right)\frac{\dot{L}}{L} \\
&= \gamma_A + \alpha_K\gamma_K + \alpha_L\gamma_L
\end{aligned} \tag{9.20}
$$

由于 Y_K 是资本的边际产出，企业会使用多少资本呢？只要资本的边际产出大于资本的使用价格——利率，继续增加资本就是有利可图的。相反，当资本的边际产出小于利率时，企业减少资本是有利可图的。只有当资本的边际产出等于利率时，资本使用才不会再改变。因此，从宏观的角度看，Y_KK 就是所有资本赚取的收入。同样，Y_L 表示劳动的雇佣价格——工资，Y_LL 是经济中所有劳动赚取的收入。因此，α_K 和 α_L 分别代表资本和劳动的收入占国民收入的比例。由于生产函数具有规模报酬不变性质，欧拉定理告诉我们资本的收入和劳动的收入之和正好等于国民收入，因此 $\alpha_K+\alpha_L=1$①。

式(9.20)就是被广泛使用的增长核算公式。它表示经济增长率 γ_Y 可以分解为三个部分：全要素生产率的增长率(γ_A)、资本的贡献比例($\alpha_K\gamma_K$)以及劳动的贡献比例($\alpha_L\gamma_L$)。在这个等式中，只有 γ_A 是无法直接计算的，索洛本人使用的方法是间接测算法，即：

$$\gamma_A=\gamma_Y-\alpha_K\gamma_K-\alpha_L\gamma_L \tag{9.21}$$

这样间接测算出来的全要素生产率贡献也称为索洛剩余（Solow Residual）。美国经济学家 Jones 根据此公式测算了美国经济增长的贡献分布情况（见表 9－2）。

---

① 如果函数 $F(K,L)$ 满足规模报酬不变（一次齐次），即 $F(\lambda K,\lambda L)=\lambda F(K,L)$，那么两边对参数 λ 求导，得到 $F_1(\lambda K,\lambda L)K+F_2(\lambda K,\lambda L)L=F(K,L)$。令 $\lambda=1$，就得到欧拉定理 $F_1K+F_2L=F(K,L)$。其中 F_1 表示函数对第一个变量求导，F_2 表示函数对第二个变量求导。

表 9-2　美国经济的增长核算　　单位:%

年　份	GDP 增长率	资本的贡献	劳动的贡献	TFP 的贡献
1960—1970	4.0	0.8	1.2	1.9
1970—1980	2.7	0.9	1.5	0.2
1980—1990	2.6	0.8	0.7	1.0
1960—1990	3.1	0.9	1.2	1.1

注:资本、劳动的收入份额分别是 1/3 和 2/3。

(资料来源　数据来自 Jones Charles I.. *Growth*: *With or Without Scale Effects*? American Economic Review, 1999,89(2):139-144)

从表 9-2 可以看出,20 世纪 60 年代到 70 年代期间,美国经济的增长率为4.0%,其中劳动对经济增长的贡献要稍大于资本对经济增长的贡献,而技术进步对经济增长的贡献最大,达到 1.9%。而在 20 世纪 70 年代初到 80 年代初这段时间内,劳动对经济增长的贡献率有所上升,达到 1.5%,技术进步对经济增长的贡献迅速下降,与劳动的贡献率相差很大。而在 20 世纪 80 年代这 10 年间,资本和劳动对经济增长的贡献基本持平,技术进步对经济增长的贡献最大。在 1960 年到 1990 年这段时间,经济的平均增长率为3.1%,其中资本对经济增长的平均贡献为 0.9%,劳动对经济增长的平均贡献为1.2%,技术进步对经济增长的贡献达到 1.1%。

二、增长核算的经验证据

索洛利用这种间接测算法首次估计了资本、劳动和技术进步对经济增长的贡献,在 1909—1949 年,美国经济年均增长率为 2.9%,索洛认为其中 0.32%要归功于资本积累, 1.09% 是由于劳动力投入的增加,而剩下的 1.49%则是源于技术进步。

丹尼森基于不同类型资本的考虑对“索洛剩余”进行重新划分,他较全面地估计了就业人数、工作时间、年龄性别构成、教育背景、国际资产、存货、住房、机器设备和厂房、规模经济、资源的优化配置、知识进步等其他因素对经济增长的贡献。他认为知识进步是发达资本主义国家最重要的增长因素。

Smith and Barfield(1996)对西方主要发达国家的经济增长源泉进行了

估计，发现资本和技术进步对经济增长的贡献要明显超过其他要素的贡献，贡献最小的是人力资本，而法国、德国、英国三个国家劳动力对经济增长的贡献为负，这可能与这三个国家人口增长缓慢有关，具体结果如图 9－14 所示。

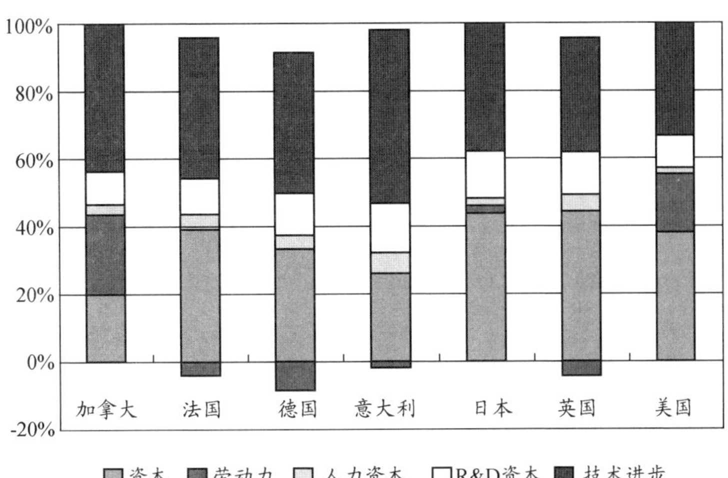

图 9－14　发达国家各要素对经济增长的贡献率

（数据来源：B. Smith & C. Barfield, *Technology, R&D and the Economy*, The Brookings Institution, 1996）

专栏 9－3

对东亚经济的争论——增长核算方法

近年来，一些经济学家（如刘遵义、克鲁格曼、Young 等）使用经济增长核算模型或生产函数估计法研究了亚洲的经济增长，得出了一个共同的结论：中国香港、韩国、新加坡、中国台湾的经济增长主要是要素积累的结果。同其他国家或地区相比，在东亚的经济增长中，技术进步的作用并不显著。克鲁格曼将东亚经济增长同苏联的经济增长做了比较研究后认为，在东亚的经济增长中，技术进步所起的作用很小，进而对东亚经济的发展前景及发展潜力持悲观态度。但从直觉上，人们普遍认为技术进步对东亚地区的经济增长应该起到了十分明显的作用。

Jefferson 教授不仅指出了 Young、克鲁格曼等人的理论分析中值得商榷的地方，并且在一般意义上指出，通过经济增长核算法虽然可以区分要素积累的作用和技术进步的作用,但是用这种方法来解释生活水平提高的来源时,往往会低估技术进步的作用,从而得出错误的结论。这是因为要素的积累(如资本投资和教育)本身是技术进步的结果,而增长核算模型由于把它们视为外生从而低估了技术进步的作用。Jefferson 教授认为,在长期内经济增长完全是技术进步的结果。从根本上说,储蓄率的提高、人力资本积累、出生率下降、要素重组等经济现象都是由技术进步所引发的。

Young 在 1995 年的文章中认为,东亚经济增长主要是要素积累的结果,而技术进步的作用是不显著的,甚至是可以忽略的。新加坡、韩国、中国香港、中国台湾等地区的资本、劳动与技术进步对增长的贡献率如图 9-15 所示。Young 认为,要素积累来源于四个条件:① 高投资率;② 持续上升的投资率;③ 对教育的高投资;④ 通过控制人口和提高女性的就业率所引起的人口就业参与率的上升。Young 做了进一步的定量研究,描述了这四个因素在亚洲经济增长中分别起到的作用。

Jefferson 教授认为 Young 并没有把握住经济增长的实质源泉。其实,Young 提到的四个因素从本质上说都是由技术进步引起的。Jefferson 教授利用 Young 的数据对技术进步乘数做了估计,从而对亚洲经济增长的源泉进行了新的解释。Young 估计亚洲“四小龙”的物质资本的产出弹性为 0.25～0.39,平均值为0.35;估计人力资本的产出弹性约为 0.20,如果不考虑就业参与率这个因素,则由此估计出来的技术进步乘数应为 2.22。

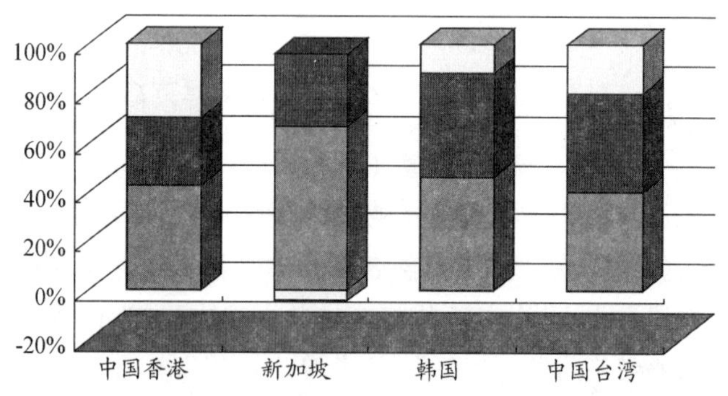

[资料来源　Alwyn Young: The Tyranny of Numbers: Confronting the Statistical Realities of the East Asian Growth Experience, *The Quarterly Journal of Economics*, 1995, 110(3)]

图 9-15　新兴工业化国家与地区全要素增长率

近几十年来，东亚地区的就业参与率有大幅度上升，Young 认为，根本的原因是女性就业率的大幅提高以及出生率的下降。但 Jefferson 教授认为 Young 指出的这些因素都不是独立于经济发展的，而是内生的；真正引起这些变化的原因是技术进步。考虑了就业参与率变化这个因素之后，Jefferson 估计出的技术进步乘数为 2.94。在进一步考虑了储蓄率的增加等因素之后，对亚洲“四小龙”的技术进步乘数的量化估计为：中国香港(2.5)，新加坡(3.4)，韩国(4.0)，中国台湾(3.2)。

第四节　增长的收敛性

一、收敛的含义

经济理论预测经济增长会出现趋同，而现实中各国家经济增长的差异却如此之大，这引起了经济学家对经济收敛问题的思考。一般将经济收敛分为绝对收敛、条件收敛和 σ 收敛。绝对收敛是指初始人均产出水平较低的国家与初始人均产出水平较高的国家相比，有更快的经济增长速度，即人均产出增长率与初始人均产出水平负相关。条件收敛是指在控制了稳态之后，初始收入低的国家或地区，相比高收入国家或地区，有更快的增长速度。σ 收敛是指地区间人均收入的离差随时间的推移而趋于下降。

绝对收敛和条件收敛的主要差异是条件收敛中包含了一些可控变量，如储蓄率、人口增长率、技术进步率、人力资本以及政策变量、基础设施变量等，在条件收敛中，每个经济体可以有不同的收敛路径，但是在控制一些关键变量之后仍然收敛于同一个均衡状态。

新古典增长理论将人均产出的长期增长率归结为技术水平的增长率，因此不同经济的长期增长差异应来自技术进步的差异。但是，由于新古典增长理论将技术增长率视为外部给定的(外生的)，所以这一理论并不包含对长期增长率差异的解释。当不同国家面临相同的技术选择机会和相同的技术增长率，新古典增长理论预示着经济收敛肯定会发生。

二、收敛的速度

在讨论增长收敛时，有两个重要的问题：① 当经济增长处在非稳态时

($k \neq k^*$),各经济变量如何向稳态调整?② 向稳态调整的速度有多快(收敛的速度)?从理论上看,根据新古典模型,我们可以推导出经济向稳态逼近的速度。收敛速度背后的疑问是:当穷国人均初始资本存量较小,而富国人均资本存量较大时,穷国会比富国有更高的增长率吗?如果有,穷国将以一个什么样的速度向富国靠近?

索洛模型告诉我们:每个经济都收敛于其自身产出的稳态,而且这一收敛的速度与其离稳态的距离成正比,或者说,经济离其自身的稳态值越远,其增长率就越快。我们可以把有效人均资本 $\hat{k}$ 的导数近似表示为:[①]

$$\dot{\hat{k}} \simeq -\lambda(\hat{k} - \hat{k}^*) \tag{9.22}$$

其中,收敛系数 $\lambda = (1 - \alpha_K(\hat{k}^*))(n + x + \delta)$。式(9.22)表明如果经济低于稳态位置,那么经济离稳态的距离越远,收敛的速度也越快。如果各国的稳态有效人均资本水平都相同,则可以预测,拥有较低有效人均资本的穷国倾向于有更快的增长。

更现实的情况是,由于不同的经济系统,特别是不同的国家,往往具有不同的技术水平和制度背景,在储蓄水平和人口增长率等诸多方面也存在着差异,因而不同国家稳态的有效人均资本水平相差很大。更一般的情况是,当稳态有效人均资本水平不同时,在不同的经济系统间,低于自身稳态水平越远的国家将产生更高的增长率,如图 9 - 16 所示。

前文讲过,有效人均资本的增长率可以表示为 $\gamma_{\hat{k}} = sf(\hat{k})/\hat{k} - (n +$

---

① 把 $\dot{\hat{k}}$ 在稳态 $\hat{k}^*$ 附近进行泰勒展开,取线性项,得到:

$$\dot{\hat{k}}(\hat{k}) \simeq \dot{\hat{k}}(\hat{k}^*) + \left[\frac{\partial \dot{\hat{k}}(\hat{k})}{\partial \hat{k}}\bigg|_{\hat{k} = \hat{k}^*}\right](\hat{k} - \hat{k}^*)。$$

由于 $\dot{\hat{k}} = sf(\hat{k}) - (n + x + \delta)\hat{k}$,根据稳态定义,等式右边第一项为零。第二项

$$\frac{\partial \dot{\hat{k}}(\hat{k})}{\partial \hat{k}}\bigg|_{\hat{k} = \hat{k}^*} = sf'(\hat{k}^*) - (n + x + \delta),$$

因为 $s = (n + x + \delta)\hat{k}^*/f(\hat{k}^*)$,代入上式,得到:

$$\frac{\partial \dot{\hat{k}}(\hat{k})}{\partial \hat{k}}\bigg|_{\hat{k} = \hat{k}^*} = \left[\frac{f'(\hat{k}^*)\hat{k}^*}{f(\hat{k}^*)} - 1\right](n + x + \delta) = -(1 - \alpha_K(\hat{k}^*))(n + x + \delta)。$$

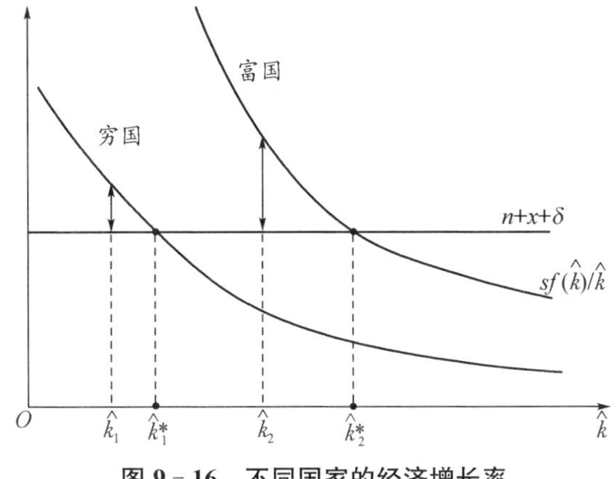

图 9－16　不同国家的经济增长率

$x+\delta$)。因此，在图 9－16 中，我们画出 $sf(\hat{k})/\hat{k}$ 随 $\hat{k}$ 变化的轨迹，这条轨迹和水平直线 $n+x+\delta$ 之间的距离就是增长率。可见，由于穷国和富国的稳态位置不同，即使穷国的有效人均资本远远小于富国，但是富国的增长率仍然高于穷国。如果用有效人均收入变量来考察经济的收敛性，结果仍然类似，具体推导过程我们要求读者自己在习题中完成。

在上面的论述中，我们没有考虑到储蓄率的决定。实际上，居民在决定消费多少、储蓄多少的过程中，会进行跨期比较，并选择最优的储蓄率，因此储蓄率也可以是内生的(具体见第十章)。但是，内生储蓄率改变的只是收敛系数，并不会改变收敛本身。

针对新古典增长理论预测出的收敛性，Baumol(1986)采用 Maddision(1982)的数据进行了实证分析，结果表明，自 1870 年以后在 16 个较富裕的国家间显示了较强的增长收敛性。然而 Delong(1988)指出，由于 Maddsion 的数据只包含了在样本末期经济较发达的国家，因而 Baumol 的分析数据排除了样本末期人均收入水平较低的国家，实际上收敛性在样本选定的同时就确定了。所以，Delong 认为 Baumol 的样本选择有偏，分析结果不能令人满意。Delong 认为，分析的样本国家应该包括那些在样本初期已经开始工业化，并有可能开始发展的国家，而不是后来发展了的国家。在对包括更广泛范围的样本进行分析后，Delong 发现并不存在显著的收敛性。

Barro(1991)利用 98 个国家在 1960—1985 年的样本数据进行收敛性

分析,结果显示,人均GDP的增长率与人均GDP初始水平之间的负相关关系,只有当人均GDP在一定的水平之下时才成立,突破临界值后,它们之间的关系就变得模糊起来,甚至出现微弱的正相关关系。与此同时,Barro发现人均GDP增长率与初始人力资本水平之间呈现出正相关关系。

Mankiw等(1992)的研究发现,在将人力资本因素整合进索洛模型后,索洛模型对经济增长条件收敛性问题所做的解释具有合理性。他们将投资占GDP的比例、人口增长、人力资本投资以及初期人均GDP水平共同作为回归方程的解释变量,结果发现,人均GDP增长速度与初期人均GDP水平显著负相关,同时与初期人力资本投资水平显著正相关,产生了很强的条件收敛。实际上,Mankiw and Barro的实证结果在突出人力资本作用的同时,实际上都证明了条件收敛性的存在。

此外,实证结果还反映出影响条件收敛的其他因素。Razin, Yuen(1998)发现,对于地区性经济增长来说,在存在知识外溢的情况下,劳动力的流动能够产生地区间收入的均等化;相反,对劳动力流动的禁止将使得人均收入出现分化。Ben-David, Kimhi(2000)则发现,贸易伙伴间进出口贸易的增长,特别是落后国家向富裕国家出口的增加,可以促进贸易伙伴国之间经济增长收敛性的产生。

专栏9-4

"俱乐部收敛"及中国的证据

在条件收敛日益得到肯定的同时,一些学者又提出了"俱乐部收敛"的概念,将收敛性的理解进一步深化。

Galor(1996)认为"俱乐部收敛"的概念与条件收敛不同,它指的是初期经济发展水平接近的经济集团各自内部的不同经济系统之间,在具有相似的结构特征的前提下趋于收敛,即较穷的国家集团和较富的国家集团各自内部存在着条件收敛,而两个集团之间却没有收敛的迹象。Galor将这种现象归结于微观层面上劳动要素禀赋的异质性。

Ben-David(1997)则将生存消费的假设引入新古典增长模型进行分析,得到了与经验数据一致的结论,从而解释了"俱乐部收敛"现象。Deardorff(2001)则以专业化和国际贸易为背景,进一步阐述了"俱乐部收敛"存在的原因。

由此看来，“俱乐部收敛”有其理论依据并的确存在，即初期经济发展水平相近的经济集团内部其增长速度和发展水平趋于收敛，而集团间的增长差异却无法缩小。

近年来中国经济发展的地区差异现象已引起学者们的关注。Jian，Sachs，Warner(1996)对中国自1953年到1993年的经济发展做了考察，结果发现，1978年改革后地区经济增长出现了明显的收敛。他们认为中国经济增长收敛性的出现与中国的农村改革有关，并且收敛性在具有国际贸易和资本流动自由化的沿海地区尤为显著。根据蔡昉、都阳(2000)的研究，中国省际人均GDP增长趋同是有条件的趋同，除了地区因素外，他们认为需要考虑人力资本、投资率、贸易依存度等因素。刘强(2001)的研究结果显示，大规模劳动力的区际迁移是中国地区间经济增长收敛的重要诱发因素。沈坤荣、马骏(2002)的研究表明，中国省际经济发展水平的绝对差异一直处于上升趋势，而相对差异则在经历了几次波动后又趋于扩大。中国省际经济增长并不具有明显的绝对收敛性，但呈现出明显的分为东中西三大地带的“俱乐部收敛”特征。中国省际经济增长的条件收敛迹象十分显著，人力资本水平、对外开放度以及工业化进程对各省经济增长起着明显的正向作用，体制因素也影响了中国各省份的经济增长，其中市场化程度尤为显著。

附　录　公平性增长

一、对公平的衡量:洛伦兹曲线和基尼系数

经济学家经常使用洛伦兹曲线和基尼系数来对公平和收入差距进行衡量。洛伦兹曲线由统计学家洛伦兹于1905年提出,他把社会总人口按收入由低到高均分为10个等级组,每个等级组均占10%的人口,再计算每个组的收入占总收入的比重。然后以人口累计百分比为横轴,以收入累计百分比为纵轴,绘出一条反映居民收入分配差距状况的曲线,称为洛伦兹曲线。图9-17中的曲线就是洛伦兹曲线。

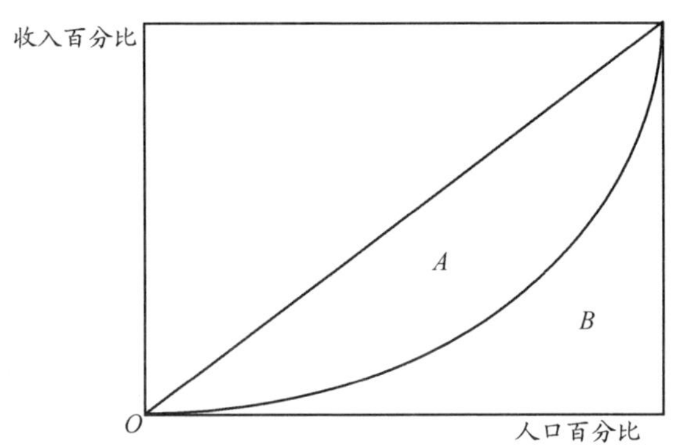

图9-17　洛伦兹曲线

另一个指标是基尼系数。为了用指数来更好地反映社会收入分配的平等状况,意大利经济学家基尼根据洛伦兹曲线计算出一个反映收入分配平等程度的指标,称为基尼系数。基尼系数即图9-17中面积A除以面积$(A+B)$的商,即$G=A/(A+B)$。当A为0时,基尼系数为0,表示收入分配绝对平等;当B为0时,基尼系数为1,表示收入分配绝对不平等。基尼系数在0~1,系数越大,表示越不均等;系数越小,表示越均等。市场经济国家衡量收入差距的一般标准是:基尼系数在0.2以下表示高度平均;在0.2~0.3表示相对平均;0.3~0.4表示较为合理;0.4~0.5表示差距偏大;0.5以上表示差距悬殊。

二、公平与效率之争

在发展中国家的经济进程中，公平问题已经越来越引起人们的广泛关注，由于城乡差距的存在和收入结构不平衡，经济的高速增长使得财富的两极分化问题日益突出。居民收入水平的巨大差异不仅造成了总体消费的低迷，还进一步导致了人们“公平感”的丧失。改革开放以后，中国经过几十年的经济发展，一方面经济增长的成就令世人瞩目，另一方面收入差距、地区差距、城乡差距在经济增长的过程中进一步拉大。

但是，不能将两者绝对地对立起来。现在我国经济虽然有了较快发展，效率虽然有了一定提高，但经济落后和效率不高的情况仍未根本改变：我国2005年人均GDP只有1 600多美元，在全世界排名100位以下；我国全员劳动生产率不高，只相当于美国的1/41，日本的1/36；我国单位产值消耗的能源、原材料、水资源惊人，2004年我国GDP总量占全球4.4%，但石油消耗占世界7.4%，钢材占27%，煤占31%；我国劳动力丰富，但人力资本并不丰富，所有这些都说明当前坚持效率优先是十分必要的。

我们并不能把效率和公平对立起来看。一方面效率是公平的基础。效率使公平建立在更雄厚的物质基础上，公平的最终实现要以效率的极大提高为基础。没有生产力的极大发展和效率的极大提高，是不可能实现全体人民的共同富裕的。另一方面，公平促进效率。收入分配是否公平，对经济效率有重大影响，分配公平合理，能够使各个阶层的劳动者充分发挥主动性、创造性和积极性，能够促使社会稳定发展，从而全面促进劳动效率的提高。

世界银行在《2006年世界发展报告》中指出，公平性与追求长期繁荣是相辅相成的。提高公平性有利于持续的全面发展，同时为社会里的最贫困群体带来更多的机会，这应成为任何发展中国家成功的减贫战略不可或缺的组成部分。

世界银行前行长保罗·沃尔福威茨在上述报告的前言中说：“公共行动应该谋求扩大那些最缺乏话语权、资源和能力的人群的机会。所采取的方式应该是尊重和增加个人自由，以及加强市场在资源配置中的作用。”为了在发展中国家提高公平性，报告特别呼吁采取政策纠正长期存在的机会不平等现象，通过创造公平的经济和政治竞争环境达到此目的。这样的政策也可以提高经济效率，纠正市场失灵。具体包括以下内容：

(1) 投资于人,通过扩大享受高质量医疗和教育服务的机会,为弱势群体提供安全网。

(2) 扩大享受司法、土地以及道路、水电、环境卫生、通信等经济基础设施的机会。

(3) 促进提高金融、劳动力和产品市场的公平性,从而使贫困人口比较容易得到信贷和就业机会,并在任何市场上不会受到歧视。

当前最重要的是形成公平竞争的环境。政府决策的视角要转变,要从过去追求分配结果的公平,转到追求所有市场主体享有公平竞争机会上来。追求机会的公平是立足于收入分配前的规则公平而不是分配结果的公平。当前迫切需要消除一些不合理的制度,确立基本的公平竞争环境。政府所能提供的一切基本权利和义务应平等地分给全体社会成员,各种利益和负担应尽可能平等地分配给社会成员。同时,要通过制定法律条款,长期或半永久性地约束、缩小和消除社会成员由于出身和天赋所造成的差别。

本章要点

1. 本章讨论了经济增长的决定因素和增长核算问题,在长期,任何一个经济体将达到自己稳态的经济增长率。

2. 新古典模型告诉我们,在封闭经济中,人均资本存量的积累速度取决于储蓄率和劳动供给的增长率,在没有技术进步的情况下,经济增长率取决于劳动力增长率,在有技术进步的情况下,经济增长率取决于外生的技术进步和劳动力增长率,并且,技术进步是决定一个国家长期经济增长的唯一原因。

3. 索洛模型为我们提供了一个分析增长模型中各要素贡献的方法,使用这个增长核算方法,可以推算出不同时间段的资本、劳动等要素对一国经济增长的贡献度,这样,就可以比较各个国家不同要素贡献水平的差异。

4. 人们还比较关心处于不同收入水平的国家之间是否存在经济的收敛现象,即穷国是不是比富国增长得更快。新古典模型预测会发生经济增长的收敛。

关键概念

经济增长	索洛模型	资本积累方程	技术进步
资本积累的黄金律	稳态	增长核算	绝对收敛
条件收敛	收敛		

本章习题

1. 为什么不同国家的经济增长率会有那么大的差距？不同国家经济增长的初始条件究竟包括哪些？初始条件是如何影响一国经济增长的？

2. 在新古典增长模型中，提高储蓄率对经济增长的短期影响和长期影响有哪些？

3. 劳动力增长率的增加对长期稳态的增长率有什么影响？对国民收入水平有什么影响？人口增长与快速的经济增长之间是什么关系？

4. 讨论一个国家可以增加其潜在产出的三条途径，每种途径可能的实现方式以及不同途径对一国经济增长水平的总体影响。

5. 假设一国长期均衡 GDP 的目标增长率为 1%，劳动投入和人口以每年 1%的速度增长。问：

(1) 为了达到人均 GDP 每年 1%的增长率，GDP 年增长率应该是多少？

(2) 假定技术增长率是 0.5%，根据本章所介绍的增长核算方法，为了达到人均 GDP 的目标增长率，资本存量的增长率需达到多少？如果没有技术进步，资本存量的增长率需为多少？

6. 根据新古典模型，发展中国家如何实现对发达国家经济的赶超？如果要实现这一目标，发展中国家需要具备哪些条件？

7. 影响不同国家经济收敛的因素有哪些？在世界经济一体化趋势中，有哪些因素会加快不同国家之间经济的收敛速度？有哪些因素会阻碍经济的收敛？

8. 根据有效人均资本增长率的表达式(9.17)，对其在 $\hat{k}^*$ 附近进行泰勒展开，并取线性项（对数线性化），得到的结果和(9.22)式相比有什么区别？

9. 假设生产函数采取柯布—道格拉斯形式:$Y = K^{\alpha}(AL)^{1-\alpha}$,$\alpha \in (0, 1)$,仿照式(9.22)或习题(8)中的对数线性化过程,求有效人均资本和有效人均产出的收敛系数。

案例讨论

试寻找地理或环境因素影响一国(或地区)长期经济增长的事实,并讨论地理决定论的合理与不合理之处。

第十章* 新增长理论概述

现代增长理论的起点应该追溯至 1928 年弗兰克·拉姆齐(Frank Ramsey)的一项贡献——《储蓄的数学理论》。在这项贡献中,拉姆齐使用了跨时期家庭最优化的分析方法,从而储蓄率由完全竞争市场中的家庭和企业决定,而不是一个外生变量。然而,此后 30 年的增长理论大多假定储蓄率是一个外生变量,从这种意义上看,这些理论都是对拉姆齐贡献的一种倒退,包括影响广泛的索洛增长理论。

从第九章可以看到,新古典增长理论假设生产函数呈现规模报酬不变,资本和劳动的边际收益递减。在这种假设下,经济的增长最终只能依靠外生的技术进步。外生的技术进步意味着什么呢?意味着大量的经济个体在理性的行为模式下从事着经济活动,但这些经济活动与努力似乎和长期人均收入的增长并没有太大的联系,因为技术进步和这些行为个体毫无关系。技术进步只取决于经济之外的力量——一种神秘的力量。令人遗憾的是,这种神秘的力量既非亚当·斯密"看不见的手",亦非凯恩斯那只"看得见的手"。因此,正如巴罗(Barro,1995)所说:我们最终得到了这么一个增长模型——它能解释一切,唯独不能解释长期增长。

为了解决这种令人尴尬的局面,经济学家开始研究能解释长期增长的增长理论,由此而产生的一系列文献

* 本章为选修内容。

被称为新增长理论或内生增长理论,以区别于传统的新古典经济增长理论。新增长理论的贡献就是将传统经济增长理论中外生的"神秘力量"内生化,因此新增长理论也被称为内生增长理论。最初,内生增长的概念指经济的长期增长由模型内部因素决定,而非模型外部因素决定。后来,内生增长的概念扩展到政府政策对增长产生影响的意义上。

为什么这个世界上有许多国家很富裕,而另外一些国家很贫穷?为什么一些原本落后的国家能成为发达国家,而另外一些落后的国家和发达国家之间差距越来越大?对这些问题的回答必须基于我们对长期增长的理解。长期增长问题是如此重要,以至于在大卫·罗默(David Romer,2000)的《高级宏观经济学》中前 1/4 的篇幅都在讨论经济增长问题。

本章的内容安排如下:我们把大部分内容建立在家庭的跨期最优选择上,因此第一节介绍家庭最优消费的规则。然后,根据内生化增长的思路,分别选取三类模型——AK 模型、外部性模型和内生技术进步模型进行考察。第二节的 AK 模型沿着新古典的路线,保留完全竞争假设和无外部经济效应假设,通过线性生产函数消除资本的递减收益,从而获得长期增长,也称为线性增长模型。第三节在完全竞争假设下考察外部经济效应,如物质资本或人力资本的积累对技术知识的增长具有正的外部效应,这种外部经济效应正好弥补了资本本身的收益递减从而使经济获得了长期增长。第四节考察有目的、有意识的私人创新活动推动的技术进步,即内生技术进步,这类模型必须建立于非完全竞争市场基础上。上面三种内生增长模型都得不到条件收敛的结论(这是一条很强的经验规律),为了弥补这个缺陷,第五节在内生技术进步模型中引入技术扩散因素,从而得到了条件收敛的结论。第六节简要介绍经验研究的一些进展。

第一节　家庭的跨期选择

这一节,我们首先从微观出发,研究跨期选择的最优条件。这种跨期选择框架是后文的分析基础。最小的分析单位是单个的消费者,但是消费者具有有限的寿命,这使得我们无法分析较长时间区间内的经济行为。一种可行的方法是把分析单位扩大到家庭。尽管单个消费者生命有限,但通过一代又一代的生育延续,整个家庭可以在一个很长的时期内存续。我们对家庭人数进行标准化，把夫妻两人作为一个标准化人，或者也可以把夫妻两人及子女作为一个标准化人。总之，通过人数标准化过程，每个家庭具有一个标准化人。通常，经济增长理论里面提到的家庭都可以这样处理。由于生育延续，这个标准化人不会死亡，因此具有无限寿命①。

假设经济中所有家庭的效用函数都具有如下形式：

$$u(c(t))=\frac{c(t)^{1-\theta}-1}{1-\theta} \tag{10.1}$$

其中，$c(t)$为人均消费，在劳动力人数固定的情况下，读者也可以把它看成消费$C(t)$；$\theta>0$ 是边际效用对消费的弹性。根据效用函数，我们可以得到边际效用②$MU(c(t))=c(t)^{-\theta}$。随着消费的增加，边际效用是递减的。

现在我们分析家庭在时刻 t 和时刻 $t+\Delta t$ 的选择行为，如图 10－1 所示。假定储蓄的实际收益率为 $r(r\geqslant 0)$，家庭的主观贴现率为 $\rho(\rho>0)$。一个正的主观贴现率表示对于一单位未来消费而言，家庭更倾向于一单位当前消费，因此主观贴现率揭示了家庭对于时间的偏好，有时也称为家庭的时间偏好率。考虑家庭在时刻 t 降低一单位消费，将其按实际利率 r 储蓄，在 $t+\Delta t$ 时刻取出进行消费。t 时刻降低一单位消费对家庭带来的影响是效用减少了 $MU(c(t))$，其在时刻 0 的贴现值为 $MU(c(t))e^{-\rho t}$。家庭储蓄的一单位消费在时刻 $t+\Delta t$ 的本息和为 $1\cdot e^{r\Delta t}$，消费 $1\cdot e^{r\Delta t}$ 所带来的效用的增加为 $MU(c(t+\Delta t))e^{r\Delta t}$，在 0 时刻的贴现值为 $MU(c(t+\Delta t))e^{r\Delta t}e^{-\rho(t+\Delta t)}$。如果时刻 t 效用现值的下降小于时刻 $t+\Delta t$ 效用现值的增加，那么，理性的家庭就会选择减少时刻 t 的消费，将减少的消费转移到时刻 $t+\Delta t$，通过这种消费转移，家庭总的效用现值会增加；反过来，当前者大于后者时候，家庭会把时刻 $t+\Delta t$ 的消费转移到时刻 t 以增加总效用现值。家庭的这种理性行为最终将使得任意时点上一单位的产品消费所带来的效用现值都相同。因此，家庭的最优选择将使得下面的等式成立：

$$MU(c(t))e^{-\rho t}=MU(c(t+\Delta t))e^{r\Delta t}e^{-\rho(t+\Delta t)} \tag{10.2}$$

---

① 这里不研究非正常死亡问题，因此假设家庭成员都是自然死亡。这样，标准化人就具有无限寿命。

② 从数学上看，边际效用是效用函数对 c 的导数 $MU(c)=u'(c)=c^{-\theta}$，边际效用递减指 $u''(c)=-\theta\cdot c^{-\theta-1}<0$。

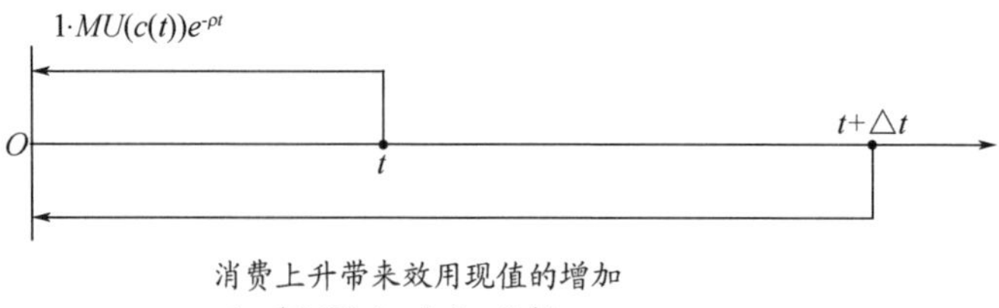

图 10－1　家庭的跨期选择

假设消费 $c(t)$ 的增长率为 γ,则 $c(t+\Delta t)=c(t)e^{\gamma\Delta t}$,代入式(10.2),结合边际效用的表达式,可以得到家庭的消费行为最优时的规则①:

$$\gamma=\frac{1}{\theta}(r-\rho) \tag{10.3}$$

θ 是边际效用的弹性,其倒数 $1/\theta$ 是消费在不同时点的替代弹性②。θ 越小的家庭,消费的变化对边际效用的影响就越小,家庭转移消费的倾向就会越大,即不同时点上消费的替代性越大。如果 $r>\rho$,则家庭发现将部分消费转移到未来会更好,因此消费的增长率 $\gamma>0$。消费转移对 $r-\rho$ 的反应程度到底有多大?式(10.3)表明反应系数为替代弹性。$\theta=0$,表示不同时点的消费可以随意转移而不对边际效用产生影响,这种情况称为跨期消费具有完全替代性,替代弹性为无穷大。实际上,这时的效用函数为线性函数 $u=c-1$,对于哪怕是微小的差距 $r-\rho$,家庭都愿意接受消费的大规模转移。对于 $\theta=+\infty$ 的情况,消费的轻微转移都会使边际效用大幅变动,家庭倾向于规避消费的大规模跨期转移,跨期消费具有完全不可替代性,替代弹性为零。式(10.3)表示,在跨期消费完全不可替代的情况下,家庭消费的

---

① 把边际效用表达式代入式(10.2),$c^{-\theta}e^{-\rho t}=(ce^{\gamma\Delta t})^{-\theta}e^{r\Delta t}e^{-\rho(t+\Delta t)}$,整理得到式(10.3)。连续时间下的最优消费规则不变。具体而言,根据式(10.2),可得:

$$r-\rho=-\frac{\ln MU(c(t+\Delta t))-\ln MU(c(t))}{\Delta t}$$

当 $\Delta t\to 0$ 时,根据导数定义,$r-\rho=-\mathrm{d}\ln MU(c)/\mathrm{d}t=-\mathrm{d}\ln(c^{-\theta})/\mathrm{d}t=\theta(\mathrm{d}\ln c/\mathrm{d}t)=\theta\gamma$,整理后就是式(10.3)。

② 边际效用 u' 对 c 的弹性为 $\left|\frac{\mathrm{d}u'/u'}{\mathrm{d}c/c}\right|=-\frac{u''c}{u'}=\theta$,其中 $u'=c^{-\theta}$,$u''=-\theta c^{-\theta-1}$。设单个家庭在时点 t_1 和 t_2 的消费分别为 c_1 和 c_2,替代弹性定义为 $\sigma_{12}=\frac{\partial\ln(c_2/c_1)}{\partial\ln(u'_1/u'_2)}$。在(10.1)式的效用函数形式下,$\sigma_{12}=1/\theta$。

增长率对差距 $r-\rho$ 完全无反应。

理解最优规则的另一条途径是把它改写成下述形式：

$$r=\rho+\theta\gamma \tag{10.4}$$

如果储蓄收益率 r 等于贴现率 ρ，那么家庭就会采取均匀的消费模式，即 $\gamma=0$。如果要让家庭偏离这种均匀消费模式，把部分消费转移到未来，那么 r 必须对 ρ 出现升水以补偿因当前消费下降而带来的损失，补偿的数量就是 $\theta\gamma$，因此 $\theta\gamma$ 可以被视为消费转移的收益率。

由此可见，家庭的消费行为和储蓄行为是由家庭的最优化选择决定的，储蓄率 s 是内生的，而非外生的。下面将要描述的增长模型都将建立于家庭的最优选择基础上。

第二节 AK 模型

针对新古典模型中资本的边际收益递减，经济学家开始探索如何消除资本的边际收益递减现象。数学上的改进当然是最先被考虑的，这就出现了新古典模型的特例形式——AK 模型。在 AK 模型中，资本 K 具有不变的边际收益，现实经济中哪种资本具有不变的边际收益？ AK 生产函数是否对生产过程进行了正确的描述？现在，经济学家已经对 AK 模型具有很高的评价，几乎任何一个踏入增长领域的研究者都会认真学习 AK 模型，这不仅仅因为 AK 模型是最简单的内生增长模型，更重要的是因为很多展示各种经济思想的内生增长模型，在数学形式上都可以归类为 AK 模型。

一、*AK* 生产函数

AK 模型和新古典模型的不同之处在于生产函数。假设新古典生产函数为柯布—道格拉斯形式 $Y=AK^{\alpha}L^{1-\alpha}$，$\alpha\in(0,1)$，资本的边际产量为 $MPK=\alpha Ak^{-(1-\alpha)}$，小写字母 k 表示人均资本①。当 α 趋向 1 的时候，柯布—道格拉斯生产函数就变为线性生产函数：

① 通常劳动力总量要小于人口总量，因此每劳动力平均资本(Capital per Worker) K/L 并不等于人均资本(Capital per Capita)。为了简化，这里假定劳动力总量等于人口总量，这种简化并不会影响模型的基本结论。

$$Y = AK \tag{10.5}$$

这也就是称其为 AK 模型的原因。这时,资本的边际产量变为 $MPK = A$。通过比较发现,新古典模型中资本的边际产量随着人均资本的增长而下降,然而在 AK 生产函数中,资本的边际产量等于常数,因此消除了资本边际收益递减的作用。

这种生产函数看起来似乎有点不可能,特别是劳动力的作用被排除到生产函数之外。但是如果我们从更为广泛的角度去理解资本,AK 生产函数就有其说服力了。例如,我们可以认为资本 K 包括物质资本和人力资本,劳动力是人力资本的载体,劳动力报酬来自人力资本报酬。尽管物质资本的边际报酬递减,但物质资本和人力资本的综合边际报酬可能不变。

通过在式(10.5)两边除以劳动力 L,我们可以得到以人均形式表示的 AK 生产函数:

$$y = Ak \tag{10.6}$$

其中,小写字母表示人均变量。索洛模型为了获得长期增长而假定 A 以外生不变的速度增长,这里我们排除 A 的这种变化,直接假定 A 是不变的常数,在这种条件下,我们来看看 AK 模型所描述的经济是否能获得长期增长。

二、长期增长率的决定

假设在一个封闭经济中,产出市场为完全竞争市场,不存在外部经济效应,劳动力 L 的增长率为 n,资本 K 的折旧率为 δ,n 和 δ 都为常数。经济中的个体将产出 Y 的一部分用于消费,另一部分进行储蓄。在一个封闭经济中,储蓄等于投资,因此人均资本 k 的积累规则如下:

$$\dot{k} = (y - c) - (n + \delta)k \tag{10.7}$$

式中,$\dot{k}$ 表示人均资本对时间的导数;$(y - c)$ 项表示人均产出中的储蓄部分,在封闭经济中也就是投资部分;$(n + \delta)k$ 项为平衡投资项,或称为收支相抵投资项,它表示为了保持人均资本不变而必须进行的投资。对式(10.7)两边除以人均资本 k,结合生产函数式(10.6),得到人均资本的增长率:

$$\gamma_k = (A - n - \delta) - c/k \tag{10.8}$$

由于在稳态中，γ_k 是一个常数，A、n 和 δ 都是常数，因此式(10.8)表明 c/k 必定也是一个常数，即 $\gamma_k=\gamma_c$ ①。人均消费的增长率则由家庭的跨期最优选择决定。由于企业处于完全竞争市场上，利润最大化行为要求资本的边际产品等于边际成本，而资本边际产品为 MPK，边际成本为 $r+\delta$，因此$r=MPK-\delta=A-\delta$。假设家庭具有式(10.1)的效用函数，根据式(10.3)，人均消费和人均资本的增长率为：

$$\gamma=\frac{1}{\theta}(A-\delta-\rho) \tag{10.9}$$

该增长率表达式同样适用于人均产出 y，因为根据生产函数，y 和 k 是线性关系。所以：

$$\gamma_c=\gamma_k=\gamma_y=\gamma \tag{10.10}$$

另外，我们还可以得到储蓄率的表达式：

$$s=\frac{\dot{k}+(n+\delta)k}{y}=\frac{\gamma+n+\delta}{A}=\frac{A-\rho+\theta n+(\theta-1)\delta}{\theta A} \tag{10. 11}$$

尽管储蓄率在稳态中并不变化，但和外生储蓄率还是有很大的差异。在外生储蓄率假设下，经济中的各种行为参数是无法影响储蓄率的，但在式(10.11)中，储蓄率是由基本行为参数所决定的。

三、对 AK 模型的评价

AK 模型是一类最简单的内生增长模型。和新古典增长模型相比，AK 模型中获得正的长期增长率的原因，主要在于消除了资本的递减收益。这是早期增长理论家探索内生增长的主要方向。然后，读者将在本章章末看到，不变的资本收益并不和内生增长具有内在的必然联系，资本收益递减同样能产生内生增长。

AK 模型除了能产生正的长期人均增长率以外，还具有不同于索洛模型的政策含义。在索洛模型中，由于资本边际收益递减导致长期增长只能靠外生技术进步，因此，政府的任何政策都只能短期改变经济，对经济的长

① $k(t)=k(0)e^{\gamma_k t}$，$c(t)=c(0)e^{\gamma_c t}$，$c(t)/k(t)=[c(0)/k(0)]e^{(\gamma_c-\gamma_k)t}$，要使 $c(t)/k(t)$ 为常数，两者的增长速度必定要相同。

期增长却无能为力。在 AK 模型中,长期人均增长率取决于一些基本的行为参数,如 θ、人口增长率 n、折旧率 δ 以及参数 A。如果政府引进了一项技术,成功地提高了 A,长期人均增长率会得到提高。

AK 模型中的均衡是帕累托最优的。我们可以比较一个分散决策的市场经济(分权经济)和一个集中决策的计划经济(集权经济)之间的区别。集中决策的计划经济可以看作是一个计划者统一进行整个经济的决策,而且这个计划者是万能而仁慈的,他以整个经济中家庭的效用总和达到最优为目的。市场经济以个体效用最优为目的,计划经济以整体效用最优为目的,因此,如果分权经济的经济增长率等价于集权经济的增长率,那么,分权经济就不可能有帕累托改进的空间,分权经济必然是帕累托最优的。如果分权经济增长率小于集权经济增长率,说明分权经济具有帕累托改进的空间。(读者可以思考一下,为什么分权经济的经济增长率不可能大于集权经济增长率?)

在 AK 模型中,我们并没有引入市场失灵的因素,因此,从社会角度和私人角度看,资本的边际产品都是 A,资本的收益完全被私人企业内部化,分权经济和集权经济的结果是一样的,稳态中的增长率也是一样的,故 AK 模型中的均衡具有帕累托最优性。

AK 模型的一个预言是经济不收敛,因为经济长期增长率取决于基本的行为参数。所以,发展中国家的增长率可能并不一定高于发达国家,即使对于背景十分近似的国家,AK 模型也并不意味着条件收敛。

第三节　外部性

在这一节中,我们开始引入第一种市场失灵的因素——外部性(Externality),同时仍然保留新古典的完全竞争假设。当化工厂为了节省费用而直接把废气排放到空气中的时候,当工地施工的噪音使附近的居民无法休息的时候,负的外部性就出现了。当中国的四大发明传到欧洲的时候,当一种新的经营模式被其他公司效仿的时候,正的外部性也会出现。不管外部性是正的还是负的,它们的共同点是市场机制无法实现帕累托最优。市场机制的失灵导致在个体决策时,私人和企业无法获得外部性产生的收益,因而激励程度要差一些。下面介绍的具有外部性的模型是巴罗版本的罗默模型。

一、知识外溢和资本报酬不变

阿罗(1962)、罗默(1986)和卢卡斯(1988)等经济学家发现,正的外部性能消除资本收益递减,如边干边学(Learning-by-Doing)现象。一个人可以很快学会汉字五笔输入法的原理,却难以快速而轻松的输入一篇论文。随着输入时间的加长,尽管这个人并没有刻意训练,但他的输入效率会得到逐步提高。这是一个典型的边干边学产生正外部性的例子。同样,知识的创造有时可以看作是企业物质资本投资带来的一个意想不到的礼物,企业在增加投资的同时也学会了如何更有效率的生产。例如,核电厂的建造成本不仅随着建造经验的增长而下降,而且随着这个行业的发展而下降(Zimmerman,1982)。分析这种外部性,我们首先要做五项假设:

第一,对于一个企业 i 而言,其生产函数是新古典类型。

$$Y_i = F(K_i, \Phi_i L_i) \tag{10.12}$$

式中 K_i 和 L_i 是企业的资本和劳动力投入;Φ_i 是企业的知识指标;生产函数$F(\cdot,\cdot)$满足第九章新古典生产函数的基本假设:劳动力和资本投入的边际产品为正,并且递减,规模报酬不变,稻田条件成立。

第二,企业投资对知识有正的外部效应,所以资本存量的增加会提高企业的知识存量。对照前面所说的边干边学,我们可以称投资的外部性为边投资边学习。

第三,企业的知识是公共品,因此其他企业都可以毫无成本的获得。这是一个合理而稍显极端的假设。该假设意味着每一个企业一旦出现新知识,新知识会立刻外溢至整个经济。

第四,最终产品市场仍然是完全竞争的。现实经济中,有些知识很容易被模仿,有些知识的模仿具有较高的壁垒。容易被模仿的知识和第三条假设比较吻合,而模仿壁垒高的知识必然伴随着不完全竞争的出现。所以,我们首先考虑容易模仿的知识,这样我们仍然可以在一个完全竞争框架中进行研究。至于模仿壁垒较高的知识对增长的影响,我们在下一节内生技术进步中考虑。

第五,劳动力总量不变,$n=0$。这个简化假设可以用来分析人口规模效应。

根据第三条假设,任何知识都会迅速溢出至整个经济,那么单个企业任何时候可利用的知识就是全社会的知识,因此,生产函数中的知识指标就应该是整个经济的知识指标。根据第二条假设,知识积累是投资的外部性结果,因此我们可以认为 $\Phi_i = K = \sum K_i$。这样式(10.12)的生产函数就可写为:

$$Y_i = F(K_i, KL_i) \tag{10.13}$$

该形式的生产函数表达出了知识的外部性特征。对于企业 i 而言,$F(K_i, KL_i)$表现出资本 K_i 具有递减的边际产品,当所有企业都增加资本时,社会总资本 K 也将上升,所有企业的技术水平也有所提高。对于既定的 L_i 而言,$F(\lambda K_i, \lambda KL_i) = \lambda F(K_i, KL_i)$,因此,所有企业同时扩大资本的时候,$K_i$ 和 K 一起扩大,在社会水平上资本具有不变的边际产品,正是这种社会水平上的不变的资本边际产品才是产生内生增长的基础。

当然,Φ_i 还可以被设定为社会人均资本 k,和这种设定类似的是卢卡斯(Lucas,1988),他假设 Φ_i 等于社会平均人力资本水平,不管怎样,分析过程基本类似,经济都能产生内生增长。

二、长期增长率的决定

这里以柯布—道格拉斯形式的生产函数为例,说明知识外溢如何产生内生增长。设生产函数的具体形式为 $Y_i = AK_i^{\alpha}(KL_i)^{1-\alpha}$,写成人均形式就是$y_i = Ak_i^{\alpha}K^{1-\alpha}$。由于最终产品是完全竞争市场,所有的生产者都面临相同的要素价格和最终产品价格,因此所有生产者具有对称性。在均衡中,$k_i = k, y_i = y, K = kL$,生产函数可以写为下列形式:

$$y = AkL^{1-\alpha} \tag{10.14}$$

资本积累方程为:

$$\dot{k} = (y - c) - \delta k \tag{10.15}$$

其中,劳动力增长率 $n = 0$,$(y - c)$ 项为人均储蓄。两边除以人均资本,并结合生产函数式(10.14),就得到人均资本的增长率:

$$\gamma_k = AL^{1-\alpha} - \frac{c}{k} - \delta \tag{10.16}$$

根据稳态的定义，所有的变量都以不变速率增长。因此式(10.16)隐含了人均消费 c 必定和人均资本 k 以相同的速率增长。生产函数式(10.14)中人均产出和人均资本是线性关系，因此两者的增长率也相同。最后，我们得到：

$$\gamma_y=\gamma_k=\gamma_c=\gamma \tag{10.17}$$

人均消费的增长率则由家庭最优选择内生决定，具体由式(10.3)决定。在分散决策的市场经济中，完全竞争的单个私人企业对 K 的影响微乎其微，因此私人生产决策把 K 视为既定，利润最大化行为导致利率 $r=MPK_i-\delta=\alpha AL^{1-\alpha}-\delta$①，因此增长率为：

$$\gamma=\frac{1}{\theta}(\alpha AL^{1-\alpha}-\delta-\rho) \tag{10.18}$$

通过引入外部性，我们同样获得了长期增长。和 AK 模型不同的是，知识外溢模型中的增长率和劳动力规模有关，劳动力规模的一次性扩张能永久提高经济增长率，这种效应被称为规模效应；但AK 模型中的经济增长率和劳动力规模 L 无关，甚至和劳动力增长率 n 也无关。另外，和 AK 模型具有相同意义的是，政府如果能改变一些经济参数 θ、A、δ 和 ρ，那么政府政策就能影响长期增长率。

三、知识外溢和帕累托最优性

完全竞争市场中的均衡具有帕累托最优性。然而，知识外溢模型中，除了完全竞争市场外，还出现了知识的外部性——一种使市场失灵的因素。知识的外部性弥补了私人资本收益递减的缺陷，使得生产在社会水平上产生了资本收益不变的现象。但是，这种外部性绕过了价格机制，资本所有者并没有获得资本的全部收益，因此可以猜测在知识外溢模型中，帕累托最优性将会受到破坏。

如同 AK 模型中一样，我们通过比较分权经济和集权经济之间的区别来考察帕累托最优性。根据前文第四条完全竞争市场假设，单个企业对知识积累的贡献是微不足道的，因此在分散决策经济中，单个企业自然会把

① 单个生产者的生产函数为 $y_i=Ak_i^{\alpha}K^{1-\alpha}$，资本的边际产品 $MPK_i=\partial y_i/\partial k_i=\alpha Ak_i^{\alpha-1}K^{1-\alpha}$，由于均衡中的对称性，$k_i=k$，故 $MPK_i=\alpha AL^{1-\alpha}$。

K 看作是一个既定的变量,从而在自己的生产决策中把 K 当作参数考虑。这样,对于单个企业而言,私人资本的边际产品为 $MPK_{private}=\alpha AL^{1-\alpha}$。对于一个计划者而言,私人资本的增加同时也增加了整个社会的资本,因而也增加了整个社会的知识,换而言之,计划者把私人企业之间的知识外溢内部化了。因此,根据社会水平上的生产函数式(10.14),计划经济或全社会的资本边际产品为 $MPK_{social}=AL^{1-\alpha}$。由于 $\alpha\in(0,1)$,故私人企业的资本边际产品要小于整个社会的资本边际产品,私人资本并没有获得知识外溢所带来的收益。

不同的资本边际产品对长期经济增长率有什么影响?将私人资本和社会资本不同的边际产品代入增长率表达式 $\gamma=(1/\theta)(r-\rho)=(1/\theta)(MPK-\delta-\rho)$,分权经济中的增长率就是式(10.18),而集权经济下的增长率是下面的形式:

$$\gamma_{social}=\frac{1}{\theta}(AL^{1-\alpha}-\delta-\rho) \tag{10.19}$$

由于私人资本并没有得到知识外溢所带来的收益,因此,分权经济中的企业的投资会小于全社会最优水平,这必然会导致分权经济中的增长率小于集权经济中的增长率。因此,当我们把知识外溢引入模型后,经济的均衡就不再是帕累托最优了。当然,政府可以通过补贴生产者或者实行投资税收优惠等政策,使得生产者的资本边际产品达到集权经济中的水平,那么,市场经济中即使存在外部性,经济增长率也能达到帕累托最优水平。

第四节　技术创新

技术创新或技术进步,可以是发现一种新原料、一种新思路、一种新的设计方案。和过去相比,我们现在使用的原料变化很少,但是经过人类的不断试错、试验和改良,人类现在已经能把相同的原材料组合成非常复杂的产品。罗默(1990)列举了一个形象的例子,一百多年前,氧化铁仅仅被作为一种颜料而带给我们一些视觉享受,但是现在,我们把氧化铁涂在塑料带子上制作成磁带,可以用来录音。这就是新的设计方案带来的技术创新。

通常而言,技术创新可以分为两类:一类技术创新体现为产品种类数量的增加,如远古时代人类用马车作为主要交通工具,而现代社会人类则使用轿车、卡车、轮船和飞机等各种运输工具。另一类技术创新体现为更高质量的产品对老产品的替代,如以前大家都看黑白电视机,当彩色电视机生产出来后,黑白电视机基本被彩色电视机替代,现在人们日常生活中已经基本看不到商场销售黑白电视机了。长期以来,中国一直使用模拟电视信号,但随着数字电视信号的相关硬件设备的完善,高清晰的数字信号电视将会全面替代曾经广泛使用的模拟信号电视。产品质量的改进以及由此带来的产品升级换代,通常都在某种程度上"消灭"了老产品,该过程就是熊彼特所讲的"创造性毁灭"(Creative Destruction)①。

产品种类增加和产品质量改进是创新的两个方面,现实经济中它们通常是交织在一起的。在增长理论中,技术进步模型也有两大类:一类是产品种类增加型技术进步,另一类是产品质量改进型技术进步。由于本章是对增长理论的一个入门性介绍,因此主要描述较为简单的产品种类增加型技术进步模型。

一、产品种类增加的技术创新

新产品的引进必然导致完全竞争假设的失效。现在,我们开始正式引入另一种市场失灵因素——垄断。假设整个经济分为三大部门:最终产品部门、中间产品部门和研发部门,垄断因素出现在中间产品部门。罗默最先提出了这一分析思路,事实上,罗默(1990)最主要的贡献就是提出了追求利润最大化的垄断企业如何带来内生技术进步的微观基础。下面将要介绍的模型是巴罗(1995)版的罗默模型。

在巴罗版的罗默模型中,研发部门耗费资源生产新知识、新技术或新方案,然后把这些新知识、新技术或新方案以专利形式出售给中间产品部门,该领域的进出完全自由;中间产品生产者通过购买研发部门的专利获得新产品生产的唯一许可,其生产的中间产品出售给最终产品部门,任何私人企业都可以购买一项新专利从事生产;最终产品生产者利用劳动和一系列的中间产品生产唯一一种最终产品,最终产品市场是一个完全竞争市场。

假设最终产品市场中的企业的生产函数采用柯布—道格拉斯形式:

① 创造性毁灭的思想最早出现于熊彼特(1942)的《资本主义、社会主义和民主》一书,以此思想为基础的内生增长模型首见于阿吉翁和霍伊特(Aghion and Howitt,1992),这类模型也称为熊彼特增长模型。

$$Y_i = F(L_i, X_{i1}, \cdots, X_{iN}) = AL_i^{1-\alpha} \sum_{j=1}^{N} X_{ij}^{\alpha} \tag{10.20}$$

式中,$0<\alpha<1$,A 是正的参数,L_i 是劳动投入,并假定其不变,X_{ij} 是第 j 种中间产品的投入量,N 是中间产品种类数。

对于这种形式的生产函数,需要把握以下几点:

第一,式(10.20)对所有投入要素呈现规模报酬不变特征,即:

$$F(\lambda L_i, \lambda X_{i1}, \cdots, \lambda X_{iN}) = \lambda F(L_i, X_{i1}, \cdots, X_{iN})$$

正是由于规模报酬不变,所以最终产品的生产企业数量可以是任意多个,我们才有理由假设最终产品市场是完全竞争市场。此外,生产函数对每一种投入要素而言,边际产品递减。劳动投入 L_i 和中间产品 X_{ij} 的边际产品分别为:

$$MP(L_i) = (1-\alpha)AL_i^{-\alpha} \sum X_{ij}^{\alpha} = (1-\alpha)Y_i / L_i \tag{10.21}$$

$$MP(X_{ij}) = \alpha AL_i^{1-\alpha} X_{ij}^{-(1-\alpha)} \tag{10.22}$$

第二,中间产品投入具有加法可分性,即 X_{ij}^{α} 是用加号相连。传统的资本概念是一个综合且抽象的概念,在现实经济中,资本可以是卡车、马车,也可以是电脑和软件。但是,在新古典生产函数里这些都只用 K 表示,这意味着各种形式的资本是完全替代品。卡车固然和马车具有一定程度的替代关系,但我们直觉上并不认为卡车能替代电脑和软件。既然这里研究产品种类数的增加,我们自然设想把资本分解为许多种不同的中间产品,正如式(10.20)所示。在加法可分性假设下,资本不再如新古典模型中那样完全可替代,但是各种形式的资本(中间产品)的边际生产力却相互独立,即中间产品之间并非完全互补。因此,中间产品可以看成是具有差异性的产品,一旦生产者获得了生产中间产品的专利权,中间产品市场就是一个垄断竞争市场。此外,加法可分性假设还意味着一种新产品的发明并不会使已经存在的中间产品过时,因此技术进步的模型化就可以采用中间产品种类增加的形式。

第三,技术进步体现为 N 的增加。我们用最终产品作为共同的计价物,如果每一种中间产品的使用量相同(读者在后面的分析中将看到,在平衡增长路径上,每一种中间产品的使用量确实相同,而且不变),即 $X_{ij} = X_i$,代入式(10.20),可得到:

$$Y_i = AL_i^{1-\alpha} NX_i^{\alpha} = AL_i^{1-\alpha}(NX_i)^{\alpha} N^{1-\alpha} \tag{10.23}$$

如果 N 不变，则无技术进步，经济演化的结果就是索洛的结论。如果中间产品投入总量 NX_i 固定，那么在一定的劳动投入下，产出将随着种类数的增加而增加，这正是技术进步的含义所在。

第四，创新导致规模报酬递增。当讲述式(10.20)规模报酬不变的时候，我们并没有把技术进步看作一种生产性要素。如果把 N 作为一种生产性要素投入看待，那么生产函数就会出现规模报酬递增，即：

$$F(\lambda N, \lambda L_i, \lambda X_{i1}, \cdots, \lambda X_{iN}) > \lambda F(N, L_i, X_{i1}, \cdots, X_{iN})$$ ①

第五，这里的中间产品是非耐用品，即一次使用就完全耗尽。罗默(1990)使用了折旧率为零的中间产品，也就是完全耐用品，可以无限期使用，但最终都得到了内生增长的结果，因此中间产品非耐用品的假设并非关键，只是出于简化分析的原因。

二、长期增长率的决定

首先，我们分析最终产品生产企业。在完全竞争市场上，企业按照边际收益等于边际成本的原则进行生产。由于模型使用最终产品进行计价，因此可以把最终产品的价格看作 1，这样，中间产品 X_{ij} 的边际收益 $MR(X_{ij})$ 就等于边际产品 $MP(X_{ij})$。在成本方面，企业需要以价格 P_j 购买中间产品 X_{ij}，而价格 P_j 由中间产品市场上的供给者根据边际收益等于边际成本制定，因此，最终产品生产企业 i 把 P_j 视为给定，使用 X_{ij} 的边际成本 $MC(X_{ij})$就是价格 P_j。根据式(10.22)和 $MP(X_{ij}) = MC(X_{ij})$ 原则就可以获得最终产品生产企业对中间产品投入的需求：

$$X_{ij} = L_i(\alpha A / P_j)^{\frac{1}{1-\alpha}} \tag{10.24}$$

通过对式(10.24)加总，可以得到中间产品 X_j 的供给者所面临的市场需求：

$$X_j = \sum_i X_{ij} = (\alpha A / P_j)^{\frac{1}{1-\alpha}} \sum_i L_i = (\alpha A / P_j)^{\frac{1}{1-\alpha}} L \tag{10.25}$$

其次，我们分析中间产品生产企业的行为。生产者必须通过专利市场

---

① 注意：$\lambda F(N, L_i, X_{i1}, \cdots, X_{iN}) = F(N, \lambda L_i, \lambda X_{i1}, \cdots, \lambda X_{iN})$。

向研发部门购买中间产品的生产专利,每一种专利的价格都为常数 P_X①。中间产品的生产过程非常简单,只是将 ζ 单位的最终产品直接转换为一单位的中间产品,并且生产的边际成本 ζ 为常数。生产企业购买了一项专利后,将在未来各时点获得垄断利润流量。我们考虑在某一个时点上的情况。垄断竞争市场上的决策依据依然是边际收益等于边际成本,企业所面临的需求函数可以从式(10.25)获得,即 $P_j(X_j)=\alpha A(L/X_j)^{1-\alpha}$。出售中间产品 X_j 的收益为 $P_j(X_j)\cdot X_j$,因此边际收益 $MR_j=\alpha^2AL^{1-\alpha}X_j^{-(1-\alpha)}$。根据 $MR_j=MC_j$ 条件就可以得到中间产品 X_j 的供给量和价格:

$$X_j=X=(\alpha^2A/\zeta)^{\frac{1}{1-\alpha}}L \tag{10.26}$$

$$P_j=P=\frac{\zeta}{\alpha} \tag{10.27}$$

可见,均衡供给量和均衡价格都是常数。由于 $0<\alpha<1$,故 $P>\zeta$,即垄断定价要高于边际成本。根据 X_j 和 P_j,就可以获得最大化的垄断利润:

$$\pi_j(t)=\pi=(P-\zeta)X=L\left(\frac{1-\alpha}{\alpha}\right)\zeta\left(\frac{\alpha^2A}{\zeta}\right)^{\frac{1}{1-\alpha}} \tag{10.28}$$

因此,企业 j 在任意时点上的垄断利润也是常数。对于企业 j 而言,未来的利润流量的现值和为 π/r②,r 为实际利率(假设其为常数)。

现在,让我们看看一家中间产品生产企业到底愿意为一项专利支付多少。答案是专利价格等于未来利润流量现值之和 π/r。如果 $P_X>\pi/r$,显然不会有企业愿意购买该专利;如果 $P_X<\pi/r$,购买该项专利有利可图,其他企业必定会出更高的价格购买;最终的均衡状态必定是 $P_X=\pi/r$。把(10.28)式代入就可以得到均衡中的利率:

① 所有的中间产品专利价格都一样,这是因为模型假设发明成本是一个不变的常数,在均衡中,专利价格等于发明成本。

② 在连续时间情况下,从时点 t 开始至未来无穷远处所有垄断利润流量 π 在时点 t 的现值之和为 $\int_t^{+\infty}\pi e^{-r(\tau-t)}\mathrm{d}\tau=\frac{\pi}{r}$。如果是离散情况,每期垄断利润在期末支付,则未来所有垄断利润的现值之和为 $\sum_{i=t}^{+\infty}\frac{\pi}{(1+r)^{(i+1)-t}}=\frac{\pi}{r}$,两种情况下的结果正好都相同。

$$r=\frac{(P-\zeta)X}{P_X}=\frac{L}{P_X}\left(\frac{1-\alpha}{\alpha}\right)\zeta\left(\frac{\alpha^2 A}{\zeta}\right)^{\frac{1}{1-\alpha}}$$

第三,我们分析研发部门。中间产品种类数的增加要求有新产品的发明。虽然有些发明创造具有偶然性,如凯库勒在梦中发现苯环结构,但通常情况下发明创造可以被看作是有目的的研究活动的结果。假定发明创造不存在不确定性,只要投入 η 单位资源,就可以获得一项新产品发明①。这种确定性的分析框架最终会产生一条平滑的增长路径。如果发明创造具有不确定性,那么上面那条平滑的路径上就会产生许多波动,这看起来就如同真实商业周期理论中的那种经济波动。但是,我们感兴趣的并不是那些波动,我们的目的是分析经济长期增长的决定因素,因此使用确定性框架将会带来很多简化。

专栏 10 - 1

创新的效率

创新的效率通常受到三种效应的影响:钓鱼效应、巨人肩膀效应和重复研究效应。当我们还是学生的时候,总是觉得如此多的知识已经被发现了,要再发现一些新知识就有很高的难度,因此感叹出生太晚。这就如同在一个池塘里钓鱼,一开始钓鱼的时候,鱼很多,随着鱼越钓越少,钓鱼的难度也逐渐上升。技术创新也有类似的效应,因此称为“钓鱼效应”,这种效应使发明成本逐渐上升。

另一种效应称为“巨人肩膀效应”,这取意于站在巨人的肩膀上。出生晚也有好处,我们可以迅速学会前人的知识,而不需要重新去发现。从某种意义上看,前人知识产生了正外部效应。例如,我们广泛使用的微积分工具是从书本上学来的,而不需要自己重新去发现,但我们并没有因此向牛顿和莱布尼兹付费。微积分工具使我们的科学研究更为便利,并且获得了远远超过牛顿时代的科学知识,这就是“巨人肩膀效应”,这种效应使发明成本不断下降。

第三种效应是“重复研究效应”,这是知识和发明成果的增加引起的负

① 在专栏 10 - 1 中分析了影响创新效率的三个因素:钓鱼效应、巨人肩膀效应与重复研究效应。这里假设潜在的中间产品种类无限(因此“钓鱼效应”为零),创新的“巨人肩膀效应”和“重复研究效应”相互抵消,因此发明一种新产品的研发成本可以认为近似不变。

面效应,倾向于增加发明成本。出于商业保密原因,一家企业在从事一项产品开发时不愿让其他企业知道,同时也不知道是否有其他企业在开发同样的产品。因此同一种产品的开发可能不止一个企业在开发,一旦某一个企业首先获得成功并且申请专利,其他企业的同类研究成本就白白浪费。从整个社会角度而言,重复研究使发明的平均成本上升。

如果潜在的新产品种类数是无限的,那么池塘里的鱼总是有很多,我们就可以忽略"钓鱼效应"。假设"巨人肩膀效应"和"重复研究效应"正好相互抵消,这样正文中的发明成本 η 就可以假设为一个不变的常数。

(资料来源:Jones,Charles. *Introduction to Economic Growth*,1998)

在确定性框架中,任何一家企业都可以支付发明成本 η 而产生一项发明。该企业可以将获得的发明以专利价格转让给其他企业进行生产,也可以自己进行生产。显然,我们并没有在上文规定一家企业只能进入一个领域,事实上,一家企业可以横跨几个领域,既可以研发,也可以生产中间产品。一家研发企业到底愿意以多高的价格出让专利呢?答案是 $P_X=\eta$。如果专利价格低于发明成本,显然不会有企业愿意从事研发活动。当专利价格大于发明成本时,中间产品生产企业发现自己直接从事研发活动更加有利,因此就不会直接到专利市场上购买专利。在均衡状态中,$P_X=\eta$,企业直接购买专利和自己研发新产品无差异。这样,均衡中的利率就可以写成:

$$r=\frac{(P-\zeta)X}{\eta}=\frac{L}{\eta}\left(\frac{1-\alpha}{\alpha}\right)\zeta\left(\frac{\alpha^2 A}{\zeta}\right)^{\frac{1}{1-\alpha}} \tag{10.29}$$

至此,我们得到了类似于 AK 模型中的结果,利率由经济中的一些基本参数和技术因素所确定,并且固定在一个常数上。家庭对消费的最优选择规则依然是式(10.3),将式(10.29)的利率代入最优规则,就可得到增长率表达式:

$$\gamma=\frac{1}{\theta}\left[\frac{L}{\eta}\left(\frac{1-\alpha}{\alpha}\right)\zeta\left(\frac{\alpha^2 A}{\zeta}\right)^{\frac{1}{1-\alpha}}-\rho\right] \tag{10.30}$$

上面的增长率用了 γ 而不是 γ_c,是因为它不仅适用于消费①,而且适用

① 这里劳动力固定不变,因此消费和人均消费的增长率相同。

于最终产品和中间产品种类数的增长率。由于 $Y = AL^{1-\alpha}X^{\alpha}N$，在均衡中，$X$ 为常数，因此 Y 和 N 以相同的速率增长，Y/N 为常数。在整个经济中，最终产品 Y 被用来消费 C，从事研发活动 $\eta\dot{N}$ 和生产中间产品 ζNX，因此 $Y = C + \eta\dot{N} + \zeta NX$，两边除以 N 得到 $Y/N = C/N + \eta\gamma_N + \zeta X$。在稳态中，所有变量增长率为常数，因此，$C/N$ 必定为常数，由此我们可以得到：

$$\gamma_C = \gamma_N = \gamma_Y = \gamma \tag{10.31}$$

如果式(10.30)中 $\gamma < 0$，说明资本的收益率太小，垄断利润不足以激励新产品的发明活动，产品种类数 N 不变，$\gamma_N = 0$。因此，我们可以假设式(10.30)中 $\gamma \geqslant 0$ 成立。

从上文的分析我们可以得到一个非常重要的结果：产品种类数以不变的速率增长，似乎和新古典模型中不变的外生技术进步率有些相似，但罗默技术进步模型中的新产品研发是由追求利润最大化的企业自己选择的结果，而非出于"上帝"的意志。这就是经济内生增长和外生增长的区别。

三、帕累托最优性

我们在中间产品市场中引入了垄断因素，产品定价高于边际成本，$P > \zeta$，因此我们不得不问一个问题：这个经济是否帕累托最优？对这个问题的回答，还是要从中间产品市场中企业的行为入手。图 10－2(a)和图 10－2(b)展示了对中间产品生产者行为的福利分析。

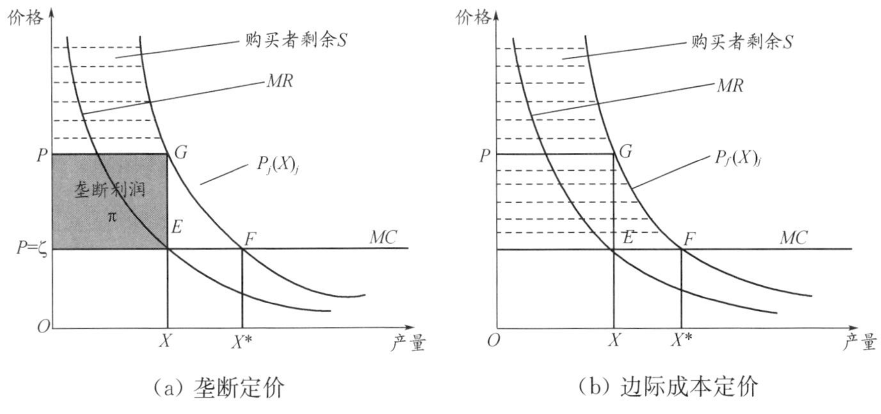

(a) 垄断定价　　(b) 边际成本定价

图 10－2　福利效应分析

对于中间产品生产者而言,它根据边际成本等于边际收益确定产量 X,然后根据需求函数确定垄断价格 P,垄断利润就是图 10 - 2(a)中的灰色区域 π。然而,从整个经济的角度看,一项新产品的收益并不仅仅是垄断利润,还有购买者剩余 S,其面积等于虚线区域,即垄断价格线 PG 以上、需求曲线和纵坐标轴围成的区域。因此,一项中间产品的社会总收益应该是 $\prod=\pi+S$,整个经济的社会总收益就是 N $\prod$,它对应于整个经济的净产品[①]。由于我们假设中间产品为非耐用品,因此折旧率为 1,根据 $Y=C+\eta\dot{N}+\zeta NX$,净产品为$Y-\zeta NX$,因此:

$$\prod=\frac{Y-\zeta NX}{N}=\left[A\left(\frac{L}{X}\right)^{1-\alpha}-\zeta\right]X \qquad (10.32)^{②}$$

对于整个经济而言,是否发明一种新的中间产品,其分析思路和私人企业一样,均衡条件是社会收益的现值之和等于发明成本,其中用到的贴现率被称为社会收益率 R。我们可以得到社会收益率的表达式:

$$R=\frac{\prod}{\eta}=\left[A\left(\frac{L}{X}\right)^{1-\alpha}-\zeta\right]\frac{X}{\eta} \qquad (10.33)$$

由于 $\prod=\pi+S$,社会收益率$R=r+S/\eta$,因此,社会收益率大于私人资本收益率。然而,社会收益率还可以进一步提高,因为中间产品产量的提高显然可以进一步增加社会总收益 $\prod$。只有当中间产品采用边际成本定价时,社会总收益达到最大,从而达到帕累托最优状态。边际成本定价下的社会总收益就是图 10-2(b) 中的虚线区域,即由边际成本线 MC 以上、需求曲线和纵坐标轴围绕的区域。同图 10 - 2(a) 相比较,边际成本定价下社会总收益多了 EFG 一块。把 $P_j=P^*=\zeta$ 代入式(10.25) 得到帕累托最优产量:

$$X^*=L\left(\frac{\alpha A}{\zeta}\right)^{\frac{1}{1-\alpha}} \qquad (10.34)$$

---

① 最终产品部门和研发部门中,边际成本等于边际收益,且都是常数,因此净产品为零。

② 一项新产品的社会总收益Π可以通过对相关区域进行积分而获得:$\prod=\int_0^X[P_j(x)-\zeta]\mathrm{d}x$,需求曲线由式(10.25) 变换得到 $P_j(x)=\alpha A(L/x)^{1-\alpha}$,代入积分式中即可得到式(10.32)。

这时社会收益率也达到最大：

$$R^{*}=\frac{L}{\eta}\left(\frac{1-\alpha}{\alpha}\right)\zeta\left(\frac{\alpha A}{\zeta}\right)^{\frac{1}{1-\alpha}} \tag{10.35}$$

将最优社会收益率 R^{*} 代入家庭消费的最优选择条件 $\gamma=(R^{*}-\rho)/\theta$，可得到帕累托最优状态下的增长率：

$$\gamma(\text{计划者})=\frac{1}{\theta}\left[\frac{L}{\eta}\left(\frac{1-\alpha}{\alpha}\right)\zeta\left(\frac{\alpha A}{\zeta}\right)^{\frac{1}{1-\alpha}}-\rho\right] \tag{10.36}$$

式(10.36)中的增长率同样适用于 N 和 Y。我们注明该增长率是社会计划者的增长率，这是因为在帕累托最优状态，新产品创新带来的垄断利润为零，如图 10－2(b)所示。在一个分权经济中，私人企业得不到激励，因此不会从事研发活动，经济也将停滞。但对于一个社会计划者而言，却能做到帕累托最优增长。当然，这个社会计划者必须是仁慈的、万能的。如果不仁慈，那么他将不会以整个社会的利益最大化为目标；如果他不是万能的，那么信息不对称足以使他不知道真实边际成本到底是多少，从而边际成本定价也就是一个美丽的梦想。

把社会计划者的增长率式(10.36)和分权经济增长率式(10.30)相比较，不难看出分权经济增长率低于集权经济增长率，这就回答了我们开头提出的问题，即具有技术创新的分权经济并不是帕累托最优。

专栏 10－2

专业化和分工

对专业化和劳动分工的研究早在亚当·斯密时代就开始了。《国民财富的性质和原因的研究》开篇就讨论分工问题："扣针的制作分为 18 种操作"，在分工的情况下，"每人每日可制作 4 800 枚针"，"如果他们各自独立工作，不专习一种特殊的业务，那么，不论他们是谁，绝对不能一天制成 20 枚针，说不定一天连一枚针都造不出来"。劳动分工能提高生产力的原因，在斯密看来，主要有三点：第一，只从事一道工序会使劳动者熟练程度上升；第二，分工可以减少劳动者在工序之间转换的时间，从而节约了时间；第三，分工促进了一些简化劳动和机械的发明。

谈到专业化和经济增长之间的关系，不能不提到阿伦·杨（Allyn

Young,1928)。在杨之前,以马歇尔为代表的新古典经济学认为收益递增来自规模经济。但是,杨认为,规模经济只是看到了分工的量的一面,而忽略了质的一面,因此具有某种误导性。因此杨写道:"考察单个企业或某个行业规模的变化不足以识别收益递增的机制,因为分工的演进才是收益递增得以实现的基本过程","不但市场的大小决定了劳动分工,而且也依赖于劳动分工。除了新知识能引起经济发展外,经济发展的可能性也存在于市场和分工之间的相互关系中"。

尽管杨对分工的论述达到了前所未有的高度,但学术界并未给予足够的重视。直到几十年后,罗默(Romer,1987,1990),杨小凯和博兰特(Yang and Borland,1991)重新发现了杨的智慧,并且把分工思想发扬光大。罗默从专业化生产的产品种类出发构建了内生增长模型,这就是我们在正文中介绍的情况。杨小凯和博兰特则从个体的分工水平演进和边干边学效应入手,从另外一个角度说明了经济增长的微观机制。该模型发现,随着分工的演进,经济会出现三种增长模式。在分工水平很低或者是自给自足的经济中,生产力很低,交易成本就显得相对较高,因此个体无法参与分工,只能依靠边干边学带来经验的增加,进而稍微提高自己的生产力。在分工水平基本固定的情况下,边干边学效应对经济增长的影响总是有限的。随着生产力的提高,个体逐渐能承担交易成本,选择更高的分工水平。当分工演进得越来越快时,分工会加速经验的积累,因此和边干边学的叠加效应将加速经济的增长,这时经济起飞就出现了。最终,分工演进的潜力会耗尽,叠加效应就会消失。这时边干边学效应就成为经济增长的唯一源泉,经济似乎回到了最初的状态——有限的边干边学效应无法引起经济的加速增长,只是和初期相比,现在经济处于一个更高的分工水平上。

第五节　技术扩散

在技术进步模型中,只考虑一个经济体的内生增长问题。然而,在现实经济中,各个国家情况千差万别,技术水平参差不齐,要面面俱到地分析,模型会过于复杂,而且对于把握长期增长问题也不是必要的。不过,有一个事实是无法回避的,那就是整个世界经济被划分为两大类:发展中国家和发达国家。发展中国家人均收入普遍较低,受教育程度较低,科学技术落后;发达国家则正好相反。发展中国家如何追赶发达国家？这并不是一个新问题，但却一直吸引着大量研究者。在第九章介绍的新古典模型中，模型所预言的收敛现象为此提供了一种思路。在索洛模型中，收敛之所以会发生，原因在于资本的边际产出递减，因此人均资本离稳态越近，资本的边际产出越低，如果折旧率一定，则利率也就越低，因此增长率也越低。

遗憾的是，索洛模型是一种外生增长模型，无法解释技术进步如何发生。本章所介绍的内生增长模型解释了内生增长的一些源泉，但这些模型却无法预言收敛的发生。内生增长模型中经济具有正的长期增长率，这意味着，一旦经济进入增长率不变的稳态，增长率低的国家将永远赶不上增长率高的国家。我们得到这个令人沮丧的结论是有一定条件的，那就是各国之间并不发生技术扩散。

一旦技术扩散因素进入研究范围，我们很容易发现，发达国家研发一种新产品需要花费很高的成本，一旦研究成功，发展中国家吸纳或模仿这种技术的成本却要远远小于研发成本。此外，开发一项新产品有巨大风险，模仿一项新产品所面临的风险显然要小很多。技术模仿的一个典型例子就是软件系统的研发和模仿。发明者开发一套操作系统需投入大量智力活动，不断测试，反复改进。在知识产权不受保护的情况下，创新者还必须投入一定成本研究防止非法拷贝的技术。然而，一旦操作系统研制成功，模仿者只需克服防止拷贝的技术障碍，就可以用极低的成本复制软件①。

如果允许技术扩散进入我们的模型，那么我们可以预期发展中国家能以更低的成本、更快的速度在技术领域追赶发达国家，进而在人均收入的增长方面赶上发达国家。因此，技术扩散恢复了收敛性在内生增长理论中的地位。

下面将要介绍的技术扩散模型基于上一节的产品种类增加型技术进步模型。模型把整个经济划分为发达国家和发展中国家，它们分别是技术开发领域的领导者和跟随者，因此该技术扩散模型也称为领导者和跟随者模型。

---

① 知识产权不受保护对经济的长期增长非常不利，因为创新者的激励将大大减退。在一个国家或一个经济区域内实行知识产权保护通常比较可行，但在国家之间，保护知识产权需要各国的一致行动。由于国家之间的一致行动不具有强制性，因此也比较困难，尤其是技术水平差距很大的国家之间。所以，技术扩散模型假定知识产权保护仅限于国家内部，在国家之间，知识产权不受保护。

一、领导者和跟随者

我们把发达国家和发展中国家抽象理解为两个国家。国家 1 是发达国家,属于技术领导者。国家 2 是发展中国家,属于技术跟随者。我们考虑的情况自然是技术从国家 1(技术领导者)向国家 2(技术跟随者)的传播过程。

利用产品种类增加型技术进步模型,我们假设国家 1 耗费巨大的研发成本已开发出 N_1 种中间产品,每种中间产品的研发成本都为常数 η。国家 2 并不从事研发新产品,其研发部门的任务只是吸收模仿国家 1 的新产品知识,模仿成本为常数 v①,而且小于 η。中间产品的生产成本在两个国家都是常数 ζ。国家 2 产品种类数为 N_2。由于国家 2 的新产品知识都是模仿国家 1 得到,因此国家 2 的产品集是国家 1 产品集的一个子集。此外,这里的模型并不准备考虑两国家庭偏好方面的一些差异,因此参数 θ 和 ρ 对于两国而言都相同。这种同质偏好的假设并不会对模型的结果产生本质的影响。

两个国家都生产同一种最终产品 Y,它在国家之间可以自由贸易,并且是按单一价格进行交换。但是,国家之间中间产品不能自由交易,因此国家 2中间产品种类数的增加(技术进步)必须通过该国研发部门对国家 1 的模仿而实现。

首先,我们分析领导者(国家 1)的行为。假设国家 1 的最终产品生产者使用的生产函数为:

$$Y_1 = A_1 L_1^{1-\alpha} \sum_{j=1}^{N_1} X_{1j}^{\alpha} \tag{10.37}$$

各变量和参数的含义和前文相同,下标 1 现在表示国家 1,下标 j 表示第 j 种中间产品,这是一个总量生产函数。仿照技术进步模型中的分析,在均衡中,每种中间产品的投入量和价格、垄断利润流都是不变的常数,从而经济中的利率和经济增长率也是不变的常数。下面列出相应的结论(具体推导留给读者自己完成)。中间产品的垄断价格:

$$P_{1j} = P_1 = \zeta / \alpha \tag{10.38}$$

均衡时中间产品的产量:

① 这里从最简单的情况入手,先研究常数模仿成本情况,后面再考虑可变模仿成本情况。

$$X_{1j}=X_1=L_1\left(\frac{\alpha^2A_1}{\zeta}\right)^{\frac{1}{1-\alpha}} \tag{10.39}$$

某时点上中间产品生产者的垄断利润流：

$$\pi_{1j}=\pi_1=L_1\left(\frac{1-\alpha}{\alpha}\right)\zeta\left(\frac{\alpha^2A_1}{\zeta}\right)^{\frac{1}{1-\alpha}} \tag{10.40}$$

国家 1 的利率：

$$r_1=\pi_1/\eta=\frac{L_1}{\eta}\left(\frac{1-\alpha}{\alpha}\right)\zeta\left(\frac{\alpha^2A_1}{\zeta}\right)^{\frac{1}{1-\alpha}} \tag{10.41}$$

根据家庭最优选择，增长率为：

$$\gamma_1=\frac{1}{\theta}\left[\frac{L_1}{\eta}\left(\frac{1-\alpha}{\alpha}\right)\zeta\left(\frac{\alpha^2A_1}{\zeta}\right)^{\frac{1}{1-\alpha}}-\rho\right] \tag{10.42}$$

均衡中人均产出为：

$$y_1=Y_1/L_1=\left(\frac{\alpha^2}{\zeta}\right)^{\frac{\alpha}{1-\alpha}}A_1^{\frac{1}{1-\alpha}}N_1 \tag{10.43}$$

在稳态中，领导者国家的 N_1、y_1 和 c_1 都以式(10.42)中的增长率 γ_1 增长。注意到技术进步模型中劳动力规模不变，因此人均增长率等于总量增长率。

其次，我们分析跟随者国家 2 的行为。国家 2 的最终产品生产函数为：

$$Y_2=A_2L_2^{1-\alpha}\sum_{j=1}^{N_2}X_{2j}^{\alpha} \tag{10.44}$$

类似地，我们列出一些主要结果：

$$P_{2j}=P_2=\zeta/\alpha \tag{10.45}$$

$$X_{2j}=X_2=L_2\left(\frac{\alpha^2A_2}{\zeta}\right)^{\frac{1}{1-\alpha}} \tag{10.46}$$

$$\pi_{2j}=\pi_2=L_2\left(\frac{1-\alpha}{\alpha}\right)\zeta\left(\frac{\alpha^2A_2}{\zeta}\right)^{\frac{1}{1-\alpha}} \tag{10.47}$$

$$r_2=\pi_2/v=\frac{L_2}{v}\left(\frac{1-\alpha}{\alpha}\right)\zeta\left(\frac{\alpha^2A_2}{\zeta}\right)^{\frac{1}{1-\alpha}} \tag{10.48}$$

$$\gamma_2 = \frac{1}{\theta}\left[\frac{L_2}{v}\left(\frac{1-\alpha}{\alpha}\right)\zeta\left(\frac{\alpha^2 A_2}{\zeta}\right)^{\frac{1}{1-\alpha}} - \rho\right] \tag{10.49}$$

$$y_2 = Y_2/L_2 = \left(\frac{\alpha^2}{\zeta}\right)^{\frac{\alpha}{1-\alpha}} A_2^{\frac{1}{1-\alpha}} N_2 \tag{10.50}$$

式(10.48)中的利率情况我们做了简化。一般而言,r_2 可能不是一个常数,如果模型中国家 2 的产品种类数 N_2 的增长快于 N_1(这完全有可能),那么国家 1 的技术最终都将被国家 2 模仿。一旦两国的产品种类数达到相同,那么国家 2 要么开始创新(创新成本比模仿成本高),要么等国家 1 创新出现后再进行模仿(技术进步会出现停滞)。不管怎样,国家 2 的回报率 r_2 这时必定会下降。然而,发达国家和发展中国家达到相同的技术水平可能需要很长时间,在这之前,我们可以假设回报率 r_2 近似不变。关于相互创新和模仿的问题,后面会专门论述。另外,r_1 可能和 r_2 不同,因为模型并没有假设存在一个统一的资本市场。事实上,尽管世界上存在一个规模巨大的国际资本市场,但许多发展中国家存在对资本的管制,因此国内利率和国际利率存在差别。理解本模型中的利率差异的一种近似途径是把国家 1 的利率 r_1 看作国际资本市场利率,而把 r_2 看作国家 2 内部的利率,其原因是国际资本市场通常由发达国家主导。例如,人们所说的国际利率通常是伦敦同业拆借利率(LIBOR)。

式(10.49)的增长率也是 N_2、y_2 和 c_2 的增长率,但该结论也是一个近似结论,它适用于国家 2 的技术水平没有赶上国家 1 的情况。

在什么样的条件下,国家 2 能赶上国家 1 呢?显然必须是 $\gamma_2 > \gamma_1$,根据式(10.42)和式(10.49),该条件可以写为:

$$\frac{v}{\eta} < \frac{L_2}{L_1}\left(\frac{A_2}{A_1}\right)^{\frac{1}{1-\alpha}} \tag{10.51}$$

因此,模仿成本 v 必须足够低,以满足该不等式。如果两国的 A 和 L 都相同,则该条件就简化为 $v < \eta$。这说明落后国家的低成本模仿为赶超发达国家提供了一条途径。

二、可变模仿成本

在前面的模型中,技术创新的成本假定不变。这是基于如下的考虑:在潜在中间产品种类数无限的假设下,研究者不用担心创新的枯竭,"钓鱼效应”为零;随着创新数量的增加,“巨人肩膀效应”和“重复研究效应”都会增强,假设两者大体相互抵消。

但是,技术模仿则不同。已被发明出来的、可供发展中国家模仿的中间产品集合总是有限的。另外,模仿总比创新来得快,因此两国的技术水平差距总体上看是逐渐缩小的。在国家 2,模仿成功的企业会比国家 1 中的创新者获得更高的垄断利润①。这种高回报预期引起许多企业参与模仿,由此引起的“重复研究效应”值得重新分析。如果模仿集是无限的,那么我们可以预期“巨人肩膀效应”和“重复研究效应”如同创新国一样大抵相互抵消,模仿成本近似不变。这不是一个好的设想,因为模仿集是有限的。在有限模仿集中,随着模仿集的缩小,“重复研究效应”将大大增强,因此模仿成本随着有限模仿集的缩小而上升。

假设模仿的成本是 N_2/N_1 的单调递增函数:

$$v=\varphi(N_2/N_1) \tag{10.52}$$

随着 N_2/N_1 的上升,两国技术差距减小,模仿集逐渐缩小,模仿成本逐渐上升。对于该函数,还需要作一些技术上的规定。假设 $\varphi(0)$ 足够低,可以使任何模仿行为发生;$\varphi(1)$ 足够高,可以阻止模仿行为的出现。

把式(10.52)代入式(10.51),并把小于号改成等号,就可以得到稳态下的模仿成本:

$$v^{*}=\varphi\left[\left(\frac{N_2}{N_1}\right)^{*}\right]=\eta\frac{L_2}{L_1}\left(\frac{A_2}{A_1}\right)^{\frac{1}{1-\alpha}} \tag{10.53}$$

称其为稳态值的原因是在这种条件下,两国的增长率相等而且不变。我们注意到,国家 2 的增长率要大于国家 1,因此 N_2 最终将赶上 N_1。在我们的模型中,国家 2 并不允许创新,因此,它等待国家 1 出现创新后再模仿,在模仿不存在时滞的情况下,两国就会以相同速度增长,这时就进入稳态。由此看来,$(N_2/N_1)^{*}=1$。为了表示出这是一个稳态值,这里仍然以 $(N_2/N_1)^{*}$ 表示。由于 $\varphi(\cdot)$ 单调递增,因此稳态中 $(N_2/N_1)^{*}$ 可以写为:

$$\left(\frac{N_2}{N_1}\right)^{*}=\varphi^{-1}(v^{*})=\varphi^{-1}\left[\eta\frac{L_2}{L_1}\left(\frac{A_2}{A_1}\right)^{\frac{1}{1-\alpha}}\right] \tag{10.54}$$

① 可以把中间产品部门和研发部门看作一个企业内部的两个部门,对结果无实质性影响。

根据式(10.43)和式(10.50),可以得到两国人均产出之比:

$$\frac{y_2}{y_1}=\left(\frac{A_2}{A_1}\right)^{\frac{1}{1-\alpha}}\frac{N_2}{N_1} \tag{10.55}$$

因此稳态中两国人均产出比例$(y_2/y_1)^*$取决于$(N_2/N_1)^*$、参数A和α。

国家2的经济发展过程其实就是从一个比较低的N_2/N_1逐渐趋近$(N_2/N_1)^*$的过程。在$N_2/N_1<(N_2/N_1)^*$的情况下,$v<v^*$,$y_2/y_1<(y_2/y_1)^*$,$\gamma_2>\gamma_1$。随着N_2/N_1和v向稳态的收敛,γ_2逐渐衰减至稳态值γ_1,y_2/y_1趋于$(y_2/y_1)^*$。如果$A_1=A_2$,那么最终两国人均产出会相等。因此,经济表现出一种条件收敛现象。

三、相互发明和模仿

前面假定国家2不创新,国家1不模仿。这在国家2的技术水平N_2没有赶上国家1的N_1时是正确的。一旦两国技术水平达到相同,国家2是否会从事创新就要看其创新成本和模仿成本的大小。假设国家2从事创新,那么它的创新成本将和国家1相同。

如果式(10.53)中$v^*<\eta$,即$(L_2/L_1)(A_2/A_1)^{1/(1-\alpha)}<1$,那么国家2发现模仿始终优于创新,因此它就会等待国家1去创新,然后再模仿。在稳态中,国家2永远是模仿者,国家1永远是创新者。

如果$v^*>\eta$,即$(L_2/L_1)(A_2/A_1)^{1/(1-\alpha)}>1$,那么国家2的增长率$\gamma_2$在衰减至国家1的增长率$\gamma_1$之前,模仿成本$v$就能达到发明成本$\eta$。一旦$v=\eta$,国家2就在模仿和创新之间无差异。一种可能的情况是国家2将一部分资源用于模仿,一部分资源用于创新。如果模仿行为使v上升,即$v\in(\eta,v^*)$,那么国家2宁可自主创新。如果国家2的创新产品不同于国家1已有的产品,那么国家1现在就有了模仿对象,因此国家1会把一部分资源用于模仿。这就出现了相互模仿和创新的现象。在$(L_2/L_1)(A_2/A_1)^{1/(1-\alpha)}>1$和$v=\eta$的条件下,式(10.42)和式(10.49)表明$\gamma_2>\gamma_1$,因此国家2的创新速度高于国家1,随着国家1的模仿集逐渐扩大,模仿成本会逐渐下降,最终国家1发现创新不如模仿,因此就会完全从事模仿,把创新的任务全留给国家2。这时的领导者和跟随者的角色完全不同于最初的情况。

四、外国直接投资

读者可能已经发现,前面的技术扩散中都没有知识产权保护。创新国发明了一种新产品,模仿国就可以随意模仿使用而不必向创新国支付专利费用。诚如现实所示,一个国家内部的知识产权保护相对比较可行,国家之间涉及主权和自由问题,创新国不可能用任何法律强制模仿国支付专利费。在我们的模型中,技术之所以会发生进步,就在于创新者能从技术进步中获得垄断利润,也即是说,技术进步的微观基础是利润最大化的企业的最优行为。如果发明者的知识产权得不到保护,模仿者将在成本上获得竞争优势,低价销售会使创新者无法弥补高昂的创新成本,最终,整个经济就会失去创新的动力。因此,从长期而言,保护知识产权对增长具有非常重要的作用。

现在,我们重新回到最初的领导者和跟随者模型,在那里创新成本 η 和模仿成本 v 都固定不变。假如在这个模型中两国之间达成知识产权保护的共识,那么国家 2 就不能随便模仿国家 1 的新产品,除非得到授权。

如果国家 1 试图保持在技术上的领先地位,那么它就倾向于不转让知识产权给国家 2,而是倾向于采用直接投资于国家 2 的方法。如果转让知识产权,那么国家 2 在得到知识产权的同时,还获得了知识外溢的好处,即获得的知识能提高其创新能力。相反,如果国家 1 采用直接投资于国家 2 的做法,那么国家 1 的企业能可靠地保持产品的技术秘密,国家 2 至多获得了更多的中间产品,却无法获得知识外溢带来的好处。一旦国家 1 出于一些原因而撤出那些直接投资,产品的技术秘密也会随之撤出,国家 2 仍然不会生产那些产品。当然会有一些技术被更先进的技术所替代,跨国公司会适度转让一些被淘汰的技术,从而国家 2 在一定程度上获得知识外溢的好处,但必须不构成对国家 1 技术领导者地位的威胁。在这里的模型中,我们只考虑中间产品种类增加型技术进步,而不考虑中间产品质量改进型技术进步,因此跨国公司淘汰落后技术的问题就不在此讨论了。

在国家 1 采用跨国直接投资而非转让知识产权的情况下,我们可以合理地进行两项假设:第一,一种新产品要能用于国家 2 必须进行适应性改进,以符合当地的语言、风俗和制度。自然,这种适应性改进成本和最初的创新成本相比是很小的。从某种意义上看,适应性改进成本的角色有点像模仿成本,因此这里仍用 v 来表示适应性改进成本。第二,国家 2 不从事创新和适应性改进,所有的创新和适应性改进的努力都来自国家 1。这可能是跨国公司为了保持技术领先地位而产生的一种结果。

假设国家 2 一开始是一个封闭经济,没有外国投资,也没有对国家 1 的创新进行模仿。改革开放以前的中国一定程度上就是这样一种情形。现在,国家 2 突然执行开放政策,如果没有知识产权的保护,情况就如同以前的技术扩散模型所描述的那样,国家 2 的低成本模仿使其以高于国家 1 的速度增长,在长期会实现追赶目标,并可能出现相互创新和模仿。如果两国达成知识产权保护共识,那么国家 2 的企业在没有国家 1 企业授权的情况下就不能模仿。国家 1 企业会发现通过适应性改进将技术应用于国家 2 能获得更高的报酬率,因此会进行跨国直接投资,并保持产品的技术秘密。由于国家 2 的报酬率高于国家 1,因此国家 1 会把所有的技术支出投向适应性改进。

最终,可以进行适应性改进的中间产品必然越来越少。一旦 $N_2=N_1$,国家 1 将重新面临创新问题。一旦发明一种新品种,企业会立刻进行适应性改进用于国家 2 以获得更多的垄断利润。所以,对于国家 1 的跨国公司而言,一项新产品对应的成本为 $\eta+v$,每一时点对应的垄断利润流量为该项新产品在两个国家带来的垄断利润总和。

$$\pi_{1j}=\frac{1-\alpha}{\alpha}\alpha^{\frac{2}{1-\alpha}}\zeta^{\frac{-\alpha}{1-\alpha}}\left[L_1A_1^{\frac{1}{1-\alpha}}+L_2A_2^{\frac{1}{1-\alpha}}\right] \tag{10.56}$$

从事创新的跨国公司垄断利润流现值必然等于总的研发成本,即 $\eta+v$,因此国家 1 的利率为:

$$\overline{r_1}=\frac{1}{\eta+v}\frac{1-\alpha}{\alpha}\alpha^{\frac{2}{1-\alpha}}\zeta^{\frac{-\alpha}{1-\alpha}}\left[L_1A_1^{\frac{1}{1-\alpha}}+L_2A_2^{\frac{1}{1-\alpha}}\right] \tag{10.57}$$

在没有知识产权的保护下,两国的利率分别为式(10.41)的 r_1 和式(10.48)的 r_2。通过比较,容易发现 $\overline{r_1}=(r_1\eta+r_2v)/(\eta+v)$,即 $\overline{r_1}$ 是 r_1 和 r_2 的加权平均值。由于 $\eta>v$,$r_1<r_2$,因此 $\overline{r_1}>r_1$。根据家庭的最优选择条件,国家 1 在跨国直接投资情况下的增长率 $\gamma_1=(\overline{r_1}-\rho)/\theta$,要大于没有跨国直接投资下的增长率。

由于国家 2 不从事创新和改进,两个国家的增长其实都由国家 1 的创新和改进来推动,所以跨国公司每创新一种产品就会推出适应性改进版本,两国的中间产品种类数相同,因此也就不需要再区分 N_1 和 N_2。类似于前文的分析,在均衡中,X_1 和 X_2 都是常数,N、C_1、Y_1、C_2 和 Y_2 的增长率都

等于 γ_1。

尽管两国长期中以相同的速度增长，但不是每个国家都愿意如此。在我们的模型中，国家 2 根本没有自主创新能力，增长完全依靠国家 1 的创新和适应性改进。一旦国家 1 撤出直接投资，国家 2 的增长将停滞。这是一个令人沮丧的结论。保护知识产权的初衷是为了保护创新者的利益，激励创新者从事发明创造以促进经济增长。但在我们的模型中，受到保护的不仅仅是知识产权，还有技术领导者的领导地位。

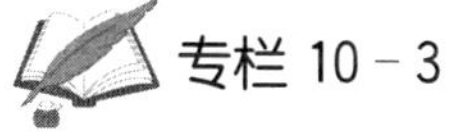
专栏 10 - 3

外国直接投资和技术扩散

外国的技术扩散可以通过两种途径进行：专利转让和外国直接投资(FDI)。专利转让一般需要东道国具有完备的知识产权保护，否则很难执行。中国长期以来对知识产权保护的重视程度不够，因此，大多数跨国公司采用 FDI 形式避免专利的定价，把技术秘密控制在自己的公司内部。这种技术扩散过程可能相当缓慢。

沈坤荣、耿强(2001)对 FDI 和经济增长的关系进行了分析，计量模型中的解释变量包括 FDI 占当年 GDP 的比重、FDI 比重和人力资本的交互影响、初始 GDP 对数值、体制变量以及政策倾斜变量。结果发现，FDI 比重和人均 GDP 的增长存在显著的相关性，弹性为0.27，说明 FDI 年流量相对于当年经济规模的比例每增加 1%，相应的人均 GDP 就增加0.27%。FDI 比重和人力资本具有显著的交互效应，说明技术扩散必须和人力资本投资配套进行，人力资本存量较低的地区，FDI 的技术扩散效应较低。但是，这些解释变量只能解释样本区间内(1978—1998 年)中国人均 GDP 变化的 33%，还有 2/3 的变化无法得到解释，这暗示了 FDI 的技术扩散效果确实比较缓慢，其原因可能有三个：

第一，FDI 进入中国的基本目的是利用中国的廉价劳动力改善产品的成本结构。这种低成本加工目的导致了跨国公司不会把核心技术的生产流程放在中国，也不太可能在中国大批建立研发基地。即使一些高技术的生产流程必须放到中国，直接投资的方式也能比较好地控制技术的扩散。一些经验研究已经发现了这方面的证据：FDI 的投入领域主要集中在一些低技术的劳动密集型领域，如纺织、服装、电子元器件和一些轻工业领域(沈坤荣,1999),被中国认定为技术先进的FDI企业仅占2%(王洛林、江小涓和卢圣亮,2000)。

第二,技术扩散还受到当地企业的技术吸收能力的制约。当地企业由于人力资本存量低,即使跨国公司有技术溢出,也无法很好地吸收(赖明勇、包群、彭水军和张新,2005)。

第三,跨国公司和当地企业之间的人员流动并不频繁,这在某种程度上制约了技术的扩散。例如,跨国公司的高级职位很少雇用当地员工,当地员工一旦进入跨国公司,通常也不太愿意再次进入收入水平较低的当地企业。

随着中国经济的不断发展,中国人力资本的不断提高,跨国公司越来越多地雇用当地技术人员,并开始尝试在当地建立初级研发中心,因此FDI对中国的经济增长和技术进步的影响尚待进一步研究。

第六节　增长的经验研究

对增长进行经验研究的最初目的是为内生增长理论提供事实证据,但结果却令增长理论家大吃一惊:经济数据更倾向于支持新古典理论。到底哪种理论更加接近真理?一般而言,增长的经验研究集中于以下四个方面:增长核算、收敛性、资本收益不变性质、人均收入的跨国差异。增长核算和收敛性问题在第九章已经论述了,这里主要介绍后面两个问题。

首先,我们根据增长核算的结果得到资本的产出弹性小于1,因此资本的边际收益递减,该结果无法为AK模型提供支持。其次介绍曼昆、罗默和威尔(Mankiw,Romer and Weil,1992)的研究结果,该结果倾向于支持拓展的新古典模型,资本的产出弹性为1/3。难道内生增长的智慧真的只是一种虚幻?尽管经济数据支持新古典拓展模型,但在逻辑上并不能否定内生增长理论,因此我们介绍了在内生增长模型中展开的一项具有代表性的经验研究(Peter Howitt,2000),该研究发现跨国人均收入的差异不仅来自物质资本和人力资本投资率的差异,还受跨国相对生产力差异的影响。由于新古典模型忽略了相对生产力差异,因此直接对新古典模型进行估计,结果会出现偏差。此外该研究还暗示资本的递减收益并不和内生增长相矛盾。

一、资本的边际收益

最初的经验研究通常是增长的核算工作。在第九章中，我们已经掌握了增长的核算方法。在新古典框架中，把经济增长的贡献分解为要素增长的贡献和全要素生产率 TFP 增长的贡献，比较具有代表性的成果是克里斯丹森、卡敏斯和乔根森（Laurits Christensen, Dianne Cummings and Dale Jorgenson, 1980）、多尔蒂（Doughterty, 1991）、伊莱亚斯（Elias, 1990）。他们的增长核算结果显示：1947—1973 年 OECD 国家样本中，TFP 贡献在 33.6%～63.5%，资本投入贡献在 34%～49.2%，劳动投入贡献在 0.9%～23.7%。1960—1990 年的 G7 国家也表现出相类似的结果。不管在哪个样本区间，资本的产出弹性的平均值基本稳定在 0.40 左右。早期的一些研究如丹尼森（1962）、麦迪逊（1982）以及乔根森、高洛普和弗洛梅尼（1987）发现资本收入的份额在 1/3 左右。因此，资本的产出弹性的经验值应该在0.3～0.4。

中国在改革开放前基本靠要素投入获得增长，TFP 的贡献仅仅为 10.60%，改革开放后 TFP 贡献明显上升。但是，不管在何种经济体制下，资本的产出弹性基本不变，稳定在 0.40 左右（沈坤荣，1997），和西方国家非常接近，这说明 α 在 0.3 至 0.4 的经验事实在中国也可能成立①。

这些研究结论暗示了物质资本的边际报酬并非不变，这直接对 AK 模型提出了挑战。我们已经了解到 AK 模型能产生内生增长的原因在于假设资本的边际收益不变，因此，早期的研究者根据 α 远远小于 1 的经验事实推断，内生增长模型无法和经验数据匹配。得到这一不幸的结论的另一个途径是条件收敛。曼昆、罗默和威尔（Mankiw, Romer and Weil, 1992），巴罗和萨拉伊马丁（1995）以及巴罗（1997）等都发现了条件收敛的经验规律。如果资本的边际收益不变，即使控制住稳态的决定因素，人均收入也不会收敛。前面的技术扩散模型说明，条件收敛并不和内生增长理论矛盾，索洛模型中的条件收敛来自资本的边际收益递减，而内生增长理论一旦考虑技术扩散，也会出现条件收敛的结果。

① 邹至庄（2004）对 1952—1998 年的生产函数进行估计，发现资本的产出弹性在 0.6 左右，且改革开放前后无显著变化。

二、检验新古典模型

增长核算并没有直接对新古典模型进行检验,因此,只是间接地支持了新古典模型,这一节和下一节将直接对新古典模型进行检验,试图发现经验数据是否直接支持索洛模型。这里主要依据曼昆、罗默和威尔(Mankiw, Romer and Weil, 1992)的研究结果。曼昆等首先对生产函数形式为 $Y=K^{\alpha}(AL)^{1-\alpha}$ 的索洛模型进行了检验,在一个外生储蓄率假设下,根据稳态资本积累方程 $\dot{\hat{k}}=s\hat{y}-(n+x+\delta)\hat{k}$ ①$=0$,可得稳态人均有效劳动资本量,将其代入生产函数,并经对数变换,可以得到稳态人均收入对数的表达式:

$$\ln\left(\frac{Y}{L}\right)^{*}=\ln[A(0)e^{xt}]+\frac{\alpha}{1-\alpha}[\ln(s)-\ln(n+x+\delta)] \quad (10.58)$$

其中,x、n 分别为技术参数 A、劳动 L 的增长率,δ 为资本的折旧率,s 为外生储蓄率。$A(0)$表示经济在初始状态下的技术参数,该参数其实不仅反映了技术状态,而且反映了资源禀赋、气候、制度以及其他很多资本、劳动以外的一些因素的初始状态的影响②。这种初始影响对一个特定国家而言是固定的,但在不同的国家之间却是不同的。因此可以假设:

$$\ln A(0)=a+\varepsilon \quad (10.59)$$

a 是一个常数,ε 是和国家有关的冲击,表示各国初始技术状态的差异部分。代入式(10.58)就可以得到:

$$\ln\left(\frac{Y}{L}\right)^{*}=(a+xt)+\frac{\alpha}{1-\alpha}[\ln(s)-\ln(n+x+\delta)]+\varepsilon \quad (10.60)$$

由于储蓄率和人口增长率都是外生的,因此独立于 ε,这样就可以对式(10.60)用最小二乘法进行估计。在新古典模型中,要素的报酬是它们的边际产品,因此回归方程中的系数不但具有符号意义,而且具有数量上的意义。如果α 在 1/3左右,则 $\ln(s)$和 $\ln(n+x+\delta)$ 的系数不但符号相反,而且数量在 0.5 左右。

运用萨姆斯和汉斯顿(Summers and Heston, 1988)的数据,对式(10.60)

---

① 同第九章,这里的小写字母上的尖号表示以每有效劳动(AL)为单位。

② 这也是许多学者称 A 或全要素生产率是一个黑箱的原因。

进行估计。在样本中剔除石油国家后①,估计结果为:$\alpha=0.60$,标准差为0.02。该结果具有两层含义:第一,资本的边际报酬递减,这一点和其他研究结果一致;第二,资本的产出弹性为0.60,在数量上要高于增长核算结果。在增长核算中,资本的产出弹性基本稳定在0.3~0.4。罗默(Romer,1987)对同样的生产函数 $Y=K^{\alpha}(AL)^{1-\alpha}$ 进行了检验。如果最终产品属于完全竞争市场,而且生产函数呈现规模报酬不变,那么系数 α 和 $1-\alpha$ 应该等于国民收入中资本和劳动这两种生产要素所占的份额。罗默同样发现 α 在0.70~1.0,比上文的0.60还要高。这种矛盾暗示了储蓄率和劳动力增长率的贡献可能被高估了②,或者资本积累具有外部效应。调整过的 $R^2=0.59$,表明人均收入的一大部分差异还没有得到合理解释,只能归入随机扰动。看来这里的索洛模型和数据并不能吻合得很好。

三、拓展新古典模型

曼昆等(1992)认识到遗漏人力资本因素可能是导致上述矛盾的一个重要原因,因此,他们在新古典的框架中加入了人力资本要素。具体而言,生产函数变成:

$$Y(t)=[K(t)]^{\alpha}[H(t)]^{\beta}[AL(t)]^{1-\alpha-\beta} \tag{10.61}$$

物质资本和人力资本的积累方程为:

$$\dot{\hat{k}}=s_k\hat{y}-(n+x+\delta)\hat{k} \tag{10.62}$$

$$\dot{\hat{h}}=s_h\hat{y}-(n+x+\delta)\hat{h} \tag{10.63}$$

根据生产函数和积累方程,我们可以得到③:

$$\begin{aligned}\ln\left(\frac{Y}{L}\right)^{*}=&(a+xt)+\frac{\alpha}{1-\alpha}[\ln(s_k)-\ln(n+x+\delta)]\\&+\frac{\beta}{1-\alpha}\ln(\hat{h}^{*})+\varepsilon\end{aligned} \tag{10.64}$$

---

① 石油国家的人均收入主要是来自自然资源禀赋的贡献,无法反映资本和劳动的贡献。

② 罗默(1989)根据美国数据发现 $\delta=0.03$ 或 0.04,美国的人均收入增长率平均在1.7%。萨姆斯和汉斯顿(1988)样本数据中,剔除人口稀少的国家和数据误差较大的国家后,人均收入增长率在2.2%左右。根据新古典理论,人均收入增长率等于技术进步率,因此曼昆等假设 $x+\delta=0.05$。

③ 稳态值 $\hat{k}^{*}=\left(\frac{s_k^{1-\beta}s_h^{\beta}}{n+x+\delta}\right)^{\frac{1}{1-\alpha-\beta}}$,$\hat{h}^{*}=\left(\frac{s_k^{\alpha}s_h^{1-\alpha}}{n+x+\delta}\right)^{\frac{1}{1-\alpha-\beta}}$。

* 表示稳态值。和式(10.60)相比,多了人力资本变量。在稳态中,有效劳动的人力资本和物质资本的储蓄率 s_k 具有正相关性,和劳动力增长率 n 具有负相关性,这就是式(10.60)在估计过程中系数出现高估的原因。

利用稳态中变量值 $\hat{k}^*$ 和 $\hat{h}^*$ 的表达式,稳态人均收入的对数可以表示为:

$$\ln\left(\frac{Y}{L}\right)^* = (a + xt) + \frac{\alpha}{1-\alpha-\beta}\ln s_k + \frac{\beta}{1-\alpha-\beta}\ln s_h - \frac{\alpha+\beta}{1-\alpha-\beta}\ln(n + x + \delta) + \varepsilon \tag{10.65}$$

估计的结果为:$\alpha = 0.31, \beta = 0.28$。现在的估计值基本和国民收入中的资本份额相符合。由于加入了人力资本,人均收入的可解释部分也比以前要高,大约将近 80%。

如果说前面的 α 远远高于 0.30,表示了物质资本积累具有某种外部性影响,那么索洛模型的拓展版本则显示这种外部性即使存在,也是微乎其微的。因此,该经验结果不但表示拓展的索洛模型能更好地和经验数据吻合,而且在某种程度上削弱了以外部性为特征的内生增长思想。

新古典增长理论的广泛流行、索洛获得诺贝尔经济学奖以及索洛模型的完美数学结构,这些都骄傲地向世界宣布人类已经“穷尽”了经济增长领域。索洛模型后的 30 年内该领域的研究屈指可数,这就是“穷尽”的一个证据。人类对经济增长的最完美的理解就是无法理解长期增长,以至于经济学家戏称索洛剩余测度了全要素生产率,更测度了人类的无知。新增长理论的出现是对此的一项否定,并且引发了无数研究者的兴趣。大量内生增长模型的出现也激发了许多经验研究。令人沮丧的是,经验研究并不支持内生增长理论,这无异于对新增长理论家们的当头棒喝。尽管传统的索洛模型并不能很好地匹配经验数据,但对其拓展后,它能很好地和经验数据相匹配。

四、检验内生增长理论

曼昆等(1992)的结论确实给经济增长领域带来了巨大的影响,以至于该项研究成为外生增长理论和内生增长理论争论的焦点。霍伊特(Peter Howitt,2000)认为,曼昆等得到支持新古典模型的结论是因为他们的研究基于新古典框架,用新古典框架来检验内生增长理论是一种会产生偏差的做法，因此，正确的做法应该是直接在内生增长的框架内进行经验研究。

基于阿吉翁和霍伊特(Aghion and Howitt，1992)的熊彼特内生增长模型(以创造性毁灭为特征，一种新产品的发明将替代过去的旧产品，即质量改进型技术进步)，霍伊特将其扩展成多个国家的版本以容许技术扩散的发生。为了和曼昆等的结论对比，霍伊特假定了外生的投资率 s。在这个模型中，霍伊特发现了如下定理：

霍伊特定理 1 一国稳态的相对生产力 a，正向取决于投资率 s、研发生产力 λ 以及研发补贴率 ψ，负向取决于世界稳态增长率 x。

霍伊特定理 2 一国稳态的相对人均收入 $\tilde{y}$，正向取决于投资率 s、研发生产力 λ 以及研发补贴率 ψ，负向取决于世界稳态增长率 x。

霍伊特定理 3 世界稳态增长率 x，正向取决于各国的投资率 s_j、研发生产力 λ_j 以及研发补贴率 ψ_j。

上述定理中的相对生产力 $a=A/A^{\max}$，A 是生产力指标，$A^{\max}$是世界上最先进的生产力指标，即技术前沿；研发生产力 λ 表示单位时间内单位劳动创新成功的概率；研发补贴率 ψ 表示政府对经济的影响；x 是 $A^{\max}$的增长率；相对人均收入 $\tilde{y}=Y/(A^{\max}L)=a\hat{y}$，“相对”一词表示相对于技术前沿 $A^{\max}$的人均收入。

由于霍伊特假设了外生的投资率 s，资本的积累规律依然是 $\dot{k}=s\hat{y}-(n+x+\delta)\hat{k}$，但这里的 x 是内生的，它在稳态中就是世界稳态增长率，而且是一个常数，因此看起来很类似于新古典结论。在稳态中，$s\hat{y}=(n+x+\delta)\hat{k}$，霍伊特推导出人均收入对数的表达式非常类似于曼昆等的结果：

$$\ln\left(\frac{Y}{L}\right)^{*}=\ln A^{\max}+\frac{\alpha}{1-\alpha}[\ln s-\ln(n+x+\delta)]+\ln a^{*} \quad (10.66)$$

式(10.66)表明熊彼特内生增长模型中的稳态人均收入，除了受到曼昆等所指出的因素的影响外，还受到相对生产力因素的影响。将式(10.66)和式(10.60)对照，不难发现，相对生产力变量在曼昆等那里被当作随机冲击(因为新古典模型并不考虑各国生产力差异)，而且假定其和储蓄率 s 及劳动力增长率 n 相互独立。然而，在霍伊特的熊彼特内生增长模型中，霍伊特定理 1 表明 a 和 s 具有正相关性，a 和 x 具有负相关性。因此，如果相对生产力被当成随机冲击，那么它对人均收入的影响将体现在 s 和 x 上，在式

(10.66)中,系数 $\alpha/(1-\alpha)$ 的估计值将变大,从而 α 的估计值也会变大,曼昆等的研究结果也就产生了偏差。

如果考虑物质资本和人力资本的区别,那么熊彼特内生增长模型中对应于式(10.65)的稳态人均收入对数为:

$$\ln\left(\frac{Y}{L}\right)^{*}=\ln A_{t}^{\max}+\frac{\alpha}{1-\alpha-\beta}\ln s_{k}+\frac{\beta}{1-\alpha-\beta}\ln s_{h}-\frac{\alpha+\beta}{1-\alpha-\beta}\ln(n+x+\delta)+\ln a^{*} \tag{10.67}$$

同样,式(10.67)中的 $\ln a^{*}$ 在式(10.65)中被当成随机冲击,因此式(10.65)中的系数也存在高估。当考虑各国生产力之间的差异对人均收入的影响后,我们发现了两个有趣的结论:第一,一个更小的资本产出弹性 α 并不倾向于否定内生增长理论,相反,它支持了内生增长理论;第二,资本边际收益递减和内生增长理论并不矛盾。

到这里,读者已经初步了解了新增长理论的一些基本思想。重新回忆一下本章展开的逻辑是有好处的。我们遵循了从简单(完全竞争市场)到复杂(市场不完全性)的路径,并指出,正是由于市场的不完全性改变了新古典模型的结论。另外,我们对每种情况还进行了福利分析,比较了集权经济和分权经济的增长率,由此看到了分权经济中市场不完全性带来的另一面——它不具有帕累托最优性。

回想第九章开头列出的一些经济增长的典型事实,通过这两章的学习,我们已经能初步理解这些典型事实背后的故事了。尽管大量发展中国家的人均资本远远小于发达国家,但条件收敛规律解释了一些发展中国家的增长率反而低于发达国家的原因。条件收敛不仅意味着各国经济增长速度可能产生巨大差异,还暗示了长期中人均收入水平也会存在巨大差异。新古典模型假设资本的边际报酬递减,但典型事实揭示了资本的实际回报率近乎稳定。早期的增长理论家根据这种暗示,试图在资本报酬不变的假设下寻找答案,但后来的研究指出了资本报酬递减可能不是最重要的,更小的资本产出弹性并不倾向于否定内生增长理论。需要注意的是,这些增长理论的每一个都无法回答增长问题的全部,但都回答了问题的一部分,因此人类对经济增长的认识,就如同对生产函数中 A 的认识一样,在不断地努力中拓展。

本章要点

1. 当新古典模型中资本的产出弹性 α 等于 1 时,增长模型就变成 AK 模型,这是一类最简单的内生增长模型。AK 模型仍然保留完全竞争假设,并且不考虑外部性影响,因此均衡具有帕累托最优性。

2. 外部性模型在完全竞争框架中研究正的外部性对增长的影响。尽管私人资本的收益递减,但由于外部性效应,社会资本的收益不变,因此外部性模型能产生长期正的增长率。由于引入了外部性,均衡不再具有帕累托最优性。

3. 技术创新一旦作为生产性投入,就会出现规模报酬递增。完全竞争市场结构不再适用于内生技术进步模型,取而代之的是垄断竞争市场结构。垄断利润的获取保证了企业的创新动力,但同时也丧失了帕累托最优性。

4. 内生增长模型通常都得到不收敛的结论,然而一旦考虑技术扩散,条件收敛就会出现,这为发展中国家追赶发达国家提供了一条途径。

5. 增长的经验研究发现资本的产出弹性 α 远远小于 1,因此数据并不支持资本收益不变假设。在新古典框架中的经验研究发现新古典拓展框架和经验数据很匹配,但检验内生增长模型至少应该在内生增长框架中进行。霍伊特的研究不仅指出了新古典模型忽略了相对生产力的跨国差异而产生有偏估计,而且还发现了资本边际收益递减并不和内生增长矛盾。

关键概念

内生增长	分权经济	集权经济	产品种类增加型技术创新
物质资本	创造性毁灭	技术扩散	质量改进型技术创新
人力资本	钓鱼效应	巨人肩膀效应	重复研究效应

本章习题

1. 考虑 AK 模型中的外生储蓄率:如果储蓄率外生,重新推导增长率的表达式,均衡状态是否具有帕累托最优性?

2. 比较 AK 模型、知识外溢模型、产品种类增加型技术进步模型和技术扩散模型中均衡的帕累托最优性,并说明有或没有帕累托最优性的原因。

3. 假设生产函数为 $Y=AK^{\alpha}H^{1-\alpha}$,$K$ 表示物质资本,H 表示人力资本。如果两类资本的折旧率都为常数 δ,在均衡中,两类资本的收益率必须相等,则:

(1) 均衡中的 K/H 是多少?

(2) 两类资本在均衡中的收益率为多少?

(3) 在消费者最优消费选择框架中,Y、K、H 和 C 增长率分别为多少?

(4) 该模型和 AK 模型是否具有本质上的一致性?

4. 知识外溢模型中,生产函数使用了柯布—道格拉斯形式 $Y_i=AK_i^{\alpha}(KL_i)^{1-\alpha}$,现在请用一般化的生产函数 $Y_i=F(K_i,KL_i)$,分别重新推导分权经济和集权经济中的增长率。

5. 知识外溢模型中,知识指标等于社会总资本存量。如果知识指标等于社会人均资本,即生产函数变为 $Y_i=F(K_i,kL_i)$,$k=K/L$,证明经济仍然能内生增长。

6. 假设生产函数为 $Y=K^{\alpha}(hL)^{1-\alpha}$,$h$ 是社会人均人力资本,其积累规律假设为 $\dot{h}=(1-u)h$,u 是花费在工作上的时间比例,$1-u$ 是花费在积累技能上的时间比例。请证明经济能内生增长,并说明政府政策如何影响长期增长率。

7. 在产品种类增加型技术进步中,分权经济并不能使经济达到帕累托最优。考虑在下列几种政府政策情况下,经济能否达到帕累托最优:

(1) 政府对中间产品的购买者(即最终产品的生产者)进行补贴。垄断者仍然以高于边际成本的价格 $P=\zeta/\alpha$ 进行出售,但购买者只需支付 αP,补贴率为 $1-\alpha$。

(2) 政府对最终产品进行补贴。每生产一单位最终产品,其生产者可以获得 $1/\alpha$ 单位收入,补贴率为 $1/\alpha-1$。

(3) 政府对研发补贴,吸收了部分发明成本 η。

案例讨论

试用中国的数据验证本章提到的任一增长模型。

第十一章　开放背景下的宏观经济学

从第三章到第十章，我们讨论了封闭经济情况下一国宏观经济运行的基本理论。然而，在现代经济条件下，国与国之间的经济往来日益频繁，一国居民与他国居民之间进行着大量的经济交易。因此，一国很难孤立地存在，需通过与其他国家保持紧密的经济往来和联系来促进本国经济的正常发展。开放成为现代各国经济运行的常态，而经济的这种开放性给宏观经济分析带来了新的问题。在本章中，我们主要介绍以下几方面的内容：

（1）开放经济中的国民收入的决定如何？什么是国际收支？如何对国际收支进行衡量？

（2）什么是汇率和汇率制度？汇率水平是如何决定的？各国怎样选择自己的汇率制度？

（3）开放经济如何对一国的货币政策和财政政策的有效性产生影响？

第一节　国际收支及国际收支平衡表

一、开放经济下国民收入的决定

在封闭条件下，一国居民既不将产品和服务出售给外国，也不向外国购买产品和服务。封闭经济下一国的国民收入主要由消费、投资和政府购买三个部分组成：

$$Y=C+I+G \tag{11.1}$$

式中,Y 为一国的国民收入;C 为消费;I 为投资;G 为政府购买。

在开放经济中,国家与国家之间存在大量的经济往来。这种国际间经济往来的主要表现是:一国会将其生产的一部分商品和服务出口到国外,并且从国外进口商品和服务用于本国居民的消费。由于进出口等国际间的经济往来,开放条件下国民收入主要由消费、投资、政府购买以及净出口四个部分组成。

$$Y=C+I+G+(X-M) \tag{11.2}$$

式中,X 为一国出口商品和服务的总和;M 为一国进口商品和服务的总和;$(X-M)$为净出口,通常用 CA 表示。CA 也表示经常账户的余额,反映一国商品和服务的净出口情况。如果 CA 大于零,即一国商品和服务的出口大于进口,该国有经常项目顺差;如果 CA 小于零,即一国商品和服务的出口小于进口,该国有经常项目逆差。

与封闭经济下国民收入核算恒等式式(11.1)相比,开放条件下的国民收入核算恒等式式(11.2)多出了净出口这个项目,那么,开放条件下国民收入为什么会多出这一项呢?在第二章介绍国民收入核算时我们曾经指出,国民经济有两种主要核算方法,即支出法和收入法。用支出法对国民收入进行核算时,只有用于对国内的商品及服务的购买支出才能记入国民生产总值。而在开放经济中,一国居民可以将一部分收入用于购买国外的商品和服务,即一国的进口 M。这一部分并不是对国内生产的商品和服务的支出,从而不是本国国民收入的组成部分。因此,在核算时,应该将这一部分从总支出$(C+I+G)$中减去;同样,出售给外国的商品和服务,即一国的出口 X,没有包含在本国居民消费、企业投资和政府购买的支出之中。但是,由于它是外国居民对本国生产的商品和服务的消费,因此也是本国国民收入的重要组成部分之一。所以,在核算中,应当在总支出$(C+I+G)$的基础上加上出口 X。

根据以上两个不同的国民收入决定等式可以看出,开放经济与封闭经济最主要的不同在于储蓄和消费的关系。封闭经济下,一国的国民储蓄 S 等于国民收入中剔除用于个人消费与政府支出的部分,即 $Y-C-G$。将式(11.1)进行简单的变形,得到:

$$Y-C-G=I \tag{11.3}$$

根据以上对国民储蓄的定义，在封闭经济条件下：

$$S=I \tag{11.4}$$

对式(11.2)进行同样的变形得到，在开放经济条件下：

$$Y-C-G=I+CA \tag{11.5}$$

$$S=I+CA \tag{11.6}$$

或

$$S-I=CA \tag{11.7}$$

将式(11.4)和式(11.7)进行对比可以看出，在封闭经济中，一国的储蓄和投资必然相等；但在开放经济条件下，一国的投资和储蓄并不必然相等。当本国的储蓄不足以支持本国投资的时候，经常项目会产生赤字从而通过产品和服务的净进口以满足国内投资的需要；相反，如果国内的储蓄超过国内投资需要时，则可以通过净出口，并且将获得的外汇收入投资于海外而形成本国的海外债权。

二、国际收支与国际收支平衡表

在了解了开放经济条件下一国国民收入的决定之后，接下来，我们将简单介绍一下国际收支的概念和核算方法。

（一）国际收支基本概念

根据国际货币基金组织(International Monetary Fund，IMF)的定义，国际收支(Balance of Payment)是一国居民和外国居民在一定时期内各项经济交易的货币价值总和。一国的国际收支总量和结构既反映了一国对外经济交往的情况，也反映了一国在国际经济中的地位。在开放宏观经济学中，通常是通过编制国际收支平衡表来描述一国国际收支总量和结构的。

（二）国际收支平衡表

国际收支平衡表(Balance Sheet)是以统计报表的形式，系统总结特定时期内一国经济主体与他国经济主体之间的各项经济交易，它包括货物、服务和收益，对世界其他地区的金融债权和债务的交易以及单项转移。它是对一国国际收支的详细记录(见表 11－1)。

表 11-1　国际收支平衡表的各个项目和记账方法

	贷　方	借　方
一、经常账户	经常项目收入	经常项目支出
货物和服务		
收入		
经常转移		
二、资本和金融账户	资本流入	资本流出
资本账户(包括资本转移和非生产、非金融资产的收买和放弃)		
金融账户(包括直接投资、证券投资、其他投资和储备资产)		
三、净误差和遗漏项目		

(资料来源:根据 IMF《国际收支手册》(第六版)整理)

国际收支平衡表的标准组成部分应该包括经常项目、资本和金融项目两大类。

经常项目(Current Account)是指对实际资源在国际间的流动进行记录的账户。它包括货物和服务、收入以及经常转移。资本和金融项目(Capital and Financial Account)是对资产所有权在国际间流动的行为进行记录的账户,它由资本项目和金融项目两个部分组成。其中,资本账户包括资本转移①和非生产、非金融资产的收买和放弃②;金融账户③则包括引起一个经济体对外资产和负债所有权变更的所有权交易。

国际收支平衡表运用的是借贷复式记账方法。这种记账方法的基本原则是"有借必有贷,借贷必相等"。它将同一种类型的国际经济贸易行为分别以相同的金额、相反的方向记入两个不同的账户,从而对一国的国际经济贸易活动进行科学的反映。复式记账原则保证了国际收支平衡表上借贷双方总额始终相等,这也是我们为什么把国际收支平衡表称为"平衡表"的

① 资本转移包括三个方面:一是固定资产所有权的资产转移;二是同固定资产的收买或放弃相关的或以之为条件的资产转移;三是债权人不要求任何补偿而取消的债务。

② 非生产、非金融资产的收买或放弃是指包括专利、版权、商标、经销权在内的各种无形资产以及租赁和其他可转让合同的交易。

③ 金融账户又可以分为直接投资、证券投资、其他投资和官方储备资产四类。

原因。

根据借贷复式记账法，一国资产和实际资源拥有量的增加都记入借方；一国资产和实际资源拥有量的减少都记入贷方。具体而言：① 商品进口记入借方，商品出口记入贷方；② 外国居民为本国居民提供服务或从本国获得收入记入借方，本国居民为外国居民提供服务或从外国获得收入记入贷方；③ 本国居民获得外国资产记入借方，外国居民获得本国资产记入贷方；④ 本国居民偿还外国居民的债务记入借方，外国居民偿还本国居民的债务记入贷方；⑤ 官方储备的增加记入借方，官方储备的减少记入贷方。

除了经常项目、资本与金融项目之外，各国编制的国际收支平衡表中还包括误差和遗漏项目。由于受到资料收集困难、统计口径不一致以及资本外逃等因素的影响，国际收支平衡表中经常项目、资本和金融项目两者之间并不能真正地达到平衡。因此，该账户设立的目的就是为了抵补上述两项的差额，从而实现国际收支平衡表的平衡。同时，误差和遗漏项目可以粗略地反映出一国资本外逃的情况。

国际收支平衡表反映的国际收支最基本的原则，可表示如下：

$$\text{经常项目余额}(CA) + \text{资本净流入} = 0 \tag{11.8}$$

$$\text{经常项目余额}(CA) = \text{资本净流出} \tag{11.9}$$

如果一个国家在某一时期的出口小于进口，即经常项目出现赤字或逆差，那么这一赤字就必须通过向国外出售资产或者从国外借款来融资，因此该国相应就会出现资本净流入，即资本和金融项目的盈余或顺差；反之，如果一个国家在某一时期的出口大于进口，即出现经常项目的盈余或顺差，那么，该国居民就可以将通过经常项目赚取的外汇用于购买外国资产或者向国外贷款进行投资，因此该国相应就会出现资本净流出，即资本和金融项目赤字或逆差。除此之外，如果一国没有资产可以出售，没有任何的官方储备可以利用，并且不能在国际金融市场上获得贷款，则该国就必须保持经常项目的平衡。

一国的资本和金融账户可以进一步划分为私人账户和官方储备账户。如果经常项目出现顺差，私人部门可以将从产品和服务的出售中获取的外汇通过购买外国资产、投资国外有价证券等方式进行投资，或者将其用于清偿国外债务。同时，私人部门也可以将该笔外汇在外汇市场上出售给政府，从而引起一国官方储备的增加;相反,如果经常账户出现逆差,私人部门可以通过出售其国外资产或者从国外金融机构借款来获取融资,同时,私人部门也可以从官方购汇,从而造成一国官方储备的减少。

根据以上的分析我们可以发现,官方储备的变化是对私人部门国际收支净额的总体反映。因此,我们将官方储备的增加定义为总体的国际收支盈余,官方储备的减少则称为总体的国际收支赤字。根据国际收支平衡原则就有:

$$\text{国际收支盈余}=\text{官方外汇储备的增加}=\text{经常项目盈余}+\text{私人资本净流入} \tag{11.10}$$

如果经常账户和资本账户都发生赤字,那么,总的国际收支就是赤字,官方储备减少;如果经常账户和资本账户都发生盈余,那么,总的国际收支就是盈余,官方储备增加。如果两个账户一个盈余,一个赤字,且盈余和赤字的规模相等,官方储备规模不发生变化,则一国的国际收支就实现了平衡。

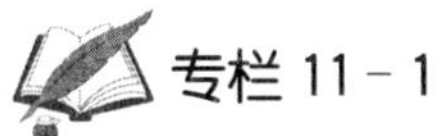

净误差与遗漏负值≠资本外逃规模

各国国际收支平衡表中都设有“净误差与遗漏”项目。根据国际标准,国际收支平衡表采用复式计账原则编制,为使平衡表在借贷两个方向上始终能够保持平衡,平衡表中设置了“净误差与遗漏”项。我国的国际收支平衡表编制以国际收支统计申报数据为基础,综合利用海关、人民银行、旅游局等其他相关数据。来自多个部门和不同统计系统的数据,与国际收支统计在概念、口径、记录原则上不尽相同。同时,在各个部门的数据中,某些交易也难以全面记录,因此将这些数据汇总在国际收支平衡表中就可能会形成误差与遗漏。我国误差与遗漏规模一直在合理范围内。根据国际惯例,平衡表中净误差与遗漏占同期货物进出口额的比重一般不宜超过正负5%。随着国际收支交易规模扩大,净误差与遗漏绝对数也会相应增加,高频数据比低频数据误差会更大。2008 年至 2013 年,我国平衡表中的该比例每年基本在 2%左右;2014 年三、四季度较高,分别为 5.6%和 5.9%,但全年合计只有3.3%。发达国家的平衡表中同样也有“净误差与遗漏”。以美国为例,其公布的 2014 年二季度平衡表中,经常项目逆差 1 035 亿美元,资本项目顺差 103 亿美元，储备资产增加 8 亿美元，其误差与遗漏为正 940 亿美元，与同期货物进出口额之比为 9%；2012 年一季度，其净误差与遗漏占比更是高达 15%。

净误差与遗漏负值不等于资本外逃规模。首先，净误差与遗漏方向与跨境资本流动没有必然关系。2009—2013 年，我国年度国际收支平衡表中净误差与遗漏均为负，但除 2012 年外，其他各年份我国面临的都是资本流入和人民币升值的压力。从国际上看，日本在 2007—2012 年、德国在 2003—2009 年均连续六七年呈现误差与遗漏为正，而期间欧元和日元有升有贬，宏观经济状况波动也很大。其次，造成净误差与遗漏为负的原因也非常复杂，既有可能是低估了资本外流，也有可能是高估了经常项目顺差。国内外贸"奖出限入"、外资"宽进严出"的激励机制，本身也孕育了滋生这种现象的土壤。近年来，外汇局在检查中发现，有些企业出口不收汇或少收汇，存在高报出口骗取政府奖励或将收入违规留存境外的情况。再次，与日益健全的对外债务统计相比，我国对外债权统计较为薄弱，因此，即使是没有申报的资本流出也不一定是违规的，也可能是因制度原因而未被真实地记录。

进一步提高国际收支统计质量。面对国际收支统计工作中层出不穷的新问题，外汇局正通过不断地改进统计制度和方法，尽可能地降低净误差与遗漏的规模。例如，近期实施的对外金融资产负债及交易统计制度，就既有负债又有资产的统计，同时区分了对外资产的交易变化和货币折算等非交易变化，这有助于减少非交易因素对统计质量的影响；该制度中新增加的银行卡境外刷卡消费统计，也可用于改进我国的旅游支出统计等。再如，除继续依靠基于企业调查制度，逐笔交易数据采集外，还将研究运用抽样调查和估算的方法，以更低的成本、更可靠的方式，确保国际收支统计的全面性和准确性。

（资料来源　国家外汇管理局:《2014 年中国国际收支报告》，2015 年）

第二节　汇率和汇率制度

一、汇率与汇率的决定

（一）汇率及其标价方法

不同国家的中央银行或者货币当局发行了不同的货币，如欧元、美元、人民币、日元等等。汇率就是一个国家货币折算为另一个国家货币的比率。

汇率的表示方法一般分为两种:直接标价法(Direct Quotation)和间接标价法(Indirect Quotation)。直接标价法表明一单位外国货币可以兑换多少单位的本国货币。间接标价法表明一单位的本国货币可以兑换多少单位的外国货币。假设中国为本国,美国为外国,直接标价法下的美元汇率为:1 美元=7 元人民币;而间接标价法下的美元汇率则为:1 元人民币=1/7 美元。

在直接标价法下,汇率下跌表示本国货币升值,也就是一单位外国货币只能换取更少的本国货币;汇率上升则表示本国货币贬值,也就是一单位外国货币能够换取更多的本国货币。而在间接标价法下,汇率下跌表示本国货币贬值,汇率上升则表示本国货币升值。

国际上采用间接标价法的国家主要有美国、欧元区国家、英国和英联邦国家。各国货币采用的计价方法与该国和该种货币在资本主义体系以及世界贸易中的地位和作用直接相关。英国是资本主义发展早期最强大的国家。由于英国在早期资本主义世界体系中的地位,英镑成为当时世界贸易计价结算的中心货币,因此,伦敦外汇市场一直采用的是英镑的间接标价法。第二次世界大战之后,随着垄断资本主义的发展,美国的经济势力随之扩大,美元逐渐代替英镑成为国际结算和各国国际储备的主要货币。因此,从 1978 年 9 月 1 日起,美国纽约外汇市场将过去采用的美元直接标价法改为间接标价法,以便与国际上美元交易的做法一致。但是,美元对英镑和爱尔兰镑仍然采用的是直接标价法。我国也采用人民币的直接标价法。

(二)名义汇率与实际汇率

和利率等指标一样,汇率也可以分为名义汇率(Nominal Exchange Rate)和实际汇率(Real Exchange Rate)。名义汇率是两个国家货币的相对价格,是货币与货币之间的交换比率,我们用字母 e 表示;实际汇率则是两国产品的相对价格,我们用字母 ε 表示。它表示的是一国产品与另一国产品的交换比率。在本书中,如果没有特别说明,实际汇率和名义汇率均采用直接标价法。因此,实际汇率的经济含义是表示一单位外国物品可以交换几单位的本国物品。

实际汇率的计算方法是:

$$\text{实际汇率}(\varepsilon)=\frac{\text{名义汇率}\times\text{外国物价水平}}{\text{本国物价水平}}=eP^{*}/P$$

式中，P 表示本国的物价指数；P^* 表示外国的物价指数。

上式同样也表明了实际汇率与名义汇率之间的关系。

在了解了汇率的定义、分类和表示方法之后，大家肯定会问：汇率是如何决定的呢？从产品跨国流动和资金跨国流动两个角度对汇率决定问题进行考察，就形成了关于汇率水平决定的两种最基本的理论：购买力平价理论(Theory of Purchasing Power Parity)和利率平价理论(Theory of Interest rate Parity)。接下来，将简单介绍购买力平价理论和利率平价理论，并在此基础上进一步讨论汇率、利率与通货膨胀率之间的关系。

（三）产品跨国流动与汇率：购买力平价假说

开放经济下，一国生产的商品可以分为两种类型：可贸易商品(Tradable Goods)和不可贸易商品(Non-Tradable Goods)。假设在本国市场和外国市场上的商品是同质的，商品价格能够灵活地调整，并且商品在国家间的流通是无阻碍的，不存在关税、运输费用和交易成本等。那么，自然能够得出的结论就是，某种可贸易商品 i 在不同国家之间的市场价格应该相等。否则，便会出现空间上的套利机会——套利者将会在价格较低的国家中买入该商品，并且将其运送到价格较高的国家中卖出，从而获取买卖的差价。一旦市场中出现了上述套利机会，大量的套利者就会进行上述商品买卖行为来获取套利收益。套利的结果会使价格较低的国家中该商品供不应求，价格上升；价格较高的国家中该商品供大于求，价格下降。直到不同国家中该商品价格趋于一致时，套利行为才会停止，市场重新实现均衡。因此，我们就有：

$$P_i = eP_i^* \tag{11.11}$$

式中，P_i 为可贸易商品 i 在本国市场上的本币价格；P_i^* 为可贸易商品 i 在外国市场上以外币表示的价格；e 为名义汇率。

式(11.11)也称为一价定律(Law of One Price)。

进一步看，如果对于两国而言，所有的可贸易商品都满足一价定律，并且两国都以可贸易商品为基础编制物价指数，同一可贸易商品在两国编制的物价指数中所占权重相等，那么两国的物价水平就有以下的关系：

$$P = eP^* \tag{11.12}$$

式中，P 表示本国的物价指数；P^* 表示外国的物价指数。

将式(11.12)做简单变换，可得：

$$e=\frac{P}{P^{*}} \tag{11.13}$$

式(11.13)反映的名义汇率与价格水平之间的关系就是汇率的绝对购买力平价 (Purchasing Power Parity, PPP)。

购买力平价理论是最基本的长期汇率决定理论,在逻辑上也最为自然。但是,各国的经验证据表明,购买力平价与各国汇率行为之间相吻合的程度非常小。究其原因,主要有以下几个方面:首先,商品在国家与国家之间的流通存在贸易壁垒、运输费用和交易费用等成本。贸易壁垒、运输费用和交易成本的存在,在一定程度上妨碍了一价定律的实现。其次,差别定价等商品市场上的垄断和寡头行为可能会使不同国家同一商品价格之间的联系进一步削弱。再次,各个不同的国家制定物价指数所依据的商品篮子不同,同种商品在商品篮子中所占的比重也不同。除此之外,商品篮子中的商品也并不都是可贸易商品。因此,现实和理论假设的差别在很大程度上限制了购买力平价的实现。

虽然购买力平价假说没有得到经验证据的证实,但是它仍然是影响汇率长期水平的重要因素之一。并且,它提供了一个完全市场条件下,分析汇率与通货膨胀率水平间关系的重要思路。根据式(11.13),可以得出以下关系(具体推导见本章附录):

$$\frac{E_t(e_{t+1})-e_t}{e_t}=\frac{E_t(P_{t+1})-P_t}{P_t}-\frac{E_t(P^{*}_{t+1})-P^{*}_t}{P^{*}_t} \tag{11.14}$$

式中,e_t 表示第 t 期的汇率水平;P_t 和 P^{*}_t 分别表示第 t 期本国和外国的物价水平;$E_t(e_{t+1})$表示在时期 t 对 $t+1$ 期本币汇率水平的预期;$E_t(P_{t+1})$ 和 $E_t(P^{*}_{t+1})$分别表示在时期 t 对 $t+1$ 期本国和外国物价水平的预期。

式(11.14)等号左边项表示预期一国汇率水平的百分比变化;右边的第一项表示本国的预期通货膨胀率,可以用 $E_t(\pi_{t+1})$表示;右边的第二项表示外国的预期通货膨胀率,可以用 $E_t(\pi^{*}_{t+1})$表示。

式(11.14)表明,本国汇率水平的变化由本国和外国的预期通货膨胀率的差别决定。因此,预期通货膨胀率较高的国家,货币在未来可能会贬值;而预期通货膨胀率较低国家的货币在未来则可能会升值。

(四) 资金跨国流动与汇率:利率平价假说

购买力平价假说主要考虑的是产品市场上的汇率决定,而利率平价假说主要考虑的则是金融市场上货币资金的流动。下面，分析投资者在各个不同国家金融市场上的投资选择是如何对本国的汇率水平产生影响的。根据经济学中"经济人"追求利润最大化的原则，投资者在不同国家金融市场上投资的原则理所当然是：在成本既定的条件下追求收益的最大化［在此处不考虑投资者的风险偏好，即假设投资者是风险中性(Risk Neutral)的，只在意投资的收益高低，而不在意投资的风险大小］。

假设本国市场上资金一年期的利率为 i_t；外国金融市场上一年期的利率为 i_t^*；本币的即期名义汇率为 e_t。如果本国投资者拥有一单位的本国货币，他可以采取什么样的方式在金融市场上进行一年期的投资呢？

他可以采取的基本投资策略有以下两种：

策略 1　该投资者可以直接将其拥有的一单位本国货币在本国金融市场上进行一年期的存款。一年后其拥有的本币总额为 $1+i_t$ 单位。

策略 2　他可以将所拥有的一单位本国货币兑换为 $\frac{1}{e_t}$ 单位的外国货币，然后在外国的金融市场上进行一年期的存款。一年后，他将拥有的外币总额为 $(1+i_t^*)\frac{1}{e_t}$。随后，投资者再将其投资外币存款的本息总和兑换成本币。因此，一年后其拥有的本币总额应该为 $(1+i_t^*)\frac{E_t(e_{t+1})}{e_t}$。其中，$E_t(e_{t+1})$ 为该投资者当前对一年后本币汇率的预期。

在资金可以完全流动的情况下，当金融市场达到均衡时，投资者采用策略 1 和策略 2 中任何一种在一年之后获得的本币总额应该趋于相等。否则，套利力量将使其重新归于平衡。因此，我们就有：

$$1+i_t=(1+i_t^*)\frac{E_t(e_{t+1})}{e_t} \tag{11.15}$$

由于投资者是根据自己对未来汇率的预期进行投资的，并没有进行远期外汇交易来规避风险，因此，式(11.15)被称为汇率的非抛补利率平价公式(Uncovered Interest-rate Parity，UIP)。

对式(11.5)进行整理，我们就得到：

$$\frac{E_t(e_{t+1})-e_t}{e_t}=\frac{i_t-i_t^*}{1+i_t^*} \tag{11.16}$$

从式(11.16)可以看出,投资者预期的未来汇率变动率与两国国内利率之差息息相关。在以上非抛补利率平价成立时,如果本国利率高于外国利率,则意味着投资者预期本国货币在未来会贬值(即预期未来的汇率会上升);如果本国利率低于外国利率,则意味着投资者预期本国货币在未来会升值(即预期未来的汇率会下降)。

投资者为防范汇率变动给其投资带来的风险,往往会再对他的外币投资进行套期保值。因此,当存在外汇的远期和期货市场时,投资者可以采取以下的策略 3 进行投资。

策略 3 投资者可以将其拥有的一单位本国货币在即期兑换为$\frac{1}{e_t}$单位的外国货币,并且在外国的金融市场上进行一年期的存款。该投资者知道他在一年之后从国外市场存款获得的外币总额为$(1+i_t^*)\frac{1}{e_t}$单位,并且会在收到外币本利支付之后将其换为本币。为了防止汇率变动对其投资收益产生影响,他在即期就卖出一年之后交割的外汇远期合约,即他与其交易对手约定在一年之后以 f_t 的价格将$(1+i_t^*)\frac{1}{e_t}$数额的外国货币卖给其交易对手,从而对其投资进行套期保值。上述远期合约中$(1+i_t^*)\frac{1}{e_t}$为合约金额,f_t 为即期订立外汇远期合约时交易双方确定的外汇交割价格,也称为远期汇率,这里用直接标价法表示。因此,一年后其拥有的本币总额应该为$(1+i_t^*)\frac{f_t}{e_t}$。

同样地,在金融市场均衡时,投资者采用策略 1 和策略 3 所获得的本币期末总量应该相等,否则就会出现无风险的套利机会。因此,我们就有以下的等式成立:

$$1+i_t=(1+i_t^*)\frac{f_t}{e_t} \tag{11.17}$$

由于投资者对其投资进行了套期保值,式(11.17)也被称为汇率的抛补利率平价公式(Covered Interest-rate Parity, CIP)。

同样,对式(11.17)进行整理,我们可以得到:

$$\frac{f_t-e_t}{e_t}=\frac{i_t-i_t^*}{1+i_t^*} \tag{11.18}$$

根据式(11.18)可以看出，如果本国利率高于外国利率，则本币在远期会贬值；如果本国利率低于外国利率，则本币在远期会升值。

那么，非抛补利率平价和抛补利率平价是否是统一的呢？答案是肯定的。两者的统一主要是依靠金融市场中投机者的投机活动来达成的。当市场是有效时，投机者的投机行为会使远期汇率与市场预期趋于一致，即 $E_t(e_{t+1})=f_t$。因此，我们有：

$$\frac{E_t(e_{t+1})-e_t}{e_t}=\frac{f_t-e_t}{e_t}=\frac{i_t-i_t^*}{1+i_t^*} \tag{11.19}$$

当 i^* 很小的时候，我们可以将式(11.19)近似地写为：

$$\frac{E_t(e_{t+1})-e_t}{e_t}=\frac{f_t-e_t}{e_t}\approx i_t-i_t^* \tag{11.20}$$

（五）购买力平价和利率平价之间的关系

购买力平价假说与利率平价假说都是对汇率水平决定的分析。那么，两者之间存在什么样的不同呢？首先，购买力平价主要是基于商品市场的分析；利率平价则主要是针对资本市场的分析。其次，汇率的购买力平价假说是一种长期的均衡分析。它是从货币具有对商品的购买力这一基本功能的角度来讨论货币与货币之间的交换价值问题；相比而言，汇率的利率平价假说则主要是基于金融市场资金供求的短期分析。

但是，不管是购买力平价假说还是利率平价假说，都不是完整的汇率决定公式。它们只是从不同的角度给出了汇率与价格和通货膨胀率、汇率与利率之间的基本关系。以上两种汇率决定公式还存在很多争论。例如，购买力平价假说中，价格和汇率之间的因果关系问题至今还存在着很大的争论；同样，在利率平价假说中，利率和汇率其实是相互影响的。在各国不同的利率水平对汇率产生影响的同时，汇率水平的变化也会通过影响跨国资本流动对各国的利率水平产生进一步的影响。同时，利率和汇率还分别受到包括货币政策在内的其他因素的影响。这都是在学习这两种汇率决定公式时需要特别注意的。因此，以上两种汇率决定公式往往会被作为基本关系而用于其他的理论中。例如，在本章第三节 M-F 模型的前提假设中，就涉及了利率平价假说。

（六）汇率、利率与通货膨胀率的关系

通过以上对汇率和汇率决定公式的讨论，可以对汇率、利率与通货膨胀率之间的基本关系进行简单的概括（见图 11－1）。

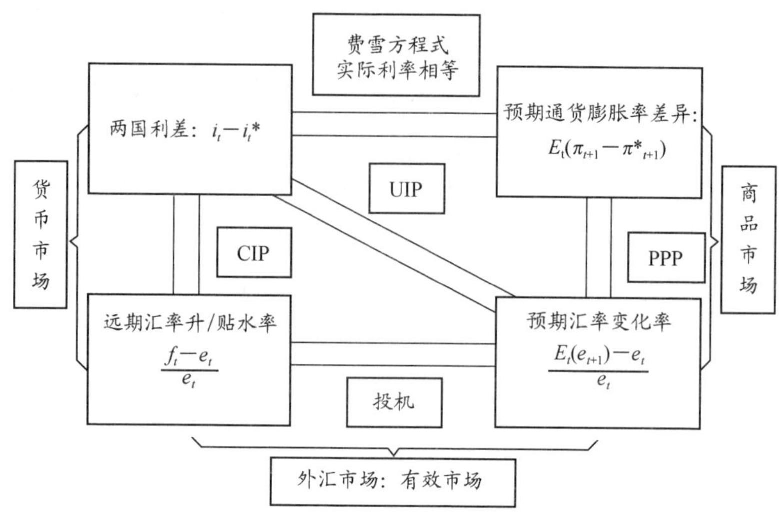

注:图中两条横线表示"＝"。

图 11－1　汇率、利率与通货膨胀率的关系

(1) 如果资本是完全流动的,那么,开放条件下,在各个国家的实际利率相等的条件下,根据费雪方程式,两国利差应该等于两国的预期通货膨胀率差异。

(2) 根据汇率决定的购买力平价假说,在商品市场中,本国预期汇率变化率应该等于本国与外国的预期通货膨胀率差异。

(3) 根据汇率的非抛补利率平价公式,在货币市场中,本国预期汇率变化率应该等于本国和外国的利差;同时,根据汇率的抛补套利平价公式,在货币市场中,本币的远期汇率升水或贴水应该等于本国和外国的利差。

(4) 如果外汇市场是有效的,汇率能够充分反映所有的信息,那么,投机活动的存在会促使远期汇率升/贴水与预期汇率变化率趋于一致。

(七) 影响汇率变动的因素

除了物价水平和利率对汇率的影响之外,一国的汇率水平还受到诸如经常项目差额、相对通货膨胀率变动、经济增长率差异、相对利率变动和投资者心理预期等因素影响而频繁地变动。简单来讲,当一国出现经常项目顺差时,该国外汇市场上外汇供大于求,本币有升值压力;相反,当一国出现经常项目逆差时,本币有贬值压力。当本国的通货膨胀率高于外国时,本国货币的相对购买力下降,本币倾向于贬值;相反,当本国的通货膨胀率低于外国时，本币倾向于升值。另外，本国和外国的经济增长率差异也会影响汇率的变动。当一国的经济增长率较高时，居民可支配收入的增加会促进进口的增加，使得经常项目恶化。但是，高经济增长也带来了该国生产率的提高、本国产品国际竞争力的增强和投资者对该国经济前景的信心。因此，本币币值的变动方向将取决于以上两种力量的对比。相对利率的变动会引起资金在国际间的流动，从而对本币币值产生影响。除此之外，投资者的心理预期等因素也会对汇率产生重大的影响。例如，投资者对一国货币产生了贬值的预期，那么这种预期会使得投资者立即在市场上大量抛售本币，促使其更迅速地贬值。

除了上述影响汇率变动的因素之外，一国所实行的汇率制度本身也会影响汇率水平的波动。并且，在不同的汇率制度下，上述影响汇率变动的因素起作用的途径和影响的大小也是不同的，经济周期在国际间的传递也会由于汇率制度的不同而有不同的传导渠道，影响的大小也存在很大的差异。

二、汇率制度

（一）汇率制度的概念和分类

汇率制度(Exchange Rate Regime)是指一国货币当局对本国汇率水平的确定、汇率变动的方式等问题所做的一系列安排或者规定。按照汇率变动的程度，汇率制度可以分为两大基本类别：固定汇率制度和浮动汇率制度(见表 11－2)。固定汇率制度是指政府用行政或法律手段确定、公布、维持本国货币与某种参照物之间固定比价的汇率制度。充当参照物的可以是黄金，也可以是某一种外国货币或者一组货币所构成的货币篮子，或者是国际货币基金组织的特别提款权①(SDRs)。浮动汇率制度则是指汇率水平完全由外汇市场的供求关系决定，政府不加任何干预的汇率制度。当然，除了固定汇率制度和浮动汇率制度这“两极”制度安排之外，还存在其他处于固定制

---

①　特别提款权是 1969 年国际货币基金组织创设的以多国货币篮子定值的人为的记账单位。特别提款权被用作国际储备资产以弥补会员国现有储备资产(官方持有的黄金、外汇以及在国际货币基金组织的储备头寸)不足。特别提款权由国际货币基金组织根据各成员国上年年底在国际货币基金组织缴纳的份额按同一百分比进行分配。特别提款权是国际货币基金组织的记账单位，其投票权的分配以及贷款都以特别提款权计算。除此之外，许多其他国际组织包括世界银行也采用特别提款权作为记账单位。2015 年 11 月 30 日，国际货币基金将人民币纳入特别提款权货币篮子。该货币篮子中其余货币种类有：英镑、欧元、日元和美元。人民币进入 SDRs 意味着人民币已被全球大多数国家接受作为主要储备货币。这是人民币国际化进程中的里程碑。

度与浮动制度之间的中间汇率制度(Intermediate Exchange Rate Regimes)。

表 11-2　国际货币基金组织 1999 年 1 月 1 日开始使用的汇率制度的新分类

大　类	IMF 新的汇率制度分类	说　明
固定汇率制度	无独立法定货币的汇率安排(Exchange Arrangements with No Separate Legal Tender)	包括美元化(dollarization)和货币联盟(monetary union)。货币联盟：联盟内的成员国放弃了自己的货币，并创造了新的货币联盟内通用的货币，在联盟内部不存在汇率问题，但对外仍存在汇率制度安排，如欧元。美元化：是比货币联盟更严格、更极端的制度安排。在这种制度下，一国完全放弃了自己的货币，直接使用美元
	货币局制度(Currency Board Arrangements)	指在法律中明确规定本国货币与某一外国可兑换货币保持固定的交换比率。货币局制度通常要求货币发行有 100%的外国货币作为基础
中间汇率制度	传统的固定钉住制(Conventional Fixed Peg Arrangements)	包括按照固定比率钉住单一货币、货币篮子或 IMF 特别提款权。汇率在 1%的狭窄区间内波动
	水平带内的钉住汇率制度(Pegged Exchange Rates within Horizontal Bands)	与传统的固定钉住制的区别在于其波动的幅度大于 1%的区间
	爬行钉住汇率制度(Crawling Pegs)	一国货币当局以固定的、事先宣布的值，对汇率不时地进行小幅调整，或根据多指标对汇率进行小幅调整
	爬行带内浮动(Exchange Rates within Crawling Bands)	又称汇率目标区制度(Target Zones)，一国货币汇率在中心汇率的波动区间内波动，但该中心汇率以固定的、事先宣布的值，或根据多指标不时地进行调整
	不事先宣布汇率路径的管理浮动制度(Managed Floating with No Preannounced Path for Exchange Rate)	

续　表

大　　类	IMF 新的汇率制度分类	说　　明
浮动汇率制度	独立浮动汇率制度（Independent Floating）	汇率由市场自行决定，汇率变化完全取决于外汇市场供求，而且中央银行不干预外汇市场

（资料来源　IMF：*Annual Report on Exchange Rate Arrangement and Exchange Restrictions*，1999）

（二）浮动汇率制度与固定汇率制度的比较

浮动汇率制度和固定汇率制度一个最大的不同点在于国际收支失衡时的调节机制。

在浮动汇率制度下，汇率变动是由外汇市场的供求决定的。如果一国出现了国际收支不平衡，那么，该国可以通过汇率变动自动地对国际收支进行调节。一般情况下，如果该国出现了国际收支逆差，市场上的外汇会供不应求，该国货币会贬值。本国货币贬值会使得本国商品的相对价格下降，外国商品的相对价格上升。这样，本国的出口会增加，进口会减少，国际收支重新恢复平衡。相反，如果该国出现国际收支顺差，则该国货币会升值，从而使本国的出口减少，进口增加，国际收支又重新恢复平衡。虽然浮动汇率制度能够对国际收支失衡进行自动的调节，但是一国选择浮动汇率制度会使得以外币计算的该国商品、服务和金融资产的价格波动较大，从而会对国际经济活动和国内宏观经济状况产生影响。

在固定汇率制度下，汇率水平不能变动。因此，当一国出现国际收支不平衡时，该国中央银行就必须实时调节官方外汇储备水平来保持该国外汇市场上的供求均衡。一般情况下，如果该国出现了国际收支逆差，市场上的外汇会供不应求。为维持固定汇率制度，该国中央银行就必须在外汇市场上抛出外汇来弥补市场供给缺口，一国的外汇储备就会因此而减少。相反，如果该国出现了国际收支顺差，中央银行就必须在外汇市场上买入外汇，买入操作的结果就会引起该国外汇储备的增加。根据前面章节的学习知道，如果中央银行不采取任何冲销手段（Sterilization Intervention），即中央银行通过公开市场操作改变基础货币的发放量，那么一国外汇储备的变化会使该国基础货币产生变化。当外汇储备增加时，该国的基础货币将会扩大；当该国外汇储备减少时，该国就会减少货币供应，从而会对宏观经济政策可控性产生重要的影响。但是，相对浮动汇率制度而言,稳定的汇率使该国微观经济主体的预期相对稳定,从而能为该国国际贸易活动提供更稳定的宏观经济环境。固定汇率制与浮动汇率制的比较如图 11-3 所示。

表 11-3　固定汇率制与浮动汇率制的比较

	固定汇率制	浮动汇率制
优点	1. 有利于国际贸易与投资活动; 2. 有利于抑制国内通货膨胀; 3. 防止外汇投机; 4. 作为外部约束,防止不正当竞争危害世界经济	1. 汇率反映国际交往真实情况; 2. 外部均衡可自动实现,不引起国内经济波动; 3. 可自动调节短期资金移动,预防投机冲击; 4. 增强本国货币政策自主性; 5. 避免通货膨胀跨国传播
缺点	1. 容易输入国外通货膨胀; 2. 货币政策丧失独立性; 3. 容易出现内外均衡冲突	1. 增大不确定性和外汇风险危害; 2. 外汇市场动荡,容易引致资金频繁移动和投机; 3. 容易滥用汇率政策

(资料来源　陈雨露:《国际金融》(第二版),中国人民大学出版社,2005 年版)

(三) 汇率制度选择的影响因素

由以上的简单分析可以看出,选择什么样的汇率制度对一个国家而言是非常重要的,这也是经济学界长期争论的话题之一。一国必须综合考虑其自身的经济规模、对外交往的状况和宏观经济政策有效性等诸多方面的因素,选择适合自身的汇率制度。

具体而言,大国的独立性较强,一般不愿意使货币政策等国内经济政策的有效性受到固定汇率制度的制约。因此,大国往往倾向于选择浮动汇率制度。一国经济的开放性越高,对外贸易占一国的国民生产总值的比例越高,汇率对一国国内物价水平和经济增长动力的影响就越大。因此,为了减少国外对国内价格水平的冲击,小型的开放经济国家往往选择固定汇率制度。高通货膨胀的国家往往会选择固定汇率制度,因为固定汇率制度能够为它的稳定方案提供更强的政策纪律(Policy Discipline)和政策公信力(Credibility)。因此,通货膨胀比较高或者与贸易伙伴协调比较困难的国家,往往会采用固定汇率制度(见表 11-4)。

表 11－4　选择不同汇率制度的国家的特点

固定汇率制度国家	浮动汇率制度国家
规模小	规模大
经济开放度较高	经济开放度低
通货膨胀率高	通货膨胀率低
贸易集中	贸易比较分散

（资料来源：IMF. *World Economic Outlook*，October，1997，p.83）

专栏 11－2

香港的联系汇率制度

香港联系汇率制度是货币发行制度的一种形式，始于 1983 年。1972 年 6 月，英国宣布英镑自由浮动，为避免英镑自由浮动对港币的不利影响，同年 7 月，港府取消了港币与英镑的固定汇率，转而实行与美元挂钩，汇率为 1 美元兑 5.65 港元。港元汇率的均衡机制如图 11－2 所示。

进入 1974 年，国际外汇市场波动剧烈，政府外汇基金干预乏力，为了减少美元跌势对港元的影响，香港从 1974 年 11 月起改用单独浮动汇率制。1982 年 10 月中英两国政府就香港主权问题进行谈判，部分市民出现"信心危机"引起资金外流，港币剧烈震荡，最低跌至 1 美元兑 9.60 港元的低价。为稳定港币汇率，恢复港币信心，1983 年 10 月 17 日，港府再次将港币与美元挂钩，实行联系汇率制。

联系汇率制的核心内容便是港币与美元挂钩，维持 1 美元兑 7.8 港元的固定汇率。这个汇率只适用于发钞银行与外汇基金之间，以及发钞银行与其他持牌银行之间的港元现钞交易，发钞银行与其他银行的非现钞交易以及银行同业、银行与客户之间的一切交易均按市场汇率进行。因此，联系汇率制确立的固定汇率实际上是香港的发钞汇率，即发钞银行在发行钞票时，须以 1 美元向外汇基金购买"负债证明书"，作为发行 7.8 港元的货币储备金。同样，回笼港元现钞时可按同样的比价以港元现钞向外汇基金换回美元及交回"负债证明书"。

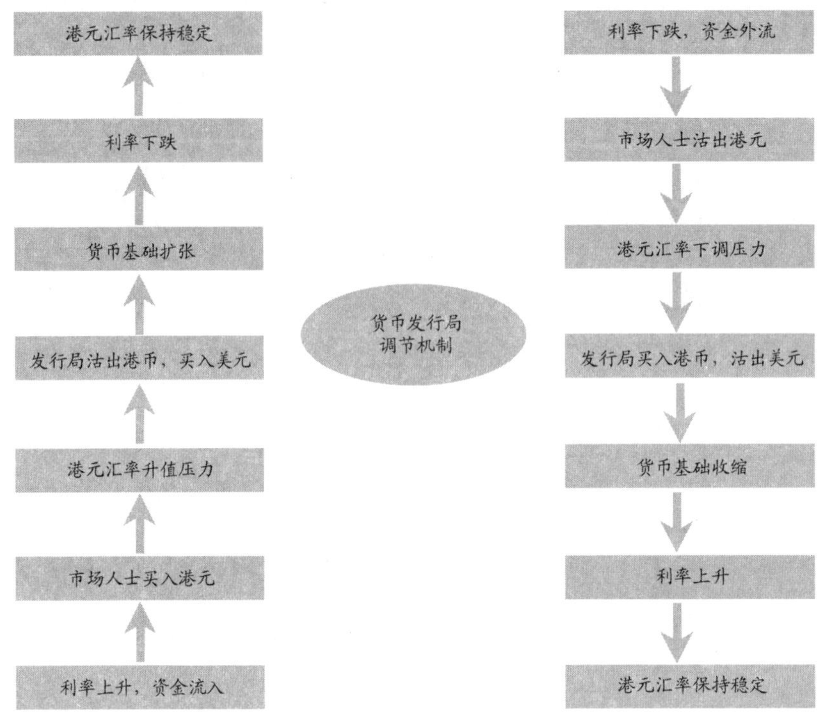

图 11－2　港元汇率的均衡机制

(资料来源:根据 http://www.info.gov.hk 相关资料整理)

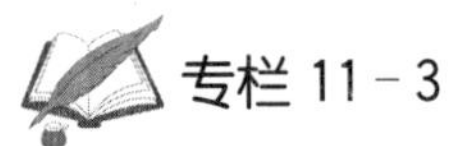

专栏 11－3

日元汇率:“广场协议”和“卢浮宫协议”

1985 年 9 月,美、日、德、法、英五国的财政部长和中央银行行长在纽约的广场饭店秘密会晤,讨论因美元高利率与高汇率政策所导致的美国与欧洲、日本之间经常项目的大幅度失衡问题。会议达成了日元与西德马克汇率升值、美元汇率贬值的协议,史称“广场协议”。会后,西方五国的联合声明加之各国共同干预外汇市场,美元汇率急速贬值,日元与西德马克汇率迅速升值。1986 年,日本与欧洲先后推行了金融缓和政策。这是因为随着本币汇率的升值,出口数量减少,进口数量激增,本国政府为了防止国内经济由于经常项目的顺差减少所带来的不景气而采取了扩张性的经济政策。

1987年西方七国又在巴黎卢浮宫召开会议，各国代表认为在“广场协议”以后，美元的贬值已经到位，若美元再下跌将带来负面效果。换言之，如果美元继续贬值，日元、德国马克继续升值，则将使顺差国（日本、欧洲）经济增长乏力，美国通货膨胀加剧，进而使以美元汇率下跌来达到矫正经常项目不平衡的成果丧失殆尽。因为顺差国的经济不振将会减少本国进口，导致经常项目余额扩大，而逆差国通货膨胀的加剧则会使希望通过汇率贬值扭转经常项目逆差、提高本国产品竞争力的目标落空，进而导致经常项目逆差的继续扩大。会议达成了稳定美元、日元、西德马克之间汇率水平的协议，史称“卢浮宫协议”。

第三节 M-F 模型与“三元悖论”

在开放经济中，一国的宏观经济目标不再仅仅是实现内部均衡，即一国内部的充分就业、价格稳定和经济增长；还必须考虑对外平衡，即保持国际收支的平衡。蒙代尔(1963)在 IS-LM 模型的基础上引入了国际贸易和国际资本流动，将封闭经济下的 IS-LM 模型拓展到开放经济的视野下，对一国的货币政策和财政政策的有效性进行了研究。同时，弗莱明也进行了相似的研究。他们的研究成果被合称为“蒙代尔—弗莱明模型”。该模型解释了开放经济条件下一国的财政政策、货币政策和汇率政策（汇率制度选择）对一国内部均衡和外部均衡目标的影响。在这一节中，我们将介绍开放条件下的 IS-LM 模型，即M-F模型（Mundell-Fleming model，M-F 模型），并在此基础上进一步讨论经济开放对一国政府实施财政政策和货币政策效果的影响。

一、模型的基本假设

M-F 模型之所以是 IS-LM 模型的开放经济版本，是因为 M-F 模型坚持了 IS-LM 模型中最基本的假设。这些假设包括以下方面：首先，一国中有大量的闲置资源，经济中规模收益不变，货币工资具有刚性(Rigidity)。因此，供给曲线为水平，经济的产出完全由需求方决定，价格水平固定不变。其次，消费、储蓄和税收均随着收入的增加而增加，投资决定于利率，国际收支只取决于收入和汇率。最后，货币需求只取决于收入和利率。

除了以上封闭情况下 IS-LM 的基本假设之外,M-F 模型的另一个核心假设就是:一国为资本完全流动的小型开放经济。该假设意味着:本国利率和国际利率应该没有任何的差异。本国是小国,是世界利率水平的接受者,能够按照世界利率水平无限制地借入和贷出资金,即:

$$r = r^* \tag{11.21}$$

式中,r 表示本国实际利率水平;r^* 表示国际实际利率水平。

如果资本是完全流动的,国内外的名义利率应该相等。为什么实际利率也相等呢?因为实际利率等于名义利率减去预期通货膨胀率。无论是封闭经济条件下还是开放经济条件下,IS-LM 曲线都是对经济的短期分析。我们假设短期中价格水平不发生变化,因此预期通货膨胀率为零。所以,国内外的名义利率相等意味着国内外的实际利率也相等。

在下面的模型讨论中,货币政策是指通过公开市场操作买卖证券的行为;财政政策则是通过增加政府债券发行来增加政府开支,并用于国内商品的购买行为。浮动汇率制度定义为中央银行或者货币当局不对外汇市场进行干预,汇率由市场决定并自由浮动。固定汇率制度则是指中央银行或者货币当局规定一个固定的汇率水平,并且永远不改变它。因此,为了维持市场在该汇率水平下的供求均衡,中央银行和货币当局必须在市场上以该汇率水平买卖外汇。中央银行和货币当局的这种干预会引起一国官方外汇储备的变化。

二、开放条件下的 IS-LM-BP 模型

(一)开放条件下的 IS 曲线

IS 曲线反映的是产品市场均衡时利率与收入之间的关系。在开放经济条件下,M-F 模型对产品市场的描述与 IS-LM 模型大致相同,但是它增加了净出口这一项,由下式表示:

$$Y = C(Y - T) + I(r) + G + CA(e, Y - T, Y^* - T^*) \tag{11.22}$$

式中,Y 代表总收入;C 表示居民消费;I 表示投资;G 代表政府支出;CA 代表净出口;T 代表税收并且是外生给定的;$(Y-T)$代表居民可支配收入;r 代表一国国内的实际利率水平;e 代表以直接标价法表示的本国名义汇率水平。净出口与本国的可支配收入水平负相关,与外国的可支配收入水平正相关。我们将式(11.22)中表示的开放条件下的 IS 曲线记为 IS* 曲线(见

图 11－3)。

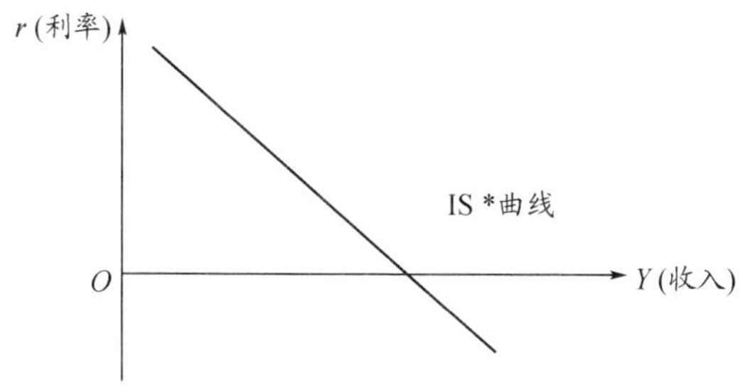

图 11－3　开放条件下的 IS* 曲线

式(11.22)表明,总收入 Y 由消费 C、投资 I、政府支出 G 和净出口 CA 四个部分组成。其中,根据前面对封闭经济的讨论,消费是居民可支配收入 $(Y-T)$ 的函数。消费随着居民可支配收入的增加而增加;投资与实际利率水平成负相关关系;政府支出 G 设为常数;净出口是开放背景下出现的一个新的支出项目,我们有必要对之详细说明。净出口往往与名义汇率水平成正相关关系,与本国国民可支配收入成负相关关系,与外国国民可支配收入成正相关关系。

首先我们来看净出口与名义汇率水平之间的关系。

一国的净出口与实际汇率 ε 的关系是非常密切的。我们知道,实际汇率表现的是本国商品和外国商品的实际交换比率。如果实际汇率提高,本币贬值,本国产品就变得相对便宜,外国产品就相对昂贵。在这种情况下,消费者就会购买更多的本国产品,购买更少的外国产品——本国进口减少,出口增加。因此,本币实际汇率贬值会使本国的净出口得到改善。如果实际汇率降低,本币升值,本国产品就会相对昂贵,外国产品就变得相对便宜。在这种情况下,消费者就会购买更多的外国商品,减少对本国商品的消费——本国出口减少,进口增加。因此,在进出口对于实际汇率变化是有弹性的时候,本币实际汇率的升值就会使本国的净出口恶化。通过以上的分析,我们可以看出,用直接标价法表示的实际汇率与净出口之间成正相关关系。

M-F 模型是短期分析。它与 IS-LM 模型一样,假设国内价格水平和国外价格水平是不变的。根据实际汇率与名义汇率之间的关系,随着名义汇率 ε 的增加,在国内外价格水平不变的情况下,实际汇率 $\varepsilon=eP^*/P$ 也会同比例增加。这样,在 M-F 模型的假设下,名义汇率和实际汇率的变动是完全一致的,因此,我们这里用名义利率进入净出口函数。于是,本币的实际贬值能够使本国的国际收支得到改善,即本币贬值,IS 曲线会右移,如图 11-4 所示。

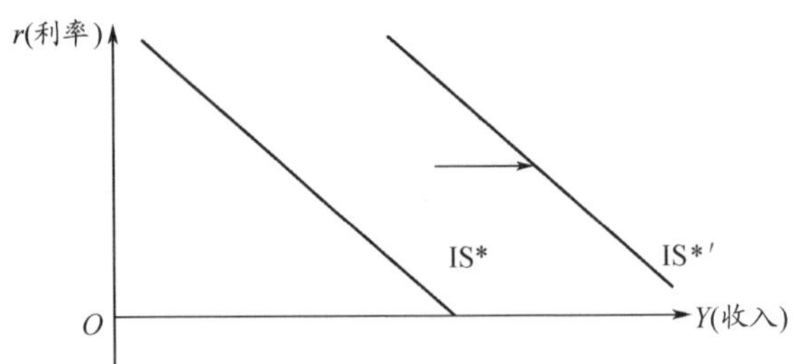

图 11-4　名义汇率水平的变动(贬值)对 IS* 曲线的影响

我们再来看净出口与居民收入水平的关系。

随着本国收入水平的提高,在价格水平固定不变的条件下,本国居民的购买力会提高。购买力的提高不仅会使一国居民增加对国内产品的消费,也会导致对国外产品需求的增加,本国进口增加,因此,在出口既定的条件下,本国收入的增加会导致净出口的减少,如图 11-5 所示。相反,如果外国收入水平提高,会促使外国居民对本国产品需求的提高,本国出口增加。因此,外国收入水平与本国净出口成正相关关系,如图 11-6 所示。在对资本完全流动的小国进行分析的 M-F 模型中,我们不考虑国家与国家之间的相互影响。因此,在这里我们假设外国可支配收入水平是外生给定的。

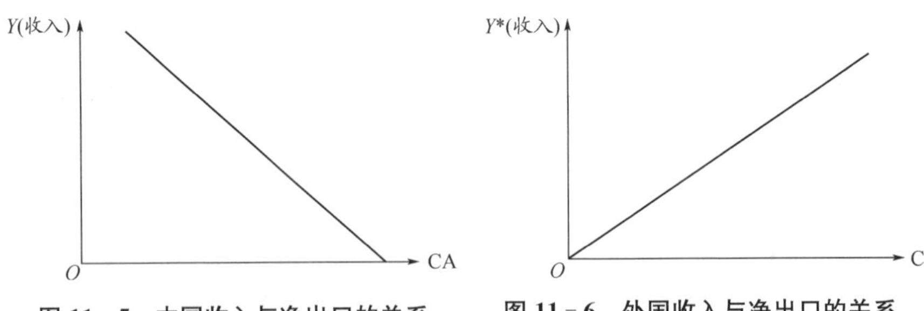

图 11-5　本国收入与净出口的关系　　**图 11-6　外国收入与净出口的关系**

(二) 开放条件下的 LM* 曲线

LM 曲线反映的是货币市场均衡时本国国民收入与利率之间的关系。在开放经济条件下的 LM 曲线与封闭经济下的 LM 曲线相似。

$$M/P = L(r, Y) \tag{11.23}$$

与 IS^* 曲线相对应，我们将式(11.23)记为 LM^* 曲线，如图 11－7 所示。

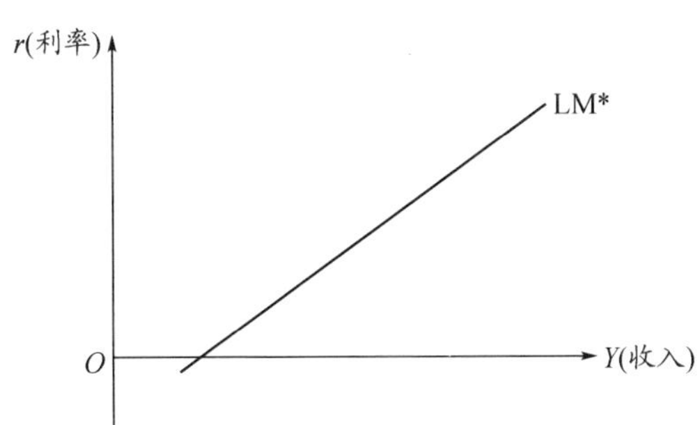

图 11－7　开放条件下的 LM^* 曲线

在开放经济条件下，货币供给仍然受到中央银行高能货币发行和银行信用创造功能的影响；短期内价格水平不变，实际货币余额供给 M/P 等于货币需求 $L(r,Y)$；货币需求反向地取决于利率，正向地取决于收入。

（三）BP 曲线

在开放经济条件下，我们不仅要考虑经济的内部均衡，即产品市场（用 IS^* 曲线表示）和货币市场（用 LM^* 曲线表示）的均衡，还必须考虑外部均衡，即国际收支均衡。根据本章第一节对国际收支基本概念的介绍，国际收支余额应该等于经常项目的盈余加上资本净流入。其中，经常项目的盈余受到本币实际汇率、本国收入和外国收入的影响；资本净流入则受到本国利率和外国利率的影响。如果本国利率水平高于外国利率水平，资本就会流入；如果本国利率水平低于外国利率水平，资本就会流出。我们用 BP 表示国际收支余额，于是就有：

$$BP = CA(e, Y, Y^*) + CF(i - i^*) \tag{11.24}$$

当国际收支平衡时，BP 为零，于是式(11.24)变为：

$$CA(e, Y, Y^*) + CF(i - i^*) = 0 \tag{11.25}$$

式(11.25)反映的是国际收支平衡时一国汇率、利率与收入之间的关系，称为 BP 曲线。在 BP 曲线上的点表示在既定汇率下，保持国际收支平衡的利率与收入的组合。

M-F 模型假设一国为资本完全流动的小国。在资本完全流动的情况下，如果本国利率水平高于外国利率水平，资本就会无限制地流入；如果本国利率水平低于世界利率水平，资本就会无限制地流出。因此，在国际收支平衡下,本国利率应该与世界利率水平相等。同时,如果一国由于收入增加打破经常项目的平衡从而造成经常项目逆差,利率水平的轻微上升就可以造成大规模的资本流入来弥补该逆差;相反,当一国收入水平下降造成经常项目顺差时,利率水平的轻微下降就可以引起资本流出,使经常项目的顺差得以冲销。所以,当一国为资本完全流动的小国时,在即定汇率水平下,BP曲线在利率—收入的空间内是一条平行于横轴的直线,如图11-8所示。

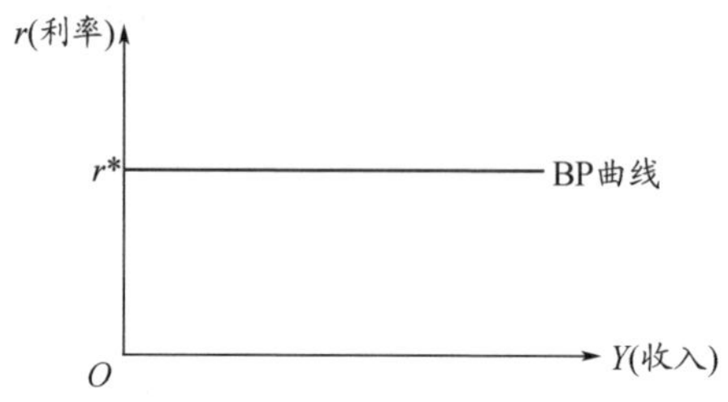

图 11-8　资本完全流动小国的 BP 曲线

(四)开放条件下的内外均衡

当 IS*、LM* 和 BP 曲线相交于点 E 时,一国的内外均衡同时实现,如图 11-9 所示。

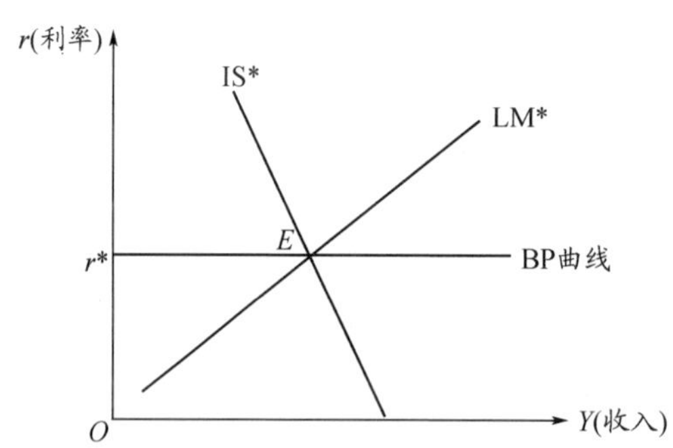

图 11-9　资本完全流动小国的内外均衡

三、开放条件下的财政政策和货币政策的效应

在了解了开放经济条件下 IS* 曲线、LM* 曲线和 BP 曲线的基本特点之后,下面我们开始分析在不同汇率制度下,一国财政政策和货币政策对收入的影响。通过我们的介绍大家将发现,货币政策和财政政策的有效性将

受到经济开放的巨大影响。

（一）浮动汇率下的政策

在浮动汇率制度下，中央银行或者货币当局不干预外汇市场，汇率水平完全由外汇市场中的供求关系决定。

(1) 货币政策。中央银行实施扩张性的货币政策。它们通过公开市场操作购买国内的证券，从而扩张高能货币的发放。货币和信用通过银行体系的货币创造以乘数效应放大，货币供给增加，LM^* 曲线向右移动，利率出现下降的趋势。但是，在资本完全流动的情况下，资本的流出会阻止利率的下降，从而国际收支出现逆差，汇率贬值。在正常情况下，汇率贬值反过来会使净出口得到改善，从而 IS^* 曲线也向右移动，并以乘数效应刺激收入和就业的增长。当收入增长到足以使公众愿意持有银行新创造的货币供应量时，经济体系就达到了新的均衡。通过上面的分析我们可以看出，在浮动汇率制度下，货币政策对收入和就业的刺激效果非常显著。但是，其影响不是通过改变利率来达成的，而是因为货币政策导致了资本流出与汇率贬值并因此产生了进出口的顺差来实现的，如图 11－10 所示。

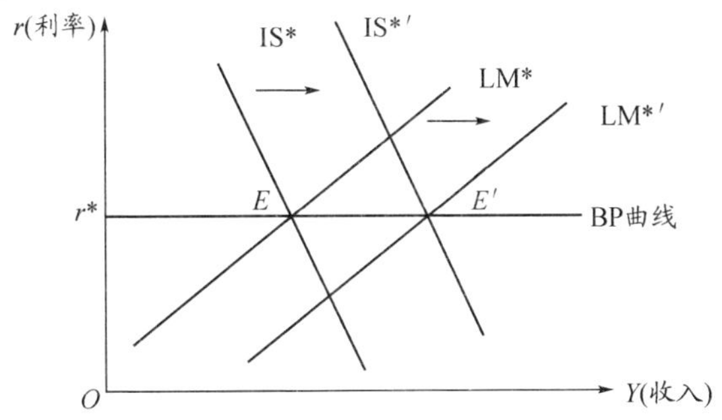

图 11－10　浮动汇率制下的货币政策

(2) 财政政策。假设政府采取扩张性的财政政策。政府的支出增加了对国内商品的需求，并使得收入有上升的趋势，IS^* 曲线向右移动。但是，收入的上升将增加货币需求，从而提高利率，吸引资本流入，导致汇率升值，汇率升值通过恶化一国的进出口差额反过来会阻碍一国的收入上升。因此，IS^* 曲线会回移，直到汇率升值对净出口（收入）的负面效果完全抵消政府支出增加对收入的正面效果为止。从以上的分析可以看出，当汇率浮动且货币供应量不发生变化时，财政政策作为国内经济稳定器的作用就完全消失,如图 11－11 所示。

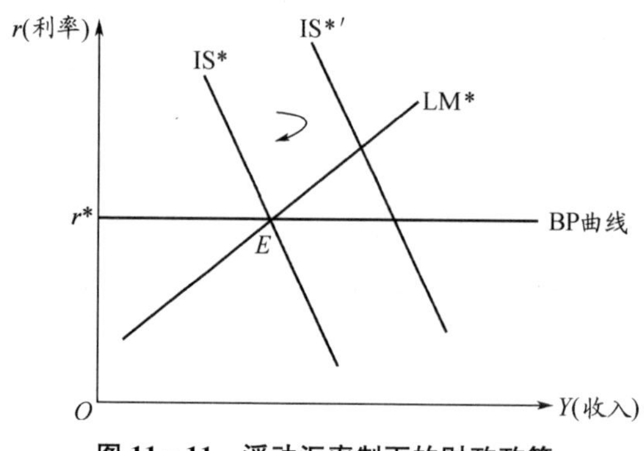

图 11－11　浮动汇率制下的财政政策

(二) 固定汇率下的政策

在固定汇率制度下,中央银行或者货币当局以既定的汇率水平买卖外汇,干预外汇市场,从而维持其宣称的固定汇率制度安排。

(1) 货币政策。在固定汇率下,中央银行通过公开市场购买证券实行扩张性的货币政策来试图提高一国的收入水平。高能货币的扩张将通过银行体系的货币创造以乘数效应放大,LM* 曲线向右移动。货币供给的增加将对利率形成下降压力。本国利率的下跌会使得资本外流,国际收支恶化。为防止由于国际收支恶化引发的本币贬值,中央银行必须动用外汇储备干预外汇市场。具体的干预手段为在外汇市场中卖出外汇资产,买入本币,从而使一国的官方外汇储备减少,LM* 曲线回移。这个过程会一直持续到中央银行卖出的外汇资产价值等于中央银行之前在公开市场购买的证券价值,货币供应量重新回到初始水平。因此,我们可以看出,在固定汇率制度下,货币政策对收入水平的提高没有任何持续的影响。在此情况下,中央银行公开市场操作的唯一效果就是外汇资产的等量减少。中央银行相当于用外汇资产购买了国内的资产,如图 11－12 所示。

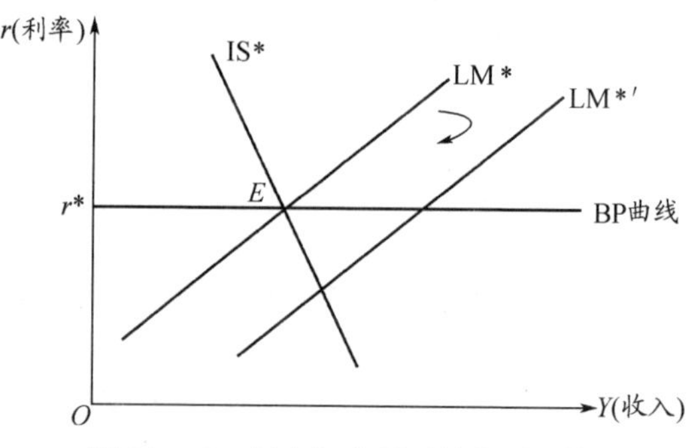

图 11－12　固定汇率制下的货币政策

(2) 财政政策。在固定汇率制度下,政府试图通过增加政府支出来提高一国的收入水平,IS* 曲线向右移动。在利率恒定的条件下,货币需求将随收入增加而按比例增加。为了获得所需要的流动性,私人部门会出售证券,因此对利率造成上升压力。利率的上升会吸引资本流入,形成国际收支顺差。在国际收支顺差的情况下,中央银行或者货币当局为维持固定汇率制度,被迫对外汇市场进行干预。具体的干预措施是买入外汇资产,增加外汇储备,从而增加货币供给量,LM* 曲线向右移动。当外汇储备增加所引起的经济体中的货币供给量增加恰好等于公众因收入上升而增加的货币需求时,经济实现了新的均衡。因此,在固定汇率制度下,政府采取扩张的财政政策促进收入增加是有效的,如图 11－13 所示。

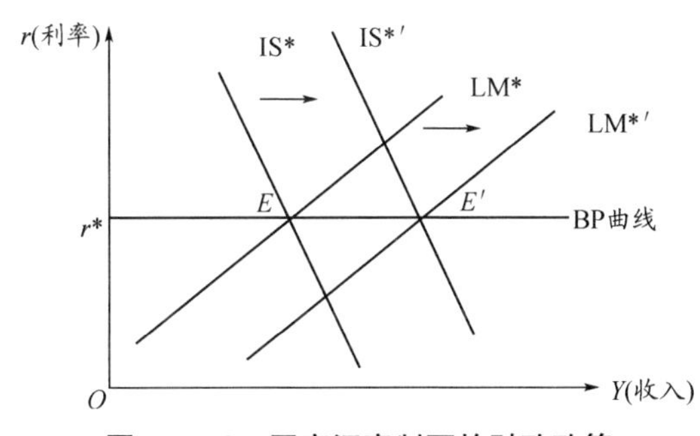

图 11－13　固定汇率制下的财政政策

四、M-F 模型与"三元悖论"

通过前面对 M-F 模型的分析,我们可以得出以下的结论:资本完全流动的小国经济中,在固定汇率制度下,扩张的货币政策对提高国民收入无效,扩张的财政政策对提高国民收入有效;在浮动汇率制度下,扩张的货币政策对提高国民收入有效,而扩张的财政政策则对提高国民收入无效,如表 11－5 所示。

表 11－5　开放经济条件下货币政策、财政政策的有效性

	货币政策	财政政策
固定汇率制度	无效	有效
浮动汇率制度	有效	无效

库珀(1968)基于M-F模型将一国开放条件下的货币政策独立性、汇率稳定和资本自由流动三个目标之间的关系归纳为"三元悖论",学术界称此悖论为"蒙代尔—弗莱明三元悖论"。他认为,开放的小型经济体,不能同时实现资本完全流动、汇率稳定和货币政策独立性三大目标。如果一国同时选择了资本完全流动和固定汇率制度以稳定汇率,那么该国将会丧失货币政策的独立性。如果要保持一国货币政策的独立性,该国就必须要么放弃固定汇率制度而选择浮动汇率制度,要么对国际资本流动进行管制。因此,在经济从封闭走向开放时,政府必须在各个不同的目标之间进行重新的权衡和选择,如图11-14所示。

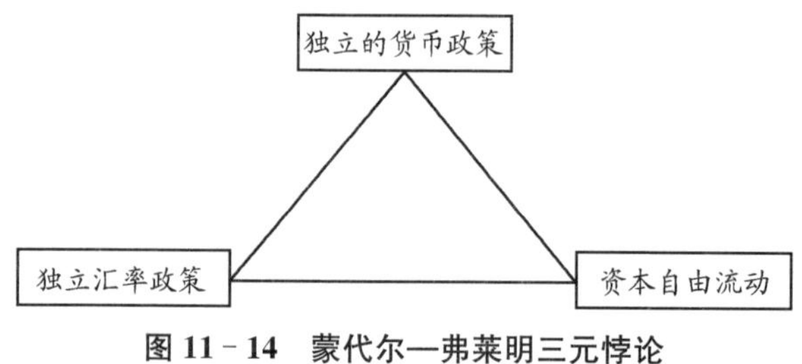

图11-14　蒙代尔—弗莱明三元悖论

专栏11-4

墨西哥金融危机的由来及教训

1994年12月,墨西哥爆发了一场由墨西哥货币比索贬值引发的金融危机。英国《经济学家》杂志认为,这是"新兴市场时代"出现后的第一次大危机。尽管这一危机对世界和其他拉美国家的实际影响要比危机初期人们预料的小得多,但它的教训却是深刻的。

1994年12月20日,墨西哥财政部部长塞拉突然宣布:比索兑美元汇率的浮动范围扩大到15%。这意味着比索贬值。政府的初衷是将汇率从3.46比索兑1美元贬为4比索,尔后再贬为4.5比索兑1美元。然而,由于人们纷纷抢购美元,两天后,墨西哥政府被迫允许汇率自由浮动。与此同时,外资纷纷逃离墨西哥。墨西哥的外汇储备从12月19日的110亿美元降低到22日的60亿美元。至1995年1月初,比索已贬值30%,股市下跌了50%。一场令世人瞩目的金融危机爆发了。

显而易见,墨西哥金融危机的"导火线"是比索贬值。而塞迪略政府之所以在上台后不久就诉诸贬值,在很大程度上是因为外汇储备不断减少,无法继续支撑 3.46 比索兑1 美元的汇率。那么,墨西哥为什么会面临外汇储备不足的困境呢？萨利纳斯上台后,政府将汇率作为反通货膨胀的工具(即把比索钉住美元)。以汇率钉住为核心的反通货膨胀计划虽然在降低通货膨胀率方面是较为成功的,但是由于本国货币贬值的幅度小于通货膨胀率的上升幅度,币值高估在所难免,从而会削弱本国产品的国际竞争力。据估计,如用购买力平价计算,比索的币值高估了 20%。此外,这样的反通货膨胀计划还产生了消费热,扩大了对进口商品的需求。在进口急剧增加的同时,墨西哥的出口却增长乏力。在 1989—1994 年,出口增长了 2.7 倍,而进口增长了 3.4 倍。结果1989 年,墨西哥的经常项目逆差为 41 亿美元,1994 年已扩大到 289 亿美元。从理论上说,只要国际收支中资本项目能保持相应的盈余,经常项目即使出现较大的赤字,也并不说明国民经济已面临危机。问题的关键是,使资本项目保持盈余的外资不应该是投机性较强的短期外国资本。而墨西哥用来弥补经常项目赤字的资本项目盈余却正是这种资本。20 世纪 80 年代末,每年流入墨西哥的间接投资净额为 50 亿美元左右,而至 1993 年,这种外资的净流入量已近 300 亿美元。据估计,在 1990—1994 年,间接投资在流入墨西哥的外资总额中的比重高达 2/3。

为了稳定外国投资者的信心,政府除了表示坚持比索不贬值以外,还用一种与美元挂钩的短期债券取代一种与比索挂钩的短期债券。结果,外国投资者大量卖出与比索挂钩的短期债券,购买与美元挂钩的短期债券。在金融危机爆发前夕,墨西哥政府发行的短期债券已高达 300 亿美元,其中,1995 年上半年到期的就有 167.6 亿美元,而外汇储备则只有数十亿美元。事实表明,墨西哥政府用与美元挂钩的短期债券来稳定外国投资者信心的做法是不明智的。这种债券固然在短时间内达到了目的,使 200 多亿美元的短期外资留在国内,但由此而来的风险更大,因为比索价值的下跌,不管其幅度大小,都会降低间接投资的利润,从而加剧资本外流,也使短期债券市场面临更大的动荡。因此,到 1994 年下半年,墨西哥政府已处于一种越来越被动的局面。一方面,无法摆脱对外国间接投资和短期国债的依赖;另一方面,这两种资金来源使墨西哥经济愈益脆弱,政府的回旋余地不断缩小,而金融投机者的影响力则持续增加。当政府宣布比索贬值后,金融投机者便大量抛售短期国债。

所以说,外汇储备的减少、比索的贬值是墨西哥金融危机的直接原因,而用投机性强、流动性大的短期外国资本弥补巨大的经常项目赤字,则是金融危机的深层次根源。

(资料来源　姜时学:“墨西哥金融危机的由来和教训”,《人民日报》,1999 年 3 月 27 日第 6 版)

五、以邻为壑的货币政策与国际政策协调

根据 M-F 模型,在浮动汇率制下,货币政策相对有效,本国货币扩张会引起汇率贬值,本币贬值有利于出口的增加,并带来国内投资、消费和储蓄的增加;同时,由于进口价格上涨,一些消费者会把准备购买进口商品的支出转向购买国内商品上,这会产生同出口增加一样的作用,使国民收入继续增加,并带动就业率的上升。但是,汇率变动是双向的,本币汇率下降就意味着其他国家货币汇率上升,会导致其他国家的国际收支逆差,经济增长减缓,由此招致其他国家的抵制和报复,掀起货币贬值和贸易保护主义。正是由于这个原因,贬值引起了贸易余额的变动,被人们称为以邻为壑的政策,简单来说就是一国采取的政策行动尽管对本国经济有利,却损害了别国的经济。

货币贬值从根本上并没有增加全世界的总需求,仅仅只是从一个国家转移到另一个国家。如果两国经济周期出于不同阶段,如一个国家处于经济过热而另一个国家经济萧条,本币升值的国家可将需求转移到本币贬值的国家,汇率调整对两国都有利。然而,由于世界各国的经济联系日益紧密,在来自经济体系内部和外部冲击的影响下,世界主要国家的经济活动呈现大致同步的高涨、衰退、萧条和复苏,表现出高度相似的周期性和同步性。一个国家货币率先进行贬值,必然会带来其他国家货币的相继贬值,最终形成恶性循环。在 20 世纪 30 年代经济大萧条期间,大多数经济体通过对外汇市场进行直接干预或者采取其他形式的经济措施促使本国货币贬值。这一时期,主要国家货币在未协调一致的情况下相继脱离金本位制度。英国首先放弃了金本位制度,拉开了“货币战争”的序幕。1929 年 10 月至 1931 年 9 月期间,长达两年之久的货币竞争性贬值给世界经济带来灾难性的后果。此外,20 世纪 80 年代和 90 年代,以及 2008 年美国金融危机和欧债危机,均发生过很多经济体相继采取竞争性货币贬值策略应对危机的现象。历史经验表明,在全球经济动荡或危机中,通过竞争性货币贬值推动经济复苏对各国来说都没有“赢家”,相反只会诱发更多贸易保护政策,令全球

经济复苏面临更多不确定性，甚至进一步恶化全球经济的低迷态势。

货币政策溢出效应是面向整个世界经济的，各国货币政策应首先从本国经济发展的需要出发，以溢出效应为指标进行协调，其制定和实施需要各国的共同努力。单方面要求其他国家配合本国的经济发展，无疑是以牺牲别国利益为代价促进本国的经济增长，这样的做法在短期可能会起到打击竞争对手的效果，但是从长远和宏观看，在全球经济不景气的背景下，任何一个国家都不能保证独善其身。因此，为了保持世界经济的全面、平稳发展，经济大国应主动协调各国货币政策，并将本国货币政策的外部效应对相关国家造成的负面影响降到最低，尽可能向着共同的政策目标努力，这无疑会提高合作国家之间的福利水平，使各国的产出达到最优，促进各国经济的协调运行。

附　录　汇率和通货膨胀率之间的关系

在分析汇率与通货膨胀率之间的关系时,可以分两种情况进行讨论。

首先,假设价格和汇率随时间的变化是连续的。将式(11.13)两边取对数并对时间 t 求导,就有:

$$\frac{\mathrm{d}e/\mathrm{d}t}{e}=\frac{\mathrm{d}P/\mathrm{d}t}{P}-\frac{\mathrm{d}P^{*}/\mathrm{d}t}{P^{*}} \tag{11.26}$$

因此,从式(11.26)可以看出,汇率的变动率等于本国的物价水平变动率与外国物价水平变动率之差,即两国的通货膨胀率之差。

其次,如果假设价格和汇率随时间的变化是离散的,那么将式(11.27)在t 时期和 $t+1$ 时期分别取对数,就有:

$$\ln e_{t}=\ln P_{t}-\ln P_{t}^{*} \tag{11.27}$$

$$\ln e_{t+1}=\ln P_{t+1}-\ln P_{t+1}^{*} \tag{11.28}$$

用式(11.28)减去式(11.27),即得到:

$$\ln e_{t+1}-\ln e_{t}=(\ln P_{t+1}-\ln P_{t})-(\ln P_{t+1}^{*}-\ln P_{t}^{*}) \tag{11.29}$$

将式(11.29)在 $t=t+1$ 处进行一阶泰勒展开,即得到:

$$\frac{e_{t+1}-e_{t}}{e_{t}}=\frac{P_{t+1}-P_{t}}{P_{t}}-\frac{P_{t+1}^{*}-P_{t}^{*}}{P_{t}^{*}} \tag{11.30}$$

因此,式(11.30)与式(11.26)得到的结论相同,即一国汇率的变化率等于本国的通货膨胀率减去外国的通货膨胀率。

在式(11.30)的基础上,我们进一步假设经济中的行为主体是理性预期的,即有:

$$E_{t}(e_{t+1})=e_{t+1} \tag{11.31}$$

$$E_{t}(P_{t+1})=P_{t+1} \tag{11.32}$$

$$E_{t}(P_{t+1}^{*})=P_{t+1}^{*} \tag{11.33}$$

将式(11.31)、(11.32)、(11.33)代入式(11.30)中替换相关变量,即

得到：

$$\frac{E_t(e_{t+1})-e_t}{e_t}=\frac{E_t(P_{t+1})-P_t}{P_t}-\frac{E_t(P^*_{t+1})-P^*_t}{P^*_t} \tag{11.34}$$

式(11.34)表明，本国汇率水平的变化由本国和外国的预期通货膨胀率的差别决定。因此，预期通货膨胀率较高的国家，货币在未来可能会贬值；而预期通货膨胀率较低国家的货币在未来则可能会升值。

本章要点

1. 介绍了国际收支的概念，并对国际收支平衡表(第五版)的编制方法进行了简要介绍。

2. 对汇率的含义、汇率的直接标价法和间接标价法进行了解释，阐释了汇率决定的购买力平价假说、利率平价假说，并对汇率、利率和通货膨胀率间的关系进行了说明。

3. 介绍了汇率制度的概念和分类，对固定汇率制度和浮动汇率制度的优缺点进行了初步的比较，并在此基础上说明了一国汇率制度选择的决定因素。

4. 在一个小国开放经济条件下，介绍了蒙代尔—弗莱明模型(IS-LM-BP模型)，并利用该模型分析了开放经济条件下财政政策和货币政策的效应。

5. 讨论了蒙代尔—弗莱明三元悖论的含义，即开放的小型经济体，不可能同时实现资本完全流动、汇率稳定和货币政策独立性三大目标。

关键概念

国际收支	国际收支平衡表	经常项目
资本和金融项目	官方储备资产	国际收支盈余(顺差)
国际收支赤字(逆差)	汇率	名义汇率
实际汇率	购买力平价	利率平价
汇率制度	固定汇率制度	浮动汇率制度
货币局制度	BP 曲线	M-F 模型
蒙代尔—弗莱明三元悖论		

本章习题

1. 简述开放经济条件下一国国民收入的决定。

2. 什么是国际收支？国际收支的基本原则是什么？

3. 简述汇率的购买力平价假说和利率平价假说，并在此基础上说明利率、汇率和通货膨胀率之间的关系。

4. 简述汇率水平的影响因素。

5. 什么是汇率制度？汇率制度的选择受到什么因素的影响？

6. 小国开放经济的国际收支平衡曲线的形态如何？有何经济含义？

7. 运用小国资本完全流动的 M-F 模型说明经济开放对一国实施财政政策和货币政策有效性的影响。

8. 简述货币政策国际协调的主要原因。

案例讨论

试分析汇率波动情况对中国国内通货膨胀情况的影响。

第十二章 中国经济转型的演进与展望

本章之前的绝大部分内容分析的是在发达的成熟市场经济下形成的宏观经济理论与政策，而中国1978年以来经济快速发展的基本背景是经济转型。由于中国的经济转型不仅涉及经济体制转型，而且包含着经济社会形态、经济开放度和经济发展的多重变革①，在中国的经济转型与经济发展的不断演进过程中，社会经济主体的利益关系变化异常频繁，现有的西方宏观经济理论往往无法充分解读中国宏观经济运行的具体变迁，尤其是成熟市场经济运行的许多理论在中国不具有现实可行性。而中国这样一个发展中大国的经济转型经验，显然具有丰富的理论与政策含义。

作为主要面向中国读者的宏观经济学教科书，我们希望能够为读者理解中国宏观经济实践提供一些基本背景，使其能够更深入地思考和学习宏观经济学基本理论，因此，在全书的最后一章专门对中国的经济转型和发展背景进行介绍。

第一节 中国经济转型的阶段性特征

从20世纪50年代进行社会主义改造起，中国也曾试图仿照斯大林模式，建立社会主义计划经济体制，但

① 洪银兴："30年经济转型：发展中国特色社会主义"，《南京大学学报》，2008年第3期。

对于社会主义市场经济的讨论和探索却一直没有停止，如 1956 年至 1957 年关于社会主义条件下要不要市场的讨论，1958 年至 1959 年关于社会主义经济中价值规律的讨论，1961 年至 1964 年关于价格形成机制的讨论，都涉及了社会主义经济中的商品关系和市场机制问题。但在中国共产党十一届三中全会前，对这一问题的讨论都没有超出传统的计划经济框架。

中国经济体制真正的市场化改革是从中国共产党十一届三中全会开始的，1978 年《中国共产党第十一届中央委员会第三次全体会议公报》提出：现在我国经济管理体制的一个严重缺点是权力过于集中，应该有领导地大胆下放，应该坚决实行按经济规律办事，重视价值规律的作用①。

一、中国经济转型的主要阶段

1978 年以来，中国经济逐步开始了向市场经济体制的改革，根据市场化程度的发展状况，中国经济转型主要经历了以下几个阶段：

(1) 计划经济为主、市场调节为辅。1979 年 3 月陈云指出：这个社会主义时期经济必须有两个部分：计划经济部分、市场调节部分。第一部分是基本的、主要的；第二部分是从属的、次要的，但又是必需的。②在 1982 年 9 月党的十二大报告中，这一思想得到了进一步确认。

(2) 有计划的商品经济。1984 年 10 月，在《中共中央关于经济体制改革的决定》中提出：改革计划体制，首先要突破把计划经济和商品经济对立起来的传统观念，明确认识社会主义计划经济必须自觉依据和利用价值规律，是在公有制基础上的有计划商品经济③，经济体制改革的目标是建立具有中国特色的、充满生机和活力的社会主义经济体制。1987 年 10 月，中国共产党第十三届全国代表大会进一步提出："社会主义有计划商品经济的体制，应该是计划和市场内在统一的体制"，"新的经济运行机制，总体上来说是国家调节市场，市场引导企业的机制"，确立了市场机制的基础性作用，为下一步改革指明了方向。

(3) 建立社会主义市场经济。1992 年召开的中国共产党十四大第一次在党的文件中明确提出：我国经济体制改革的目标是建立社会主义市场经济体制，要使市场在社会主义国家宏观调控下对资源配置起基础性作用。

① 张宇、卢荻：《当代中国经济》，中国人民大学出版社，2007 年版，第 68～70 页。

② 陈云："计划与市场问题"，载《三中全会重要文献选编》，人民出版社，1982 年版，第 66 页。

③ 《十二大以来重要文献选编》，人民出版社，1986 年版，第 931 页。

(4) 完善社会主义市场经济。2012年11月,党的十八大报告中明确指出:要求加快完善市场经济体制,转变经济发展方式,同时强调全面深化经济体制改革,经济体制改革的核心问题是处理好政府与市场的关系,必须更加尊重市场规律,更好发挥政府作用。2013年11月党的十八届三中全会《中共中央关于全面深化改革若干重大问题的决定》指出:建设统一开放、竞争有序的市场体系,是使市场在资源配置中起决定性作用和更好发挥政府作用,把市场在资源配置中的"基础性作用"修改为"决定性作用",是我国改革开放历史进程中具有里程碑意义的创新和发展。2014年5月10日,习近平在河南考察时首次明确提出新常态,丰富了中国特色社会主义政治经济学。2016年1月18日习近平在省部级主要领导干部会议上作《深入认识经济发展新常态》的讲话,进一步明确了新常态的特点。新常态经济概括为三个特点:一是从高速增长转为中高速增长;二是经济结构不断优化升级,第三产业消费需求逐步成为新的经济主体;三是从要素驱动、投资驱动转向创新驱动。与传统经济理论相比,新常态经济理论用发展促进增长、用社会全面发展扬弃GDP增长,用价值机制取代价格机制作为市场的核心机制,把改革开放的目标定位于可持续发展的社会主义市场经济。新常态经济的概念和框架,丰富了宏观经济学理论,对于指导我国乃至其他后发国家的经济发展,都将起到重要的作用。

专栏 12-1

在适应新常态中培育增长新动力

从人类社会发展进程看,经济增长是一种相对现代的现象。就一般规律看,成功实现经济起飞的经济体,在经历过显著的增长加速后会出现减速,这是从不发达到发达的必经历程。在这一过程中,各经济体增速放缓的时间存在差异,增速回落的态势也不尽相同。迄今为止,只有少数经济体从"旧常态"平稳进入"新常态",最终迈入了发达国家行列,而大多数经济体在"旧常态"中难以自拔,高速增长迅速"熄火",经济发展出现停滞。究其原因,根本在于未能及时培育经济发展的新增长点。因此,我们能否适应新常态并抓住战略机遇,前提是要正确认识和把握新常态。

新常态是经济发展方式的转变。改革开放以来,中国经济以年均9.8%的增长速度,在较短时间内实现了由低收入国家向中等收入国家的转变。

但中国是在对发达国家追赶背景下推动经济发展的,为经济增长付出了较高的生态环境代价。事实上,随着经济发展,人民群众对提高生活质量的诉求日益迫切,如果一味地将发展简单化为生产总值的量增,忽视生态环境保护乃至居民福利增长,这样的速度是不可持续的。中国经济发展新常态,就是要从追求增长速度向追求发展的稳定性、持续性和全面性转变,就是经济发展方式的转变。

新常态是经济增长形态的跳跃。经济增长一般表现为要素的积累和投入的增长,但背后是资源配置的优化和产业结构的调整。当前,从生产资源的产业配置看,一方面钢铁、水泥、平板玻璃等行业产能过剩,占用了大量生产资源,集聚了较大经济风险;另一方面养老、医疗、教育等行业社会力量进入不足、竞争不充分,导致社会资源错配,影响了整个经济的效率。以往,我们主要依靠投资拉动增长。新常态下,我们要靠创新驱动,经济发展从高速增长转为中高速增长,经济结构不断优化升级。因此,从本质上看,经济发展新常态是传统增长模式到现代增长形态的跳跃,是经济增长的低级形态向高级形态的跃升。

新常态是经济增长动力的切换。资本积累和技术进步是经济增长主要动力源泉,但可持续的增长归根到底要靠技术进步。长期以来,我国经济增长的动力机制单一,随着经济总量不断攀升,原有的动力机制难以为继,已不能适应我国未来增长的需要。但是,"换挡"需要松"油门"。发达国家的历史表明,在每次重大的技术革新后,经济增长通常不会迅速提速,而是随生产率变化出现短期下降现象。从高速增长转为中高速增长是我国经济增长"换挡提速"的必然过程,既包含着动力机制由要素驱动向创新驱动的转变,也包含着增长动力由一元向多元的转变。但需要高度重视的是,经济"换挡提速"潜在风险较大,这就要求我们在应对新常态时要保持定力,真正做到精准发力。

近来,我国在保持主要经济指标处于合理区间的基础上,经济发展呈现出一些新的亮点。经济吸纳就业能力增强,单位国内生产总值能耗下降,高新技术产业和装备制造业增速明显高于工业平均增速,市场活力在简政放权改革推动下进一步释放。这是我们主动适应新常态并对经济运行进行宏观调控的总体结果。但也要看到,现在还有一些地方在增长速度与预期出现较大差距时,既没有认识到这是经济发展新常态的基本表现,也没有以积极的态度适应新常态,对中央全面深化改革的措施认识不足、执行不力,总想重回粗放投入、盲目扩张的老路。由此可见,适应新常态做到知行合一面临着艰难选择,根子在于缺乏应对新常态的创新思维和方法。所以,主动适应经济发展新常态,必须进行思想观念的解放,解决好发展理念、发展思维、发展战略问题。

在发展理念上,要将增长与发展统一起来。增长与发展的关系,是现代经济发展理论的本质问题。将增长与发展统一起来,是以习近平同志为总书记的新一届中央领导集体对经济发展规律认识的升华。增长不等于发展,发展是增长的目的,增长是发展的手段。没有增长就不会有发展,但没有发展增长也不能持续。长期以来,一些地方片面地将增长等同于经济发展,有的领导干部盲目崇拜GDP,这种认识迷失了增长的最终目标,即人的全面发展和社会的进步。面向经济发展新常态,首先要抛弃狭隘的发展观,真正确立以增长促发展、以发展促增长的发展理念,推动方式转变和结构调整取得实质性进展。

在发展思维上,要正确处理政府和市场的关系。党的十八届三中全会提出使市场在资源配置中起决定性作用和更好发挥政府作用,这既是对过去几十年发展经验的高度概括,也是新常态下必须树立的发展思维。处理好政府和市场的关系是现代市场经济的核心问题。市场体系的建设和完善,产权的界定和保护,以及市场失灵缺陷的克服都离不开政府的权威,没有政府的功能性保障,市场就无法正常运转。而在市场能够充分发挥作用的竞争性领域,政府这只有形之手不能越位,不能替代市场。只有政府与市场共生互补各司其职,经济活力才能得到有效释放,多元化经济增长的动力机制才能真正建立。

在发展战略上,要坚持立足长远与着眼当前并重。经济发展新常态需要改变旧有的经济运行机制,而在新增长动力形成过程中,不仅增长的波动是可能的,而且影子银行、产能过剩、债务负担等潜在风险积聚,实现稳增长的任务更加艰巨。因此,在发展战略上,必须要有长远目光,在各种新问题新挑战面前沉着应对,忍得住阵痛。同时,也要着眼当前,充分考虑到"三期叠加"特有的阶段性风险,为可能出现的困难做好预案,为困难群众兜底线,缓解改革产生的阵痛。当前,我国经济运行总体保持在合理区间,改革效应不断释放,新的增长动力正在生成,但经济下行压力大,各种矛盾交织。因此,面向新常态的宏观政策,需要保持政策连续性与决策灵活度的有机统一。

(资料来源 节选自沈坤荣:"在适应新常态中培育增长新动力",《求是》,2015年第5期)

二、中国经济转型的阶段性特征

中国经济由计划向市场的转型过程中,秉持的基本战略是渐进式改革,中央政府在具体的转型路径选择上,根据不同时期的社会经济发展状况,逐步调整经济转型的战略性安排。中国经济的转型体现出鲜明的阶段性特征:在1994年之前主要是增量转型阶段;1994年至今可看作是整体推进阶段。

(一)增量转型

中国经济转型的最初的突破口来自农村改革,从1980年开始全面推行的家庭承包制极大地促进了农村经济的发展,而以集体所有制为主的乡镇企业的异军突起,一定程度上给中国经济开创了一条增量式改革的途径,即把改革的推动力放在"体制外"的非国有经济部门,通过非国有经济部门的增长,带动体制内的国有经济部门的转型和发展。中国的增量式转型战略,有以下几个方面特征:

(1) 非国有企业的优先发展。20世纪80年代的农业改革取得了极大的成功,政府逐渐将包括集体经济、个体经济和私营经济在内的非国有经济作为一项主要的发展战略,这极大地推动了中国经济的发展。

(2) 分区域推进的对外开放战略。从1979年7月国务院批准广东和福建两省在对外经济活动中率先实行特殊政策和灵活的管理办法,1980年8月第五届全国人大常委会第15次会议批准在深圳、珠海、汕头和厦门试办经济特区开始,到2005年10月《中共中央关于制定国民经济和社会发展第十一个五年规划的建议》提出,推进天津滨海新区等条件较好地区的开发开放,我国的对外开放由南到北、由东到西层层推进,基本上形成了"经济特区—沿海开放城市—沿海经济开放区—沿江和内陆开放城市—沿边开放城市"这样一个全方位对外开放新格局。外向型经济的迅速发展无疑是推动中国经济转型的重要力量。

(3) 价格的双轨制。现存文献资料中最早记录价格双轨制的资料为张维迎在1984年6月的国务院技术经济研究中心能源组的内部资料《专家建议》。张维迎在这份内部资料中提出"价格体系改革的具体办法,可以参照农副产品价格改革的办法,实行双轨制价格,旧价格用旧办法管理,新价格用新办法管理,最后建立全新的替代价格制度"。1985年1月国家物价局和物资局发出通知,允许企业按市场价格进行"超计划"产品的交易,从此便开始了产品供应和定价的“双轨制”。由于这种制度安排既保留了计划体制内的既得利益，又通过放开计划体制外的价格为非国有经济部门的发展创设了空间，从而大大推进了非国有经济的发展壮大，为中国社会经济的全面繁荣奠定了牢固的基础。

（二）整体推进

在1992年中国确立社会主义市场经济的战略目标之后，1993年11月中国共产党十四届三中全会明确提出了“整体推进，重点突破”的改革战略，并在各经济领域展开了全方位的经济体制改革。这一系列于1994年正式实施的改革方案基本构建了与社会主义初级阶段市场经济发展相适应的制度基础，1994年也因此成为中国市场化进程全面推进的一个标志性年份。

(1) 建立以“分税制”为基础的财税体制。将之前多种形式的财政包干制，按照“存量不动、增量调整，逐步提高中央的宏观调控能力，建立合理的财政分配机制”的原则，改造为中央与地方合理划分责权的“分税制”，为调节地区间财政分配关系奠定了基础，对防止地区间的恶性经济竞争、打破地方市场分割、转变政府职能具有积极意义。

(2) 实行金融体制改革，建立以国有商业银行为主体、多种金融机构并存、政策性金融与商业性金融分离的金融组织体系。进一步完善了金融法规建设，将金融体制的发展纳入法治轨道，基本构建了一个统一开放、有序竞争、严格管理的与社会主义市场经济相适应的现代金融体系。

(3) 建立合理的外汇体制，逐步实现汇率并轨和经常项目下人民币有管理的自由兑换机制。1993年12月28日，国务院发出了加快外汇体制改革的通知，宣布从1994年起，人民币汇率实现并轨。

(4) 推进国有企业改革，提出了“进一步转换国有企业经济机制，建立适应市场经济要求，产权明晰、权责明确、政企分开和管理科学的现代制度”。国有企业建立现代企业制度的改革不断深入，使企业逐渐成为依法自主经营、自负盈亏、自我发展、自我约束的商品生产和经营单位。

（三）调整存量与做优增量并举

改革开放以来，中国经济改革循着从易到难、从局部到全局、从增量到存量的顺序展开，但随着中国经济进入新常态，改革也逐步进入“深水区”和“攻坚区”，转型难度不断增加。经济结构调整要从增量扩能为主转向调整存量、做优增量并举，发展动力要从主要依靠资源和低成本劳动力等要素投入转向创新驱动。在适度扩大总需求的同时，着力加强供给侧结构性改革，着力提高供给体系质量和效率,增强经济持续增长动力。经济结构调整包括调整存量和优化增量两个方面。调整存量方式有去产能、去库存、去杠杆等,优化增量途径是培育新产业、新业态、新技术、新品牌等,这些都是供给侧改革的题中之义。

(1) 积极发展混合所有制经济。党的十八届三中全会《决定》提出积极发展混合所有制经济,并强调国有资本、集体资本、非公有资本等交叉持股、相互融合的混合所有制经济,是基本经济制度的重要实现形式,有利于国有资本放大功能、保值增值、提高竞争力,有利于各种所有制资本取长补短、相互促进、共同发展。

(2) 健全中央和地方财力与事权相匹配的财税。新一轮税制改革总的方向是,优化税制结构、完善税收功能、稳定宏观税负、推进依法治税,充分发挥税收筹集财政收入、调节分配、促进结构优化的职能作用。在保持中央和地方收入格局大体稳定的前提下,进一步理顺中央和地方收入划分,合理划分政府间事权与支出责任,全面提升国家治理效率。

(3) 优化金融资源配置。发挥金融对经济结构调整和转型升级的支持作用,更好地发挥金融政策、财政政策和产业政策的协同作用,优化社会融资结构,持续加强对重点领域和薄弱环节的金融支持,切实防范化解金融风险。

(4) 实行更加积极主动的开放战略。实行更加主动的开放战略既是应对复杂多变的国际形势,积极参与全球治理,构建利益共享的全球价值链,维护和发展开放型世界经济的战略选择,也是统筹国际国内两个大局,深化改革开放,释放改革红利,打造中国经济“升级版”的关键环节。积极推动双边、多边、区域次区域开放合作,积极探索国内自由贸易试验区等制度创新形式,优化对外开放体制机制创新,全面提高开放型经济水平。

第二节　经济转型的模式选择

经济转型理论兴起于 20 世纪 90 年代,其历史背景是包括苏联、中东欧国家、波罗的海国家、中国、越南等国家逐步放弃中央计划经济制度,并开始向以广泛的私有制为基础的非集中化的市场机制过渡。由于转型经济体国家的历史、文化传统、发展水平、政治制度等均存在很大差异,因而,各国在经济转型模式选择上存在着很大的不同。

一、经济转型的基本模式

在计划经济向市场经济转型的过程中，一般可划分为激进式和渐进式两种转型模式。前者即采用"休克疗法"(Shock Therapy)或"大爆炸"(Big Bang)的方法迅速实现私有化和价格的自由化，这种方式主要以俄罗斯为代表；后者主要采取逐步推进的方式向市场经济转型，这种转型方式以中国为代表。

(一) 激进式模式

20 世纪 80 年代末 90 年代初，社会主义国家经济改革的方向发生了重大转折。在苏联和东欧国家，传统的社会主义制度以及以此为基础的改革思路被否定，来自西方资本主义世界的改革顾问们将"休克疗法"的改革方案引入苏联和东欧地区的经济体制改革实践中。

激进式转型模式在 20 世纪 80 年代末就首先在拉丁美洲一些国家的经济改革中被实施，并被世界银行、国际货币基金组织等当作推动国家经济发展的政策良方。激进式模式作为一项系统化的经济体制改革方案，主要包括稳定化、私有化、自由化和制度化四个部分①，它试图通过紧缩性货币、放开价格、全面推进私有化，通过释放和消除经济系统中积累的爆炸性矛盾来恢复经济系统的健康，在短时间内实现计划经济向市场经济过渡。但"休克疗法"在俄罗斯的实践带来的结果是：社会生产全面大幅度下降，物价迅速上涨，财政赤字急速上升，卢布不断贬值，人民生活水平急剧恶化。有数据表明，"休克疗法"引起的经济衰退甚至超过了 1929—1933 年大萧条时期的美国、1941—1945 年卫国战争期间苏联经济下滑的程度②。

(二) 渐进式模式

中国的经济转型是在社会主义初级阶段的背景下展开的，也即在生产力落后、市场经济不发达条件下，实现工业化、经济的社会化、市场化和现代

① Sachs, J., Zinnes, C. and Eilat: The Gains from Privatization in Transition Economies: Is Change of Ownership Enough? CAER II Discussion Paper63, Cambridge: Massachusetts: Harvard Institute for International Development, 2000.

② Reddaway P. and Glinski D: *The Tragedy of Russia's Reforms: Market Bolshevism against Democracy*, Washington, DC: United States Institute of Peace Press, 2001:2.
Domma Bahry: Ethnicity and Equality in Post-Communist Economic Transition: Evidence from Russia's Republics, *Europe-Asia Studies*, 2002, 54(5):647.

化的发展目标[①],在经济转型路径选择上具有鲜明的渐进式改革特征。

渐进式改革是一种相对缓慢的制度变迁过程,采取先易后难、先局部后整体的改革路径。它强调通过增量改革、试验推广等手段,在旧有计划经济的体制框架内谨慎地、逐步地进行制度创新,在保持传统体制相对稳定运行的条件下,逐步引入市场经济运行的一些机制,最终完成向新体制的全面过渡。

当然,在中国经济转型的具体实施过程中,也积累了许多值得关注的转型推进策略,如工业化与市场化相结合、社会主义基本经济制度与市场经济相结合、计划调节与市场调节相结合、政府主导与自发演进相结合、整体协调与分步推进相结合等[②],这些策略实际都已经成为中国经济成功转型的重要历史经验。

(三)科尔奈的新范式

与以上两个分类模式不同,匈牙利经济学家科尔奈认为,简单地把中国看作是渐进式模式,而把苏联和东欧地区看作是“休克疗法”并不准确。因为苏联和东欧地区有很多国家,政治、文化和成就各不相同,其中爱沙尼亚、拉脱维亚、立陶宛都是转型很成功的国家,简单地把这些国家看作一个整体是不可行的。

科尔奈从所有制改革的角度把转型划分为两种战略:战略 A 被称为有机发展战略(The Strategy of Organic Development),其主要任务是创造有利条件使私人部门由下而上地成长;战略 B 被称为加速国有企业私有化战略(The Strategy of Accelerated Privatization),其主要任务是尽可能快速地消灭国有制。

科尔奈对转型国家的经验研究得出,促进私有部门有机发展的战略 A 是正确的选择。中国、匈牙利和波兰的实践是战略 A 的代表,在这一过程中私有部门蓬勃发展和预算约束的硬化使企业经历了在竞争中优胜劣汰的自然选择过程,打破了企业间的债务链条,强化了金融秩序,从而促进了社会生产率的提高。战略 B 相对而言是一种次优的选择,因为如果在具体执行过程中不得力,它很容易形成寡头垄断和特权统治相结合。俄罗斯是战略 B 失败最为典型的例子,在私有化过程中,大量的国有资产被转移到经

---

① 洪银兴:“30 年经济转型:发展中国特色社会主义”,《南京大学学报》,2008 年第 3 期。

② 张宇、卢荻:《当代中国经济》,中国人民大学出版社,2007 年版,第 68~70 页。

理人员和特权官僚手中，而市场秩序和金融体系却遭受到极大的破坏，从而给社会生产力发展造成了巨大的损失。

二、经济转型的模式之争

经济转型的理论基础主要是新古典经济理论和产权理论，这些理论主要研究的是私有制下的经济运行和资源配置效率，而计划经济向市场经济转变的复杂性使得传统的西方经济学理论常常无法很好地解读实际经济转型。经济现实催生了转型经济学理论的发展，由于目前转型经济学理论本身还处在发展过程中，理论体系、范畴等都还并远没有取得一致，因而，经济学家在经济转型模式方面还存在着非常大的争议。从“华盛顿共识”“后华盛顿共识”到“北京共识”的演变就很清晰地将这个过程勾勒了出来。

（一）华盛顿共识

“华盛顿共识”指美国财政部、国际货币基金组织及世界银行之间所达成的“共识”。该共识是在 20 世纪 80 年代南美洲经验的催化下形成的。1989 年威廉姆森在《华盛顿共识》(*The Washington Consensus*)中，系统地分析了指导拉美经济改革的各项主张。1990 年，他又把“华盛顿共识”归结为：平衡预算，严格控制预算赤字；优化公共开支；优化国民收入的再分配；提倡资本市场自由化；建立可变动的有竞争力的汇率体系；走贸易自由化之路；吸引外国投资；推进国有部门的私有化；政府放松管制；明晰产权并保护私有产权等十个方面。在该“共识”的指导下，以稳定货币和宏观经济，迅速放开物价和市场，加快汇率改革与国际社会的接轨、加快私有化进程，改革法律体系、税收体系、金融体系和政府设置等一系列改革措施在俄罗斯和东欧一些国家快速推进。

（二）后华盛顿共识

尽管“华盛顿共识”的政策建议在特定国家的特定时期具有一定意义，根据“华盛顿共识”的原则，俄罗斯和东欧国家试图通过稳定货币、放开市场和价格，在较短时间内形成竞争的市场和富有活力的私有制经济，但这种转型的试验很快就被证明是有害的和灾难性的，俄罗斯和东欧一些转型国家大多经历了不同程度的经济衰退。

20 世纪 90 年代后期，经济学家们在对“华盛顿共识”反思后得出了以下结论：转型中的稳定和有序是重要的；转型中竞争比私有化更重要；转型中的政府作用是不能忽视的;转型必须重视市场制度的培育;等等。这样,他们在"华盛顿共识"的基础上增添了新的内容,这就构成了"后华盛顿共识"(post-Washington Consensus)的主要内容:提高社会储蓄水平;建立公平的市场竞争环境;更合理地进行税率改革;加强政府对金融系统的监管;维持可浮动的竞争性汇率;加强市场制度建设;维护政府的权威;重视教育、文化和环境;强调走可持续发展之路;等等(Stiglitz 2001,2004)。

不过,总的来看,"后华盛顿共识"虽然对"华盛顿共识"提出了全面批评,也给出了转型国家要走可持续发展道路的忠告,但对处于发展中的转型国家如何走可持续发展之路,并没有给出一套清晰系统的答案。正如斯蒂格利茨所指出的,如果说当前关于促进世界上穷国的发展还有什么共识的话,那就是共识根本不存在。从这个意义上,"后华盛顿共识"实际上更加强调根据本国国情的多样化发展道路。

(三) 北京共识

按照"华盛顿共识"的逻辑,中国的成功并不具有一般意义。例如,Lardy 就认为,中国的成功被夸大了,因为中国的改革远没有完成,特别是就一些重要领域和方面的改革而言,所以,对中国成功的预言还为时尚早①。但随着时间的推移,西方主流学者对"中国模式"从怀疑到逐步开始肯定,有学者甚至提出"北京共识"的概念,并认为"中国模式"具有广泛的借鉴意义。

中国经济转型模式的主要思路是:在试验中学习,在摸索中前进。表面上这种转型思路缺乏系统的理论支撑,但随着中国经济转型的成功,已有越来越多的经济学家开始意识到,中国的经济转型作为一场巨大的社会制度的变革,在摸索中前进实际就体现了科学的制度变迁思想。因为经济转型是一个复杂的制度变迁过程,是一场深度的社会革命,而不是一个仅靠宏观经济变量分析就能解决的技术程序(Stiglitz, 2004),因而当一种社会制度演进到一定的阶段,总是受其既存的文化、传统、信仰体系等因素的制约(North, 1994)。这样,在经济转型过程中,必须要兼顾产权、国家、意识形态的作用(North, 1990),而渐进式变革模式显然更有利于解决经济转型中的路径依赖问题,在试验中前进也能够以更小的成本突破传统体制的阻碍。

① N. R. Lardy: *China's Unfinished Economic Reform*, The Brookings Institution,1998.

三、对中国经济转型模式的解释

尽管在计划经济向市场经济的转型过程中，各国的具体转型模式存在很多区别，从目前的转型绩效看，中国的渐进式改革模式相对更为成功，正因为如此，近年来国内外经济学家更加热衷于对中国经济转型的经验提供理论解读，其中影响较大的理论观点有以下三种。

（一）中国经济转型的组织结构解释

钱颖一等将中国经济转型的成功总结为传统体制的一种以区域原则为基础，多层次、多地区的"块块"结构(即"M 型"经济)，这样的组织结构为改革试验提供了更多的灵活性。虽然政府层级内部行政机构的相互联系是垂直的，但地区之间的相互联系却是水平的、市场取向的，这种结构可以弱化行政控制、强化市场活动。同时财政与金融的分权使各级地方政府有了更大的发展经济的积极性和创造性，它们就可以利用所拥有的关于本地区的信息优势，根据当地的实际情况探索出一条适合本地区情况的路子并进行各种创新实验，进而导致各级地方政府相互竞争和相互模仿，从而使中国走上自发的市场化之路。

（二）中国经济转型模式的发展战略解释

林毅夫等认为经济转型的核心是经济发展战略的转轨。改革以前中国发展缓慢的根本原因在于推行了重工业优先发展的赶超战略，而改革以来中国经济迅速发展的关键是改革"三位一体"的传统经济体制，使中国的资源比较优势能发挥出来。林毅夫同时认为，一个发展中国家能利用和发达国家的技术差距来加速经济发展的关键在于发展战略。如果政府的政策诱导企业在发展的每一个阶段都充分利用要素禀赋结构所决定的比较优势来选择产业，那么后发优势就能够充分发挥，要素禀赋结构能够得到快速的提升，小步快跑的方式进行产业和技术升级，而使经济取得持续快速增长；同时改革成功的一个重要保证是采取了一条相对具有帕累托改进的渐进式改革道路。

（三）中国经济转型模式的演进主义解释

麦克米伦和诺顿继承了哈耶克的观点，认为计划经济体制之所以缺乏效率是因为中央计划者不能解决必要的信息问题，而在计划经济向市场经济转轨过程中，根据一个预定的时间表进行一揽子改革，同样会面临信息不足的难题。假定人类理性有限和人类具有干中学的本领，那么一切制度的生成都只能是基于演进的理性主义,而不是激进改革那样的建构理性主义。青木昌彦等人则认为经济体制是一个复杂的进化系统,其内部具有自我强化的机制,不同制度之间存在着互补性,互补性越强,改革的成本越高。同时进行大规模经济改革的时候,即使总的方向已经确定,改革的结果和过程也会有很大不确定性,制度发展过程中还必然会产生出形形色色的利益集团,给体制改革的推进带来政治上的困难,因此,渐进式改革方式更为可取。

尽管中国经济转型已经取得了巨大成功,但由于经济转型本身是一个长期过程,因而对不同经济转型模式的绩效比较是一个长期性问题。例如,萨克斯等就从宪政秩序角度提出,中国当前的成功主要是其落后的起始发展水平和模仿新的出口导向型工业化模式的新机遇和空间,这种用技术模仿代替制度模仿的策略,短期成效显著,但随着时间的推移,渐进式改革的阻力会不断累积,最终甚至会因矛盾的积聚和爆发而失败①。正是从这个意义上,关注中国的经济转型也必须要重视社会经济变革中所面临的一系列风险与挑战。

第三节　中国经济转型中的问题与挑战

自 1978 年以来中国经济所实施的渐进式转型模式取得了巨大成功,人民生活水平、综合国力都得到了很大提升。按当年价格计算,GDP 总量已经从 1978 年的 3 678.7 亿元增加到 2020 年的 101.598 6 万亿元,1978 年人均 GDP 只有 385 元,2020 年已达 72 000 元②,名义水平年均复合增长率高达 12.46%。但与此同时,在经济转型过程中,经济社会发展中也逐渐积累了多种新的矛盾,这一系列矛盾和问题也是中国经济可持续发展必须要面对和解决的主要挑战。

一、收入差距不断拉大

在计划经济年代,中国曾经是世界上收入分配最为平均的国家之一,但那种低水平的平均主义显然与社会主义的本质存在着根本性冲突。中国经

① J. Sacks, Wing Thye Woo and Xiaokai Yang: *Economics Reforms and Constitutional Transition*, CID Working Paper, No.42, 2000.

② 数据来源:国家统计局网站"国家数据",https:data.stats.gov.cn。

济转型最初的出发点是提高全体人民的福利水平，过大的收入差距当然不可能是社会主义市场经济发展的目标。1978 年以来中国经济转型在使经济实现较快增长的同时，收入分配的结构失衡问题却日益严重，主要表现为：

（1）地区收入差距明显。虽然从国际经验看，地区发展不平衡现象是一种常态，但新古典增长理论也表明经济系统中存在着收敛现象。中国经济已经经历了四十多年的高速增长，而地区收入差距总体上却在逐渐拉大。例如，1978 年，最富裕的上海的人均国内生产总值是最穷的贵州的 14 倍。改革开放之后，地区发展不平衡问题一度有所好转，人均收入的基尼系数与变异系数曾经有所下降，中国最发达地区上海与最落后省份之一的贵州，其人均国内生产总值之比，1989 年曾下降到 10 倍左右，而在这之后，又不断拉大，2004 年又重新上升到 14 倍。2019 年已回落到 3.39 倍。

（2）居民收入差距加大。与地区差距不同的是，中国居民的收入差距问题是在改革开放之后逐步出现并趋于加剧的。根据世界银行的研究，20 世纪 80 年代初中国的基尼系数在 0.2 左右，属于世界上分配比较平均的社会之一，而从 1978 年开始，居民收入差距不断拉大，1993 年中国的基尼系数上升到 0.42。目前，中国的基尼系数已远远超过大多数发展中国家，业已成为世界上收入不平等较为严重的国家。

（3）城乡收入差距不断拉大。改革之前的城乡收入差距主要归因于城乡二元分割体制，但 1978 年之后，城乡二元分割体制发生了变化，城乡收入差距却并没有随之得到显著改变。如剔除物价因素，2006 年城镇居民人均可支配收入为 3 090.4 元，约为 1978 年的9.0倍；而农村居民人均纯收入仅为 1978 年的 7.7 倍。与城市相比，中国农村社会面貌仍相当落后，人均占有公共品远远低于城市。

二、需求结构严重失衡

根据国民收入核算体系，消费、投资与净出口是社会总需求的最重要组成部分，一国经济发展依赖于国内需求和国外需求的平衡发展。但改革开放以来，中国经济发展一直存在着消费增长乏力的问题，最终消费率在 20 世纪 90 年代开始呈现下降的趋势，2020 年中国的最终消费率已经降到 54.3%，远低于一般国家 70%～80%的水平。在国内消费需求不振的情况下，经济增长越来越依赖于投资与外部需求的增长，2008 年以来，资本形成率始终在42%以上。而西方发达国家在经济腾飞时期全社会固定资产投资率通常都在20%以下,即使投资率最高的日本在20世纪六七十年代也不过32%。

经济增长过分依赖于投资和出口,显然会加大国民经济的波动,因为投资的长期过快增长会导致产能过剩问题,这通常是宏观经济波动的最重要原因;而过分依赖外部需求不仅容易造成外部经济波动通过国际贸易渠道向国内传导,而且对中国这样一个巨大经济体,大宗出口产品的迅速增加,不仅会导致出口价格的下降,而且也会引发越来越激烈的国际贸易争端;与此同时,过度依赖外需的国民经济运行客观上会要求大量进口原材料和初级产品,而进口量迅速增加又会加剧国际市场相关产品的供给紧张,推动进口价格的猛涨。以上两个方面显然都会恶化中国的贸易条件。

三、产业结构发展滞后

OECD国家的发展经验表明,社会需求结构、以通信技术为代表的技术进步等大大推动了第三产业部门的发展,从而使服务业占GDP的比重不断提高。例如,从1960年到1995年,OECD国家的平均服务业比重上升了15.6%①。中国改革开放以来,第三产业发展的速度也非常迅速,2020年中国的第三产业占GDP的比重比1978年增加了近30个百分点。尽管如此,2020年第三产业占GDP的比重还不到54%,大大低于OECD国家的平均水平,中国第三产业发展的滞后,一方面反映了中国在国际产业分工中的地位,另一方面与我国长期以来所实施的经济发展战略有很大关联,特别是计划经济时期的重工业优先发展战略。

在全球化背景下,大国的经济能否持续有效发展,能否建立有效的国家产业战略至关重要。由于服务业的发展会降低产品生产和交易的成本,提升经济发展水平和改善经济运行质量,因而服务业发达程度已成为衡量一个国家和地区综合竞争力和现代化水平的重要标志。中国现行的产业发展结构模式,显然与国际间的产业发展趋势不相适应,而以制造业为主的产业发展格局,不仅会给中国日益严峻的资源环境承载带来巨大的压力,而且在国际分工体系中的价值创造能力一般较弱,导致社会总财富增长受到制约。相对滞后的产业结构当然也会影响到国家竞争力,甚至有可能在国际经济

① 黄少军:《服务业与经济增长》,经济科学出版社,2000年版,第2页。

波动中影响本国的国家经济安全。

四、资源环境压力不断加大

中国经济转型的过程也是工业化、城镇化快速推进的过程，这使中国迅速地从农业社会向工业社会发展，目前已成为世界最重要的制造业基地。但由于中国的工业化总体上是以高投资、高资源消耗为支撑，因而对资源环境造成了巨大的压力。国家统计局公布的数据显示，2004 年调整后的 GDP 占世界的份额只有 4.4%，而当年我国消费的原油、原煤、铁矿石、钢材、氧化铝和水泥，却分别占全世界消费总量的 7.4%、31%、30%、27%、25% 和 40%。而且，随着中国经济的发展，资源消耗量还在迅速上升。

显然，对中国这样一个人口和经济大国，资源环境容量极为有限，现行的这种以高投资、高资源消耗为主的经济成长模式将难以为继。实际上，改革开放以来，中国经济发展的环境污染损失极为巨大。根据 2006 年 9 月国家环保总局和国家统计局联合发布的《中国绿色国民经济核算研究报告 2004》显示，2004 年我国因环境污染造成的经济损失为 5 118 亿元，占当年 GDP 的 3.05%，其中，水污染的环境成本为 2 862.8 亿元，占总成本的 55.9%；大气污染的环境成本为 2 198.0 亿元，占总成本的 42.9%；固体废物和污染事故造成的经济损失为 57.4 亿元，占总成本的 1.2%。有资料表明，目前我国单位产值的二氧化碳排放量是美国的 8 倍、德国的 26 倍、日本的 60 倍。

由于中国从加工组装这个全球价值链低端环节加入国际产业分工体系，发达国家通过外包转移到中国的主要是高污染、高能耗的资源型环节，导致了中国能源的大量进口和污染的不断加重。国际能源署(2007)根据碳排放强度和贸易数据的研究表明，2004 年中国出口商品生产蕴含的二氧化碳排放量为 16 亿吨，占当年中国排放总量的 34%。根据《BP 世界能源统计 2009》的数据，2008 年年底，中国的石油储产比只有 11.1 年(世界平均水平为 42 年)、天然气储产比只有 32.3 年(世界平均水平为 60.4 年)、煤炭储产比只有 41 年(世界平均水平为 122 年)。

在日益紧张的资源环境压力面前，中国传统的粗放型经济发展模式已经遇到了越来越大的挑战，这也是党的十七大郑重提出要加快经济发展方式转变的重要背景。而切实推动企业部门的经济发展方式转变，需要各级政府从国家经济转型的大战略出发，进一步科学调整其产业结构，尤其是要通过信贷政策、土地政策和环境政策等综合性手段,遏制高耗能、污染性行业的增长。

五、金融发展相对滞后

金融市场的发展有利于促进储蓄向投资的转化,提高资金的使用效率和资本的配置效率,进而以资本积累和技术进步来促进经济增长。伴随着中国经济的转型,我国的金融部门在信息收集、风险分担、金融创新等方面取得了长足的进步,在促进金融资源向实体经济转化,推动中国经济增长等方面都发挥了重大作用。

然而,与其他发展中国家类似,面对日趋开放的国际金融市场,中国目前金融体系还相当脆弱,面对规模巨大的贸易和跨国资本流动,中国的资本市场运行、货币政策、人民币汇率、外汇储备管理等正面临越来越大的挑战。

(1) 银行体系的融资效率不高。长期以来,我国一直以间接融资为主,且在间接融资中以国有银行为主体,市场结构比较单一,这一方面导致企业的资产负债率过高,另一方面风险过多集中在银行体系,造成潜在的系统风险。另外,国有银行的所有制歧视也造成贷款的主要对象是大中型国有企业,在短期内体制和激励机制难以根本改善的条件下,必然会导致银行贷款效率低下。

(2) 金融创新能力相对不足,金融工具品种开发不足,不利于投资与融资发展的需要。

(3) 金融机构数量相对较少与种类单一。近几年来,随着我国金融体制改革的逐步展开,尽管金融机构无论在数量上和种类上都已经有了较大幅度的增加,但中小型商业银行和非银行金融机构所占比例太小,还没有形成从事资本投资运作的金融机构体系,这不仅不利于化解金融风险,更不利于形成公正有序的金融秩序和金融市场。

(4) 金融结构不合理,金融市场发育不足。比如尽管我国的储蓄率很高,但金融机构单一和金融工具落后,使大量的资金基本都流向几家国有银行。这大大限制了储蓄向生产性投资的转化,也限制了优胜劣汰机制的发挥和产业结构的调整。

六、政府间财政关系失衡

对中国这样一个地域广阔、人口众多,地区间经济发展水平存在巨大差异的国家，实施中央政府和地方政府对社会经济事务的层级管理应当是一个客观性要求。中共十一届三中全会以来，针对过去高度集中的统收统支管理体制的弊端，中央从下放财权和财力入手，进行了以分权化为主要特征的财政分配体制改革，调动了地方促进经济发展的积极性，是改革以来中国经济快速增长的重要驱动力量。

但在中国经济转型过程中，政府间的财权上收和事权下放，也恶化了落后地区政府的财政状况，导致地区间横向财政失衡。而省级以下政府间财政分配关系改革的不彻底，上级政府把花费巨大、职能重要的公共服务项目下放地方，却没有提供足够的资金支持，又在很大程度上加剧了基层政府的财力紧张状况，形成地区间财政的纵向不平衡问题。

财政分权体制引发的地区间的财政竞争，一方面会导致市场割据、资源配置扭曲，另一方面会导致落后地区税源外流，加剧地区之间不平等，甚至引起落后地区财政不稳定等问题。近年来，中央所出台的一系列财政分配体制改革政策，某种程度上正是针对之前政府间财政分配关系失衡的一个纠正，但从目前地区间经济发展差距、基本公共服务水平所存在的巨大差距看，财政体制改革依然任重道远。

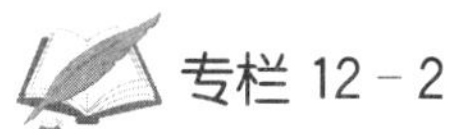
专栏 12－2

中国如何跨越“中等收入陷阱”——基于制度转型和国家治理的视角

“中等收入陷阱”作为一种概念和现象，是由世界银行的专家学者因德米特·吉尔和霍米·卡拉斯基于一个长的历史视角，从众多国家的经济社会转型实际中整理概括出来的，最主要是指进入中等收入阶段的经济体其进一步的经济增长被原有增长机制锁定，经济增长回落或停滞，人均国民收入难以突破中等收入水平线上限，并伴随着一些其他特征，如民主乱象、贫富分化、腐败多发、过度城市化、社会公共服务短缺、就业困难、社会动荡、信仰缺失、金融体系脆弱等。最典型的例子是以阿根廷、智利、墨西哥等为代表的拉美国家。当然，世界银行也并未否认跨越“陷阱”的可能性，在同一份报告内并列举了韩国等以高新技术产品见长的也就是创新驱动的东亚国家成功跨越中等收入阶段进入高收入阶段的例子。国内外学术界从不同的视角对“中等收入陷阱”问题进行探讨，达成了一些共识，但同时也有许多分歧。有人认为“中等收入陷阱”是经济增长的问题，有人认为是经济发展的问题。当然,还有学者认为社会经济发展有自身的规律,不存在所谓的"中等收入陷阱",它仅是人们对"现代化陷阱"的一种错觉。

对中国而言,陷入"中等收入陷阱"既非必然如此,也非绝无可能。特别是近年来随着中国经济增长持续减速、社会矛盾激化频发、人口红利不断削弱、制度转型滞后等都使得中国落入"中等收入陷阱"的可能性大为增加,需要引起充分的警惕。即使部分拉美国家近年来的经济发展和收入提升也是其制度变革和政策调整的结果,不能因为前些年的经济好转就忽视其经济长期停滞这一事实,就否认其历史上曾长期陷于中等收入阶段。"中等收入陷阱",无论从理论依据、经验根据、统计证据等方面看都是存在的,在中国面临转型驱动的关键时刻,特别具有现实针对性,不能轻易就否定掉。为了避免陷入并跨越"中等收入陷阱",我们首先必须认清"中等收入陷阱"的本质是什么?如果仔细考察那些曾经和依然陷入"中等收入陷阱"的国家,可以发现"中等收入陷阱"往往是由多方面因素共同造成的,而不是某个单方面的原因,很多学者分别从社会建设滞后、经济转型失败、社会流动性不足、发展模式缺陷、过多社会福利、消费不足等角度进行了论证,但对"中等收入陷阱"本质的探讨似乎很少。到底什么是造成"中等收入陷阱"最主要、最根本的因素?如何总体把握?各种影响因素之间关系的内在逻辑关系是什么?只有追溯到问题的根源所在,才能避免并给出有效的治理和跨越之道。

归根到底,"中等收入陷阱"是由两方面因素造成的:一是既有经济发展方式遇到瓶颈,不足以支撑经济实现从早先的要素驱动向效率驱动乃至创新驱动的新跨越,而经济发展方式转变的核心又被归结到经济结构的转型升级问题上来;二是从汲取性制度(Extractive Institutions)向包容性制度(Inclusive Institutions)的深层次制度转型遇到障碍,尤其是政府与市场、政府与社会的边界界定不合理、不清晰,难以有效推动经济发展方式的转变和经济结构的转型。两者中前者是直接导因,后者则是更为根本的,会涉及政治经济社会方方面面的改革,这比简单地通过要素驱动的经济自由化改革可能要更为艰难。这也是世界银行所强调的,跨越这个阶段"所必需的那些政策和制度变化在技术、政治和社会方面更复杂,更加具有挑战性"。中国过去一个时期和当前所面临的关键问题也正在于此,从而加大了中国陷入"中等收入陷阱"的可能。十八届三中全会通过的《关于全面深化改革若干重大问题的决定》,对于正确处理政府与市场的关系有了一定的论述,但是对于政府与社会的关系还缺乏系统思考和战略判断,没有上升到应有的高度。其实，要真正实现国家治理体系和治理能力的现代化，合理界定政府与社会的治理边界，也是一个不可或缺的理论和实践环节。

一个转型国家要避免陷入“中等收入陷阱”，实现效率、公平与法治的良好均衡，有赖于深层次的制度创新和转型，这是一个复杂而艰难的过程，关键是正确处理好发展与治理的内在逻辑关系，要理清和合理界定政府与市场、政府与社会之间的治理边界，以此来重构国家公共治理模式，有效回应因政府失效、市场扭曲/失灵和社会失范所提出的制度变迁需求。今后一个时期直至2020年，是中国能否跨越“中等收入陷阱”，为进入高收入国家行列奠定基础的关键时期。中国需要通过政府、市场与社会“三位一体”的整体设计和综合治理，以及长期积淀后所形成的文化这一更为持久的因素，来不断推动中国经济社会的全面、协调和可持续发展。如果我们回过头来考察中国改革开放以来所经历的转型历程，实际上也就是一个传统体制下的全能型政府和发展型政府逐步收缩和调整其权力、职能范围，同时市场、社会的自组织治理范围不断扩展和自我治理能力不断提升的过程，当然其中也曾有过反复，但大的趋势是显而易见的。

转型是一个动态的长期演化过程，由于各种约束条件，不可能一步到位地理清政府与市场、政府与社会的合理治理边界，需要一些过渡性制度安排，包括政府主导的制度安排来培育市场、扶助社会。但是，对于政府主导的显性和潜在负效应，我们一定要有清醒的认识，对于市场和社会的自组织管理能力，也要有足够的信心。所以，未来改革的方向是：以法治对政府的权力进行限制和约束，让政府进一步从市场和社会可以自我管理的领域有序退出，向市场、社会放权，最大限度地激发市场和社会的活力。这也是中国进一步发展以实现富民强国的内在逻辑指向。这样，结构性的经济改革和深层次的经济转型才是有保障的。从这个意义上讲，中国能否成功避免陷入“中等收入陷阱”，关键取决于制度的内在合理调整及其供求能否处于新的均衡状态，实现从汲取性制度向包容性制度的转型。具体来说，就是能否实现从发展型的全能政府向公共服务型的有限政府的转型，从要素驱动向效率驱动乃至创新驱动的转型，从传统社会向现代公民社会的转型。

（资料来源　节选自田国强、陈旭东：“中国如何跨越中等收入陷阱——基于制度转型和国家治理的视角”，《学术月刊》，2015年第5期）

第四节 中国经济转型的展望

中国的经济转型尽管伴随着经济的快速增长,但上一节的分析也表明,目前中国经济运行中的结构性矛盾依然突出。从中国经济发展的长期性角度,当然必须要解决经济转型中的各种问题。不过,在人类发展史上,经济转型是一个新生事物,目前我国宏观经济运行中所面临的种种问题,并没有现成的理论和经验可以直接借鉴。为防止经济的大起大落,未来中国经济体制的改革自然还只能采取渐进式改革模式,也就是要根据中国特殊的经济环境和经济运行特点与机制,在经济理论上进行创新,并指导中国社会经济发展的实践。

由于中国经济转型是一个复杂的系统性工程,而且在中国经济转型期,各种基本经济关系也处在不断变化之中,宏观经济运行中也会呈现出许多新问题、新特征。因此,经济转型不可能一步到位,我们只有不断解决好中国经济发展中的各种新问题、新挑战,稳步实现中国社会经济的全面发展,才能够最终实现中国经济转型的成功。

一、政府与市场的边界

经济转型过程是一个政府与市场的边界不断被界定的过程,也是一个政府与市场功能不断完善的过程。由于中国正式开始建立市场经济体制时间并不长,因而在政府与市场的边界关系处理上还面临许多挑战。

从一般意义上讲,政府的作用在于通过对市场经济活动进行直接或间接的干预,提高市场运行的效率,包括对垄断权力的限制,提供基础设施、教育、环境保护等公共产品和服务等。同时,政府还有责任在市场分配的基础上,通过再分配来调整或影响财富的最终分配格局,在一定程度上保证社会公平。具体到宏观经济层面,我们可以从经济运行实际和宏观经济政策工具两个方面来理解政府在市场经济发展中的作用。

就宏观经济运行来看,政府不仅作用于经济总量,还在相当程度上直接作用于经济结构。政府的市场型政策运作手段不仅要增大需求总量,还要调整供给结构。对处于转型中的中国经济来说,市场失灵现象远比成熟市场经济来得严重,这为政府干预提供了很大空间,但由于转型背景下,对政府的规制同样也很不完善，政府失灵也较为普遍，很多时候，政府的介入不仅没有有效解决由于市场失灵而导致资源配置与财富的扭曲，相反，却进一步加重已有扭曲或形成新的扭曲。因此，在政府与市场边界划分上，关键是要对政府行为加以规范，在有利于充分发挥市场机制的作用前提下，实现市场配置与政府配置的最佳结合。在目前的体制背景下，主要是建立一个实现科学发展的政绩评价体系，有效地控制地方政府的行为，改善市场和政府两者的效率，推进实现公平的经济增长。

就宏观经济政策而言，在体制转轨时期，政府预算投资规模的大小，虽然不能直接决定国民经济总量是否平衡，但政府预算投资对于国民经济结构的计划安排和调整，依然会在很长时期内起着举足轻重的作用，各级政府直接和间接安排的各类投资仍强有力地影响着经济结构。而且政府的计划利率仍然起着主导和决定作用，对信贷规模的计划控制则长期存在。所以，在社会主义市场机制构建中必须要完善对各级政府的激励和约束机制，提高政府干预宏观经济的能力和成效。

转型是一个艰难而长期的过程。中国渐进式转型的一个显著特征是把转型成本分摊在一个更长的时段里，而增强公众对改革的承受能力和获得他们的支持。随着时间的推移，渐进式改革的阻力在不断地累积，潜伏的问题和矛盾也日益突出，经济转型的最终成效很大程度上将取决于政府本身的转型是否成功。

二、创新驱动促进经济转型升级

我国长期依靠物质要素投入推动的经济增长方式，属于由投资带动的要素驱动阶段。这种增长方式不可避免而且正在遇到资源和环境不可持续供给的极限。转向创新驱动就是利用知识、技术、企业组织制度和商业模式等创新要素对现有的资本、劳动力、物质资源等有形要素进行新组合，以创新的知识和技术改造物质资本、提高劳动者素质和科学管理。各种物质要素经过新知识和新发明的介入和组合提高了创新能力，就形成内生性增长。显然，创新驱动可以在减少物质资源投入的基础上实现经济增长。

最早使用创新驱动概念并把它作为一个发展阶段提出来的是美国商学院著名教授迈克尔·波特，他把经济发展划分为四个阶段：第一阶段是要素驱动阶段，第二阶段是投资驱动阶段，第三阶段是创新驱动阶段，第四阶段是财富驱动阶段。这里使用的驱动概念指的是推动经济增长的主动力。就创新驱动阶段来说,不是说创新驱动就不需要要素和投资,而是说要素和投资由创新来带动①。

实施创新驱动发展战略,首先要释放人才红利。由于平均受教育年限不断提高,2020 年大专以上文化程度人口已超过 2 亿人,预期 2030 年大专以上人口超过 3 亿人,相当于美国劳动力总量的两倍,这为中国成为世界人力资源强国提供了重要基础。到 2030 年,尽管中国的劳动人口将降至世界人口的百分之十几,但总人力资本比重将上升至世界人口的近 30%。相对于后起的发展中国家,我国的工人技术水平远高于他们,相对于发达国家,我国技工工资又比较低,人才优势十分明显。在我国经济转型升级时期,"人才红利"将不断发力,促进管理创新、技术创新、劳动生产力提高,推动我国经济稳健发展。要推动"人口红利"转化为"人才红利",既要政府投入支持科技转化为成果,也要突破体制机制障碍充分发挥企业和市场的作用,充分调动科技工作者创新创造的积极性,激发更多中国人尤其是青年人的创造潜能和无穷智慧,激发大众创业、万众创新的活力,提高人才发展与创新驱动的融合度、与经济社会发展的匹配度。同时,人才红利的释放要发挥企业家的产业组织者作用。企业家是创新的灵魂,是推动产业创新和企业变革的中坚力量,必须着力培育和造就一批拥有战略眼光、国际视野、创新能力和社会责任的新一代企业家群体,推动我国传统产业的转型升级,创造更多的人才需求。

创新驱动重要的是构建一个创新生态体系,硅谷成功有几个主要测度:不断推出新制度;中小企业的活跃度;创业投资资本的活跃度;跨国公司大公司产生的机制;创新创业的文化氛围。企业创新以市场为导向,利益驱动,企业是否愿意创新在于创新是否能够为其带来收益。政府鼓励产业技术创新的正确方式是营造公平竞争的市场环境,使创新企业能够在市场上盈利,产业技术创新政策要减少政府直接选择企业和点对点资助,应通过定向的普惠性政策形成各类技术路线和企业公平竞争的环境,让市场机制引导创新要素的配置。知识产权保护制度能够为创新驱动营造良好的社会环境。新驱动与知识产权之间始终存在着不可分割的内在联系,创新需要知识产权制度的激励和保护,在一个缺少知识产权保护制度的国家,不可能涌现普遍的科技创新,从而也不可能实现真正意义上的创新驱动。

---

① 洪银兴:"关于创新驱动和创新型经济的几个重要概念",《群众》,2011 年第 8 期。

以创新为抓手推动经济发展方式转变

人们往往把转变发展方式与降低GDP的速度联系起来，以为转变发展方式就是降低GDP速度，因此在实际工作中对转变发展方式存在着抵触。实际上，转变经济发展方式不是简单地压低速度，而是要转变GDP增长的方式和基础。关键是要寻找更为有效的发展方式来替代原有的发展方式，这就是哲学上的有破有立。理论和实践都将证明，创新特别是自主创新可以成为转变经济发展方式的抓手。

转变经济发展方式必然涉及技术进步模式的转变。我国目前的技术进步模式主要还是加工代工型、技术模仿型。这种模式的技术进步基本上属于国外创新技术对我国的扩散，创新的源头在国外。采用的创新的技术，是国外已经成熟的技术。核心技术关键技术不在我们这里，因此至多只是缩短国际差距。特别是在中国成为世界经济大国后，西方国家不愿意看到中国成为经济强国，他们会在"中国威胁论"的幌子中竭力打压中国的经济发展。其对中国的高技术封锁和贸易摩擦会明显加大。这就逼着我国着力推进科技创新，发展具有自主知识产权的技术和产业。

创新的完整概念包括发明、创新和创新的扩散三重概念。创新是指新发明第一次引入商业中去的全过程。这意味着转变经济发展方式所要求的技术进步模式应该是自主创新型的，目标是要形成具有自主知识产权的关键技术和核心技术。由于我国现阶段科学研究水平的国际差距比科技产业的国际差距小，再加上科学和知识的国际流动性比技术的流动性强，因此推动科学和技术创新互动结合，由技术创新向科技创新提升，就可能在许多领域得到当今世界最新科学技术的推动。

以创新作为转变经济发展方式的抓手关键是提高自主创新能力。如何提高自主创新能力，涉及创新体系的建设。OECD在总结知识经济时代特征时提出了国家创新体系的概念：创新需要使不同行为者（包括企业、实验室、科学机构与消费者）之间进行交流，并且在科学研究、工程实施、产品开发、生产制造和市场销售之间进行反馈。因此，创新是不同参与者和结构共同体大量互动作用的结果。把这些看成一个整体就称作国家创新体系。服从于提高国家自主创新能力和着眼于原始创新产生具有自主知识产权的创新成果考虑,国家创新体系固然需要企业作为创新主体,自主进行技术创新和产品创新,但不能限于此,必须跳出企业范围,需要关注科学发现和科学发现成果向产品和技术的转化过程。创新所要求的要素的新组合不仅仅是企业对已有要素的组合,而是要对创新的三方面工作(科学发现工作、对发明成果进行转化工作、采用新技术)进行新组合。这就是对产学研的新组合,形成大学和企业的合作创新,重要的是加快科技成果向现实生产力的转化。

转变经济发展方式是针对全社会而言的。因此,对自主创新的要求不只是新发明在某个企业那里转化为新技术,更为重要的是自主创新成果及时地在全社会推广和扩散。知识和技术等创新要素不同于物质要素,其使用具有规模报酬递增的特点,因而创新不排斥新知识新技术的广泛采用。只有当全社会都能采用自主创新成果时,才能谈得上经济发展方式的转变。这也是建设创新型国家的基本要求。根据熊彼特关于创新即创造性的毁灭过程,强化市场竞争机制,就可以推动创新成果的扩散。除此以外,创新成果的全社会扩散机制还涉及两个方面的建设:一是通过计算机和通信网络将新知识新技术数字化进行传播,从而形成“信息社会”;二是通过促进公众接受多种知识和技能的训练掌握学习的能力,从而形成“学习型社会”。

创新能否成为推动经济发展方式转变的抓手,前提是制度创新,已有的向市场经济体制的转型能够较好地解决提高效率问题,但不能有效地推动自主创新,不能在制度上解决创新的动力机制问题。由此提出的理论和制度创新突出在两个方面。首先是竞争和垄断的关系。单纯的竞争机制只是解决创新外在压力,不能解决创新的内在动力,更不能解决连续创新的动力。创新企业在一段时间内垄断和独占创新收益,可以使创新者的创新成本得到充分的补偿。以专利等知识产权保护制度的垄断不仅可以克服对创新成果“免费搭车”的行为,还可增强创新动力。其次是市场和政府的关系。创新面向市场可以使创新成果具有商业价值,但创新不能没有政府的积极作用,原因是创新成果具有外溢性和公共性的特征。政府作用突出在三个方面:一是提供自主创新的引导性和公益性投资。二是推动产学研合作创新,形成知识创新和技术创新的互动。三是为创新成果的采用提供必要的鼓励和强制措施。这说明,为提高自主创新的能力和动力,已经建立的市场经济体制需要继续完善和发展,政府的推动和集成作用需要进一步加强。

(资料来源 节选自洪银兴:“以创新为抓手推动经济发展方式转变”,《新华日报》,2010年6月1日)

三、纠正金融扭曲、防范金融风险

发展经济学家很早就注意到金融抑制对于经济发展的负面影响，实证研究也越来越多地发现金融深化与经济增长的正相关关系。尽管中国在经济转型过程中，金融深化在不断加快，经济货币化程度也在不断加深，利率与汇率的市场化均取得了很大进展，但体制外金融发展和体制内金融扭曲问题依然严重，这在一定程度上阻碍了经济效率在更高层次上的释放，加剧了经济的结构性扭曲。而在全球化经济发展背景下，金融市场的开放也是一把“双刃剑”，一方面可以推进商品市场等实体经济的发展，另一方面实体金融的不成熟、衍生金融产品发展滞后，又会使本国金融市场乃至宏观经济运行处于极大的风险之中。

解决体制内金融扭曲，主要是将财政体制改革和金融体制改革纳入一个统一的框架内，通过合理调整中央与地方在事权与财权上的关系，减小地方政府干预的激励，推进区域金融一体化。在此基础上，再通过深化国有银行改革、推进多层次资本市场建设、积极稳妥推进金融业对外开放和稳步推进利率市场化改革，来加速推进区域金融一体化进程。

体制外金融发展受限主要来自制度限制，金融机构的高进入门槛阻碍了民间资本进入正式金融体系，这诱致了非正式金融的发展，导致中国在金融深化的过程中面临许多不确定性和风险。引导民间资本进入金融市场，需要推进金融体制改革与金融组织创新，放宽民间资本进入金融市场的政策限制，降低进入门槛，在强化金融监管的基础上引导体制外金融的发展，进而构建多层次的金融市场体系。

当然，努力为金融中介和金融市场创造内生发展的环境，提高金融中介的工作效率，从而最终达到金融自由化和经济增长的双重目标，也需要进一步强化金融监管手段，健全金融法制，加强金融信息披露，丰富金融避险工具。在经济全球化背景下，提高中国金融发展水平、改善金融运行质量，尤其是强化对国际游资等跨国资本流动的监管，对有效降低金融风险，维护金融体系的健康发展具有重要的意义。

四、建立公平分享经济增长的新机制

经济增长本身并不是一个国家和地区发展的终极目标，经济增长是满足人们物质生活和精神生活需要的物质基础。人们不仅要在市场经济制度的框架下充分地利用资源、技术和其他要素创造更多的商品和服务,还要分享经济增长带来的成果。更重要的是,如果人们不能从经济增长中分享努力的成果,就会逐渐销蚀推动经济增长的动力,以至于经济增长的速度就会减慢甚至停滞。转型经济学理论从单纯关注经济增长本身,转向关注经济增长与收入分配之间的关系,包括如何探索建立公平分享经济增长成果的新机制。

中国经济快速增长的同时,收入分配不平等的程度迅速扩大,已经从改革开放初期属于世界上收入比较均等的国家之一,变成了世界上收入极为不均的国家之一。由计划体制到市场体制的经济转型自然会导致收入及财富分配不均程度的扩大,但现在最令人诟病的还不是正常的市场经济运作所造成的不平等,而是由腐败、政策歧视及体制因素造成的机会的不均等,以及由此带来的收入和福利分配上的巨大差距。中国经济的失公不仅表现在收入分配上的贫富悬殊,还表现在财富分配和社会福利分配上的不均,尤其是表现在由体制和政策造成的在教育、就业和商业机会上的不公平。①

未来经济转型的重点尤其是要放在解决体制和政策造成的不公上,尤其是要解决好民营企业与国有企业之间的公平竞争问题。公平竞争是现代市场经济的基本法则。要着力开放市场准入,凡是法律法规未明确禁入的行业和领域都应该鼓励民间资本进入,凡是我国政府已向外资开放或承诺开放的领域都应该向国内民间资本开放。《国务院关于实行市场准入负面清单制度的意见》指出:"坚持权利平等、机会平等、规则平等,废除对非公有制经济各种形式的不合理规定,消除各种隐性壁垒,制定保障各类市场主体依法平等进入自然垄断、特许经营领域的具体办法。"要拓宽民间投资渠道,放宽市场准入,支持引导民间资本顺利有效进入相关重点领域。

初次分配要处理好效率和公平的关系,尊重和鼓励公平的收入差距,而不公平的收入差距是指部分社会经济主体通过垄断、腐败、寻租、造假等违法违规行为和不正当竞争行为攫取经济利益而导致的收入差距,应该坚决予以消除。初次收入分配差距缩小的重点应放在增加劳动者报酬的比重上,努力实现劳动报酬增长和劳动生产率提高同步,通过收入分配制度改革的深化,为防止初次分配收入差距过大提供体制和制度保障,以保证广大群众由更多的劳动收入向财产性收入转化;通过建立工资的正常增长机制和

---

① 朱天、张军:"以公平改革推动中国经济持续增长",21世纪经济报道,2012年12月1日。

支付保障机制，提高劳动报酬在初次分配中的比重。

再分配的政策重点放在发展教育、减少贫困和全面实施社会养老保险和医疗保险等基本层面。受发展水平制约，我国东中西部之间、城市与农村之间基本公共服务水平差距较大，尤其是革命老区、民族地区、边疆地区、贫困地区财力相对有限，基本公共服务水平较低，影响了人民群众共享改革发展成果。促进共享发展，就要着眼全体人民，从解决人民群众最关心、最直接、最现实的利益问题入手，增加财政转移支付，紧盯薄弱地区和困难群体，补短板，完善基本公共服务体系，努力实现基本公共服务全覆盖，让全国各地基本均等、全体人民普遍受惠。

推进城乡地区协调发展，农村需求是我国一种重要的潜在经济资源，要把农村需求转化为经济转型升级的引擎，把农村需求转化为新常态经济发展的新增长点。增加对农业与农村的公共支出、提高公共支出效率，改善农村公共支出结构，改变农村在基础设施与公共事业方面的落后面貌。增加农业创新的财政支持力度，以建设现代农业为突破口，提高农业的劳动生产率，加快农村劳动力的转移。加快转变农业发展方式，激发亿万农民创新创业活力，推进农业现代化，让农业成为充满希望的朝阳产业的农业现代化道路，是让广大农民平等参与现代化进程、共同分享现代化成果的根本之路。

总之，作为一个发展中的经济大国，中国的经济转型实践不但促进了中国社会经济的快速发展，而且为人类社会经济发展提供了丰富的理论成果。当然，经济转型是一个复杂的系统工程，在本章中所介绍的只是一些基本理论和政策实践，它显然远远无法穷尽经济转型的所有重要经济关系。所以，我们希望读者在宏观经济学课程的学习中，能够在准确把握宏观经济学基本理论的基础上，通过分析中国宏观经济运行和发展的各种现实问题，思考宏观经济学理论与实践的边界，不断丰富与拓展宏观经济学视野，从而逐步提高自身的经济学理论素养。

本章要点

1. 介绍了经济转型的基本内涵和目前在经济学界影响比较大的几种转型模式。

2. 回顾了中国经济转型的主要阶段，并介绍了经济学家们对中国经济转型路径演进的几种解释。

3. 根据中国经济转型的现实背景,从宏观经济可持续发展层面剖析了中国社会经济发展中所面临的主要问题和挑战。

4. 在认真审视和反思中国经济转型的经验教训基础上,对中国未来经济转型需要重点解决的基本问题做出了初步展望。

关键概念

经济转型　激进式改革　渐进式改革
新常态　“华盛顿共识”　“后华盛顿共识”
供给侧改革

本章习题

1. 中国经济转型有几个主要的阶段?
2. 对中国经济转型路径选择的理论解读主要有哪些?
3. 比较激进式与渐进式两种转型模式。
4. 试述科尔奈关于经济转型模式划分的基本观点。
5. 什么是“华盛顿共识”和“后华盛顿共识”?
6. 中国经济转型过程中面临的主要挑战有哪些?
7. 根据中国经济转型的现实背景,论述政府与市场间的关系。

案例讨论

以中国与俄罗斯为例,分析哪些因素会导致经济转型失败?

参考文献

[1] 安格斯·麦迪森.世界经济千年史[M].北京:北京大学出版社,2003.

[2] 保罗·克鲁格曼，茅瑞斯·奥伯斯法尔德.国际经济学:理论与政策[M].北京:中国人民大学出版社,2006.

[3] 保罗·萨缪尔森，威廉·诺德豪斯.宏观经济学[M].北京:人民邮电出版社,2004.

[4] 布莱恩·斯诺登,霍华德·文,彼得·纳齐克.现代宏观经济学指南[M].北京:商务印书馆,1998.

[5] 布莱恩·斯诺登,霍华德·R.文.现代宏观经济学发展的反思[M].北京:商务印书馆,2000.

[6] 蔡昉,都阳.中国地区经济增长的趋同与趋异——对西部开发战略的启示[J].经济研究,2000(10).

[7] 陈雨露.国际金融[M].北京:中国人民大学出版社,2005.

[8] 大卫·格林纳韦.宏观经济学前沿问题[M].北京:中国税务出版社,北京腾图电子出版社,2000.

[9] 多恩布什,费希尔,斯塔兹.宏观经济学[M].第7版.北京:中国人民大学出版社,2005.

[10] 范家骧,王志伟.宏观经济学[M].大连:东北财经大学出版社,2003.

[11] G.加比希,H.W.洛伦兹.经济周期理论——方法和概念通论[M].薛玉炜,高建强,译.上海:上海三联书店,1993.

[12] 高鸿业.一本拯救资本主义的名著[M].济南:山东人民出版社,2002.

[13] 龚刚.宏观经济学:中国经济的视角[M].北京:清华大学出版社,2005.

[14] 胡永刚.当代西方经济周期理论[M].上海:上海财经大学出版社,2001.

[15] 杰弗里·萨克斯,费利普·拉雷恩.全球视角的宏观经济学[M].上海:上海三联书店,上海人民出版社,2004.

[16] 杰格迪什·汉达.货币经济学[M].北京:中国人民大学出版社,2005.
[17] 姜波克,杨长江.国际金融学[M].北京:高等教育出版社,2004.
[18] 科尔奈.大转型[J].比较(17),2005.
[19] 梁东黎.宏观经济学[M].第4版.南京:南京大学出版社,2007.
[20] 龙志和.宏观经济学教程[M].成都:西南交通大学出版社,2006.
[21] 罗宾·巴德,迈克尔·帕金.宏观经济学原理[M].北京:中国人民大学出版社,2004.
[22] 罗伯特·巴罗.宏观经济学[M].北京:机械工业出版社,2007.
[23] 罗伯特·J.巴罗.现代经济周期理论[M].方松英,译.北京:商务印书馆,1997.
[24] 迈克尔·帕金.宏观经济学[M].第5版.北京:人民邮电出版社,2003.
[25] 米尔顿·弗里德曼.价格理论[M].北京:商务印书馆,1994.
[26] 米尔顿·弗里德曼.资本主义与自由[M].第2版.北京:商务印书馆,2004.
[27] N.格里高利·曼昆.宏观经济学[M].北京:中国人民大学出版社,2000.
[28] 欧阳明,袁志刚.宏观经济学[M].上海:上海人民出版社,1997.
[29] 裴平等.国际金融学[M].第3版.南京:南京大学出版社,2006.
[30] 青木昌彦,等.经济体制的比较制度分析[M].北京:中国发展出版社,1999.
[31] 热若尔·罗兰.转型与经济学[M].北京:北京大学出版社,2002.
[32] 沈坤荣,耿强.外国直接投资、技术外溢与内生经济增长[J].中国社会科学,2001(1).
[33] 沈坤荣,马骏.中国经济增长差异的收敛性分析:一项实证研究[J].经济研究,2002(1).
[34] 王洛林.经济周期研究[M].北京:经济科学出版社,1998.
[35] 吴敬琏.当代中国经济改革[M].上海:上海远东出版社,2003.
[36] 熊彼特.资本主义、社会主义和民主[M].北京:商务印书馆,2002.
[37] 亚当·斯密.国民财富的性质和原因的研究[M].北京:商务印书馆,2002.
[38] 晏智杰.古典经济学[M].北京:北京大学出版社,1998.
[39] 叶德磊.宏观经济学[M].北京:高等教育出版社,2005.
[40] 余永定,张宇燕,郑秉文.西方经济学[M].第3版.北京:经济科学出版社,2002.

[41] 约翰·威廉姆森.华盛顿心目中的政策改革[J].经济社会体制比较,2005(2).

[42] 约瑟夫·E.斯蒂格利茨,卡尔·E.沃尔什.经济学[M].第3版.北京:中国人民大学出版社,2005.

[43] 约瑟夫·E.斯蒂格利茨.社会主义向何处去[M].长春:吉林人民出版社,1998.

[44] 詹姆斯·D.格瓦特尼,理查德·L.斯特鲁普,卢瑟尔·S.索贝尔.经济学:私人与公共选择[M].北京:中信出版社,2004.

[45] 邹至庄.中国经济转型[M].北京:中国人民大学出版社,2004.

[46] Aghion, Phillippe and Peter Howitt. Endogenous Growth Theory [M]. Cambridge, MA: MIT Press, 1998.

[47] Alesina, A. and L. H. Summers Central Bank Independence and Macroeconomic Performance: Some Comparative Evidence [J]. Journal of Money, Credit and Banking, 1993, 5.

[48] Arrow, Kenneth J. The Economic Implications of Learning by Doing [M]. Review of Economic Studies, 1962, 29(6): 155-173.

[49] Barro, Robert J. and Xavier Sala-I-Martin. Economic Growth [M]. New York: McGraw-Hill, Inc., 1995.

[50] Baumol, W. Productivity, Growth, Convergence and Welfare: What the Long-run Data Show [J]. American Economic Review, 1986, 76: 1872-1885.

[51] Delong, B. Productivity, Growth, Convergence and Welfare: Comment [J]. American Economic Review, 1988, 78: 1138-1154.

[52] Denison, Edward. Sources of Growth in the United States and the Alternatives Before Us [M]. Supplement Paper 13, New York, Committee for Economic Development, 1962.

[53] Howitt, Peter. Endogenous Growth and Cross-country Income Differences [J]. The American Economic Review, 2000, 90(4): 829-846.

[54] IMF. World Economic Outlook 2006: Globalization and Inflation [R]. April 2006.

[55] Jones, Charles. Introduction to Economic Growth[M]. W.W. Norton & Company, Inc., 1998.

[56] Jones Charles I. Growth: With or Without Scale Effects? [J]

American Economic Review, 1999,89(2):139-144.

[57] Jorgenson, Dale, Frank Gollop and Barbara Fraumeni. Productivity and U. S. Economic Growth [M]. Cambridge MA, Harvard University Press,1987.

[58] Kuznets, Simon. Economic Growth and Income Inequality [J]. The American Economic Review, 1955,45(1):1-28.

[59] Kydland, F. E. and E.C. Prescott: Time to Build and Aggregate Fluctuations [J]. Econometrica, 1982,50 November:1345-1370.

[60] Lucas, Robert E., Jr. On the Mechanics of Economic Development [J]. Journal of Monetary Economics, 1988,22, 1(July):3-42.

[61] Mankiw, N.G., David Romer and David N.W. A Contribution to the Empirics of Economic Growth [J]. Quarterly Journal of Economics, 1992,107:407-437.

[62] Maskin, Eric, Yingyi Qian and Chenggang Xu. Incentives, Scale Economies, and Organizational Form [J]. Review of Economic Studies, 2000,67(2):359-378.

[63] Qian, Yingyi and Barry R.Weingast. Federalism as a Commitment to Preserving Market Incentives [J]. Journal of Economic Perspectives, 1997,11(4):83-92.

[64] Romer, David. Advanced Macroeconomic [M]. McGraw-Hill, Inc, 2000.

[65] Romer, Paul. Endogenous Technological Change [J]. Journal of Political Economy, 1990,98(5),October, Part II, S71-S102.

[66] Romer, Paul M. Increasing Returns and Long-run Growth [J]. Journal of Political Economy, 1986,94(5),October:1002-1037.

[67] Solow, Robert M. A Contribution to the Theory of Economic Growth [J]. The Quarterly Journal of Economics, 1956, 70(1): 65-94.

[68] Young Alwyn. The Tyranny of Numbers: Confronting the Statistical Realities of the East Asian Growth Experience [J]. The Quarterly Journal of Economics, 1995, 110(3):641-680.

[69] Zimmerman, Martin B. Learning Effects and the Commercialization of New Energy Technologies: The Case of Nuclear Power [J]. Bell Journal of Economics, 1982,13(2):297-310.